A LA RECHERCHE
DES MONSTRES LACUSTRES

PETER COSTELLO

A LA RECHERCHE DES MONSTRES LACUSTRES

Préface
de
BERNARD HEUVELMANS
Docteur ès sciences zoologiques

FRANCE LOISIRS
30, rue de l'Université — PARIS

TITRE ORIGINAL:
IN SEARCH OF LAKE MONSTERS

Traduit de l'anglais par
JACQUES BRÉCARD

Edition du Club France Loisirs - **Paris**
avec l'autorisation de la Librairie **Plon**

ISBN 2-7242-0091-8

Sssnnnwhuffffll ?
Hnwhuffl hhnnwfl hnfl hfl ?
Gdrobloblhobngbl gbl gl g g g g glbgl.
Drublhaflablhaflubhafgabhaflhafl fl fl-
gm grawwwww grf grawf awfgm graw gin.
Hovoplodok-doplodovok- plovodokot-doplodokosh ?
Splgraw fok fok splgrafhatchgabrlgabrl fok splfok ?
Zgra kra gka fok !
Grof grawff gahf ?
Gombl mbl bl-
blm plm,
blm plm,
blm plm,
blp.

EDWIN MORGAN *The Loch Ness Monster's Song*
(La chanson du monstre du loch Ness)

PREFACE

Il y aura bientôt quinze ans que me parvenait de Dublin une lettre rédigée sur un ton assez péremptoire et illustrée de trois croquis. Son auteur dénonçait une grave lacune de mon livre Sur la piste des bêtes ignorées, *dont la traduction anglaise avait paru en 1958 (il est de fait que je n'y avais pas parlé du* Sasquatch, *le colosse velu de la Colombie britannique, sur lequel je n'avais recueilli des informations qu'après la publication de l'édition originale). Mon correspondant s'en prenait aussi à une faiblesse de l'argumentation du chapitre de ce livre relatif au « Dragon qui attend toujours son saint Georges » (il était vrai, ma foi, qu'on n'avait pas la preuve absolue d'une pénétration des Chaldéens en Afrique centrale), et il proposait une explication plus vraisemblable. Il me demandait encore si j'étais informé de la récente découverte d'un vieux masque mongol en papier mâché à l'effigie de l'abominable Homme-des-neiges (je l'étais). Enfin, il me priait d'identifier, si possible, le « monstre à deux têtes » figuré sur un tract imprimé à Londres au XVIIe siècle et conservé à la* National Library *de Dublin (je reconnus avec ravissement le calmar géant capturé en 1673 à Dingle-I-cosh, en Irlande, et dont j'avais cherché la représentation en vain pendant des années).*

Je répondis de mon mieux à ce nouveau correspondant, très au fait, semblait-il, des problèmes avec lesquels je me mesurais moi-même : je tentai, d'une part, de l'éclairer, et, de l'autre, le remerciai pour les renseignements qu'il avait la gentillesse de me fournir. Cet échange de bons procédés, et d'informations, ne fit que s'intensifier au cours des ans, en sorte que Peter Costello — car c'était lui — a fini par devenir mon auxiliaire le plus précieux.

Dès sa troisième lettre, intrigué par le contraste entre son écriture juvénile et son assurance, désorienté de le voir mentionner « l'école » qu'il fréquentait alors qu'il déployait une telle érudition, je m'étais enquis de son âge et des études qu'il poursuivait. Quand il me répondit qu'il était né en 1946 et qu'il faisait ses humanités au Collège des Jésuites avec l'intention d'étudier ensuite l'archéologie, je lui fis part de mon étonnement (je vous traduis le passage en question de ma lettre du 10 décembre 1962) :

« J'ai été quelque peu surpris d'apprendre que vous n'avez que seize ans : votre façon d'écrire témoigne d'une telle maturité ! Je suis convaincu que vous ferez de brillantes études d'archéologie. Etant donné l'intérêt que vous portez simultanément à l'Histoire naturelle, vous pourriez faire de bien fascinantes découvertes. Bien souvent, en effet, les archéologues ne parviennent pas à identifier les animaux et les plantes représentés sur des objets d'art anciens, et ils ne mesurent pas toujours l'importance énorme de certains dessins, gravures ou peintures, surtout quand ceux-ci, par exemple, figurent, à une époque donnée, des animaux qu'on croit disparus depuis bien plus longtemps. »

A cause d'une connaissance trop peu approfondie du gaëlique, Peter n'entreprit jamais les études archéologiques auxquelles il rêvait : en Eire, il faut sean gaelge *(du vieux celte) pour* sean eolas *(de vieilles investigations). Au fil des études supérieures qu'il s'en fut poursuivre aux Etats-Unis, à l'université de Michigan, où son père enseignait l'architecture, il finit même par virer de l'ethnographie à l'anglais, ce qui lui valut d'ailleurs un diplôme correspondant à une de nos licences. Vous constaterez par la lecture de son premier livre, auquel il travailla en somme tout au long de ses études, que mes prévisions se sont néanmoins réalisées : voyez notamment son interprétation des bêtes à long cou de la mosaïque du temple romain de Nodens.*

A trente ans, mon vieil ami Peter n'a pas fini de nous surprendre, puisqu'il a encore écrit un livre sur la littérature de la révolution irlandaise The Heart Grown Brutal *(Quand le cœur se fait brutal) et un autre consacré à la vie privée de son illustre compatriote James Joyce,* Mr. Joyce's wife *(La femme de Monsieur Joyce). Enquêtant à travers toute la France, en compagnie de sa charmante épouse, Mary, il prépare actuellement un ouvrage d'une originalité prometteuse sur* Jules Verne, *ainsi qu'un essai sur les animaux fabuleux,* The Magic Zoo. *Nul besoin d'être prophète ou voyant pour prédire que l'on reparlera de Peter Costello...*

Mais, au fait, comment le présent ouvrage est-il né ? De la curiosité, de l'esprit fouineur et de la persévérance de Costello avant tout, mais aussi, il faut bien le reconnaître, de ma propre démission.

En 1962, mon jeune correspondant se passionnait par-dessus tout pour l'apparition, dans divers lacs irlandais, de « monstres » semblables à celui du loch Ness. Avec une infatigable diligence, il n'allait cesser de dénicher, dans les coins les plus obscurs de bibliothèques des Deux Mondes, maints rapports sur des observations du même tonneau faites dans d'innombrables étendues d'eau douce de notre planète. Pour mes propres recherches sur le problème du Serpent-de-mer, je suivais forcément les mêmes pistes, car un des divers types d'animaux marins serpentiformes encore inconnus que j'étais parvenu à définir avec assez de précision, le Long-cou, semblait avoir coutume de s'aventurer dans les fjords des deux hémisphères et il avait dû se laisser enfermer dans certains d'entre eux à la suite d'un abaissement du niveau des mers, lié sans doute aux grandes glaciations du Pléistocène.

L'inclusion, dans mon Grand Serpent-de-mer, *d'une étude de ces animaux généralement marins mais devenus lacustres çà et là, eût gonflé outre mesure le volume déjà énorme qui allait paraître en 1965. Aussi, bien que j'eusse déjà rédigé à l'époque une bonne centaine de pages sur la vedette du loch Ness, je les retirai avec sagesse de mon manuscrit, annonçant simplement que « j'en parlerai dans un prochain livre consacré aux animaux inconnus des eaux douces ».*

*Les circonstances devaient en décider autrement. Ayant à édifier en loup solitaire les bases de cette discipline scientifique nouvelle qu'est la Cryptozoologie, c'était déjà à grand-peine que je tenais mes dossiers à jour pour les quelque cinquante problèmes qui défrayaient la chronique zoologique. Quand le destin, en 1968, m'eut offert la chance exceptionnelle d'examiner à loisir le cadavre d'un hominoïde encore inconnu, dont l'existence bouleversait nos connaissances anthropologiques *, je me lançai à corps perdu pendant plusieurs années dans l'étude de ce cas, et je fus bien obligé de négliger quelque peu mes autres « bêtes ignorées » et en particulier mes « monstres des eaux douces ». Aussi est-ce avec un vrai soulagement que j'appris que Peter envisageait d'écrire lui-même un livre sur ces derniers : je l'encourageai vivement dans ce projet et lui offris toute l'aide dont je disposais. En fait, je me déchargeai sur lui de cette tâche urgente.*

Il faut dire que depuis que j'avais eu l'imprudence d'annoncer un ouvrage en préparation sur le sujet, j'étais harcelé sans cesse par une horde de lecteurs, impatients de le voir paraître. A chaque rebondissement de l'affaire du monstre du loch Ness — de « Nessie » comme on s'était mis à l'appeler plus familièrement — les demandes se faisaient plus nombreuses et plus insistantes. Mes

* Voir B. Heuvelmans & B.F. Porchnev : *L'Homme de Néanderthal est toujours vivant* (Paris, Plon, 1974).

lecteurs de langue française se montraient les plus empressés de tous, et pour cause. Ils étaient on ne peut plus mal lotis pour s'informer sur le problème. Alors que dans les pays anglo-saxons, pas moins de dix ouvrages ont, depuis 1934, été consacrés à celui-ci, pas un seul n'a encore vu le jour en France. Le grand public, ici, en Belgique et en Suisse, en a été réduit à se mettre sous la dent des informations fournies par des journalistes le plus souvent ignorants en la matière, et, au surplus, inutilement goguenards.

Bref, il était plus que temps de calmer la fringale légitime du public francophone en lui offrant un ouvrage bien documenté et rigoureux sur cette question tant controversée, et en élargissant celle-ci aux dimensions de la terre tout entière. Car, comme il a été avancé plus haut, le cas du « monstre » du loch Ness est loin d'être unique : des animaux d'aspect tout à fait semblable ont été signalés dans des lacs de la plupart des régions tempérées froides du monde. En 1966, au cours d'une émission de la Télévision britannique que Peter Scott (par la suite Sir Peter), le fils de l'explorateur martyr de l'Antarctide, avait consacré à mes recherches, j'ai même été amené à faire cette remarque : Que des « monstres » du genre Nessie soient uniquement signalés dans des lacs, d'un certain type à rives encaissées, distribués aussi bien dans l'hémisphère austral que boréal autour de la ligne isotherme 10° centigrades, est la meilleure preuve de l'existence de ces êtres. *Car s'ils étaient vraiment le produit de l'imagination des gens, pourquoi diable ne les inventait-on pas aussi tels quels dans des régions plus chaudes, et en d'autres biotopes ? Constatation édifiante, les « monstres » des marais d'Afrique centrale ou des jungles étouffantes de l'Extrême-Orient, ont toujours été décrits de manière très différente.*

Dans ce livre, Peter Costello fait le point sur l'ensemble du problème avec autorité, une documentation considérable, l'élégance d'un écrivain-né et l'humour indispensable en toute occasion. S'il n'apporte pas d'hypothèse nouvelle du point de vue strictement zoologique — se contentant, à ma grande satisfaction, d'entériner mes propres thèses avec de légères divergences — il présente toute l'affaire sous un jour original, à la lumière des mythes, des légendes et du folklore. Il sonde avec finesse l'attrait qu'ont toujours exercé les animaux — inconnus ou non, actuels ou disparus, réels ou fictifs — dont le Dragon antique est l'immortel prototype. Enfin, il passe en revue l'usage qui a été fait de ce mythe dans l'art, la littérature et le cinéma.

La riche synthèse de Costello ne servira pas seulement à éclairer le public avide de connaissances et les journalistes ou autres vulgarisateurs chargés d'informer des masses plus vastes encore. Elle s'adresse aussi à la plupart des hommes de science qui, faute de temps — ou serait-ce par mépris pour un sujet jugé frivole ? — n'ont pas encore pris la peine de consulter attentivement le dossier. Même ceux qui, à cause des résultats positifs obtenus ces dernières années au loch Ness, croient enfin devoir discuter de l'affaire dans des journaux scientifiques, manifestent une méconnaissance surprenante à son égard. Je n'en veux d'autre exemple que l'article d'un M. Roger Tippett, « Loch Ness : un monstre mal nourri », publié en mars 1976 dans l'excellent mensuel La Recherche, *en général mieux avisé et dont les importants articles de Pierre Thuillier sur l'histoire et la philosophie des sciences font mes délices.*

L'auteur de l'article en question a beau jouer de manière désinvolte avec des notions comme l'épilimnion et l'hypolimnion, le développement du phytoplancton dans les eaux du loch et le caractère oligotrophe de celles-ci, il n'en ignore pas moins les données essentielles du problème : il n'a manifestement pas lu les principaux ouvrages qui lui ont été consacrés, il ne sait rien de l'industrie de pêche qui vit des richesses alimentaires du loch et va jusqu'à énoncer des affirmations aussi navrantes que celle-ci : « Rien n'indique que l'eau soit colorée par la tourbe et trouble, comme on le prétend si souvent, et d'ailleurs, si c'était le cas, la photographie sous l'eau serait impossible. »

Pour connaître les conditions de visibilité sous la surface du loch Ness, plutôt que de se livrer à des spéculations d'apparence scientifique en usant d'un jargon — un travers majeur de notre temps — il aurait suffi à M. Tippett, comme je l'ai fait moi-même pour la première fois en 1961, de plonger dans le lac et d' « y aller voir ». Il aurait alors constaté comme moi, par un procédé évidemment empirique et désuet, que l'eau est à ce point saturée de tourbe en suspens qu'elle ressemble à du thé et qu'on n'arrive plus à distinguer ses propres mains à 6 ou 7 mètres de profondeur. Utiliser un projecteur crée un « effet de brouillard » qui réduit la visibilité à une distance négligeable.

En communiquant ces quelques données élémentaires, j'ai fait économiser des centaines de milliers de dollars à une institution américaine du Pacifique qui projetait de plonger dans le loch avec un sous-marin de poche, mais avait tout de même pris la précaution auparavant de s'enquérir auprès de moi des perspectives pratiques d'une telle tentative. Plusieurs autres équipes, des Japonais notamment, ont dilapidé en vain des fortunes dans de pareilles entreprises, faute de s'être informés auprès de gens compétents.

Il est de fait aussi que la photographie est impossible sous l'eau du loch Ness, du moins à l'aide des techniques habituelles. C'est pourquoi d'ailleurs, les Américains Rines et Edgerton ont dû faire « améliorer par ordinateur » (computer enhance) *celles qu'ils ont pu prendre par 13 mètres de profondeur.*

Si M. Tippett, à l'instar de bien d'autres théoriciens, considère enfin que « Nessie reste improbable du point de vue géologique et écologique », c'est tout bonnement parce qu'il la tient a priori *— pour des raisons aussi romantiques que spéculatives — pour une relique de l'empire reptilien du Mésozoïque : quelque plésiosaure ou élasmosaure en effet aurait sans doute eu des difficultés à survivre en Ecosse dans les mers glacées du Pléistocène.*

Dès 1933 pourtant, le grand zoologue hollandais A.C. Oudemans avait suggéré que les « monstres » du loch n'étaient que des représentants de l'espèce Megophias megophias, *à savoir des serpents-de-mer fourvoyés dans un lac, et qu'il fallait donc, selon lui, les classer parmi les Pinnipèdes, à savoir aux côtés des phoques, des otaries et des morses, qui sont tous armés, eux, pour affronter les froids les plus intenses. Mes propres recherches n'ont fait que confirmer cette dernière hypothèse. A cette réserve près, qu'ayant dû désintégrer le* Megophias megophias *— image composite, à mon sens, de toute une série d'animaux serpentiformes inconnus et non apparentés — j'ai précisé que les animaux du loch écossais, et de maints autres lacs des régions tempérées froides que Peter Costello vous fera visiter, appartiennent au type Long-cou, auquel j'ai donné le nom scientifique provisoire de* Megalotaria longicollis.

Une fois admis que ces monstres lacustres venus du froid sont en fait des mammifères, ils n'ont plus rien d' « improbable du point de vue géologique et écologique ». Mais cela ne signifie pas qu'il faille écrire, comme à regret, ainsi que l'a fait une journaliste du Point *dans le numéro du 1er décembre 1975, que « le spécialiste français du serpent-de-mer, le docteur ès sciences et écrivain, Bernard Heuvelmans, pense, lui, que le monstre ne serait en fait qu'une otarie géante ».*

Qu'une otarie géante ? Une sorte d'otarie encore inconnue, plus grosse qu'un éléphant-de-mer et dotée d'un cou de girafe, un pinnipède adapté à une vie exclusivement aquatique, muni apparemment de tubes respiratoires érectiles — « cornes » où Costello voit plutôt des oreilles en cornet — et disposant sûrement d'un dispositif d'orientation par ultra-sons suppléant à une vision rendue inutile dans des eaux ténébreuses, une bête à ce point spécialisée serait-elle une innovation zoologique si négligeable ?

Bernard HEUVELMANS.
Docteur ès sciences zoologiques.

CHAPITRE PREMIER

LE DEBUT DES RECHERCHES

En guise d'introduction

— Oh ! C'est donc la meilleure explication que vous puissiez donner, n'est-ce pas ?
— Eh bien, Monsieur, quelle est la vôtre ?
— Il me paraît évident que la bête existe.
(Arthur Conan Doyle : *Le Monde perdu*)

Les gens qui n'ont jamais entendu parler du monstre du loch Ness sont rares. Ce mystère, un des plus troublants de notre temps, est à la fois passionnant et légèrement absurde. Car, si en fin de compte il risque de devenir une des plus intéressantes découvertes zoologiques du siècle, sa curieuse histoire montre cependant à quel point l'homme peut se laisser aller à toutes sortes de lubies et de sottises.

Signalé pour la première fois au début de l'été 1933, comme un étrange animal hantant les eaux d'un grand *loch* écossais, à savoir un lac, le monstre fit l'objet, dès l'automne de cette année-là, de commentaires sensationnels, procurant à l'opinion publique un sujet de discussion plus léger que les crises internationales ou les désastres intérieurs.

La plupart des grands journaux, tant britanniques qu'étrangers, envoyèrent sur place des reporters chargés de commenter l'étonnante histoire, et ils envahirent la petite ville d'Inverness, située au nord du loch. Leurs comptes rendus furent souvent imprécis et fondés sur les témoignages contradictoires des uns ou des autres. Les dimensions de la bête variaient d'une manière inquiétante, allant d'une petite bosse noire, émergeant d'une eau écumante, au grand reptile préhistorique, long de plus de vingt mètres. S'agissait-il d'une simple plaisanterie, d'une farce publicitaire destinée à attirer les touristes, ou bien la grande faille du canal Calédonien était-elle vraiment une sorte de « Monde Perdu », dont un serpent-de-mer infestait une des principales sections, le loch Ness ?

A Inverness, les rumeurs les plus folles coururent librement. Le monstre avait, disait-on, bondi en travers de la route en plein jour, tenant un mouton dans sa gueule. Une vieille femme ayant disparu, on prétendait que la bête rapace l'avait emportée. Un lecteur enthousiaste du *Glasgow News* offrit de traverser le loch à la nage « pour défier le monstre », tandis qu'un plongeur déclarait qu'il était prêt à se mesurer à l'animal, armé seulement d'un couteau. Une troupe de boy-scouts passa une semaine à monter la garde pour guetter le monstre, et un groupe de chercheurs vint de Monte-Carlo dans le même but. Bien entendu, il y eut aussi l'inévitable mystification : un chasseur de grands fauves, subventionné par le *Daily Mail*, annonça qu'il avait trouvé sur une plage les empreintes de la bête. Mais on ne tarda pas à démontrer que cette piste avait été tracée au moyen d'une patte d'hippopotame naturalisée.

Chacun avait sur le monstre son idée personnelle. L'un prétendait que c'était un crocodile, rapporté d'Afrique du Sud par un explorateur et qui avait réussi à s'échapper et aurait grandi dans le loch. D'autres disaient qu'il s'agissait tout simplement d'un grand phoque gris, ou encore d'une baleine blanche, très rare. Certains pensaient que c'était un chapelet de mines posées par la Marine, qui avait dérivé dans le loch. On alla jusqu'à imaginer que ce devait être l'épave à demi submergée d'un zeppelin abattu pendant la Première Guerre mondiale.

L'affaire fit donc grand bruit pendant quelque temps, mais comme il arrive toujours quand les journaux rivalisent de détails sensationnels au sujet d'un mystère, leurs dirigeants s'en désintéressèrent avant qu'on l'eût élucidé. Ayant tenu l'affiche beaucoup plus longtemps que les neuf jours habituels, le monstre du loch Ness dut céder le pas à des événements plus récents : le fantôme de Saragosse, la mangouste parlante de Cashen's Gap et la réoccupation de la Rhénanie par l'Allemagne.

Répugnant à admettre qu'un animal inconnu pût exister dans le loch Ness, les zoologues de cette époque ne tentèrent même pas de découvrir ce qui avait pu motiver tous ces comptes rendus. Néanmoins, ceux que l'affaire intéressa assez pour venir enquêter sur place repartirent convaincus qu'il y avait bien une bête étrange dans le loch. Durant des années, on a continué de signaler son existence et, tout récemment, on a constaté qu'on se montre de plus en plus désireux de trouver l'explication de ce mystère.

Cela est dû pour une large part à Mrs. Constance Whyte, qui a collationné plus de cent témoignages relatifs au monstre et écrit à ce sujet un livre, publié en 1957 sous le titre significatif : *More Than a Legend* (Plus qu'une légende). Quelques-uns de ses lecteurs, impressionnés par la quantité de preuves convaincantes fournies par des témoins oculaires et des photographies, furent d'accord avec elle pour estimer qu'il était grand temps d'agir, afin d'expliquer le mystère : ou bien il y avait dans le loch un animal inconnu, ou bien certains événements étranges le donnaient à penser.

En 1962, peu après l'apparition d'un film sensationnel montrant le monstre, on créa le « Bureau d'Enquête sur les phénomènes du loch Ness ». Cet organisme non seulement mit sur pied des expéditions ayant le loch Ness pour but, mais encore s'efforça de rassembler toutes les preuves permanentes qu'il put trouver. Avec d'autres groupes et individus, il a passé de nombreux mois à inspecter le loch, à sonder ses profondeurs et à observer ce qui se produit à sa surface, toujours agitée.

Or, malgré cette activité fébrile, si l'on interrogeait les gens, la plupart répondaient que les histoires relatives au loch Ness n'étaient que de la publicité adroitement fabriquée pour attirer les touristes dans les Highlands d'Ecosse. Comme un savant américain le dit en 1934, « qui donc avait jamais entendu parler du loch Ness avant l'apparition du monstre » ? Le fait est qu'ils étaient peu, et qu'il y en avait encore moins à l'avoir visité.

Néanmoins, le monstre était là, bien avant que Thomas Cook eût créé le tourisme moderne, ou que Henry Ford l'eût motorisé. Au cours du siècle dernier, il y avait eu des rumeurs concernant une étrange bête dans le loch et, s'il faut en croire une tradition populaire locale, les eaux proches de Foyers étaient hantées par un « Cheval-aquatique ». Dans une biographie de saint irlandais datant du VIIe siècle, il est même dit que le saint sauva, dans la rivière Ness, un nageur poursuivi par un « monstre aquatique ». Même si ces récits lointains laissent le lecteur quelque peu incrédule, il faut s'incliner devant un fait : plus de trois mille témoins oculaires affirment avoir vu, depuis 1933, le long cou et les bosses du corps du monstre. Beaucoup de ces témoignages se sont perdus dans les pages éphémères de la presse quotidienne, mais un grand nombre ont été rassemblés par Mrs. Whyte et par d'autres écrivains.

Le premier livre relatif au monstre fut publié en 1934, alors qu'il faisait encore les gros titres des journaux. *The Loch Ness Monster and Others* (Le monstre du loch Ness et quelques autres), par Rupert Thomas Gould — un officier de marine en retraite, passionné de phénomènes extraordinaires et auteur d'un remarquable ouvrage sur le Serpent-de-mer —, est un assortiment de quelque quarante-sept observations, accompagnées de croquis, de photographies, et d'une critique de diverses théories relatives au monstre, dont certaines sont vraiment très bizarres.

Sans l'ombre d'un doute, Gould a cru à la présence dans le loch d'un animal inconnu, et pourtant les comptes rendus qu'il cite ont donné à quelques lecteurs une impression confuse. A cette époque, certains savants pensaient que le monstre était simplement un grand phoque gris, espèce très commune sur les côtes britanniques, qui aurait trouvé moyen de passer de la mer dans le loch. L'opinion publique était encline à y voir plutôt un reptile préhistorique, une sorte de dinosaure. Gould émit l'opinion originale, selon laquelle le monstre était un animal jusqu'alors inconnu, dont les caractéristiques seraient celles d'un triton gigantesque, à long cou. Personne ne semble l'avoir cru, à l'exception du producteur d'un film horrifiant.

Le second livre fut celui de Mrs. Whyte. Tout en s'efforçant d'être impartiale, elle se montre clairement convaincue non seulement de l'existence du monstre mais de sa nature préhistorique : ce *devait* être un plésiosaure, un reptile dont l'espèce est généralement estimée éteinte depuis soixante millions d'années.

Cette théorie est également soutenue par Tim Dinsdale, un ingénieur de l'aéronautique qui renonça à sa carrière pour se consacrer totalement à rechercher le monstre, après avoir eu la chance de le filmer en 1960 : il a raconté ses aventures dans trois ouvrages aussi enthousiastes que partiaux.

Un ex-officier de marine, une mère de famille et un ingénieur : nous sommes nécessairement conduits à contester leur qualité d'experts en histoire naturelle, ce qu'ils ne prétendent pas être, d'ailleurs. Le seul livre concernant le monstre, qui ait été rédigé par un zoologue professionnel, a été publié en 1961 par Maurice Burton, auparavant attaché au *British Museum* (département d'Histoire naturelle), et à ce titre correspondant du *Daily Telegraph*. Le Dr Burton n'est pas dépourvu de préjugés, mais son scepticisme et ses qualités d'expert professionnel sont à mon sens de réels stimulants dans le domaine de la recherche.

Ayant résolument éliminé beaucoup d'observations, se rapportant, d'après lui, à des masses flottantes de matières végétales, pourrissantes et soulevées par des gaz — explication des bosses signalées le plus souvent — il a estimé qu'on pouvait peut-être conclure à l'existence dans le loch Ness d'un grand animal à long cou, ayant la forme d'une loutre. Mais dans un article écrit deux ans plus tard, il déclara qu'il n'y avait même pas assez de preuves pour formuler une telle hypothèse. Ce que quantité de témoins avaient, durant trente années, constamment estimé être un grand animal à long cou, était en réalité, à l'en croire, une loutre tout ce qu'il y a de plus ordinaire !

Les opinions relatives au Serpent-de-mer, auquel le monstre du loch Ness est souvent comparé, sont également divisées en deux groupes. Les uns se fondent sur l'existence en mer de grands animaux serpentiformes encore inconnus. Les autres expliquent les innombrables observations de monstres marins bizarres, en prétendant que ce sont tout simplement des dauphins, nageant à la queue leu leu, des paquets d'algues, ou même de vulgaires vagues. Il est très édifiant de comparer les observations relatives aux serpents-de-mer aux comptes rendus concernant le monstre du loch Ness : le lecteur que cette question intéresse trouvera toute la documentation désirable dans l'important ouvrage du Dr Bernard Heuvelmans, *Le Grand Serpent-de-mer,* auquel l'auteur de ce livre est redevable d'une immense dette. Non seulement j'ai adopté ici certaines théories du Dr Heuvelmans, mais encore celui-ci a bien voulu me fournir de nombreux renseignements pour la rédaction de ce volume.

Heuvelmans distingue neuf types différents de serpents-de-mer. Deux d'entre eux sont toutefois si rares ou si vaguement connus que nous pouvons les laisser de côté. Les sept autres sont les suivants :

(1) le Saurien océanique : crocodile archaïque adapté à la vie marine ; ou peut-être mosasaure attardé ;

(2) l'Anguilliforme géant : animal serpentiforme, dépourvu de membres, probablement un poisson ;

(3) la Super-loutre : mammifère à longue queue, ressemblant à une loutre démesurée ;

(4) le Multi-ailerons : mammifère élancé, annelé ou articulé, possédant latéralement des rangées de nageoires triangulaires ;

(5) le Multi-bosses : mammifère élancé à tête plate et à cou bref, ayant une paire de palettes natatoires et une série de bosses dorsales, qui se déplace d'un mouvement ondulatoire vertical ;

(6) le Long-cou : animal dépourvu de queue, ressemblant à une otarie, avec un très long cou et de grosses bosses adipeuses sur le dos ;

(7) le Cheval-marin : animal semblable au précédent, mais avec de grands yeux, une moustache et une crinière ; peut-être a-t-il une queue.

Les deux derniers animaux sont si analogues que je suis pour ma part enclin à penser qu'il s'agit d'une seule et même espèce, dont les variétés seraient dues à des différences de sexe. Heuvelmans croit — à juste titre, nous le verrons — que les monstres signalés dans le loch Ness, et dans d'autres lacs, sont des mammifères du type Long-cou.

Après tous ces livres, et surtout après la parution de l'ouvrage de Bernard Heuvelmans, était-il bien nécessaire qu'un amateur en publiât encore un ? Il serait franc de répliquer ce que tout auteur déclare en pareil cas : j'ai écrit ce livre parce que le sujet répond à un besoin manifesté depuis longtemps.

Comme la plupart des gens, j'ai commencé à entendre parler du monstre comme étant une bonne blague telle que les petits hommes verts de Mars ou le « chaînon manquant » entre le Singe et l'Homme. J'ai vu à la télévision le film de Tim Dinsdale qui ne m'a guère impressionné : on y voyait seulement une petite bosse émerger et se déplacer le long de la rive opposée du loch, à quelque trois kilomètres de distance. Toutefois, j'ai trouvé par la suite, à la Bibliothèque municipale de Dublin, le livre dans lequel il raconte comment il a été amené à réaliser ce film. Or, tandis que je me plongeais dans cette lecture, le Bureau d'Enquête commençait à organiser ses premières expéditions au loch Ness, et l'on apprenait en même temps qu'une série d'observations analogues avaient été faites dans divers lacs irlandais que je connais bien.

Dès lors, j'ai été à mon tour enthousiasmé par le sujet et suis devenu, moi aussi, un chasseur de monstres. A cet effet, je n'ai pas tardé à lire les écrits de Gould et de Mrs. Whyte, j'ai fouillé dans des journaux poussiéreux, et écrit à quantité d'inconnus pour me renseigner. Je n'ai pu visiter le loch Ness que deux fois, mais mes recherches dans trois pays et deux continents ont mis en lumière certaines preuves de l'existence de « monstres » en d'autres parties du monde que l'Ecosse. Même en Ecosse j'ai constaté que le phénomène du loch Ness n'est pas le seul qu'il convient d'étudier...

Ainsi, cet ouvrage n'est pas simplement « un livre de plus sur le monstre du loch Ness ». C'est plutôt une étude détaillée des données qu'on possède aujourd'hui sur l'existence d'animaux semblables dans le monde entier. Je me suis efforcé de relater les événements et les enquêtes qui se sont déroulés au loch Ness depuis quelque quarante années. Nous avons là les preuves fondamentales de l'existence de ces animaux, mais elles ne prennent leur complète valeur qu'à la lumière des observations et comptes rendus émanant d'autres régions du monde. C'est pourquoi, après les chapitres relatifs au loch Ness et aux divers autres lacs écossais, je propose au lecteur une sorte de safari à travers le monde, à la recherche des monstres lacustres. Il nous mènera du loch Ness et des Highlands d'Ecosse aux déserts de l'Utah et aux montagnes de la Colombie britannique, des forêts de pins suédoises aux jungles africaines, de l'Islande à l'Australie, de l'Italie au Japon. Nous découvrirons que ces animaux ont été connus depuis bien plus longtemps qu'on ne le croit en général, et sont à la fois plus répandus et moins extraordinaires qu'on ne le pense.

J'espère qu'en fin de compte un peu du mystère qui les entoure sera dissipé. Néanmoins, ils demeurent mystérieux à mes yeux et le resteront, tant qu'on n'aura pas réussi à capturer un spécimen, permettant un examen scientifique approfondi.

L'ère des informations relatives à ces animaux n'est pas close ; nous n'en sommes qu'au début de l'enquête et, chaque année, de nouveaux éléments s'ajoutent au dossier. Je n'ai mentionné dans cet ouvrage que les comptes rendus présentant un intérêt particulier ou exceptionnel. Je serais infiniment intéressé de recevoir des nouvelles de quiconque estime posséder des données complémentaires. Par exemple, l'article de Lord Ellesmere, mentionné au Chapitre VI est resté introuvable jusqu'à ce jour : c'est un des petits problèmes qui demeurent sans solution, et il se peut qu'un lecteur soit capable de me la fournir. Un autre problème, plus important, est de savoir ce qu'est devenu le bébé monstre capturé vivant à Fish Haven, dans l'Utah, en 1871. Ce ne sont là que deux exemples parmi bien d'autres.

Chaque fois que possible, j'ai concentré mon attention sur des preuves frappantes : récits de témoins oculaires, photos, dessins, croquis, etc. Au cours de mon enquête, j'ai dû éliminer maints témoignages, estimant une sélection rigoureuse préférable à une abondance d'anecdotes banales.

J'ai essayé de rassembler dans ce livre le maximum de documentation, en y incluant une bibliographie complète qui permettra au lecteur de remonter à mes principales sources d'information, tant à l'appui qu'à l'encontre de ma thèse. Si certaines données sont déjà connues des lecteurs familiarisés avec le mystère, ceux-ci en trouveront cependant de nombreuses qu'ils ignorent et qui les surprendront. Il est stupéfiant de constater à quel point on a négligé certaines mines d'informations, aussi évidentes que le journal local *Inverness Courier*, voire le *Times* de Londres. D'autres écrivains ont laissé dans l'ombre quantité d'éléments importants, et nul doute que j'ai, moi aussi, fait de même.

Quoique le loch Ness soit, comme le disait Master Frazer en 1699, « une des merveilles de l'Ecosse », personne n'a jusqu'à présent rédigé un récit complet de ce qui s'y est passé. En outre, aucun des auteurs précédents n'a, à mon avis, accordé l'attention qu'elles méritent aux traditions relatives à ces monstres, encore que Bernard Heuvelmans serait le premier à reconnaître leur valeur au point de vue zoologique. Dans ses ouvrages consacrés au monstre, F.W. Holiday s'est livré dans ce sens à quelques spéculations étranges (et fort invraisemblables) à propos des légendes populaires.

Enfin, l'attrait psychologique de ces traditions n'a pas été étudié de manière raisonnable. Pourquoi les gens se passionnent-ils à ce point pour le monstre du loch Ness ? Pourquoi continuent-ils, en dépit de toutes les preuves contraires, à penser qu'il s'agit d'un reptile préhistorique ? Si l'on ne tient pas compte de tels éléments, jamais on ne parviendra à trouver la vérité sur le monstre, car le zoologue ne peut pas la découvrir seul. Si quelque savant finissait par démontrer qu'il n'y a pas de monstre — éventualité tout à fait improbable, nous le verrons — il n'en demeurerait pas moins précieux de relater ce que les gens ont choisi de croire à son sujet.

C'est pourquoi une partie de ce livre est consacrée à ce qui peut paraître des spéculations extra-zoologiques, des divagations, voire des sottises. Mais dans une telle enquête, il convient de retenir même ce que dit le poète, car Robert Graves nous en a avertis :

Soyez assurés que le Dragon n'est pas mort,
Et qu'une fois de plus sa fabuleuse tête verte
Surgira des lacs paisibles...

CHAPITRE II

L'ENIGME DU LOCH NESS

Un monstre réel ?

« Quoique nos historiens aient souvent cité le lac Ness et estimé qu'il est une des merveilles de l'Ecosse, ils n'en ont donné qu'un mauvais compte rendu. »
(Master FRAZER, de Kirkhill, en 1699)

Pour raconter l'histoire du monstre du loch Ness, le mieux est de commencer le récit en 1933. Si l'on s'en tient aux articles de presse, la bête a été vue pour la première fois le 14 avril 1933, de la nouvelle route longeant la rive nord. C'est l'*Inverness Courier,* journal local très respecté, qui publia le 2 mai un article sur l'événement, rédigé par son correspondant de Fort Augustus, Alex Campbell (Planche 10). Quand le directeur du journal, le Dr Barron, lut ce texte, il déclara : « Nous ne pouvons pas continuer d'appeler cet animal une bête. S'il est aussi gros qu'on le dit, il faut que ce soit un véritable monstre ! » C'est ainsi que le mystérieux animal devint dans la presse le « monstre » du loch Ness. Toutefois, cette appellation lui fut donnée pour la première fois en manchette par un journal concurrent, le *Northern Chronicle* du 8 mai.

Campbell commence par noter que, depuis des générations, on dit le loch Ness hanté par « un monstre d'aspect effrayant », encore qu'il se soit agi seulement jusqu'alors de légendes locales.

« Or [poursuit-il], voici que la bête vient d'être vue de nouveau. Vendredi dernier, un homme d'affaires bien connu. habitant près d'Inverness, roulait en voiture avec sa femme sur la route nouvelle du loch, quand à leur vive surprise ils remarquèrent un remous considérable à la surface de l'eau... La bête s'est montrée pendant une bonne minute. Son corps rappelait une baleine ; l'eau ruisselait et tourbillonnait autour d'elle, comme celle d'un chaudron en ébullition... Les deux témoins de ce phénomène estiment qu'il était vraiment très étrange, et qu'il ne s'agissait pas d'une bête ordinaire. »

Elle ne l'était certes pas. En effet, quelques années auparavant, des pêcheurs à la ligne d'Inverness avaient « rencontré un animal inconnu, dont la corpulence, les mouvements et la masse d'eau qu'il déplaçait les incitèrent à penser que c'était un très gros phoque, ou un marsouin, ou vraiment le monstre lui-même ».

Les témoins anonymes de Campbell s'appelaient Mr. et Mrs. John Mackay : propriétaires de l'hôtel de Drumnadrochit, ils ne voulaient pas avoir l'air de susciter de la publicité, ce qui n'empêcha pas certains journaux, tel le *New York Herald Tribune*, de les en accuser. Beaucoup de gens à cette époque jugèrent plausible l'explication de Campbell : les Mackay avaient dû voir un phoque. Ainsi, Sir Compton Mackenzie déclara qu'il avait, lui aussi, vu le « monstre » bien avant les Mackay, et qu'à son avis c'était sûrement un phoque gris blessé. Plus tard, en 1957, Richard Carrington estima aussi qu'il s'agissait d'un phoque, venu et reparti au bout de quelques mois. Or, les observations continuelles démontrent que le monstre, quelle que soit sa nature, est toujours dans le loch et n'est rien d'aussi banal qu'un phoque gris.

Fig. 1. Le monstre observé par les Mackay.

Il convient de préciser avant tout la curieuse géographie du loch Ness, car beaucoup du mystère qui l'enveloppe tient à ses étranges caractéristiques.

Jusqu'en 1933, une seule route datant de 1715 reliait, par la rive sud, Inverness à Fort Augustus ; serpentant parmi les collines, elle longeait peu le rivage, dont les arbres et les buissons masquaient souvent le lac. En 1932, on entreprit de créer une autre route sur la rive nord. Pour cela, il fallut dégager beaucoup de terrain et faire souvent sauter des blocs rocheux ; on prétendit par la suite que le bruit des explosions avait dérangé le monstre et provoqué ses plus fréquentes apparitions à la surface (Planche 1).

Les photographies de l'époque montrent que, de la nouvelle

route, la vue sur tout le lac était excellente. C'est le plus vaste plan d'eau douce de la région ; situé à environ 15 mètres au-dessus du niveau de la mer, il mesure à peu près 38 kilomètres de long, et sa largeur n'excède jamais 2 kilomètres. Avec les lochs Oich et Lochy, il constitue la plus importante section du canal Calédonien, qui coupe l'Ecosse d'est en ouest et relie Inverness à Fort William. Ses rives plongent à pic dans l'eau, et sa profondeur dépasse parfois 300 mètres. Son fond plat est couvert de sédiments ; des prélèvements effectués en 1962 ont montré qu'ils sont dépourvus de bactéries génératrices de gaz. La tourbe, charriée par les ruisseaux et rivières qui s'y jettent, teinte l'eau du lac de couleur si sombre que les plongeurs y voient mal et ne peuvent presque pas pratiquer la photographie aquatique. Sa température, très fraîche (de l'ordre de 6° centigrades), demeure constante d'un bout à l'autre de l'année : le Loch Ness ne gèle jamais. Pour le Dr Samuel Johnson qui passa par là en se rendant aux Hébrides en 1773, c'était là le seul mystère du loch Ness : les savants de son temps ne pouvaient l'expliquer.

Si l'on part d'Inverness par la vieille route de la rive sud, on traverse divers villages — Whitefield et Inverfarigaig, puis Dores et Foyers. Au début, la route longe de près le lac, qui comporte une série de petites plages. A Inverfarigaig, la Farigaig se jette dans le loch en formant une petite baie. A Foyers, une autre rivière s'y précipite en cascades célèbres, au fond d'une baie un peu plus vaste. Ces embouchures sont importantes, parce qu'une grande partie des observations du monstre y ont eu lieu. A partir de Foyers, la route s'enfonce dans les collines durant plusieurs kilomètres, puis redescend vers Fort Augustus, dont la fameuse abbaye se dresse sur la rive. C'est de là que part la nouvelle route de la rive nord. Elle passe par les localités d'Invermoriston, Drumnadrochit et Abriachan ; elle longe entre autres la baie d'Urquhart, dominée par les ruines pittoresques d'un château médiéval. Dans l'ensemble, la rive est souvent envahie par la végétation et marécageuse (Planche 2).

A regarder la carte, on s'imagine que le lac doit en général être visible des routes. Tel n'est pourtant pas le cas. Le long de la vieille route, la visibilité n'est bonne que sur quelques kilomètres à cause des arbres, et au bord de la nouvelle, la végétation s'est beaucoup développée depuis 1933. Les meilleurs points de vue se trouvent à Foyers, à Fort Augustus, et au château d'Urquhart ; mais si l'on désire vraiment trouver le monstre, il faut le chercher dans des lieux plus inaccessibles.

C'est seulement après la publication du récit de Mr. et Mrs. Mackay qu'on a commencé à s'intéresser aux bruits antérieurs, concernant l'existence d'un animal étrange dans le loch Ness. Les pêcheurs à la ligne, mentionnés par Campbell, avaient vu la bête en juillet 1930. Il s'agissait de Mr. Ian Milne et de deux amis qui, pêchant un après-midi dans la baie de Dores, virent soudain un animal surgir de l'eau écumante, décrire un grand demi-cercle, puis replonger et disparaître. Long d'environ 7 mètres, il semblait propulsé par la queue et avoir deux ou trois petites bosses qui se déplaçaient en ondulant. Le *Northern Chronicle* publia l'histoire sous le titre : « Une étrange rencontre sur le loch Ness ». Mais ce n'était pas le premier compte rendu de ce genre paru dans un journal.

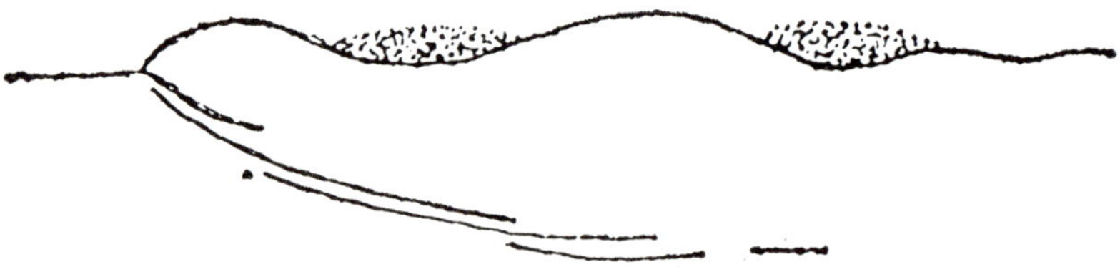

Fig. 2. L' « étrange observation » de Ian Milne.

Cet article provoqua aussitôt l'envoi au journal d'une lettre de lecteur, signée « Campeur », et relatant les faits suivants. Trois ans plus tôt, il campait au bord du loch Ness, à la ferme du château de Ness. De grand matin, il entendit un bruit formidable provenant du lac. Sortant de sa tente, il vit ce qu'il prit pour un gros phoque s'agiter à la surface avec un poisson dans la gueule. Très grand, l'animal avait une tête plate. L'homme rentra dans la tente pour mettre des bottes, mais quand il revint sur la rive « le monstre avait disparu ». Sans raison précise, on cessa en 1930 de s'intéresser à ce mystérieux animal. Il allait en être tout autrement en 1933.

On ne tarda pas en effet à signaler que la plus ancienne référence au monstre datait du VIIe siècle. Elle se trouve dans la biographie de saint Colomba, moine irlandais qui convertit les Pictes, rédigée un siècle après sa mort par son compatriote Adamnan. Un des chapitres est intitulé : « Comment le saint homme réussit, par le pouvoir de sa prière, à chasser un certain monstre aquatique ». L'incident eut lieu vers l'an 565, sans doute à Bonar Narrows, l'étroite passe à l'extrémité du loch :

« Une autre fois, alors que le saint homme passait de nouveau quelques jours dans la province des Pictes, il jugea nécessaire de traverser la rivière Ness. En arrivant sur la berge, il vit quelques habitants de la localité en train d'ensevelir un malheureux garçon. Celui-ci, expliquèrent-ils, avait été saisi peu auparavant par un monstre aquatique pendant qu'il nageait, et sauvagement mordu. Des pêcheurs armés de harpons étaient parvenus à récupérer son cadavre. Le saint homme ordonna alors à l'un de ses compagnons d'aller à la nage chercher une barque amarrée sur l'autre rive. Aussitôt, Lugne Mocumin se déshabilla, ne gardant que son caleçon, et se mit à l'eau. Mais le monstre, attiré par les mouvements du nageur, surgit brusquement au milieu du courant et se rua sur lui, la gueule ouverte et poussant un grand rugissement. Voyant cela, le saint homme [...] ordonna au monstre féroce : " Arrête-toi et ne touche pas cet homme ! Va-t'en tout de suite ! " Quand il entendit l'ordre du saint, le monstre fut terrifié et s'enfuit, plus vite que s'il avait été tiré par des cordes ; et pourtant il se trouvait si près de Lugne qu'il n'y avait pas entre eux plus de distance que la longueur d'un piquet. »

Cet étrange récit a bien entendu posé un problème aux auteurs de notre époque. Mrs. Whyte l'a cité en appendice de son livre, parmi les légendes plus ou moins fondées ; quant à Rupert Gould, toujours sceptique, il n'en parle même pas. Pour ma part, je crois que cette histoire est vraie et à peine exagérée. Nous le verrons plus loin, ce n'est pas la seule observation d'un monstre, signalé en une époque lointaine, et si celle-ci est la plus convaincante, il n'est pas moins certain que des poètes et saints irlandais ont vu de tels animaux depuis très longtemps. Certes, c'est la seule fois qu'on signale la bête attaquant quelqu'un, mais cela n'a rien d'invraisemblable. Les autres détails relatifs au monstre ont été confirmés par quantité de comptes rendus bien plus récents. On peut discuter sur le rugissement, qui semble plutôt plaider en faveur de la véracité du récit. Il n'a été entendu qu'une autre fois, quand la bête a failli être renversée par une voiture en 1923. Cependant, on a signalé en d'autres parties du monde des cris aigus et répétés de tels monstres. Si l'histoire paraît bizarre à première vue, elle ne l'est pas quand on la replace dans son contexte.

Bien entendu, il convient d'accepter de telles données avec les plus expresses réserves, mais j'estime que dans l'ensemble le récit d'Adamnan est digne d'attention. Je n'en dirai pas autant de certains autres écrits. Ainsi, la théorie d'un écrivain du XIXe siècle (souvent reprise par des auteurs modernes), selon laquelle le loch Ness doit son nom à une nymphe celtique nommée Nessa, est totalement dépourvue de fondement : l'origine du nom, inconnue à ce jour, est sans doute nordique. Il faut cependant noter que, selon l'historien romain Dion Cassius, les Calédoniens (ancien nom des Ecossais au temps de la Rome antique) ne mangeaient jamais de poissons du loch Ness, considéré comme tabou, ce qui est assez étrange.

Plus près de nous, Richard Frank mentionne dans ses *Northern Memoirs* (1658) une « île flottante » dans le loch Ness, qui pourrait être la bosse dorsale du monstre émergeant à la surface. Dans le quatrième volume de la septième édition de *Tour through the whole Island of Great Britain,* Daniel Defoe a, paraît-il, évoqué les « léviathans » qui dérangeaient souvent les soldats construisant en 1716 la route de la rive sud. Je n'ai hélas ! trouvé aucun épisode de ce genre dans les éditions que j'ai consultées, et jusqu'à preuve du contraire je crois que ces « léviathans » sont aussi fabuleux que la déesse Nessa.

Durant des siècles, on a parlé de « chevaux-aquatiques » dans la région du loch Ness. Campbell of Islay, auteur d'ouvrages sur les légendes locales, écrivit en 1860 que le loch était, lui avait-on dit, « plein de taureaux aquatiques », mais qui « ne remontaient jamais jusqu'aux cascades de Foyers ». Les vieux se rappellent que dans leur enfance on leur interdisait de jouer près du rivage, à cause d'une grosse bête vivant dans le loch, et beaucoup de personnes affirmaient l'avoir vue.

Le plus ancien témoin dont nous connaissons le nom, Jimmy Hossack, vit le monstre vers 1862. Puis ce fut un Mr. Mackenzie, de Dalnairn, qui déclara à Rupert Gould qu'il l'avait également vu, en octobre 1871 ou 1872, près d'Abriachan, alors qu'il traversait le loch en venant d'Aldourie. Il crut d'abord à un tronc d'arbre dérivant à la surface ; mais au milieu du loch, l'animal prit la forme d'un canot renversé et s'éloigna à vive allure, faisant bouillonner l'eau.

Vers 1878, selon une anecdote racontée par William Mackenzie, de Cannich, un paysan, qui se lavait les pieds en fin de journée dans le loch, fut effaré, en voyant émerger soudain la tête du monstre, à vingt mètres de lui.

Vers 1889, un maçon d'Abriachan, nommé Alexander MacDonald, voyait souvent l'étrange animal s'ébattre de bon matin dans le loch. Le traversant chaque jour par le bateau reliant Abriachan à Inverness, il était souvent très excité après avoir vu ce qu'il appelait « la salamandre ». Le capitaine et l'équipage du navire apercevaient parfois l'animal et le décrivirent non comme un amphibien, mais avec une fourrure et des pattes (Planche 1).

Roderick Matheson, propriétaire de la goélette *Bessie* qui parcourait souvent le canal Calédonien, rapporta que, jeune officier, il avait vu un jour ce qu'il appela « la plus grosse anguille qu'il eût jamais rencontrée ». La bête avait « une encolure de cheval, avec ce qui ressemblait à une crinière ».

Ainsi, même au siècle dernier, personne ne pouvait déterminer exactement ce qu'était le monstre : un poisson, un lézard géant, ou un animal à fourrure. On a l'impression aussi qu'il s'agissait d'un secret local, qu'il convenait de ne pas divulguer. En 1889, H.J. Craig et son frère pêchaient en bateau près du château d'Urquhart, dans un loch absolument calme. Tout à coup, une « forme énorme » surgit de l'eau près d'eux et fonça vers Inverness. Affolés, ils regagnèrent la rive à force de rames et racontèrent à leur père qu'ils venaient de voir une bête « ressemblant à un formidable serpent ». Ils reçurent alors l'ordre de n'en parler à personne. Peut-être est-ce à de telles réticences que le monstre doit de n'avoir pas été signalé plus souvent.

Pourtant, certaines personnes se mettaient à en parler. Lorsqu'en 1895 le duc de Portland acquit le droit de pêche au saumon dans le loch Oich et la rivière Garry, il entendit souvent le garde forestier, le gérant de l'hôtel et ses rameurs, évoquer une « horrible grosse bête » vivant dans le loch Ness.

C'est à partir du début du siècle que les comptes rendus se firent plus fréquents. Un des plus significatifs émana, vers 1903, de John MacLeod, d'Invermoriston. Alors qu'il pêchait avec un ami dans la petite baie à l'embouchure de la rivière Moriston, il remarqua une grosse bête, immobile à la surface de l'eau, de l'autre côté de la baie. L'animal avait environ dix mètres de long, une tête plate et une longue queue pointue. MacLeod raconta son histoire à beaucoup de visiteurs, en particulier à Rupert Gould qui, au cours de ses voyages en Ecosse, recueillit d'autres témoignages d'observations du monstre faites avant 1933.

Ainsi, en décembre 1903, Mr. Frazer, de Knockie, et deux autres hommes se rendaient en barque à Invermoriston pour y prendre le vapeur, quand ils virent quelque chose ressemblant à un canot renversé. Ils firent force de rames pour s'en rapprocher, mais c'était un animal qui s'enfuit à toute vitesse, sans qu'ils pussent le rattraper. Ils estimèrent sa longueur à environ cinq mètres, à peu près celle des canots locaux.

En outre, Rupert Gould apprit un curieux incident, survenu pendant la Première Guerre mondiale, de la bouche de Kenneth Mackay, le frère du propriétaire de l'hôtel de Drumnadrochit, dont le premier témoignage est à l'origine de toute l'affaire. Un soir, le garde-chasse principal du domaine de Balmacaan, James Cameron, arriva l'air bouleversé au bar de l'hôtel et se fit servir une forte rasade de brandy. Le voyant si déprimé, Mackay le raccompagna chez lui et apprit ainsi la cause de son trouble. Alors qu'il pêchait en bateau, un « énorme animal » avait émergé tout près de lui. Epouvanté, il s'était laissé choir au fond de l'embarcation. Il ne voulut pas en dire plus et fit jurer à Mackay de garder le secret. Celui-ci tint parole, et ce fut seulement lors des événements de 1933 qu'il se rappela l'histoire, dont il comprit tout le sens.

Gould apprit aussi que Mr. William Miller et sa femme avaient vu un animal, « dont l'aspect évoquait celui d'un canot renversé », d'abord en juillet 1914 dans la baie de Dores, puis près de la rive, à la jetée d'Abriachan. Pourtant Mr. Miller n'avait jamais cru à ces « histoires de monstre ». C'est également près d'Abriachan qu'en août 1929 une certaine Mrs. Cumming aperçut une bosse à la surface du loch. Enfin un facteur, James Cameron, vit en février 1932 une sorte de « canot la quille en l'air », au large de Shrone Point.

Malgré toutes ces rumeurs émanant du passé, le récit des Mackay relaté par Campbell rencontra beaucoup d'incrédulité. Pourtant l'affaire n'en resta pas là et, durant plus d'une année, les journaux locaux publièrent chaque semaine des articles relatifs au monstre. Grâce à la perspicacité du Dr Barron, sa célébrité grandit dans le monde entier. Depuis ce fameux 14 avril 1933, les témoignages de ce genre n'ont cessé d'affluer : on estime aujourd'hui que leur nombre dépasse trois mille.

Quelques-uns des tout premiers sont typiques de ce qui sera continuellement constaté par la suite. Le 11 mai, Mr. Alexander Shaw et son fils se tenaient sur la pelouse de leur propriété de Whitefield (dominant le loch d'environ 50 mètres), quand ils virent un sillage à quelque 500 mètres du rivage. Le dos d'un animal émergea alors, près de la baie d'Urquhart, juste en face d'eux. Ils eurent l'impression que quelque chose de long et d'ondulant passait devant eux ; à l'arrière, l'eau tourbillonnait, comme si l'hélice d'un moteur hors-bord la brassait.

Fig. 3. Le monstre d'Alexander Shaw

D'autres témoins furent, à cette époque, la famille MacLennan, de Temple Pier, près de Drumnadrochit, qui virent le monstre à plusieurs reprises en 1933. Selon Mr. Thomas MacLennan, l'animal avait environ dix mètres de long et quatre nageoires. Mrs. MacLennan aperçut le cou, la tête et le bout de la queue. La tête, un peu plus large que le cou effilé, émergeait à peu près d'un mètre. Les bosses saillaient moins quand la bête se déplaçait. A la base du cou, il y avait une sorte de crinière. La queue ressemblait à celle d'un poisson ; je pense qu'on a voulu dire par là qu'elle était bilobée, fourchue.

Une autre observation typique fut celle signalée le 27 mai à Alltsaigh par Miss Nora Simpson. Elle vit le monstre flotter, immobile, à quarante-cinq mètres, montrant deux bosses et ayant environ dix mètres de long. La bosse antérieure semblait plus petite que l'autre. Au bout de dix minutes, l'animal s'immergea, partit vers le milieu du loch en traçant un sillage en « V », puis disparut en un brusque plongeon qui suscita des vaguelettes venant se briser sur la rive.

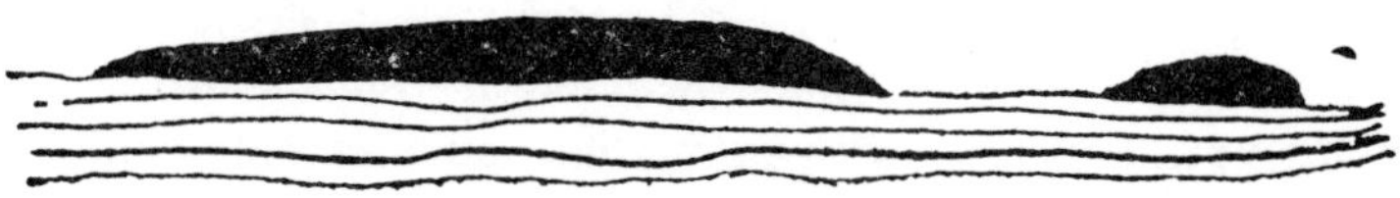

Fig. 4. Le monstre de Nora Simpson.

Ces comptes rendus semblent assurément confirmer les légendes relatives à l'existence d'un gros animal dans le loch. Je n'ai pas l'intention de citer tous ceux qui furent publiés : je ne retiendrai que les plus significatifs, comme celui paru dans le *Chronicle* du 7 juin. Un aviateur signala qu'en survolant le loch en fin mai, près du château d'Urquhart, il remarqua dans les profondeurs une forme qui ressemblait à un alligator, d'environ huit mètres de long et un mètre de large. Il proposa de lancer sur lui des grenades sous-marines, mais heureusement personne ne suivit cette suggestion. (Plus tard, en 1939, un représentant de la BBC, survolant le loch, vit durant un bref instant une sorte de tête de phoque et deux bosses.)

Si l'idée d'un alligator paraît étrange, il devait y en avoir d'autres, encore plus bizarres. Le 22 juillet après-midi, Mr. George Spicer, directeur de société à Londres, et sa femme prirent en auto la route de la rive sud, d'Inverness à Foyers. Peu après Whitefield, ils gravissaient une petite côte quand un animal extraordinaire surgit des fourrés recouvrant le talus à leur gauche. Un long cou et un corps massif franchirent par bonds la route en quelques secondes, puis disparurent dans les buissons bordant le rivage. Accélérant, car la voiture était à environ 200 mètres de la bête, ils arrivèrent sur place trop tard pour voir quoi que ce soit d'autre : l'animal s'était enfui dans l'eau.

Par la suite, les Spicer se rappelèrent d'autres détails. Le long cou ondulait de bas en haut « à la manière d'un *scenic railway* », dit Mr. Spicer. L'animal avait traversé trop vite pour qu'on pût en distinguer la tête. Le corps était assez gros, avec un dos

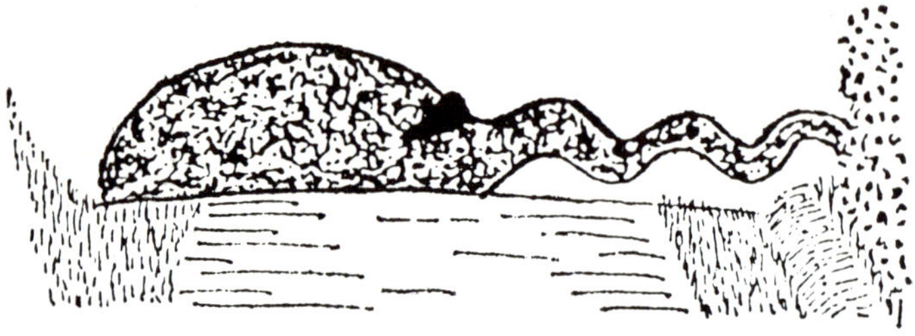

Fig. 5. La version des Spicer de l'animal à terre.

protubérant. S'il y avait des pieds Mr. Spicer estima qu'ils devaient être « du genre palmé ». A cause de la côte qu'ils gravissaient, les voyageurs ne pouvaient distinguer la partie inférieure du corps ni la queue, s'il y en avait une. La couleur, gris foncé, rappelait celle de l'éléphant, et « la texture de la peau, répugnante, celle de la limace ». Mr. Spicer estima que la bête mesurait plus d'un mètre de haut et deux mètres de long ; mais quand il apprit ensuite que la largeur de la route était de quatre mètres, il rectifia son évaluation et déclara que l'animal devait avoir au moins huit mètres de long. Trois ans plus tard, cette longueur était passée à dix mètres ; je crois que la première impression est en général la plus exacte.

Mr. Spicer écrivit à l'*Inverness Courier* pour raconter sa rencontre et demander ce qu'était cet animal. Sa lettre fit sensation. Quelle était donc cette bête, qui pouvait bouleverser l'élément liquide et se déplacer aussi sur la terre ferme ? « Est-ce une variété de plésiosaure ? » demanda le *Chronicle*, le 9 août. L'idée du monstre préhistorique plut au public. Le fantôme des grands dinosaures était revenu et allait demeurer longtemps là.

En fait, ce n'était pas la première fois qu'on voyait le monstre à terre. Mais avant de revenir à ce genre d'observations, il me semble nécessaire de rappeler un certain nombre d'apparitions antérieures.

Ainsi, William MacGruer, qui passa toute sa vie à Fort Augustus, a raconté une étrange histoire en octobre 1933 dans les colonnes de l'*Inverness Courier*. Plus de vingt ans auparavant, vers 1909, cinq ou six enfants de dix à douze ans étaient allés chercher des nids d'oiseaux dans les fourrés de la baie d'Inchnacardoch. Ils ne s'étaient guère éloignés de la route lorsqu'ils virent soudain une bête bizarre surgir d'un buisson, gagner le loch distant de quelques mètres, puis disparaître dans l'eau. Les enfants rentrèrent chez eux à toutes jambes, et leur agitation prouva qu'ils n'inventaient pas la description de l'animal : il ressemblait à un chameau, avait un long cou, un dos bossu et d'assez longues pattes, mais il était beaucoup plus petit qu'un chameau, dont il avait la même couleur jaune pâle. Contrairement au récit des Spicer, celui de MacGruer n'eut pas d'échos.

En 1936, le lieutenant-colonel Guy Liddell rappela, dans une lettre au *Times*, qu'au cours d'une visite au foyer de jeunesse d'Inchnacardoch il avait entendu la directrice, Mrs. Peter Cameron, raconter qu'elle avait autrefois vu le monstre sur la terre ferme. Or, elle était la sœur de William MacGruer, ce qui nous donne une seconde version de l'incident. Alors qu'elle avait quinze ans, elle jouait avec ses deux jeunes frères, par un après-midi ensoleillé de septembre, sur la plage contiguë au garage des bateaux d'Inchnacardoch. A cet endroit, le loch est très peu profond et ses rives sont couvertes de buissons. Tout à coup, les enfants aperçurent un animal qui se traînait du rivage vers l'eau. « Il avait les épaules voûtées et balançait la tête d'un côté et de l'autre. » Il paraissait gêné par son poids quand il se déplaçait, un peu comme un éléphant. Il avait un long cou et une petite tête, rappelant l'aspect du chameau, auquel il ressemblait aussi par la couleur claire de son pelage. Mrs. Cameron remarqua deux membres antérieurs, mais ne mentionna pas de queue, ce qui nous laisse supposer qu'il n'y en avait pas. Elle devait revoir le monstre, dans l'eau cette fois, en juillet 1934, deux ans avant son entretien avec Liddell.

En décembre 1933, Mrs. Reid, épouse du receveur des postes d'Inverfarigaig, se rendait en auto à Inverness quand elle vit un étrange animal, couché dans la clairière d'un bois, sur la pente de la colline bordant le loch. Il se trouvait à environ cent mètres de la route et en partie masqué par des fougères. Sans préciser beaucoup de détails, elle eut l'impression que la bête, ayant environ deux mètres de long et une forme d'hippopotame, était de couleur très sombre et velue ; elle avait une grosse tête ronde, une épaisse crinière, des pattes courtes et épaisses. A vrai dire, je crains que ce témoignage, qu'aucun auteur n'a relevé (comme celui de William MacGruer) ne fasse guère progresser le débat.

Au mois d'août, un autre animal étrange fut remarqué par Mrs. MacLennan, dont nous avons cité plus haut des observations antérieures. Rentrant de l'église en précédant sa famille, un dimanche matin, elle s'était déchaussée parce que ses souliers lui faisaient mal : c'est pourquoi elle approcha sans bruit de la bête, qui se reposait sur une falaise dominant de deux mètres la plage, en contrebas de la route. Quand elle cria : « Papa ! » l'animal se laissa glisser dans le lac et disparut. A Gould elle déclara que sa longueur était d'environ huit mètres, qu'il avait une peau grise et ridée comme celle d'un éléphant, avec des bosses ; mais celles-ci lui semblaient moins importantes que celles aperçues à la surface du loch. En novembre 1959, elle fournit des détails supplémentaires à Maurice Burton, qui préparait alors son livre sur le monstre :

« Il avait les pattes courtes, épaisses, et des pieds ongulés comme ceux du cochon, mais beaucoup plus gros. Il ne paraissait pas avoir d'oreilles, et pourtant il entendait très bien. Il s'est dressé sur ses antérieurs (il avait quatre pattes), puis il a glissé de la falaise dans l'eau... Il ne s'est pas levé comme disons une vache, car ses membres postérieurs restaient collés au sol, à la manière d'un phoque. Il semblait avoir un corps trop pesant pour ses pattes. Il est parti tranquillement, en soulevant des gerbes d'eau. Quand ma famille m'a rejointe, il n'y avait plus à la surface du loch que des ronds concentriques, autour de l'endroit où il venait de plonger. »

Ce témoignage est très important, pour ce qui est des pattes et de la manière de se mouvoir. Les Spicer ne les avaient pas vues, et ni MacGruer ni sa sœur ne donnent des détails à ce sujet. Il semble donc bien qu'on se trouve en présence d'un gros animal ressemblant à un phoque : les pattes-nageoires postérieures traînant sur le sol, et la manière de se dresser sur les antérieurs, sont caractéristiques du phoque. Mais de toute évidence, il ne pouvait s'agir d'un phoque ordinaire, classé par la science, car aucune des espèces de Pinnipèdes n'a un très long cou. En outre, comment expliquer les pieds ongulés, les sortes de sabots ?

Ils n'ont pas manqué d'intriguer Burton, mais Mrs. MacLennan ne tarda pas à lui envoyer d'autres explications, sous la forme de la photographie d'une reconstitution de dinosaure, dont le pied correspondait à ce qu'elle avait vu. Encore que sur l'image, ce pied fut en partie caché, on en distinguait deux griffes qui formaient comme un sabot fourchu. On peut supposer en tout cas que les pattes de l'animal paraissaient fourchues parce que ses doigts griffus étaient joints par une palmure, comme chez les tortues, les loutres et les phoques.

A en juger par tous les témoignages cités, on pourrait croire bien établie l'existence d'une grosse bête dans le loch Ness, et même qu'un peu de son aspect avait été révélé, et qu'on allait par conséquent pouvoir l'identifier. Or, telle ne fut pas l'opinion générale à cette époque. Le récit de Mrs. MacLennan se perdit dans une masse de rapports et d'articles, souvent contradictoires, de la presse, qui suscitèrent l'intérêt national durant tout l'été de 1933. Mais en général, les déclarations de témoins oculaires étaient commentées avec incrédulité, voire tournées en dérision. C'est ainsi que, le 29 octobre 1933, le directeur de l'aquarium du zoo de Londres, E.G. Boulenger, écrivit dans l'*Observer* :

« L'affaire du monstre du loch Ness mérite qu'on s'y intéresse, ne serait-ce que parce qu'elle nous offre un exemple saisissant d'hallucination collective... Durant d'innombrables siècles, cette grande voie d'eau intérieure a été le cadre de légendes mystérieuses... Quiconque connaît un peu la nature humaine n'aura aucune peine à comprendre comment un animal, prétendûment aperçu un jour par quelques personnes, ne tarde pas à se révéler à beaucoup d'autres. »

Quelques jours plus tard, le 11 novembre, dans un article de l'*Illustrated London News*, un autre savant se refusa à croire à l'existence du monstre. En 1906, pourtant, le même personnage, W.R. Pycatt, avait sentencieusement commenté les observations de deux naturalistes anglais concernant un serpent-de-mer : « Sérieusement, nous ne pouvons plus désormais considérer le « Serpent-de-mer » comme un mythe. Il est incontestable que l'océan recèle un secret que nous n'avons pas encore percé. »

Maintenant il faisait chorus avec ses collègues pour nier toute possibilité de secret dans le loch Ness. N'ayant été vu que par des profanes, le monstre ne pouvait être, à son avis, qu'un simple phoque. Cependant, des réfutations de ce genre durent bientôt être révisées, lorsque parut la première photographie de l'animal (Planche 3).

Le dimanche 12 novembre 1933, Mr. Hugh Gray se promenait au bord du loch, à quelque 800 mètres de sa maison de Foyers. Il avait emporté son appareil photo. Parvenu à une corniche dominant de dix mètres le loch, il vit soudain sa surface calme s'agiter violemment. Un gros animal à long cou émergea, et Mr. Gray eut le temps de prendre cinq clichés ; mais il distingua peu de détails, à cause des gerbes d'eau que la bête projetait en s'ébattant. Le rouleau de pellicules ne fut développé que trois semaines plus tard à Inverness. Quatre des clichés étaient ratés, mais le cinquième montrait l'animal tel qu'il l'avait décrit, entouré d'écume. Le journal écossais *Daily Record* publia la photo avec une déclaration de Mr. Gray : « L'animal avait des dimensions considérables » ; sa tête était demeurée immergée, mais il y avait « de grands mouvements de ce qui semblait être la queue, du côté le plus éloigné de lui ». C'était « une très grosse bête, de couleur sombre, à peau lisse et luisante ».

Après examen du cliché, les techniciens de Kodak affirmèrent qu'il était rigoureusement authentique et n'avait fait l'objet d'aucun truquage. On envoya alors des exemplaires de la photo à plusieurs zoologues, en leur demandant ce qu'ils en pensaient.

Le professeur Graham Kerr, de l'Université de Glasgow, déclara qu'elle « n'était pas convaincante, en tant que représentation d'un animal vivant ». J.R. Norman, du *British Museum*, estima qu'il pouvait s'agir « d'une baleine, du genre Hyperoodon, d'un requin de très grande taille, ou tout simplement d'une épave ». Selon un autre savant, ce pouvait être un tronc d'arbre pourrissant, soulevé un instant à la surface par des gaz de décomposition. Ces diverses suggestions furent reprises de temps en temps, en dépit de leur invraisemblance, par des spécialistes. En admettant qu'elles fussent plausibles, aucune d'elles n'expliquait la caractéristique essentielle du monstre : son long cou.

Quand le député local proposa, le 12 novembre 1933, à la Chambre des communes l'ouverture d'une enquête, le porte-parole du gouvernement déclara que de telles activités « devaient être laissées à des entreprises privées de savants, aidés par les journaux et les photographes ». La presse se montrait certainement intéressée, mais on est en droit de trouver étrange le manque d'intérêt manifesté par la science officielle. Même s'il s'agissait d'un cétacé bloqué dans le loch, n'était-ce pas digne d'investigations ? En fait, les savants sont des hommes comme les autres, soucieux de leur amour-propre ; ils n'auraient surtout pas voulu perdre la face, en reconnaissant si peu que ce fût l'existence de la bête.

Prise en novembre, la photo de Hugh Gray ne fut publiée que le 6 décembre, et déjà à cette époque les gens s'inquiétaient du sort du monstre. Lors de son assemblée générale du 11 novembre, la Société de pêche du loch Ness souleva la question de sa protection. On offrit des récompenses à quiconque le capturerait vivant. Le Cirque Bertram Mills se porta acquéreur de l'animal pour 20 000 livres sterling, le zoo de New York proposa 5 000 dollars, et une personne anonyme 1 000 livres. Sur le plan local, tout cela commençait à préoccuper la population. Le commissaire de police d'Inverness prit un arrêté interdisant de capturer le monstre ou de lui faire du mal, mais contrairement à ce que l'opinion publique a longtemps cru, le Parlement ne fit rien de tel.

Néanmoins, la première enquête sérieuse sur le phénomène avait déjà commencé. Le capitaine de corvette retraité Rupert Gould, écrivain réputé pour l'intérêt qu'il portait aux choses extraordinaires et inexpliquées, fut invité par son ami Alexander Keiller, archéologue et homme d'affaires bien connu en Ecosse, à enquêter sur ce sujet. Du 9 au 23 novembre, il circula à motocyclette autour du loch, recueillit les déclarations de témoins oculaires et interrogea en tout cinquante et une personnes. Ayant achevé ses recherches sur place, il rédigea un bref communiqué pour la presse. Quand il téléphona à l'agence de Glasgow pour le faire publier, une jeune secrétaire lui répondit d'un air dégoûté : « Oh ! Le loch Ness ! Nous ne voulons pas de ça ! Nous n'y croyons pas ! » Ses déclarations ne parurent donc que dans les journaux locaux, l'*Inverness Courier* et le *Scotsman.* On peut en déduire que le public ne s'intéressait plus guère à cette affaire. Il n'allait pas tarder à changer d'avis.

Trois jours après la parution de la photo de Hugh Gray, le *Times* du 9 décembre publia un long et brillant article du capitaine de corvette Gould, récapitulant les preuves de l'existence du monstre. A son avis, il était évident qu'un étrange animal vivait dans le loch Ness : ce devait être un serpent-de-mer, d'un type connu depuis longtemps, et qui faisait penser à une sorte de triton géant. Cette thèse toute nouvelle, il laissait aux savants qualifiés le soin d'en juger.

Mais ces savants refusèrent de se laisser convaincre. Ainsi, W.T. Calman, du *British Museum,* déclara qu'il croirait à l'existence du monstre quand il en aurait examiné un spécimen, car les savants ne jugent que sur spécimens. (Ce n'était pas tout à fait vrai, puisqu'on a inclus dans la nomenclature zoologique des Cétacés de certaines espèces qui ont été simplement repérées, sans qu'on en eût capturé un seul spécimen.) Des gens plus impartiaux estimèrent tout de même, après l'article de Gould, que le loch Ness contenait quelque chose qui valait la peine qu'on s'y intéressât. Le *Times,* qui avait jusqu'alors ignoré l'affaire, commenta l'article de Gould dans un éditorial, ouvrit une rubrique de correspondances sur ce sujet, et se mit même à publier les comptes rendus de son correspondant local, relatifs à de nouvelles observations du monstre. Quant à l'*Illustrated London News,* en dépit de l'incrédulité de son rédacteur scientifique, il envoya sur place son meilleur dessinateur, G.H. Davies. Celui-ci recueillit un nombre impressionnant de témoignages et les illustra de croquis, qui parurent dans un des premiers numéros de la nouvelle année (1934).

Quelques-uns de ces rapports fournirent de nouveaux détails sur l'aspect du monstre. Ainsi, le 5 août, l'officier mécanicien Richard Meiklem vit nettement une seule bosse émerger devant Cherry Island et demeurer immobile pendant trois minutes, si bien qu'il peut l'observer à la jumelle. De couleur gris-bleu, elle comportait une arête en son milieu, qui semblait s'amenuiser vers la surface de l'eau. Le corps paraissait légèrement incurvé. La peau semblait verruqueuse. L'arête dorsale était plus foncée que le reste de la bosse, dont les côtés plongeaient verticalement dans le loch.

Le 11 août de cette même année 1933, un autre ingénieur,

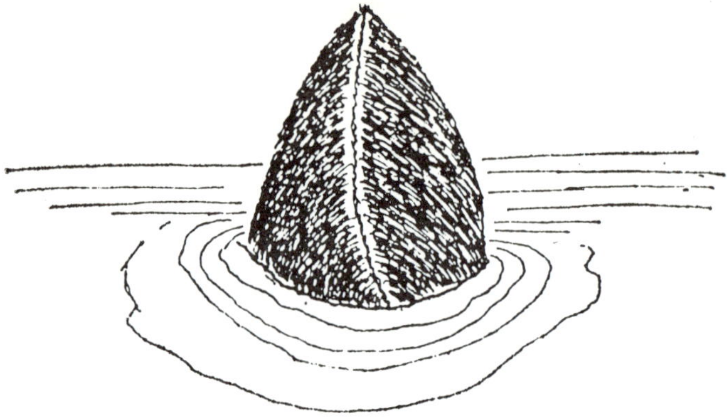

Fig. 6. La bosse vue par l'officier mécanicien Meiklem.

Mr. A.H. Palmer, qui campait près d'Achnahannet, fit une curieuse observation. De bon matin, il fut réveillé par un grand bruit « ressemblant à un fort coup de vent sur le loch ». Descendant sur la rive, il vit l'eau bouillonner à environ 200 mètres de distance. Rentré sous sa tente, il en ressortit une heure plus tard. Le loch était calme, mais il y avait au milieu du plan d'eau ce qui lui parut être la tête d'un animal. Elle ressemblait à un plat renversé, avec deux petites « cornes ». La bête avait une grande gueule, qui tour à tour se fermait et s'ouvrait en révélant un intérieur rouge, comme si elle avait du mal à respirer.

Le 22 septembre 1933, quatre femmes étaient réunies dans le salon de thé d'Alltsaigh, quand elles virent l'animal à environ un kilomètre, au milieu du loch. Miss Frazer observa surtout la tête et le cou, qui lui rappelèrent un peu « une bête mythique », encore que la tête lui parût bombée comme celle d'un Scotch terrier. A la jointure du cou et de la tête, il y avait une espèce de collerette ressemblant à « une paire de harengs saurs. » Un gros œil brillait singulièrement, mais cela pouvait être un effet d'optique, dû à un reflet du soleil. Miss Howden remarqua deux bosses et, à l'arrière, un fort éclaboussement d'eau (provoqué sans doute par les palettes natatoires postérieures que Mrs. MacLennan avait vues). Mrs. Frazer vit, elle aussi, ces bosses, suivies d'un sillage argenté, puis les gerbes

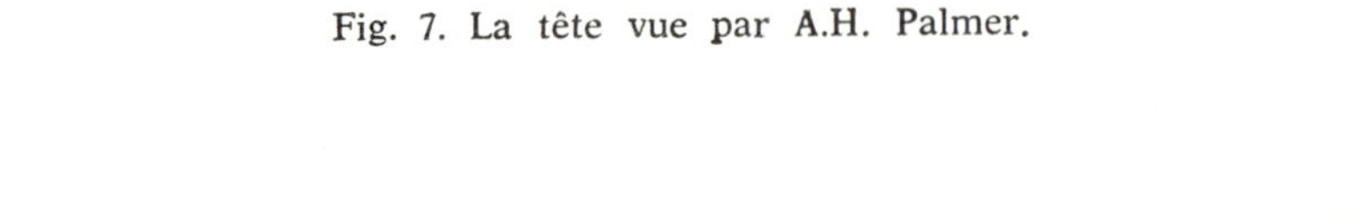

Fig. 7. La tête vue par A.H. Palmer.

Fig. 8. Croquis de Miss Howden.

d'eau. L'animal s'éloigna vers Invermoriston, plongea et disparut.

Nous pouvons penser que la collerette observée par cette personne correspond à ce que d'autres témoins ont appelé une crinière. Ce même 22 septembre, Mr. A.D.W. Morrison vit également le monstre et remarqua que la tête, pas plus grosse que le cou, était seulement visible s'il la dressait. Il nota en outre que les mouvements ondulatoires se faisaient dans le sens vertical, et non horizontal comme ceux de l'anguille. Ce détail a son importance, car il indique qu'il s'agit presque certainement d'un mammifère.

Le 1er octobre, un professeur du collège de l'abbaye de Fort Augustus, Mr. B.A. Russell, vit émerger la tête et le cou à environ 800 mètres de la rive. De couleur sombre, la tête n'était guère plus grosse que le cou et se tournait de divers côtés. Comme beaucoup d'autres, Mr. Russell pensait jusque-là qu'un phoque s'était introduit dans le loch, mais cette fois, il se rendit compte qu'il s'agissait d'un animal beaucoup plus exceptionnel.

Dans le courant du mois d'octobre, Mrs. J. Simpson vit pour la cinquième fois le monstre dresser le cou et la tête à environ 50 centimètres au-dessus de l'eau. De plus, elle remarqua, juste à la surface, deux nageoires qui remuaient comme celles d'un lion de mer, c'est-à-dire d'une otarie, qu'elle avait vue dans un cirque, quelques années auparavant.

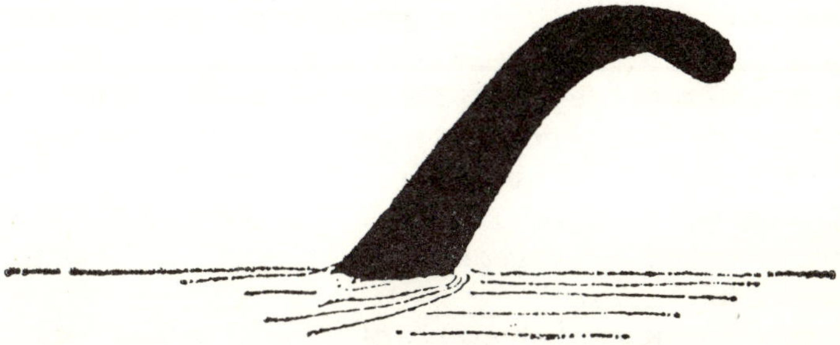

Fig. 9. Le cou vu par B.A. Russell.

Si tous ces témoignages, assez clairs et étoffés, ne suffisaient pas, le premier film du monstre fut tourné le 12 décembre par une équipe de reporters d'actualités. Il s'agissait de Mr. Malcolm Irvine, de la *Scottish Film Productions,* assisté de deux collaborateurs, Stanley Clinton et Scott Hay. Arrivés à Inverness le 4 décembre, ils passèrent deux jours à examiner le loch, recueillant le maximum de renseignements, puis ils rentrèrent à Inverness pour y attendre une journée de beau temps. Elle se présenta le 12. Ce jour-là, ils installèrent leur caméra à 11 heures du matin et attendirent. Trois heures plus tard, juste dans la région qu'ils avaient prévue, le monstre apparut.

Quand on pense à toutes les tentatives ultérieures du même genre qui se sont soldées par des échecs, on est stupéfait de la chance d'Irvine. Or, son plan était la simplicité même. Il avait estimé que le monstre devait se nourrir de saumons ou de truites et, par conséquent, fréquenter surtout les rives où ce poisson abondait. Or, pour en approcher et en repartir, il lui fallait traverser, pensait Irvine, une zone peu profonde du loch, face à Inverfarigaig. Irvine se posta donc avec sa caméra sur une pente dominant le loch, ses deux compagnons étant beaucoup plus bas, sur le rivage, à 400 mètres de lui et à 150 mètres l'un de l'autre.

Lorsque le monstre parut, il nagea à environ 100 mètres de la caméra la plus proche. Ils estimèrent sa longueur à environ cinq mètres et sa vitesse à une trentaine de kilomètres à l'heure. Ils gardèrent le secret sur l'opération, jusqu'à ce que le film fût développé et prêt à être distribué aux chaînes d'actualités. C'est le 3 janvier 1934 qu'on le projeta à Londres, en séance privée. Chose curieuse, on ignore où ce document se trouve actuellement, mais le *Times* du 3 janvier 1934 a décrit ce qu'il montrait. La séquence relative au monstre ne dure que deux minutes. On le voit se déplacer de gauche à droite et s'éloigner, sans doute pour plonger une fois sorti du champ de la caméra. L'opérateur affirma avoir vu sept ou huit bosses, dont certaines apparaissent dans le film. La masse principale de la bête était précédée d'un objet plus petit, immergé la plupart du temps. Le commentateur du *Times* écrivit :

« Les mouvements les plus nettement visibles sont ceux de la queue ou de la nageoire caudale. Selon les photographes, celle-ci est noire, tandis que la couleur générale de la bête est grise. Le déplacement de l'eau sur les côtés indique qu'elle doit être pourvue de nageoires latérales ou de palettes natatoires. » (Planche 4.)

Tout cela paraît confirmer ce que nous savons déjà de la queue et des nageoires antérieures. Irvine a également filmé une poutre dérivant à la surface du loch, et le contraste est évident. Il ne subsiste aujourd'hui de ce film que des clichés montrant un objet assez imprécis, mais ils manquent d'intérêt, faute de mouvement.

Malheureusement, alors qu'on commençait à s'intéresser avec sérieux au monstre, une mystification assez ridicule fut commise. Au début de décembre 1933, une expédition patronnée par le *Daily Mail* arriva avec grand bruit au loch Ness. Ses dirigeants étaient un chasseur de fauves et cinéaste, nommé Wetherell, et son ami Mr. Pauli. Ils inspectèrent le loch à bord d'un canot loué et ne tardèrent pas à remarquer sur une plage des empreintes de pattes semblables à celles d'un hippopotame. Les gardes-chasse locaux accueillirent cette découverte avec incrédulité, car depuis des mois ils ne cessaient de rechercher de telles traces. Le 20 décembre, Weatheral, et son ami annoncèrent qu'ils avaient trouvé toute une piste du monstre :

« C'est une bête dont les pattes à quatre doigts ont environ vingt centimètres de large. Il s'agit d'un très puissant animal à pattes souples, qui doit mesurer environ six à sept mètres de long. Les empreintes montrent nettement les ondulations des pattes et la marque des ongles ou griffes. »

Le 1er janvier 1934, le Dr Calman, du *British Museum* (Histoire naturelle) reçut un moulage de l'empreinte, aux fins d'examen. Quelques jours plus tard, il annonça avec son collègue Martin Hinton :

« Nous ne pouvons trouver de différence significative entre cette empreinte et celle d'une patte d'hippopotame. Nous pensons qu'il s'agit du membre postérieur droit d'un spécimen n'ayant pas encore atteint sa pleine maturité. »

On apprit plus tard que ce moulage avait été réalisé en utilisant un pied d'hippopotame monté en cendrier. Sa grande découverte étant ainsi discréditée, le *Daily Mail* entreprit de discréditer à son tour le monstre lui-même, qui resta désormais un vulgaire phoque gris aux yeux des dirigeants du journal.

Le rapport concernant l'empreinte du monstre a été publié le 4 janvier et, par une fâcheuse coïncidence, le monstre fut vu sur le rivage dès la nuit suivante. Le vendredi 5 janvier vers 1 heure du matin, Mr. Arthur Grant, jeune étudiant en médecine, rentrait à motocyclette d'Inverness chez ses parents, à Drumnadrochit, par temps très couvert. A environ cinq kilomètres de Lochend et aux abords d'Abriachan, le ciel se dégagea et le clair de lune illumina la route. C'est alors que le jeune homme aperçut une forme sombre sur le bas-côté, à l'ombre de buissons. Comme il arrivait à sa hauteur, une bête bondit devant sa machine, traversa diagonalement la route en deux bonds, puis disparut dans les fourrés bordant le rivage.

« J'ai magnifiquement vu l'animal, déclara-t-il plus tard, j'ai même failli le heurter avec ma moto. Il avait un long cou et de grands yeux ovales, placés sur le dessus de sa petite tête. La queue, qui m'a paru atteindre deux mètres de long, était très puissante et non pas pointue, mais arrondie à son extrémité. J'estime que la longueur totale de la bête doit se situer entre cinq et sept mètres. Possédant quelques connaissances en histoire naturelle, je peux affirmer que, de ma vie, je n'ai jamais vu un animal semblable. Il avait l'air d'un hybride, une sorte de croisement entre le plésiosaure et un représentant de la famille des phoques. »

Grant stoppa, bondit de sa machine et partit à la poursuite de la bête. Au moment où il atteignait le rivage, elle plongea bruyamment dans le loch. Ayant marqué l'emplacement, il rentra chez lui, réveilla ses jeunes frères et leur raconta sa rencontre. Assis dans le garage, il dessina un croquis de l'animal, à la lueur d'une lampe tempête. Par la suite, il précisa certains détails :

« La tête, semblable à celle d'un serpent ou d'une anguille, était plate par-dessus, le cou assez long et la queue encore plus longue. Quant au corps, il allait s'épaississant vers la queue. La couleur était sombre — noire ou brun foncé — et la peau ressemblait à celle d'une baleine. Quand la bête a traversé la route, sa tête se dressait à environ deux mètres au-dessus du sol ; le cou pouvait mesurer plus d'un mètre et la queue près du double. Du ventre à l'épine dorsale, l'épaisseur était d'environ 1 m 50, et la longueur totale de six à sept mètres. »

Cette description correspond à peu près au croquis exécuté le

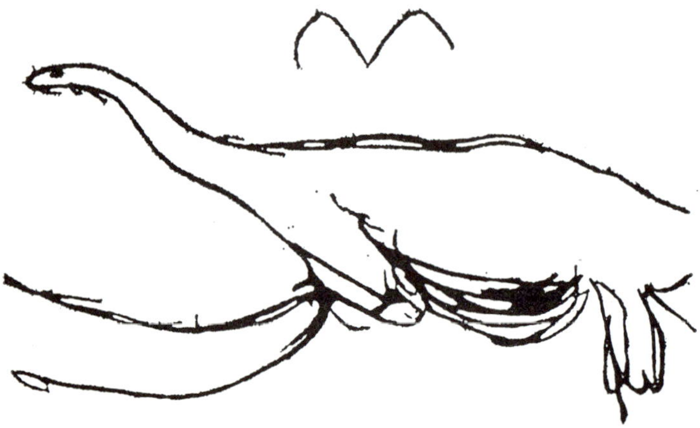

Fig. 10. Le monstre vu à minuit par Arthur Grant, première version.

soir même. Il est certain que la partie antérieure est dessinée avec beaucoup plus de netteté que les parties inférieure et postérieure. J'ai idée que Grant a très bien vu le cou et le dos dans le faisceau de son phare, mais qu'il a mal distingué le reste. En tout cas, ces incertitudes furent dissipées quand le journal d'Aberdeen *Press and Journal* publia, le 8 janvier 1934, une nouvelle version du croquis, beaucoup plus nette, celle-là. Enfin, Grant refit ce dessin pour le Dr Oudemans, le zoologue hollandais, et il y indiqua trois doigts à la patte-nageoire postérieure. Les rectifications apportées a posteriori à un dessin ne sont pas toujours heureuses : il faut préférer le croquis tracé aussitôt après l'incident.

Fig. 11. Croquis définitif de Grant, pour le Dr Oudemans.

Le lendemain matin, Grant retourna sur le lieu de la rencontre. La nouvelle de son aventure s'était vite répandue, si bien que le chasseur de fauves Wetherell ne tarda pas à le rejoindre. Grant fut photographié avec lui, en train d'examiner des débris de laine de mouton et la carcasse d'une chèvre, épars sur la plage (Planche 3). La presse se hâta de commenter abondamment ces preuves de la voracité du monstre carnivore. On trouva aussi une empreinte de pattes à trois doigts, mais nul ne s'y intéressa : la récente mystification avait discrédité toute découverte de prétendues traces.

Heureusement, d'autres enquêteurs plus sérieux se trouvaient aussi sur les lieux : il s'agissait d'un groupe d'étudiants du *College of Art* d'Edimbourg, qui passaient leurs vacances de Noël à rechercher le monstre, d'un bout à l'autre du loch. Par deux fois, ils entrevirent ses bosses. Cependant, leur plus important travail consista à passer deux jours avec Arthur Grant, pour examiner minutieusement le lieu de sa rencontre avec la bête. Sa description leur donna une idée nette de la manière dont elle se déplaçait. Elle progressait par bonds, comme une otarie, en avançant d'abord les membres antérieurs, puis elle arquait le dos et ramenait en avant ses postérieurs, sans que le ventre touchât le sol.

Décrivant ensuite les travaux du groupe, Mr. A.F. Hay, qui le dirigeait en tant que membre de la Société zoologique d'Ecosse, déclara que sans aucun doute l'animal ne s'était pas traîné sur le sol et avait progressé par bonds, ses pattes étant séparées par une largeur d'environ 1 m 50. Cela éliminait donc la théorie du phoque, cet animal ne pouvant utiliser ses nageoires postérieures sur la terre ferme. En outre, les enquêteurs constatèrent qu'aux abords du rivage les fougères et l'herbe étaient écrasées, comme si une grosse vache s'y était couchée, alors qu'aucun bovin ne pouvait accéder à ce lieu. En revanche, ils n'attachèrent aucune importance aux ossements épars sur la plage : ils ne devaient pas tarder à prouver expérimentalement qu'ils avaient été rejetés par le courant sur la rive.

Rentrés à Edimbourg, ils comparèrent les résultats de leur enquête aux caractéristiques et aux dimensions des animaux conservés au *Royal Scottish Museum*, et constatèrent que celui répondant le mieux à leurs données était le morse mâle adulte. Ils admirent que cela n'expliquait pas le long cou vu par Grant, mais celui-ci pouvait n'avoir vu que la tête et le dos à la lueur du phare. Cela dit, ce que Grant avait pris pour une queue épaisse pouvait fort bien être les nageoires postérieures, que le morse dresse en l'air quand il se laisse glisser le long d'une falaise. Comme un des membres du groupe l'a souligné, la théorie du morse proprement dit doit cependant être écartée, à cause du long cou, si souvent observé par des témoins sérieux.

Il est dommage que les conclusions de cette enquête aient souffert de la toute récente mystification ourdie au loch Ness. En fait, les observations du monstre sur le sol furent en général discréditées à cause de cela et il faut le regretter, car elles jettent davantage de lumière sur l'aspect de l'animal. Nous verrons qu'il a été observé à deux reprises sur la terre ferme en 1934 et qu'on n'en a guère parlé, en dépit d'un article du *Glasgow Herald* du 3 mars 1934, relatif à l'un de ces incidents.

Selon le correspondant local du journal, il se produisit au début de février, à environ un kilomètre de Fort Augustus, là où le ruisseau d'Inchnacardoch se jette dans le loch, en passant sous un pont de la nouvelle route. Deux jeunes filles, Jean MacDonald et Patricia Harvey, marchaient un soir, par un beau clair de lune, sur la route, quand elles furent stupéfaites à la vue d'un animal qui traversait le ruisseau, à environ six ou sept mètres d'elles. Tout de suite, elles se rendirent compte qu'il était extraordinaire.

« Elles déclarèrent, écrivit le journaliste, qu'il avait environ trois mètres de long et quatre pattes. Des pieds antérieurs au sommet de la tête, il mesurait à peu près deux mètres. C'est au niveau des épaules que le corps semblait le plus épais, puis il allait s'amenuisant beaucoup vers la queue. Il avait une couleur très sombre, sauf sur le dessous du cou qui était parfaitement blanc. Malgré des pattes courtes, il se déplaçait très vite et sans bruit, ce qui surprit beaucoup les jeunes filles, étant donné sa masse. »

Rentrées en toute hâte à Fort Augustus, elles gardèrent quelque temps le secret sur l'incident. Leurs déclarations ultérieures, tout en confirmant l'aspect général du monstre, sont intéressantes parce qu'elles signalent une longueur très inférieure à celles précédemment signalées. Quant à la queue, elle n'est pas visible, contrairement aux affirmations de Grant.

Ainsi, en janvier 1934, le monstre était encore une bête mystérieuse, aux habitudes étranges. Inverness grouillait de journalistes qui écrivaient beaucoup de sottises à son sujet pour amuser leurs lecteurs ; on éditait des cartes postales plus ou moins ridicules, le représentant sous diverses formes ; on se déguisait en monstre tant dans les bals travestis de New York que pour les fêtes villageoises. Un pontife de la Science déclara que le grand nombre de personnes prétendant avoir vu le monstre du loch Ness prouvait, à lui seul, que c'était un animal imaginaire : les gens voyaient ce qu'ils voulaient voir. Bien rares en tout cas étaient ceux qui auraient consenti à étudier en détail les éléments positifs du problème, comme nous venons de le faire. Ou bien on parlait de mystification, de manœuvre publicitaire, ou bien on se bornait à estimer qu'il s'agissait d'un animal connu, comme l'anguille, le phoque ou le calmar. Mais le monstre ne continua pas moins à faire parler de lui, car il était devenu légendaire. Pris entre les fascistes de tous poils et les crises financières, tout homme normal se tournait avec soulagement vers les dernières nouvelles provenant du loch Ness.

En avril, le duc d'York (le futur George VI) fut, en sa qualité de Comte d'Inverness, l'hôte d'honneur du dîner annuel de la *London Inverness Association,* et tout naturellement il parla du plus célèbre habitant du comté, le monstre du loch Ness :

« Son renom a atteint tous les pays du monde, et il a même pénétré jusque dans les salles de jeux de nos enfants. L'autre jour, je me trouvais avec ma fille cadette, Margaret Rose, qui a trois ans ; elle regardait un album de contes de fées. Tournant une page, elle vit soudain l'image d'un dragon et dit à sa mère : Oh ! Regarde, maman ! Quel amour de petit monstre du loch Ness ! »

Son Altesse Royale n'était pas le seul personnage important qui admirait le monstre. Le supérieur du monastère de Fort Augustus, le Très Révérend Sir David Hunter-Blair, s'étonnait que l'on fît tant d'embarras au sujet d'un animal si communément accepté dans la région. Quatre de ses moines, écrit-il, l'avaient vu en pêchant dans le loch, et il lui était arrivé de l'observer lui-même avec deux jeunes élèves un jour qu'il « batifolait » dans la baie de Borlum. S'exprimant sans détours, il déclara :

« Je n'ai pas un seul instant l'intention de laisser supposer que je conserve le moindre doute quant à l'existence réelle et objective d'une bête étrange et inconnue dans les profondeurs du grand loch que je connais depuis un demi-siècle. »

Détail curieux, l'école de l'abbaye, fondée en 1878 par le Père Jerome Vaughan, gardait une ancienne tradition de monstre. Un de ses premiers élèves, devenu le Père Francis McElmail, de Stroud, a noté que l'existence de la bête était bien connue au temps de sa jeunesse : on disait que son repaire était la caverne de Corrie. Cette tradition fut confirmée par le Père Wilfrid Gettins, d'Argyll. Le supérieur n'avait donc fait que raviver ces croyances en écrivant :

« Personnellement, je crois que le monstre est un véritable amphibien, capable de vivre dans l'eau et sur le sol, avec quatre pattes ou nageoires rudimentaires, un cou extrêmement flexible, de larges épaules et une queue plate, robuste, capable de faire écumer l'eau très violemment. »

De tels propos constituent un résumé fort exact des données et témoignages recueillis par Gould, ou publiés par la presse — en particulier ils concordent avec ceux des Spicer et de Grant — exception faite de la queue, qui en réalité est confondue avec les nageoires postérieures. Mais si l'on admet l'existence du monstre, la question demeure entière : de quel animal s'agit-il ? Est-ce un amphibien comme le prétend Sir David, ou un triton géant comme Rupert Gould l'avait suggéré dans un article du *Times* ? Cette théorie fut développée par le Dr Malcolm Burr en février, dans un intéressant article de la revue *The Nineteenth Century* :

« Je ne vois pas pourquoi notre Serpent-de-mer ne serait pas un parent jusqu'à présent ignoré des tritons, adapté à la vie marine et ayant atteint de très grandes dimensions, un animal timide et de mœurs nocturnes, ce qui explique qu'on le voit rarement. »

Le Dr Burr est, semble-t-il, le seul savant assez large d'esprit pour avoir pris au sérieux les travaux de Gould. Mais ses déclarations eurent pour unique effet d'influencer l'aspect qu'on prêta au monstre dans un film d'aventures intitulé *Le Secret du loch.* (On trouvera une critique approfondie de la thèse de l'amphibien dans l'ouvrage de Heuvelmans sur le grand Serpent-de-mer.)

Et puis, en avril 1934, on réussit à prendre la meilleure photographie du monstre que l'on connaisse à l'heure actuelle. Un chirurgien de Londres, le Dr Kenneth Wilson, revenait de vacances par la route d'Invermoriston à Inverness, quand à 7 heures et demie du matin il arrêta sa voiture pour satisfaire un besoin naturel, à un endroit où la route domine le loch d'environ 70 mètres. Soudain il vit l'eau calme du lac s'agiter, à environ 300 mètres du rivage, et peu après, « la tête d'un étrange animal émergea ». Revenu en hâte à sa voiture, il y prit un appareil photo, puis descendit plus bas sur la pente et prit quatre clichés avant que la bête eût disparu.

Dès son arrivée à Inverness, Wilson fit développer les plaques par un certain Mr. Morrison. Deux d'entre elles étaient ratées, mais la troisième montrait nettement le long cou incurvé d'une bête au corps massif se dressant au-dessus de l'eau, comme de nombreux témoins l'avaient déjà signalée. La dernière plaque représentait un objet plus petit, apparemment la tête sur le point de s'immerger (Planche 5). La meilleure photo a été vendue au *Daily Mail,* et le négatif original fut détruit. Il s'agit là, paraît-il, d'une règle couramment observée par les journaux, si bien que de précieux clichés sont ainsi perdus à tout jamais. On devrait mettre fin à de telles pratiques, en cessant à l'avenir de confier des négatifs à la presse. Un exemplaire de l'autre cliché a été conservé par Mr. Morrison, à qui nous sommes redevables de sa préservation.

Etant donné les nombreux témoignages et croquis antérieurs, précisant que le monstre a un long cou, on ne peut raisonnablement mettre en doute que cette photo est bien celle de l'animal du loch Ness. Mais la question capitale reste posée : qu'est donc cette bête ?

A Londres, le Dr Calman « ne peut se risquer à émettre une supposition ». Quant à Roy Chapman Andrews, du Muséum américain d'Histoire naturelle de New York, il avait commencé par déclarer que tous ces comptes rendus de prétendues observations n'étaient que le résultat d'illusions d'optique. Mais après avoir vu la remarquable photo de Wilson, il devait changer forcément d'avis et écrire en 1939 :

« Le monstre du loch Ness a été photographié une fois. Le cliché original montre exactement ce que je prévoyais : l'aileron dorsal d'un épaulard. Celui-ci peut atteindre 2 mètres de haut et est en effet recourbé. Il pourrait très bien passer pour le cou d'un serpent-de-mer. Il ne fait aucun doute que l'animal

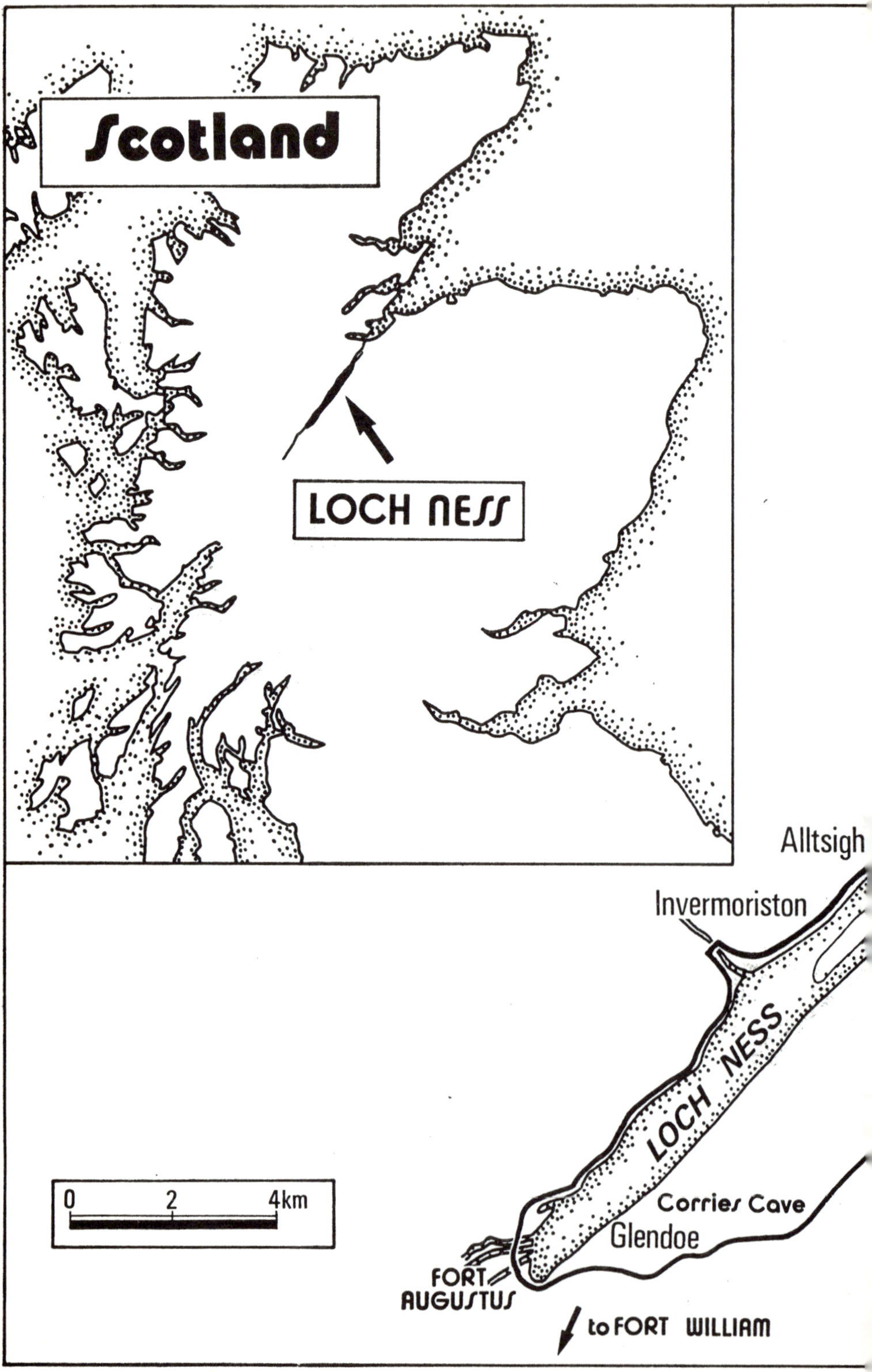

Scotland
LOCH NESS
Alltsigh
Invermoriston
LOCH NESS
Corries Cave
Glendoe
FORT AUGUSTUS
to FORT WILLIAM
0
2
4km

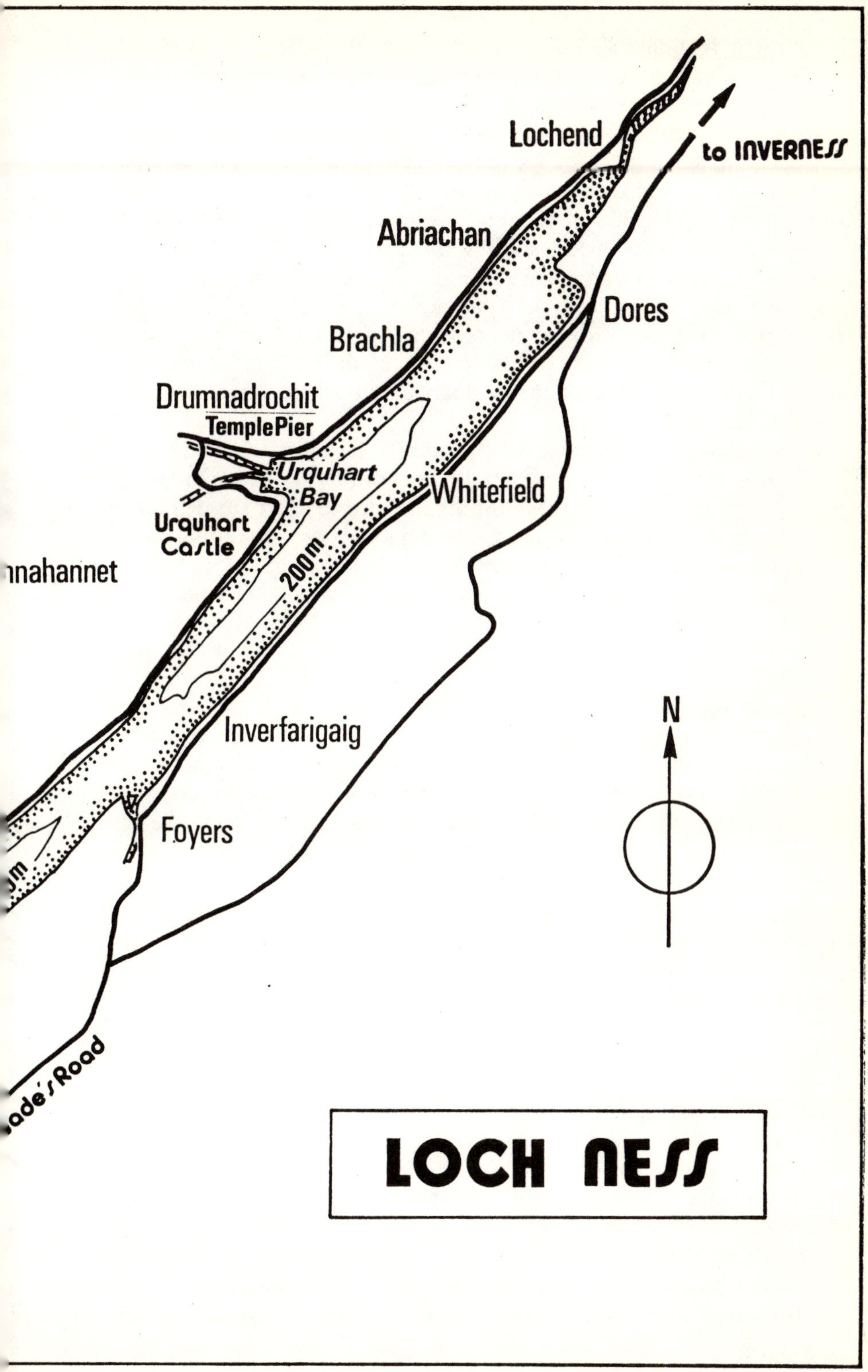

Lochend
to INVERNESS
Abriachan
Dores
Brachla
Drumnadrochit
Temple Pier
Urquhart Bay
Whitefield
Urquhart Castle
200 m
Inverfarigaig
N
Foyers
LOCH NESS

a réussi à franchir l'étroite passe reliant le loch à la mer, et il a fort bien pu entrer et sortir du loch à plusieurs reprises. »

« Il ne fait aucun doute »... Il est vraiment étrange que les savants, qui reprochent souvent aux profanes de ne pas connaître exactement les faits dont ils parlent, ne se donnent pas la peine de s'informer avec précision, quand il s'agit de cas aussi exceptionnels. L'explication d'Andrews, relative à la photo et au loch, est fausse : il lui aurait suffi d'une petite enquête pour s'en convaincre. A l'époque où il écrivit, les animaux du loch avaient déjà été photographiés, non pas une, mais plus de neuf fois. De toute évidence, l'image ne représente pas un aileron dorsal d'épaulard ou orque et, en outre, un tel animal ne pourrait de toute façon pas entrer dans le loch et en sortir aussi aisément qu'il le prétend.

Cependant, un savant avait accueilli le monstre comme un vieil ami. En 1892, le grand zoologue hollandais A.C. Oudemans avait écrit un ouvrage très important sur le Serpent-de-mer et conclu qu'il en existait de plusieurs types, mais tous apparentés : il s'agissait, selon lui, de pinnipèdes géants à long cou, possédant quatre palettes natatoires et une longue queue. Quand on se mit à parler du monstre du loch Ness en 1933, il s'empressa d'écrire, dans une brochure particulière, qu'il s'agissait d'un de ces pinnipèdes à long cou. Certes, beaucoup de détails lui donnent raison, mais il semble bien que la bête du loch Ness n'ait pas de longue queue. Cette erreur provient, en partie du croquis remis par Arthur Grant au Dr Oudemans. Celui-ci possédait une importante documentation sur le loch Ness, mais elle se trouve actuellement dans les archives de la Société de Zoologie des Pays-Bas, et je n'ai pas eu l'occasion de la consulter...

En juin 1934, Rupert Gould apporta une importante contribution aux thèses concernant l'existence du monstre, en publiant le résultat de ses enquêtes dans son livre *The Loch Ness Monster and Others.* Il y relate 47 observations, faites par 69 témoins, y compris 4 comptes rendus se situant entre 1923 et 1932. Ces rapports représentent le monstre dans toute sa diversité si curieuse et protéiforme. Les témoignages varient de la simple bosse à la série de protubérances (en moyenne deux ou trois, mais atteignant parfois sept ou neuf, ce qui suggère alors la présence d'au moins deux animaux se déplaçant ensemble.) D'autres personnes ont vu la tête et le cou, ou simplement un gros objet entouré d'écume. Mais la communauté scientifique estima que tout cela n'était guère convaincant.

Dans un article de l'*Observer* du 1er juillet 1934, E.G. Boulenger se livra à une critique extrêmement sévère de l'ouvrage. Il « se refusait à croire à toute cette histoire », qui n'était à ses yeux que « de la publicité », destinée à toucher un « public crédule », et dont la seule excuse était « un certain élément de comédie vulgaire ». En fait, s'il y avait eu des épisodes comiques dans l'histoire du loch Ness, ils remontaient à un passé déjà lointain. Jamais au contraire on n'avait cherché à abuser la crédulité publique. Ceux qui s'étaient intéressés à l'affaire — autrement qu'en jetant un coup d'œil distrait sur un commentaire de presse probablement inexact — avaient la conviction qu'un problème scientifique important restait à résoudre au loch Ness. Mais tel n'était pas l'avis de la plupart des savants, et ce furent surtout des amateurs comme Gould et leurs amis qui accomplirent le travail nécessaire.

Dans son ouvrage précédent consacré au Serpent-de-mer, Rupert Gould avait cité le témoignage d'un de ses amis, officier de marine comme lui, F.E.D. Haslefoot, qui avait vu un animal exceptionnel dans l'estuaire de la Tamise en 1923. A la suite de la parution du nouveau livre de Gould, Haslefoot vint visiter le loch Ness pendant l'été 1934. On aurait quelque peine à accuser un homme de son envergure de chercher à faire une campagne publicitaire !

Le 12 juillet donc, il parcourait à pied l'ancienne voie ferrée reliant Fort Augustus à la jetée de la pointe d'Inchnacardoch. La surface de l'eau était grise, en dépit du soleil de midi. Deux objets attirèrent son attention dans la baie de Borlum, à quelque 400 mètres du rivage. C'étaient deux bosses noires et ovales, distantes l'une de l'autre d'environ 2 m 50, émergeant à peu près de 30 centimètres, et se déplaçant lentement vers la rive. Ensuite, effrayé peut-être par un canot qui passait non loin de là, le monstre fit demi-tour et repartit vers le milieu du loch. Il parcourut ainsi 200 mètres, à une vitesse d'une dizaine de nœuds, traçant de nets sillages de « plumes blanches » :

« A ce moment, il se retourna de nouveau et nagea lentement vers le rivage, à la vitesse de trois nœuds environ. Durant un

Fig. 12. Le monstre du capitaine de corvette Haslefoot.

bref instant, je vis sa tête surgir de l'eau. Elle me parut noire et en forme de fer de lance. La tête et le cou, également noir, émergèrent de plus d'un mètre. Les coups de pattes latéraux étaient bien distincts et très rapides. L'animal nagea tranquillement vers la rive, puis plongea, une cinquantaine de mètres avant de l'atteindre. »

Les dimensions de l'animal étaient, selon lui, les suivantes. Les bosses, basses et semblables, avaient entre elles une distance d'un mètre au maximum. La largeur de la tête était d'environ un mètre (mais par la suite il réduisit cette estimation à 60 centimètres). « Seule la bosse antérieure produisait une " plume ", ce qui incite à penser que la bête a un corps assez large, et cela me semble très important. »

Le capitaine Haslefoot veut dire par là qu'à son avis la « plume », comme il appelle les sillages latéraux, est provoquée par les palettes natatoires, lesquelles doivent être rattachées à un large sternum. Or, c'est exactement ainsi que le morse ou l'otarie sont construits : leurs membres leur permettent de se mouvoir aussi bien dans l'eau que sur la terre ferme. Cette « plume » est d'ailleurs bien visible sur les clichés du film d'Irvine. L'observation du capitaine Haslefoot est d'autant plus importante qu'il est le seul à avoir vu également un serpent-de-mer, quelque dix ans auparavant.

Une des conséquences les plus heureuses de la publication du livre de Gould fut d'inciter Sir Edward Mountain, puissant assureur, à organiser une observation intensive du loch Ness. Ayant loué pour l'été 1934 le château de Beaufort, il mit en place une équipe chargée de surveiller le loch en permanence et sur toute sa longueur. Ces hommes disposaient tous de jumelles et quelques-uns d'appareils photographiques. Commencée le 13 juillet, la surveillance dura cinq semaines, pendant lesquelles on fit 17 observations, dont 11 de bosses. Parmi les 6 autres, 2 présentent un intérêt exceptionnel. Le 30 juillet, William Campbell vit le monstre à vingt-cinq mètres de la rive. Il avait la tête sous l'eau, mais le cou arqué émergeait, ainsi que la partie supérieure du corps, massif et de forme ovale. Il se déplaçait à la vitesse d'un homme au pas, propulsé par des nageoires antérieures. Le croquis de Campbell montre clairement que cette forme ovale

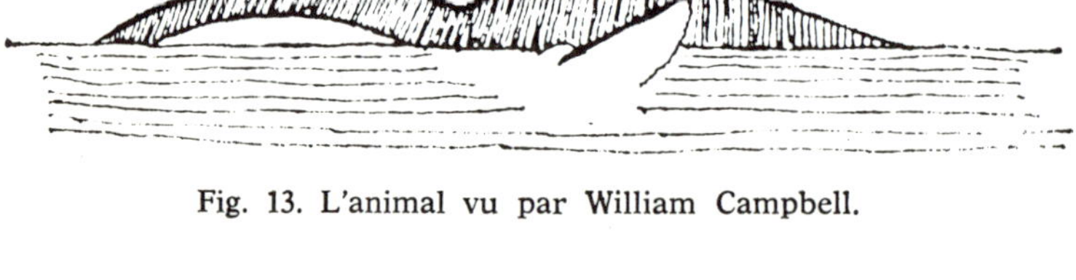

Fig. 13. L'animal vu par William Campbell.

correspond à celle décrite par d'autres témoins, évoquant un bateau renversé, la quille en l'air.

L'autre témoignage exceptionnel est celui de Patrick Grant. Le 12 août, près de la jetée d'Abriachan, il observa le monstre pendant cinq minutes. La tête lui rappela celle d'un bouc, avec deux petites cornes analogues à celles d'un bélier qu'on aurait cassées presque à ras. Les yeux n'étaient que de petites fentes. A la jointure du cou et du corps, il y avait une grosse protubérance « ressemblant au plumage du jabot d'un gallinacé ». Il distingua aussi deux nageoires, mais elles étaient tournées vers l'avant et ne bougeaient pas. La couleur générale lui parut être brun foncé, et plus claire dans sa partie inférieure.

L'expédition Mountain recueillit cinq photographies et quelques mètres de film. Quatre des clichés montraient des vagues de forme indéterminée, qui pouvaient facilement avoir été provoquées par le passage de bateaux. La cinquième image, cependant, représente une bosse longue et sombre, avec de l'écume projetée au-dessus du dos, analogue à celle de la photographie prise par Hugh Gray (Planche 6).

Le film fut tourné par le capitaine James Frazer, chef de l'expédition, le 15 septembre à 7 h 15 par temps brumeux, avec une caméra de 16 mm munie d'un téléobjectif de 150 mm, à une distance de 1200 mètres. Il fut présenté par Sir Edward Mountain, au début d'octobre, à un petit groupe de zoologues, qu'on pria d'exposer leur opinion dans le magazine *The Field.* Six d'entre eux le firent. Martin Hinton et ses collègues étaient certains que le film montrait un phoque. Les lettres de plusieurs lecteurs écossais, publiées dans les numéros suivants, tournèrent cette théorie en dérision. Si l'animal du loch Ness était un phoque, disaient-ils, ses habitudes différaient complètement de celles de tous les phoques fréquentant couramment les parages des îles écossaises !

Quelques semaines plus tard, Sir Edward présenta le film à l'assemblée annuelle de la *Linnaean Society of London,* et il donna un bref compte rendu des résultats obtenus par son expédition. Six de ses hommes avaient observé deux ou trois bosses, un

Fig. 14. Croquis d'après le film du capitaine Frazer.

autre avait vu une seule bosse, quatre avaient décelé la tête et le cou, enfin quatre avaient signalé de profonds sillages.

Le capitaine de corvette Gould assistait à la séance. Après avoir résumé les résultats de ses propres recherches, il cita une remarque du Dr Barron, directeur de l'*Inverness Courier* : à son avis, certains savants londoniens devaient avoir une piètre opinion de l'intelligence des Ecossais, puisqu'ils jugeaient ceux-ci incapables de reconnaître un vulgaire phoque, alors que beaucoup d'Ecossais voient plus de phoques en un mois qu'un Londonien durant sa vie entière.

Sir Arthur Smith-Woodward déclara que l'animal n'était, de toute façon, pas un reptile préhistorique, parce qu'aucun vestige fossile de telles créatures mésozoïques n'a été trouvé dans les sédiments tertiaires. (En fait, cet argument n'est pas du tout convaincant, car on connaît plusieurs « fossiles vivants », datant d'époques encore plus anciennes et qui, tout en n'ayant pas été trouvés dans des sédiments ultérieurs, subsistent encore à l'heure actuelle : le plus célèbre exemple en est le Cœlacanthe.)

Dans l'ensemble, les opinions exprimées par les membres de l'assemblée furent divisées. Deux orateurs seulement soutinrent qu'il s'agissait d'un phoque, tandis que d'autres optaient soit pour un cétacé soit pour une loutre. On estima que l'évaluation de la taille proposée par Kodak (près de trois mètres) était exagérée. En toute honnêteté, le Dr Stanley Kemp déclara qu'il ne pensait pas qu'il s'agissait d'un phoque ou d'un cétacé, et qu'en fait il était incapable de deviner ce que cet animal pouvait bien être.

Pour la plupart, ces savants avaient raisonné à rebours. Le film montrait ce qui semblait être une grosse bête nageant en eau douce. Que pouvait-elle être ? Le plus gros animal fréquentant les parages des côtes écossaises, qui pût à la rigueur pénétrer dans le loch Ness, devait être un phoque gris, et c'est pourquoi il *fallait* que celui du film fût un phoque. C'était naturellement cela qu'ils voulaient démontrer. Et pourtant, la bête du film ne nageait absolument pas comme un pinnipède, du moins comme un pinnipède connu.

C'est par un processus semblable que les photographies montrant le cou furent déclarées représenter l'aileron dorsal d'un épaulard. Ainsi, W.K. Gregory, du Museum américain d'Histoire naturelle, qui visita le loch Ness pendant l'été 1934, en repartit avec la conviction que la véritable explication de toutes les observations faites dans le passé était la présence d'un épaulard. Il avait acheté à Inverness des cartes postales humoristiques, représentant de grands reptiles à écailles qui sortaient en rampant du loch. Il s'en servit pour illustrer un article facétieux dans la revue *Natural History* : il y traitait toute l'affaire par le mépris, sans citer un seul témoin oculaire digne de foi. Rupert Gould et Edward Mountain avaient donc œuvré en vain.

Bernard Heuvelmans a remarqué que la presse a tellement ridiculisé le monstre du loch Ness qu'aucune commission scientifique n'a jamais osé s'attaquer sérieusement au problème. Pour ma part, je trouve que les journaux ont souvent fait preuve de largeur d'esprit à ce sujet, tandis qu'au contraire la communauté scientifique a, dès le début, refusé systématiquement d'étudier la question.

A titre d'exemple des préjugés scientifiques qui ont empêché pendant trente ans tout examen sérieux de ce problème, je citerai une série d'articles concernant le monstre, parus dans la revue *Nature*, aujourd'hui comme hier le principal périodique scientifique britannique. Ils fournissent une excellente preuve de ce qu'est l'attitude du monde scientifique à ce sujet. Ils sont tous anonymes, à l'exception d'un seul, signé « J.R. ». J'ai identifié son auteur : c'est James Ritchie, ancien conservateur du département d'histoire naturelle au *Royal Scottish Museum*.

Son premier article parut en décembre 1933. Il avait passé toute une matinée de juillet à observer le loch Ness sans rien y voir. Du coup, il était profondément incrédule quant à l'existence du « prétendu monstre ». Sans doute, bien des témoins avaient-ils décrit quelque chose qui leur semblait extraordinaire, mais « les variations dans les descriptions indiquent soit une imagination fertile (voire inconsciente), soit l'observation de phénomènes différents ». Il insiste sur l' « impossibilité » de certaines explications, telles que le Plésiosaure, le « Chameau-marin », ou le Serpent-de-mer médiéval. Quant aux seules suggestions émises par des zoologues professionnels — une masse instable de tourbe, ou une baleine blanche — elles n'étaient vraisemblablement pas exactes, pour d'autres raisons qu'il s'est pourtant abstenu de spécifier.

Ritchie s'est montré aussi sévère au sujet des données fournies par Rupert Gould au *Times* et a écrit : « Pour un zoologue, l'acceptation et l'analyse par le capitaine de corvette Gould de certains éléments de preuve se révèlent dépourvues de tout sens critique, et même crédules, si bien qu'elles ne sauraient justifier ses conclusions. » Mais là encore, l'auteur de cette critique acerbe ne précise pas en quoi consistent ses objections.

Il n'a pas davantage été impressionné par la photographie de Hugh Gray, se bornant à déclarer qu'avant d'émettre une opinion il exigerait d'examiner le négatif du cliché. L'article s'achève par un paragraphe d'une obscurité impénétrable, dans lequel il semble indiquer qu'il pense que l'animal du loch Ness pourrait bien être un phoque gris.

Cette théorie, il la précisa dans un second article publié le 13 janvier 1934. Il avait alors examiné le négatif du cliché de Gray et estimait qu'il avait été pris à 10 mètres et non à 200 (ce que personne n'avait jamais dit). La photo, à son avis, ne montrait « aucun animal scientifiquement connu » ; ce qui dans son esprit impliquait qu'il ne s'agissait donc pas d'un animal ! Ensuite, il commente la dernière et sensationnelle nouvelle : l'aventure nocturne d'Arthur Grant, qui pensait avoir vu un plésiosaure. Ritchie ne veut naturellement pas en entendre parler, et il écrit :

« La description et le croquis de la bête et de ses mouvements sont plus dignes de foi que son identification. Sans les analyser en détail, ces observations sont si précises, étant donné la lumière et l'ambiance de la scène, qu'il n'y a guère de doute possible. L'animal représenté dans le *Scotsman*, vu et dessiné par Mr. Grant à l'aube du 5 janvier, était un gros phoque gris. »

Cette espèce, ajoute-t-il, est courante dans les parages des côtes écossaises. Mais il lui manque le long cou qui est pourtant une des principales caractéristiques signalées par les témoins.

Le troisième article (cette fois signé d'initiales) parut le 18 août 1934. L'animal était alors devenu mondialement célèbre et faisait l'objet de nombreuses descriptions. C'est pourquoi Ritchie écrivit :

« Cette situation n'a pas d'équivalent dans les annales de l'observation de la nature, et bien entendu il n'est pas sans intérêt d'en examiner les résultats. »

Or, c'est précisément ce qu'il s'abstient de faire. Dans un inquiétant début, il présente le récit volontairement dénaturé d'une observation du monstre, faite à proximité de Glendoe. Afin de ne pas tomber dans ce genre de travers, trop facile, je donne ci-dessous les deux textes in extenso. Voici d'abord la version de Ritchie :

« Il est clair que les récents comptes rendus d'observations n'ont pas tous la même valeur. Le 4 juillet, un ouvrier de la scierie de Glendoe vit la bête surgir du loch. Tandis qu'elle émergeait, propulsée par des nageoires, cinq bosses furent visibles, puis il y en eut douze bien distinctes, à mesure qu'elle se tortillait vers le rivage. La tête était plus petite et plus épaisse que celle du cheval ; le cou semblait massif ; le corps avait au moins dix mètres de long mais n'était pas très épais. La bête se nourrissait visiblement d'herbes et de plantes aquatiques poussant sur le rivage (un précédent observateur l'avait vue — elle ou une autre — emportant un agneau dans sa gueule). Quand l'horloge du monastère sonna 10 heures, elle se glissa dans l'eau, après avoir été observée pendant une heure. L'article relatant cette apparition a été accompagné d'un croquis la représentant. » (*Nature* du 18 août 1934).

Il est peu probable que beaucoup de lecteurs de *Nature* aient pu se procurer l'article du *Scotsman*, encore que Ritchie eût précisé sa date de parution. Mais ceux qui l'ont lu durent sans doute être singulièrement déconcertés, car voici le texte du récit recueilli par le journaliste :

« Je travaillais dans le Domaine de Glendoe, vers 9 heures du matin. D'une petite colline dominant le loch, j'ai vu la surface calme de l'eau s'agiter brusquement, sous la poussée d'une bête vraiment étonnante. Elle avait au moins dix mètres de long et, comme elle continuait d'émerger, j'ai pu distinguer un certain nombre de bosses. J'en ai compté douze, émergeant d'environ trente centimètres, car je les voyais très bien de là-haut. La bête s'est dirigée vers la jetée de Glendoe ; à un moment, elle a dressé sa tête et son cou et s'est ébrouée. J'ai alors vu quelque chose allant de la tête au bas du cou, sur plus d'un mètre de longueur : c'était une sorte de crinière sombre. La visibilité était si nette que j'ai pu voir les gouttes d'eau qui retombaient dans le loch quand la bête s'est secouée. Arrivée à la jetée de Glendoe, elle a encore allongé le cou hors de l'eau, là où un ruisseau se jette dans le loch. Elle n'est pas montée sur le rivage et m'a paru chasser le long du bord. Je ne vois pas comment elle pouvait se déplacer ainsi sans utiliser des nageoires ou des pattes. » (*Scotsman* du 6 juillet 1934).

Quoi de plus clair que ce témoignage ? Et pourtant, Ritchie a trouvé le moyen de le dénaturer à tel point qu'on se demande même s'il l'a lu. Tout en prétendant analyser l'article dans un esprit critique, il se borne à en retenir quelques paragraphes, évoque la vieille légende du monstre emportant un agneau dans sa gueule, et ajoute quelques commentaires personnels en se fondant sur deux photographies défectueuses. Alors qu'il se trouve en présence d'un témoignage réel qu'il prétend citer, il le dénature gravement, de manière à le rendre fantastique plutôt que prosaïque. Alors que les lecteurs érudits, mais occupés, de *Nature* ont cru avoir la réconfortante impression de lire un compte rendu critique et sérieux d'une affaire extraordinaire, Ritchie a employé des méthodes qui n'ont rien de scientifique, pour aboutir à des conclusions *a priori*. Ses articles ont été aussi vides de sens que ceux des journaux à sensation, si souvent vilipendés.

La presse à présent commençait à se désintéresser du monstre, tandis que le monde scientifique se montrait indifférent.

Malgré les résultats peu concluants de leurs travaux, Rupert Gould et Sir Edward Mountain avaient généreusement consacré leur temps et leur argent à tenter d'élucider le mystère du monstre, alors que celui-ci n'était guère considéré que comme une plaisanterie par le grand public. Aucun savant ne saisit cette occasion pour enquêter à fond sur ce problème, et vingt-huit années allaient s'écouler avant qu'une autre expédition entreprît de nouvelles recherches au loch. Durant ce laps de temps, des événements plus graves éclipsèrent le monstre du loch Ness.

CHAPITRE III

L'ENIGME DU LOCH NESS

En éclipse

> « L'affaire du monstre du loch Ness... auquel un certain nombre de gens ont cru... il y a quelques années... »
> (Comptes rendus de la *Scottish Anthropological and Folklore Society*, 1953.)

La renommée du monstre du loch Ness, ayant été créée par la presse, s'affaiblit à mesure que les journaux tournaient leur attention vers des nouvelles plus sensationnelles. Néanmoins, si les reporters de Londres ne s'intéressaient plus guère à lui, l'animal continua de se montrer, et les quotidiens écossais lui demeurèrent fidèles en publiant souvent des comptes rendus d'observation, à titre de simples faits divers. Le *Glasgow Herald* signala 51 apparitions du monstre entre 1934 et 1956. Il arriva parfois qu'un journal de Londres se fit l'écho d'une telle nouvelle, mais ce fut rare. L'intérêt très vif que cette affaire avait suscité était mort, et en général l'opinion publique observait à ce sujet l'attitude de la *Scottish Folklore Society* : elle n'y croyait pas.

Le dernier événement sensationnel concernant le monstre eut lieu en août 1934 : on réussit à le photographier une fois de plus. L'image fut publiée par le *Daily Mail* et par l'*Illustrated London News* sur une demi-page, beaucoup plus qu'on n'en avait accordé à la photo de Wilson. Le nom de son auteur n'a pas été révélé, et c'est peut-être à cause de son anonymat que ce cliché est tombé dans l'oubli. Pour ma part, j'ai des raisons de croire qu'il a été pris par un Londonien, le Dr James Lee, le 3 août, du château d'Urquhart (Planche 6).

Cette fois encore, il est difficile de déterminer la forme de l'animal. Maurice Burton, dont le livre contient un croquis parodiant la photo, écrit que l'objet « ressemble singulièrement à un tronc ou une branche d'arbre, remonté à la surface par suite d'une explosion survenue sous l'eau ». Quant à moi, je trouve que l'image montre non seulement un long objet sombre s'élevant à la surface, en fait la silhouette du cou, mais aussi les contours d'un corps massif. Malheureusement elle est floue parce que très agrandie, ce qui empêche de distinguer les détails de la tête, à la différence de la photo de Wilson, qui montrait le cou gracieusement arqué. Peut-être cela tient-il à ce que la tête est tournée dans un sens diamétralement opposé, comme semble l'indiquer la courbe du cou. En tout cas, si l'on compare cette photographie avec une autre, prise beaucoup plus tard en 1960, on a vraiment l'impression qu'il s'agit d'un cliché authentique.

Une autre photographie, prise à Fort Augustus, parut le 10 juin dans le *Scottish Daily Express*, et ne montrait, comme l'indique le croquis de la fig. 15, qu'une légère protubérance.

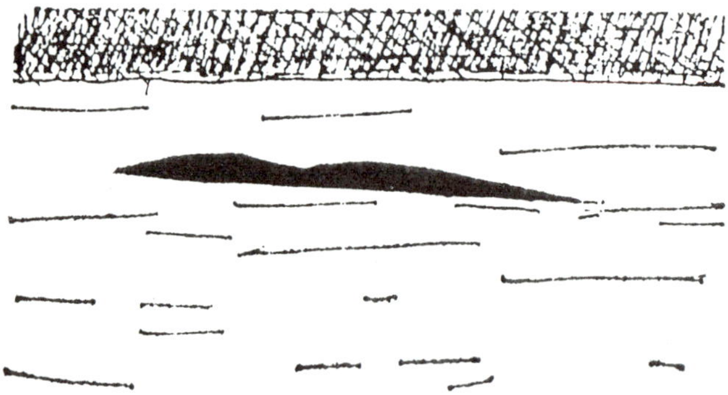

Fig. 15 D'après une photographie anonyme.

Toujours est-il que, malgré sa publication, la photo prise par le Dr Lee suscita peu de commentaires. Mais si le grand public ne s'intéressait plus à lui, le monstre n'en continua pas moins à être observé par « un certain nombre de gens qui y croyaient », au cours des années précédant 1940. Quelques-uns de ces incidents, qui n'eurent guère d'écho à l'époque, jettent cependant beaucoup de lumière sur le mystère, en particulier sur le nombre des animaux et leur reproduction.

Un naturaliste hollandais bien connu, le Comte G.A. Bentinck, ami d'Oudemans, vint enquêter au loch Ness ; il séjourna trois étés de suite à Alltsigh et vit sept fois le monstre. En août 1934, il distingua nettement sa tête, émergeant de l'eau : « une sorte de vapeur sortait de sa bouche, mais le vent la dissipait très vite ». Dans un article publié par une revue scientifique hollandaise, il déclara par la suite : « Mes observations me permettent d'affirmer que cet animal est un des mammifères pinnipèdes décrits par A.C. Oudemans dans son ouvrage *The Great Sea-Serpent.* » Nous avons déjà vu que cette théorie, pour valide qu'elle fût, ne trouva guère de partisans, surtout en Grande-Bretagne.

Pour enquêter convenablement sur l'énigme dont les sombres profondeurs du loch Ness étaient le théâtre, il fallait vivre à Inverness. Par chance, un des moines de l'abbaye de Saint Benoît, dom Cyril Dieckhoff, s'intéressa au mystère. Emigré russe artistiquement doué (on peut voir dans la petite chapelle une fresque exécutée par lui, comportant son propre portrait parmi les saints qu'elle représente), il parlait le gaélique, ce qui lui facilita beaucoup sa tâche pastorale en Ecosse, où il recueillit de nombreux bruits relatifs à d'autres monstres. Désireux d'écrire un livre à leur sujet, il ne laissa échapper aucune occasion d'interroger des témoins oculaires, et son journal, conservé à l'abbaye de Fort Augustus, contient de remarquables histoires.

Personnellement, il vit le monstre du loch Ness à deux reprises, la première le 30 août 1934, d'une fenêtre de l'abbaye : le cou de l'animal puis une bosse ronde et noire émergèrent à environ 600 mètres de la rive. Six ans plus tard, en mai 1940, deux autres moines et lui-même virent un sillage traverser le loch vers la jetée de Glendoe, puis devenir circulaire quand la bête ralentit et plongea. Il crut d'abord que c'était un gros poisson, mais après en avoir parlé au capitaine de corvette Meiklem, qui se déclara opposé à cette explication, il émit l'hypothèse que ce pouvait être un plésiosaure. Cette idée, il ne devait pas l'entretenir avec grande conviction, car elle ne l'empêcha jamais d'accumuler des preuves trahissant la nature mammalienne de l'animal.

Il avait auparavant relaté divers incidents, entre autres une vaine tentative de tuer le monstre, entreprise en octobre 1933 dans la baie de Borlum, par un employé du domaine de Glendoe, qui l'avait vu nager en laissant émerger une grosse bosse. Il semble que « le » monstre survécut à cette agression, puisqu'il fut aperçu à nouveau en mai 1934, par un autre membre de la communauté religieuse. Le Frère Horan travaillait à réparer une pompe près du rivage, quand il entendit un bruit dans le lac :

« Levant les yeux, il vit passer à trente mètres de lui l'animal, qui nageait parallèlement à la rive, la tête tournée dans sa direction. Il ne semblait pas avoir d'oreilles, son museau assez arrondi rappelait celui du phoque — mais ce n'était pas un phoque. Son cou gracieux, long d'un mètre et incliné de quarante-cinq degrés sur la surface, avait une large bande blanche par-dessus. L'animal changea plusieurs fois de direction [...] et l'on avait l'impression que derrière lui l'eau était brassée par une hélice. Finalement il plongea, provoquant un énorme remous, et son sillage demeura un moment visible, comme celui d'une torpille... »

Ce compte rendu remarquable confirme des observations précédentes concernant la propulsion de la bête : elle est assurée par les nageoires postérieures, les antérieures servant surtout à stabiliser le corps massif dans l'eau.

Le 5 juin 1934, dom Cyril a noté dans son journal un incident que la presse de l'époque s'est abstenue de relater. Une femme de chambre de la famille Pimley, Margaret Munro, faisait le ménage un dimanche matin vers 6 h 30 dans le salon de Kilchumein Lodge, qui domine la baie de Borlum, quand elle vit par la fenêtre « le plus gros animal qu'elle eût jamais rencontré », à 300 mètres de là sur le rivage. Elle put l'observer 25 minutes avec les jumelles de Mr. Pimley et le décrivit ensuite : « Il avait un cou ressemblant à celui d'une girafe et une tête ridiculement petite, par rapport à la grande masse du corps, gris comme un éléphant. » Elle distingua deux courtes palettes natatoires antérieures, la partie postérieure du corps n'étant pas tout à fait hors de l'eau. L'animal se tournait de côté et d'autre, arquant son dos de manière à former deux ou trois bosses. Enfin, il baissa la tête, s'immergea et partit. La jeune fille ne voulut pas réveiller de si bonne heure ses maîtres. Quand elle les informa, ils coururent à la rive et trouvèrent une légère trace du passage de la bête sur les galets, ainsi qu'une branche d'arbuste écrasée. Dom Cyril connaissait les Pimley et le père de Margaret, un meunier local, si bien qu'il ne douta pas de la véracité du récit, mais on ne fit rien pour inciter la presse à le publier. Le détail le plus intéressant est la flexiblité apparente du dos, mais je crois que celle-ci est plus superficielle que due à la structure même de l'animal : celui-ci semble façonner ses formes en se repliant sur lui-même.

Il tombe sous le sens que la thèse selon laquelle le loch Ness serait habité par un seul monstre, présumé immortel, est absurde. A ne considérer que les récits des témoins oculaires, il est clair que toute une gamme d'animaux de la même espèce vivent dans le loch, et qu'il existe au moins un vieux mâle. Néanmoins, il convient de remarquer qu'on a très rarement eu l'occasion d'observer deux ou plusieurs bêtes ensemble.

Le 29 juin 1933, un cultivateur dont les terres dominaient la baie d'Urquhart aperçut en même temps une bosse noire au pied de la colline, près du rivage, et une autre bosse au milieu du loch, se déplaçant à vive allure.

Cyril Dieckhoff découvrit d'ailleurs d'autres exemples intéressants. En juin 1934, Miss Fraser, habitant Inveroich House, lui raconta qu'elle avait vu nager côte à côte deux monstres, l'un plus petit que l'autre. En 1937, un de ses amis, C.B. Farrel, l'informa que le monstre avait été vu à Foyers et, un quart d'heure plus tard, dans la baie de Borlum : ou bien il se déplaçait à une vitesse prodigieuse, ou bien il s'agissait de deux bêtes différentes. En janvier 1943, un autre vieil ami, Sandie Grant, lui fit part d'une observation personnelle : à Inchacardoch House, où il se trouvait en compagnie du gardien, Mr. Scott, il avait vu un animal traverser le loch et disparaître, puis un autre surgir peu après dans la direction opposée, où le loch est très profond. En 1939, un homme d'affaires d'Inverness, Mr. Hunter Gordon, voyageant avec un fonctionnaire de l'Amirauté, remarqua près de Brachia deux bosses noires, émergeant d'environ 1 m 50 et se déplaçant à 300 mètres de la rive, en formant deux sillages parallèles et séparés de quelques mètres.

Cependant, aucune de ces observations n'égala en intérêt celle signalée deux ans plus tôt par la famille Stevenson, de Brachia. Le 13 juillet 1937, les Stevenson, leurs enfants et quatre visiteurs prenaient le petit déjeuner quand ils virent, par la fenêtre donnant sur le loch, passer trois monstres nageant à environ 300 mètres :

« Au centre, racontèrent-ils, il y avait deux bosses noires et luisantes, d'environ 1 m 50 de long et émergeant de quelque 60 centimètres. A droite et à gauche de l'animal, il y en avait deux autres plus petits. L'un d'eux s'ébroua, faisant gicler beaucoup d'eau avant de disparaître vers la rive opposée. Le plus gros monstre continua son chemin avec l'autre petit en direction du château d'Urquhart. »

Si ces bêtes étaient un vieux mâle avec deux femelles, on peut penser qu'elles faisaient partie d'un troupeau comportant peut-être une quinzaine d'animaux. En outre, au cours de cet été 1937, on signala un incident qui pourrait fort bien indiquer qu'ils étaient en train de se reproduire. En mai 1937, Sir David Hunter-Blair, supérieur de l'abbaye, avait vainement tenté de capturer le monstre, avec l'aide d'écoliers de Manchester, invités dans ce dessein. Or, en juin, deux de ses propres élèves, Andrew Smith et Anthony Considine, racontèrent une curieuse histoire qui venait de leur arriver. Dom Cyril Dieckhoff, qui les interrogea séparément, constata par la suite que leurs récits concordaient. Ils étaient partis se promener en petit canot sur le loch, et voici ce qu'ils déclarèrent :

« Alors qu'ils regardaient l'eau, à l'arrière de la barque, ils virent trois petits animaux s'écarter à la nage du sillage de l'embarcation. Ils ressemblaient à des anguilles, mais avaient quatre membres rudimentaires et un cou bien distinct : les garçons les comparèrent à de gros lézards. Leur longueur était d'environ un mètre. Les membres antérieurs ressemblaient à des palettes natatoires, tandis que les postérieurs, plus collés au corps, n'avaient qu'un léger mouvement ondulatoire et semblaient servir surtout à le propulser. La couleur des animaux était gris foncé. »

A la lecture de ce témoignage, une question se pose aussitôt : s'agissait-il vraiment de bébés monstres ? Ce pouvait être des loutres adultes, mais il est très rare qu'on en voie trois ensemble, surtout en plein jour. En outre, le cou bien distinct et la description des palettes natatoires évoquent certainement l'animal beaucoup plus gros dont nous avons lu maintes descriptions. Toutefois, malgré mon vif désir de croire qu'il s'agissait de jeunes monstres, je dois admettre que cette preuve n'est pas convaincante. Tel ne fut pas l'avis du professeur des jeunes collégiens, qui déclara que ses élèves avaient vu des « bébés monstres préhistoriques ». Il était lui aussi, semble-t-il, un partisan de la théorie du Plésiosaure.

Celle-ci fut exposée pour la première fois — sauf erreur — dans un article de *The Northern Chronicle* du 9 août 1933. Depuis très longtemps le Plésiosaure était, en Angleterre tout au moins, l'explication bien établie du Serpent-de-mer. Gould l'avait adoptée en 1930 dans son ouvrage consacré à cette bête mystérieuse, et sans doute ne pouvait-on éviter de l'appliquer au monstre du loch Ness.

Il faut reconnaître que superficiellement elle se justifie. Les plésiosaures vivaient, dit-on, aussi bien en mer qu'en eau douce. Ils avaient un long cou et des palettes natatoires, mais aussi une queue. Or, Grant est le seul à en avoir vu une, et il s'est probablement trompé. D'autre part, et sans parler de la température très basse du loch en hiver, inapte à la vie de tels animaux, comment expliquer qu'ils aient survécu à leur époque géologique ? Si séduisante qu'elle fût, la théorie se heurtait à d'innombrables obstacles, et c'est pourquoi Gould y renonça pour émettre celle du triton démesuré. Il n'en est pas moins vrai qu'à un moment ou un autre, tous les partisans du monstre du loch Ncss ont cru, plus ou moins longtemps, à cette explication, et que certains continuent d'y croire. Lorsque nous aurons terminé notre exposé des données positives du problème, je pense que cette hypothèse paraîtra quelque peu dépassée.

L'histoire des bébés monstres ne fut cependant pas l'événement le plus important de cette époque, car en 1936 Malcolm Irvine réussit à filmer de nouveau le monstre. Ayant posté son assistant face à Inverfarigaig, il alla lui-même se placer trois kilomètres plus loin, le mardi 22 septembre 1936. Les deux hommes étaient équipés de caméras cinématographiques, munies de téléobjectifs. Les conditions atmosphériques étaient bonnes, avec une petite brise et une légère houle de sud-ouest.

A 15 h 30, Irvine vit le monstre émerger du côté de Foyers. En toute hâte, il fit le tour de la baie pour se rendre à Invermoriston, où il avait repéré un excellent observatoire. Il continuait de voir à l'œil nu le monstre se déplacer rapidement à moins d'un kilomètre, mais il obliqua vers le nord-ouest au moment où le tournage du film commença. L'opération fut donc difficile, d'autant plus que le grossissement considérable des lentilles exagérait chaque mouvement de la bête. Néanmoins, elle réussit, puisque Irvine déclara que son film constituait « un témoignage unique sur un animal unique » (Planche 4).

Or, ce film a, semble-t-il, été perdu, si bien qu'une fois de plus nous devons nous contenter d'un compte rendu de l'époque. La pellicule montrait la tête et le cou parallèles à la surface de l'eau et s'élevant puis s'abaissant tour à tour, à mesure que le corps volumineux bougeait ; de même, les bosses émergeaient puis s'immergeaient selon les mouvements des nageoires ; enfin, on distinguait nettement une « queue qui avait l'air d'être en caoutchouc ». Quoi qu'il en soit, Irvine déclara à un journaliste que le monstre n'en demeurait pas moins « un mystère biologique », inclassable pour le moment. Son film passa dans les actualités cinématographiques, accompagné d'une interview de Margaret Munro, relatant ses observations. Un membre actif de la *Linnean Society*, Eric Foxon, fut interrogé au sujet du film et ne se prononça pas sur la nature de l'animal ; mais il ajouta : « Désormais, chacun sera contraint d'admettre qu'il y a quelque chose dans le loch Ness. »

Cela dit, il faut reconnaître qu'il y a quelque chose de mystérieux dans le film lui-même. Jusqu'en 1955, un exemplaire de la bobine fut entre les mains du Père J.A. Carruth, à l'abbaye de Fort Augustus. Mrs. Whyte parvint à en obtenir quelques images et en publia une dans son livre ; elle a eu la bonté de m'en communiquer d'autres. Toutefois, elle ne m'a pas caché qu'elle n'y attache plus guère de valeur, car on soupçonne le film d'avoir été truqué : pour certaines séquences du moins, un engin mécanique aurait été utilisé. Les clichés montrent incontestablement un gros objet dans l'eau, mais quel est-il ?

Deux ans plus tard, le 28 mai 1938, le monstre fut de nouveau filmé par un Sud-Africain, Mr. G.E. Taylor, du Natal, qui passait ses vacances en Ecosse. L'animal se tenait immobile dans le loch, devant Foyers, à environ 200 mètres de la rive nord. Dans son journal, voici ce que Mr. Taylor nota à l'époque :

« Son corps était gros et arrondi, mais il s'amincissait jusqu'au cou, qui plongeait dans l'eau puis réapparaissait 50 centimètres plus loin, en un arc émergeant d'environ 15 centimètres, avant de plonger de nouveau. A cet endroit, peut-on penser, devait se trouver la tête immergée. Le corps s'élevait de 30 centimètres à peu près sur l'eau, et sa couleur était très sombre. »

Cela se passait à midi. Mr. Taylor s'en alla, mais revint trois-quarts d'heure plus tard, pour constater que l'animal, toujours là, s'était rapproché d'une cinquantaine de mètres de la rive. Sous le soleil brillant, il avait une couleur jaune paille. Mr. Taylor le filma pour la seconde fois. Maurice Burton, qui se procura le film, l'analyse longuement dans son livre *The Elusive Monster.* Il admet que « l'on ne saurait trop insister sur le fait que l'objet filmé ressemble vraiment à un animal [...] (La seconde bande) semble représenter un cheval bai qui caracole dans l'eau, si bien que seuls son cou et sa tête émergent partiellement. On dirait vraiment un cheval aquatique ! » Mais cela n'empêche pas le Dr Burton de conclure que le monstre était un objet inanimé inconnu.

Il fonde cette conclusion sur un examen contestable du film, image par image. Une série de croquis prétendent montrer les variations de l'image et ils ne sont nullement convaincants. D'ailleurs, l'étroitesse de la bande, la petitesse de l'image et le fait qu'il n'ait pas été tenu compte du grain de la pellicule empêchent une telle analyse d'être exacte. En revanche, les impressions personnelles de Mr. Taylor nous incitent à penser qu'il a vraiment filmé le monstre. Néanmoins nous n'avons pas de certitude absolue sur ce point. Je dois signaler à ce propos que le Dr Burton s'est refusé à me communiquer le moindre cliché tiré de ce film. Il n'a même pas autorisé le Bureau d'Enquête du loch Ness à voir le film, pour l'expertiser à son tour. C'est bien regrettable et on ne peut moins scientifique.

La dernière controverse digne d'attention, avant la Seconde Guerre mondiale, fit l'objet de deux émissions radiodiffusées par la B.B.C. en 1937. Dans la première, E.G. Boulenger rejeta en termes virulents les thèses relatives aussi bien au Serpent-de-mer qu'au monstre du loch Ness. C'est ainsi qu'il déclara entre autres : « Cet animal géant et bossu, aux yeux ressemblant à des phares, mérite qu'on l'étudie attentivement, ne serait-ce que parce qu'il est un bon exemple d'hallucination collective. » Je dois répéter ici qu'un savant est coupable quand il dénature les données d'un problème. En outre, il se trompe sur la nature de l'hallucination collective, car on a rarement vu des observations d'animaux aquatiques inconnus se prêter aussi peu à une telle erreur d'interprétation des sens.

Ce fut Rupert Gould qui répondit à cette diatribe dans une émission ultérieure de la B.B.C. Les preuves apportées par des témoignages oculaires, concernant les deux animaux fabuleux, étaient telles, déclara-t-il, qu'une hallucination collective ne peut suffire à expliquer ces phénomènes. Pour le monstre du loch Ness en particulier, il y avait quantité de clichés photographiques, auxquels venait de s'ajouter le nouveau film d'Irvine (dont une image fut adjointe à la publication des déclarations de Gould par la revue *The Listener*). En outre, le monstre continuait d'être observé — Gould cita alors son ami Haslefoot — et décrit comme on l'avait fait précédemment. Non, affirma-t-il, ceux qui considèrent le monstre du loch Ness — ainsi que les serpents-de-mer en général — comme une énorme fumisterie ne peuvent avoir la moindre idée de la masse énorme de preuves démontrant leur « existence ». Mais, pour citer le jugement émis un jour par l'astronome Horrocks : « il est plus facile d'instruire les ignorants que ceux qui ne veulent rien apprendre ».

Je crois qu'ici il faut rendre à Gould les honneurs de la victoire. En tout cas, ce débat semble avoir incité la BBC à radiodiffuser, en août 1938, une émission sur le monstre, comportant l'enregistrement des déclarations de témoins oculaires. Celles-ci furent impressionnantes, ne serait-ce que par la simple dignité avec laquelle leurs auteurs racontèrent ce qu'ils avaient vu, en particulier un vieil homme qui déclara : « Le monstre m'a rappelé un vieux cheval. »

Cette même année 1938, le capitaine D.J. Munro proposa de créer une société qui enquêterait en permanence au loch Ness, en utilisant sous sa direction un personnel de marins, ce qui exigerait un capital de 1 500 livres sterling. Il ne trouva pas assez de commanditaires, mais provoqua un certain nombre de réactions épistolaires au journal *The Times*, ressassant les vieilles explications de la loutre ou du vol d'oiseau, auxquelles Rupert Gould répliqua par ses réfutations habituelles.

Pendant tout ce temps, le monstre continua de réapparaître par moments. En octobre 1936, il put être bien observé, devant Foyers pendant 14 minutes, par Mrs. Marjory Moir et quelques amis. De même que dans le film de Taylor, il était en surface et immobile. Malgré une pluie fine, on estima qu'il devait avoir une dizaine de mètres de longueur. « Il y avait trois bosses, la plus grosse étant celle du milieu , la plus petite se trouvant près du cou, long et mince. La tête, petite, ne put être bien observée, car elle plongeait souvent sous l'eau, soit en quête de nourriture, soit pour jouer. » Brusquement l'animal partit très vite vers la baie d'Urquhart, traçant un très gros sillage, puis fit demi-tour et revint au même endroit et s'immergea. Mrs. Moir déplora de ne pas avoir eu d'appareil photo pour enregistrer ce spectacle fantastique. Dans une lettre à Mrs. Whyte, elle évoqua quelques années plus tard un souvenir de jeunesse : son grand-père interdisait aux enfants de jouer trop près du rivage, à cause du *Water Kelpie,* l'esprit des eaux à forme de cheval, qui les emporterait.

Fig. 16. Observation de Marjory Moir.

A Pâques 1937, Alastair Erskine-Murray, un des étudiants d'Edimbourg qui avaient enquêté au loch Ness après l'aventure d'Arthur Grant, revit le monstre dans les circonstances suivantes : « Nous étions sur la route, près d'Invermoriston, où elle surplombe le rivage d'environ 15 mètres, quand nous avons remarqué trois bosses à 800 mètres dans le loch. Elles avaient l'air solide et la dimension de celle d'une locomotive. Après quelques minutes d'immobilité, elles se sont éloignées puis immergées, créant un gros remous, et une forte vague vint se briser sur la rive. » S'agissait-il d'un monstre différent ? Il semble bien que, malgré les bosses simplement plus proéminentes, ce soit toujours le même animal.

En juillet de cette année-là, un architecte et sa famille signalèrent en style télégraphique leur observation : « Cou en forme de colonne, petite tête très droite, vitesse fantastique, gros remous, sillage de paquebot. »

Si utiles que soient les comptes rendus de visiteurs, ceux des habitants locaux sont souvent plus intéressants, à cause de leur expérience : ils connaissent les endroits où le monstre s'approche le plus du rivage. C'est ainsi qu'en juin 1937 John MacLean fit une observation remarquable, due surtout au fait qu'il put demeurer rigoureusement immobile. Il se préparait à pêcher à l'embouchure de la petie rivière d'Alltsigh, quand l'animal surgit à 20 mètres de lui. Il n'en vit d'abord que la tête et le cou. Celui-ci avait à peu près 70 à 80 centimètres de longueur et plus de 20 centimètres de largeur. La tête lui rappela celle d'un mouton sans oreilles, avec deux yeux ovales, étroits et placés à l'avant. L'animal « avait l'air de vouloir mâcher quelque chose », ouvrant et fermant tour à tour la gueule, puis rejetant la tête en arrière comme pour mieux avaler. Au bout de deux minutes, il baissa la tête, ce qui fit émerger une bosse et la « queue ». Il plongea ensuite et reparut plus loin, sans qu'on pût distinguer de pattes ou de nageoires. Sa peau avait l'aspect de celle d'un cheval bien pansé, lisse, luisante et sombre, sauf dans sa partie inférieure, qui semblait plus claire. Quand il émergea la seconde fois sur toute sa longueur, celle-ci semblait être de six mètres environ. Puis il replongea brusquement et ne se montra plus.

Chose étrange, John MacLean ne pensa pas qu'il s'agissait du monstre. Sans doute se représentait-il celui-ci sous la forme d'un dinosaure couvert d'écailles, et non de cet animal manifestement à sang chaud et nullement effrayant. Car il n'éprouva à sa vue aucune peur, seulement de la stupéfaction. Le *Daily Record* publia à l'époque un croquis de son observation.

Peu avant 1940, Alex Campbell — dont nous avons cité le témoignage au début du chapitre précédent — revit émerger du loch la tête et le cou du monstre, couverts apparemment d'un entrelacs de matières, que l'animal s'empressa de rejeter en s'ébrouant avec énergie. Quelques semaines plus tard, le *Liverpool Echo* signala que deux prêtres catholiques de la ville, les Frères George Grime et Malcolm MacKinnon, se promenant en canot sur le loch Ness, avaient vu une bosse se déplacer très vite à la surface de l'eau. Le 18 août 1941, le *Daily Mail* annonça que le monstre du loch Ness était revenu ». Il avait refait surface près de la jetée de Glendoe, montrant « un long cou sinueux et cinq à six mètres de corps en forme de canot renversé ». Il était resté visible pendant dix minutes pour un grand nombre de gens, et avait parcouru durant ce temps plus de dix kilomètres, à si vive allure qu'il faisait gicler des gerbes d'eau à au moins un mètre de hauteur.

Au cours des années de guerre, on ne signala pas d'observations du monstre, mais il y en eut plusieurs. L'une d'elles est due à un ami de Cyril Dieckhoff, Mr. C.B. Farrel, alors mobilisé dans une unité chargée de surveiller le ciel, en cas de bombardements aériens. A 5 heures du matin, il vit l'animal à 250 mètres de distance et put l'observer à la jumelle. Il distingua nettement des yeux très proéminents. Le cou, gracieusement incurvé, avait plus d'un mètre de long, avec à sa base une espèce de nageoire étrange. La bête semblait s'alimenter, car elle plongeait lentement la tête dans l'eau puis la redressait tout à coup et la secouait avec énergie. Elle finit par disparaître sans bruit, ne provoquant ni remous ni même une ride sur l'eau dans laquelle elle s'enfonçait.

La paix revenue, le monstre ne tarda pas à se manifester de nouveau. En août 1946, alors qu'ils prenaient pour la première fois des vacances depuis des années, les Atkinson furent victimes d'une crevaison de pneu près de Dores. Tandis que son mari changeait la roue, Mrs. Atkinson s'approcha du rivage pour admirer le loch. Or, non loin d'elle, il y eut un gros remous, et soudain elle vit émerger une petite tête, puis un long cou semblable à celui d'un gros cygne, et enfin un corps massif, gris comme un éléphant, avec deux bosses. Elle appela aussitôt son époux, et tous deux regardèrent avec stupéfaction la bête, jusqu'à ce que celle-ci eût disparu sous l'eau. Evoquant ce souvenir dix ans plus tard, Mrs. Atkinson déclara : « Dieu sait ce que le loch Ness contient encore ! Rien que d'y penser, j'ai froid dans le dos ! »

L'année suivante, Arthur Grant et sa femme virent la bosse du monstre, émergeant cette fois de l'eau. En avril, le secrétaire de mairie d'Inverness, Mr. J.W. MacKillop et son fils virent le cou de l'animal et un gros sillage, mais cette observation n'eut rien de sensationnel. En décembre 1948, Mrs. Russell Ellice et ses deux enfants arrivaient en voiture à Inverness lorsque, près de Brachia, ils remarquèrent une tête et un long cou se dressant hors de l'eau et, derrière, un remous considérable. « C'était vraiment une très grosse bête, dit-elle, et nous en avons été stupéfaits, car jusqu'à ce jour je n'avais jamais cru vraiment à son existence. »

L'ennui, c'était que beaucoup de gens n'y croyaient pas davantage, en dépit des observations, témoignages et comptes rendus de presse. Dom Cyril Dieckhoff mourut en 1950 sans avoir écrit son livre sur le monstre, et les autres partisans de l'animal étaient également disparus, Oudemans en 1943 et Rupert Gould en 1948. Mais d'autres poursuivaient déjà leur œuvre. Mrs Whyte commençait à rassembler des témoignages oculaires, et le Père J.A. Carruth publia une brochure sur le monstre, à l'intention des touristes (Planche 10). En août 1950, le *Scotsman* insista pour qu'on entreprît d'enquêter sérieusement au loch Ness, et le Dr Maurice Burton, rappelant les données du problème dans l'*Illustrated London News,* écrivit qu'il y avait dans le loch quelque chose « qu'on ne pouvait pas expliquer ».

Un événement plus important survint en 1951 : on prit une nouvelle photo du monstre. Le 14 juillet à 6 h 30, Lachlan Stuart sortit de sa ferme pour aller traire ses vaches. Remarquant un objet dans le loch, en face de Whitefield, il retourna en hâte chercher un appareil photographique chez lui et pria un ami de passage de l'accompagner. Courant à la rive, ils virent trois bosses triangulaires s'approcher l'une derrière l'autre du rivage. Stuart les photographia à environ 50 mètres de distance. Peu après, une tête et un cou apparurent et se dressèrent puis s'abaissèrent à plusieurs reprises ; malheureusement une défectuosité de l'appareil empêcha Stuart de prendre un autre cliché. L'animal se rapprochant, les deux hommes se cachèrent sous des arbres, mais à 300 mètres de la rive, la bête plongea et disparut (Planche 7).

La photographie, un peu floue, est pourtant de bonne qualité, malgré l'heure matinale. Les bosses correspondent à celles décrites auparavant par maints témoins. M. Stuart et son ami estimèrent que le cou et la tête émergeaient d'environ 1 m 80 ; chaque bosse avait, à la surface de l'eau, 1 m 50 de long et était séparée de l'autre par une distance de 2 m 50. Enfin, ils remarquèrent un remous, cinq à six mètres derrière la dernière bosse, pouvant être provoqué par une queue. Tout cela donnerait une longueur totale de 14 mètres, ce qui paraît excessif. Les bosses étaient sombres, mais aucun détail précis ne permet d'affirmer qu'il s'agissait d'un animal.

Pour Mr. Stuart, la question ne faisait aucun doute, mais cette bête ne ressemblait à aucune de celles qu'il connaissait. Il déclara : « Bah ! c'était peut-être un monstre préhistorique. Beaucoup de ceux-ci n'ont jamais existé. Rien que des contes de fées. Enfin, c'est ce que j'ai toujours pensé jusqu'à présent. »

Comme on lui demandait ce que cet animal pouvait bien être, le conservateur du muséum d'histoire naturelle à l'Université de Glasgow, Eric Palmer, répondit : « Ce que l'image représente pourrait être trois phoques de dimensions anormales jouant à se pourchasser, mais c'est assez improbable. » Assurément. Néanmoins, Mr. Palmer a estimé que la photo montrait un animal : cette opinion constitue un réel changement, par rapport à celles formulées par les savants au sujet de photographies antérieures. Dans ce cas particulier, toutefois, elle ne peut être partagée par tout le monde, car il est peu vraisemblable que cette image représente un animal vivant.

En 1954, le *British Museum* a publié une brochure concernant la recherche scientifique, dont l'auteur paraît avoir pensé à la photo prise par Stuart quand il traite le cas du monstre du loch Ness :

« L'exemple le plus célèbre de bête dont aucun spécimen n'a jamais été présenté est celui du monstre du loch Ness. Ici, l'ingéniosité des suggestions, relatives à la nature de l'animal, n'a d'égale que la puissance d'imagination de certains observateurs. »

La seule « preuve scientifique » indiquée par le rédacteur de ce texte était une « expérience » réalisée par M. Andrew MacFee, dont le *Sunday Post* de Glasgow avait rendu compte le 27 juillet 1952. Ce qui paraissait être à l'œil nu des bosses se révéla, quand on les observa au théodolite, n'être que des ombres. Si bien que l'auteur conclut sentencieusement : « Ce phénomène a été provoqué par des vagues et des courants aquatiques. » Nous devrions donc en conclure que les bosses photographiées par Stuart étaient, elles aussi, des ombres. Je suppose que si cette « preuve scientifique » est la seule que l'on ait choisie, c'est à cause de son résultat négatif.

Il convient de noter au passage que le monstre n'est pas du tout, comme on l'affirme ici, la seule bête « dont aucun spécimen n'a jamais été présenté ». On peut en dire autant de n'importe lequel des quelque quarante animaux décrits par Bernard Heuvelmans dans son livre *Sur la piste des bêtes ignorées* (1955). Il y explique qu'il faut parfois se contenter de témoignages, quand on ne peut obtenir de spécimens. En tant que « preuves », les observations de Mr. MacFee ne valent ni plus ni moins que les innombrables comptes rendus (dont nous n'avons cité que quelques-uns) relatifs au monstre et qui démontrent sans équivoque que celui-ci est bien plus que de simples « ombres ».

Maurice Burton, alors un des chefs de section du *British Museum*, s'empressa de réfuter cette dénaturation des faits en écrivant :

« Il faut vraiment que le loch Ness soit un plan d'eau extraordinaire, pour que des ombres puissent se déplacer à vive allure sur sa surface, longer une rive, traverser le lac, revenir le long de l'autre rive, disparaître dans un gros remous d'écume, provoquer un sillage tel qu'une forte vague vient ensuite se briser sur le rivage, et enfin donner sur une bonne demi-douzaine de clichés photographiques l'impression d'être des corps solides. »

Etant donné l'hostilité générale manifestée par les savants à toute thèse relative à l'existence du monstre, il ne faut pas s'étonner que beaucoup de gens n'aient jamais parlé de leurs expériences personnelles dans ce domaine. Ainsi, l'incident suivant serait demeuré ignoré si Mrs. Whyte ne l'avait pas relaté, après que le témoin lui en eut fait part. Il s'agit de Mrs. Greta Finlay, qui campait avec son fils en caravane sur la rive sud, à moins d'un kilomètre du château d'Aldouric. Le 20 août 1952 vers midi, son attention avait été attirée par un bruit dans l'eau, et grande fut sa surprise de voir, à une vingtaine de mètres de la rive, un petit monstre.

« J'ai été tellement impressionnée, raconta-t-elle à Mrs. Whyte, par l'étrange aspect du cou et de la tête, que je n'ai pas observé attentivement le reste de l'animal. Il y avait deux ou trois bosses, et la longueur totale devait être d'environ cinq mètres. Le cou émergeait verticalement de l'eau et s'élargissait à sa base. Il mesurait avec la tête à peu près 60 à 80 centimètres, la tête ayant environ 15 centimètres de haut et la même largeur que le cou. Ce qui me stupéfia, en plus de l'aspect hideux de la tête, fut qu'elle était surmontée de deux espèces de cornes, longues de 15 centimètres et terminées par de petites boules. La peau, luisante et noirâtre, me rappela celle d'une limace. »

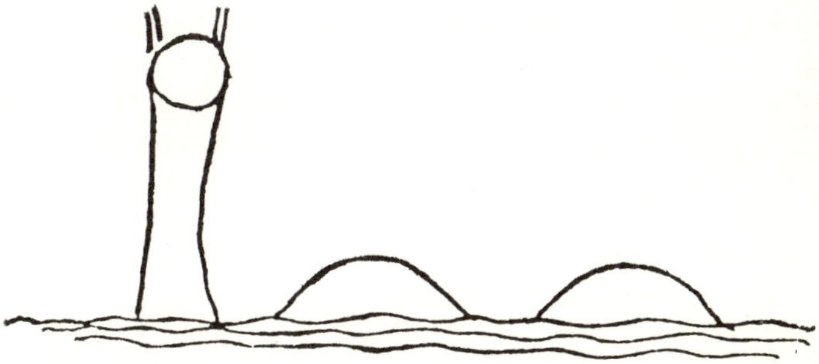

Fig. 17. Croquis de la tête et du cou par Harry Finlay.

Son fils, Harry Finlay, dessina de mémoire, quelques jours plus tard, un croquis de la bête. C'est un des trois témoignages qui signalent les « cornes » du monstre. Mrs. Finlay, certaine de les avoir vues, demanda à Mrs. Whyte si l'animal ne pouvait pas être « un énorme escargot ». Nous ne devons pas oublier que les Spicer avaient eu une impression analogue.

La réticence des témoins oculaires à relater leurs observations comporte des exceptions. Ce fut le cas de David Slorach, qui décrivit longuement les siennes en 1957, dans la revue *Harper's Magazine.* C'est peut-être parce qu'il s'agit d'une publication américaine que cet intéressant récit n'a pas retenu l'attention du public britannique.

Le 4 février 1954 dans la matinée, M. Slorach se rendait à vive allure, par la rive nord, de Fort William à Inverness, où il avait rendez-vous à 10 heures. La route étant sinueuse et accidentée, il ne put admirer le paysage à loisir, mais constata que la surface du loch était calme et la visibilité bonne. Soudain, à la sortie d'un virage, au-delà de Fort Augustus, il remarqua juste devant lui, à 400 mètres environ de la rive, un curieux objet.

« On eût dit, écrit-il, un corps rond monté sur des échasses, comme si deux cigognes étaient dressées côte à côte sur un rocher. Trouvant son aspect bizarre, j'ai continué de l'observer tout en conduisant. A mesure que je m'en rapprochais, il changeait de forme. Il ressemblait maintenant à un gros tronc d'arbre, d'environ un mètre de haut, surmonté d'une bosse ou d'une grosse branche. Il m'a rappelé un dessin comique d'autrefois, représentant un chat chinois avec un long cou. Une oreille noire pendait mollement, là ou l'œil aurait pu être, et quatre raies noires couraient de la tête à la base du cou. C'est ce que de loin j'avais pris pour des échasses. Le reste de l'objet était étrangement blanchâtre. »

Peu après, il distingua plus près de lui un second objet sombre, ressemblant à un tonneau ou à une bouée, puis tous deux se mirent en mouvement, à vive allure, en traçant un gros sillage, et disparurent, masqués par un rideau d'arbres. Mr. Slorach ne les revit pas, et ce fut seulement en arrivant au château d'Urquhart qu'il se rendit compte qu'il venait sans doute d'observer le fameux monstre du loch Ness, et qu'il regretta de ne pas l'avoir photographié.

A la fin de cette même année 1954, un chalutier de Peterhead, le *Rival III*, équipé d'un sondeur à ultra-sons, traversait vers midi le loch Ness quand il décela un gros objet, à une profondeur de 160 mètres. Les techniciens qui examinèrent ensuite le graphique de l'enregistrement de l'écho estimèrent qu'il s'agissait, non d'un banc de poissons, mais d'un seul objet solide, de grandes dimensions. Le curieux tracé de la courbe semble indiquer que l'animal décelé aurait une grosse tête et huit pattes : une sorte de scorpion géant aquatique. Mais la tête n'était qu'une tache sur le graphique et le tracé ne représente jamais les vrais contours de l'objet décelé. D'autres tentatives de repérage par sondeurs ont eu lieu par la suite (en particulier par une équipe de la BBC en 1958) avec toutefois des résultats discutables.

Le 29 juillet 1955, Mr. P.A. MacNab arrêta sa voiture sur la route dominant le château d'Urquhart, afin de photographier cette ruine pittoresque. A ce moment, il remarqua dans l'eau du loch un fort remous et l'apparition d'une protubérance. Ayant équipé son appareil d'un téléobjectif, il photographia « un corps long et sombre qui passait de gauche à droite dans le loch, à l'ombre du château ». Le donjon, visible sur le cliché, ayant 15 mètres de haut, certains ont calculé que le monstre devait avoir au moins 18 mètres de long (Planche 7).

L'image montre deux bosses, l'une beaucoup plus grosse que l'autre ; mais personne n'a remarqué, en examinant avec soin le cliché, qu'il comporte deux sillages bien distincts. Il ne s'agit donc pas d'un monstre démesuré. C'est la preuve photographique évidente qu'il existe *au moins* deux monstres plus petits, l'un d'environ 8 mètres et l'autre de 5 : ce peuvent être un mâle et sa femelle, ou encore une mère et son petit. En tout cas, l'importance de ce document ne doit pas être sous-estimée : grâce à lui, nous savons avec certitude qu'il y a plusieurs monstres dans le loch.

Depuis l'enquête de Sir Edward Mountain en 1934, aucune recherche sérieuse ne fut entreprise au loch Ness durant près de vingt ans. L'opinion régionale était exprimée par la *Scottish Folklore Society* : il n'y avait que quelques hurluberlus pour croire au monstre. Les comptes rendus des témoins postérieurs à la parution du livre de Gould étaient enfouis dans les archives de la presse. En 1949 toutefois, Mrs. Constance Whyte se mit à les exhumer et rédigea un court article sur ce sujet. Cultivée et s'intéressant à l'histoire de l'Ecosse, elle était l'épouse de l'administrateur du canal Calédonien, dont le loch Ness fait partie. En 1951, elle publia une brochure dans laquelle elle développait les données de son article. Maurice Burton la commenta dans l'*Illustrated London News*, estimant qu'il convenait d'enquêter plus à fond sur le monstre ; il semble avoir été alors le seul savant britannique qui y croyait.

Mrs. Whyte, poursuivant assidûment ses recherches, publia en 1957 son livre *More than a Legend*, dans lequel elle paraît accepter à moitié la théorie du Plésiosaure. Celle-ci n'était pas nouvelle, et beaucoup de gens la contestent. Les zoologues ne croient pas que le Plésiosaure ait pu survivre à l'époque mésozoïque ; quant aux paléontologues, ils notent que les plus récentes reconstitutions de cet animal ne correspondent pas aux descriptions du monstre. Ainsi, le plésiosaure nageait en faisant émerger une plus grande portion de son corps. Au surplus, comment un reptile aurait-il pu survivre dans l'eau très froide du loch Ness ?

Le livre de Mrs. Whyte suscita diverses sortes de recherches. Burton estima que son argumentation était « aussi convaincante qu'on pouvait le souhaiter, en ce qui concerne un phénomène qui n'a jamais fait l'objet d'une véritable enquête ». A l'Université d'Oxford, Denys Tucker informa ses élèves du problème du loch Ness, auquel il estimait que de jeunes zoologues devaient vivement s'intéresser. Le 22 mars 1959, Tucker vit lui-même une grosse bosse se déplacer par un calme plat entre Inchnacardoch et Glendoe, observation que ni Gould, ni Burton, ni Mrs. Whyte n'avaient eu la chance de faire. Il avait la conviction que c'était un animal inconnu, probablement un plésiosaure.

Le Dr Tucker espérait stimuler des recherches sur place. Or, au cours de l'hiver suivant, Tim Dinsdale s'attaqua au problème d'une tout autre manière, selon la méthode analytique. Utilisant l'ensemble des témoignages (une centaine) relatés par Mrs. Whyte, il détermina une sorte de portrait statistique du monstre : petite tête, long cou, gros corps avec des bosses de dimensions diverses, quatre palettes natatoires, et une longue queue arrondie à son extrémité. A son avis, ces caractéristiques confirmaient la théorie du Plésiosaure. Evidemment, le point capital de cette analyse concernait la queue. Il admet qu'elle n'a été mentionnée que dans 11 % des comptes rendus, et en termes très généraux. La preuve principale de son existence est fournie, bien sûr, par le témoignage d'Arthur Grant. Mais les remous parfois remarqués à l'arrière du monstre peuvent avoir été provoqués (comme je le pense) par les nageoires postérieures et non par une queue.

Cependant, Dinsdale avait hâte d'obtenir un autre portrait que celui fourni par la statistique. C'est pourquoi, au début de 1960, il se rendit au loch Ness en espérant filmer le monstre avec une caméra de 16 mm, prêtée par la fille de Maurice Burton. Il eut la chance de pouvoir tourner quelques mètres de film, le dernier jour, le 23 avril 1960. Il s'agissait d'une seule bosse, d'un brun rougeâtre, qui traversa le loch en venant de Foyers, puis tourna et longea la rive opposée. Son dos ressemblait « à celui d'un cheval étique ». Ce film fut projeté à la télévision et fit sensation. Plus tard dans l'année, Dinsdale publia un livre relatant ses recherches et sa théorie, ce qui bien entendu stimula les chercheurs (Planche 8).

Que montrait le film ? Ayant changé de camp, le Dr Burton est convaincu qu'il s'agit d'une embarcation d'environ 5 mètres traversant le loch, et que les protubérances sont « les suroîts

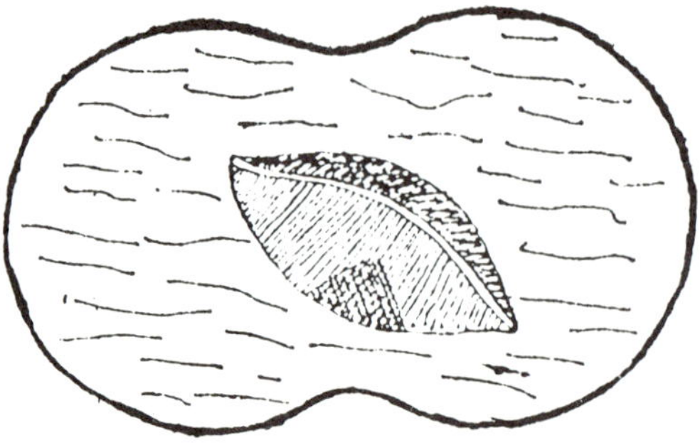

Fig. 18. Ce que Tim Dinsdale vit avant de le filmer.

de plusieurs hommes assis l'un derrière l'autre, de l'avant à l'arrière ». Cette théorie ne correspond vraiment ni à la dimension ni à la forme de l'objet filmé. Plus récemment, Burton a prétendu que c'était un canot automobile rouge, lourdement chargé, appartenant à un habitant de Foyers, nommé Jock Forbes. Cette addition d'un nom d'une personne ne rend pas l'explication plus convaincante. Tout cela n'est que pure imagination de la part du zoologiste.

Prévoyant une telle interprétation de son film, Dinsdale avait à dessein eu soin de filmer un canot automobile, qui était passé peu après le monstre en suivant à peu près la même route. A l'œil nu, les deux objets étaient très différents, et à la télévision on reconnaissait clairement le canot. Ce fut donc avec une grande satisfaction que Dinsdale affirma que son film était « la première preuve cinématographique, scientifiquement valable, qu'on eût jamais obtenue de ce phénomène ». Nous allons voir plus loin ce que devait donner une analyse plus rigoureuse du film.

En 1960, le loch Ness fut le théâtre d'une grande activité. Le 28 février, le monstre fut une fois de plus vu à terre par Mr. Torquil MacLeod, qui consacra les dernières années de son existence à essayer de l'identifier. Alors qu'il se rendait en voiture à Fort Augustus, son attention fut attirée par quelque chose d'anormal, sur la rive opposée du loch, à trois kilomètres d'Invermoriston :

« Quand j'ai regardé à la jumelle cet objet mouvant, j'ai vu une grosse masse, grise et noire (je crois que cela tenait à ce que le pelage était tantôt sec tantôt mouillé). La partie antérieure du corps ressemblait à celui d'un éléphant. J'ai distingué des nageoires de chaque côté, mais seulement à ce qui m'a semblé être la partie postérieure, dont l'extrémité (distante du tronc) allait s'amincissant dans l'eau. L'animal se trouvait sur une forte pente de la rive... et incliné à 15 ou 20 degrés par rapport à la verticale, la masse principale vers la gauche et la queue dans l'eau vers la droite. »

Il put préciser l'endroit de l'observation, grâce à un ruisseau marqué sur la carte, puis ajouta :

« L'animal est resté immobile pendant huit ou neuf minutes, sauf dans sa partie supérieure (c'était sans doute son cou, mais je n'ai pas pu distinguer sa tête), qu'il balançait latéralement, et aussi de haut en bas, comme un serpent qui va mordre, mais très lentement. »

L'animal semblait observer le rivage, puis il se traîna vers la gauche et se laissa glisser de la berge dans l'eau profonde. A ce moment, MacLeod remarqua une grande nageoire carrée, en avant des deux autres. En revanche, il ne vit pas de queue,

Fig. 19. L'animal vu à terre par Torquil MacLeod.

celle-ci étant restée dans l'eau, mais quand il dessina un croquis pour Tim Dinsdale, il y fit figurer la queue traditionnelle, longue et robuste.

Ses puissantes jumelles étant graduées, il estima que la bête devait avoir une quinzaine de mètres de long. Il s'agissait donc d'un énorme animal, encore que nous ne sachions pas si la longueur de la queue doit être comprise dans cette évaluation. En tout cas, ce récit ne fut publié qu'un an plus tard.

Dans l'intervalle, surtout l'été, quantité de gens essayèrent de photographier le monstre, et deux expéditions furent organisées : l'une conduite par Maurice Burton, l'autre comprenant des étudiants d'Oxford et de Cambridge. Mais avant leur arrivée au loch Ness, une photographie extraordinaire, qui venait d'être prise, suscita de vives controverses. Le 27 mai, Mr. Peter O'Connor, membre de la *Northern Naturalists Association,* campait avec des amis au bord du loch. Sorti de sa tente vers 6 heures du matin, il vit près de la rive le monstre qui passait, son corps émergeant nettement. Surveillé par un ami, O'Connor entra dans l'eau et réussit à photographier l'animal au magnésium, à 25 mètres de distance. C'est en tout cas ce qu'il raconta en juin à un journaliste de l'hebdomadaire *Weekly Scotsman.*

Celui-ci affirma que l'image était « la plus nette qu'on eût de Nessie », et toute la presse fit écho à l'événement. Tim Dinsdale mit la photo en bonne place dans les illustrations de son livre, et elle parut même dans le *Reader's Digest,* si bien qu'elle sembla destinée à devenir aussi classique que celle prise par Wilson en 1934. Pourtant, elle ne servit guère à élucider l'énigme du loch Ness, parce qu'elle devint elle-même quelque peu mystérieuse : comment ce cliché avait-il vraiment été réalisé ?

On y voit un long dos arrondi, dont O'Connor estima la longueur à 5 mètres environ, et qui émerge de quelque 75 centimètres. Puis, un mètre plus loin, se dresse un cou long d'un mètre et large d'à peu près 30 centimètres. La tête, apparemment de même grosseur, se distingue mal. La couleur de la bête était gris foncé. Tous ces détails paraissent conformes à ce qu'on savait déjà, mais la question s'est alors posée : ne sont-ils pas *trop* conformes ? (Planche 9.)

Maurice Burton a prétendu par écrit qu'il s'agit d'une mystification. S'étant rendu peu après sur les lieux, il y trouva une longue perche en bois, qui avait pu servir à représenter le « cou », et un grand sac en plastique qui, lesté de pierres et gonflé d'air, pouvait avoir constitué le « corps ». Peter O'Connor n'a, à ma connaissance, jamais réfuté l'accusation, et le Bureau d'Enquête n'a pas retenu sa photo dans sa documentation. Néanmoins, pour que je croie personnellement à la thèse de la mystification, il faudrait que le Dr Burton en fournisse la preuve irréfutable, ce qui n'a jamais été le cas.

En fait, la photo de O'Connor ressemble à celle prise en août 1934 au château d'Urquhart par le Dr James Lee. La forme du corps et du cou est presque la même sur les deux clichés, si bien que je ne doute guère que ce soient les images du même objet. On n'y distingue pas nettement la tête, mais de nombreux témoins ont signalé qu'en général celle-ci n'est pas plus grosse que le cou.

L'équipe de Burton ne resta que cinq jours au loch Ness, du 20 au 26 juin 1960 ; elle se composait seulement de sa fille et de ses fils, en sorte qu'ils se bornèrent à observer la zone de l'embouchure de la rivière de Foyers. Leurs deux observations furent peu concluantes. Après avoir en vain tenté d'appâter le monstre avec un sac plein de déchets, ils virent émerger, à près de deux kilomètres, une seule bosse entourée d'écume et ne purent la photographier à cette distance. Le Dr Burton ne la vit pas lui-même, mais le 22 juin il remarqua avec son fils un sillage qui, à moins d'un kilomètre, se rapprochait d'eux. Comme les rides de l'eau variaient d'intensité, d'un côté ou de l'autre, il se dit qu'elles étaient peut-être provoquées par les mouvements latéraux d'un long cou. Puis le sillage changea de direction et un objet sombre, d'environ 60 centimètres de long, émergea, créant alors des rides concentriques, séparées de quatre à cinq mètres les unes des autres. L'attention de Burton ayant été distraite un instant, il ne vit pas la dernière phase, juste avant la disparition de l'objet ; mais son fils déclara qu'à ce moment deux bosses sombres étaient apparues, l'une de 30 et l'autre de 60 centimètres, séparées par environ 30 centimètres d'eau. Cette observation n'est pas sans importance. Plus tard, le Dr Burton écrivit que ce sillage était très anormal. Il s'agissait, à son avis, non pas d'une loutre mais d'un animal nageant plus vite. Il convient de noter que ces rides concentriques, sur une eau calme comme un miroir, ne furent pas remarquées par les spectateurs voisins sur le rivage, ce qui peut expliquer que le monstre ne soit pas observé plus souvent (on les décèle aussi dans la photo prise par Wilson).

Les étudiants eurent plus de chance : ils firent deux observations significatives. Ils se trouvaient à Tor Point, près de Dores, quand le monstre émergea, de l'autre côté du loch, le 4 juillet. La distance, trop grande, ne permit pas qu'on le photographiât, et il n'y avait pas de bateau disponible pour s'en rapprocher. Mais on put l'observer de loin pendant deux heures et le dessiner. Puis, le 10 juillet, Mr. Bruce Ing remarqua une seule bosse, longue de 2 à 3 mètres, qui émergea d'environ 60 centimètres pendant quelque vingt secondes et progressa contre le vent, traçant un petit sillage blanc.

C'est dans le *New Scientist* du 22 septembre 1960 que le Dr Burton exposa sa nouvelle théorie, expliquant selon lui 95 % des témoignages exprimés précédemment : les bosses n'étaient que des masses de matières végétales remontées à la surface. Il restait cependant, reconnut-il, les comptes rendus répétés décrivant un long cou et une tête, observés de près, « qu'on ne peut rejeter a priori en les assimilant à des canots automobiles, des masses de matières végétales ou même des loutres ».

Peu après, le Dr Burton relata ses recherches dans un livre intitulé *The Elusive Monster* (le Monstre insaisissable). C'est le bilan de trente années passées à s'intéresser au monstre, et il faut bien dire que le cas de l'auteur est presque aussi intéressant à étudier que celui du sujet de son ouvrage. En décembre 1933, il déclare à un reporter que le monstre pourrait être un morse, mais que si la photo prise par Gray est authentique, elle montre « un animal que la science ne connaît pas ». Puis, d'année en année, il garde sur ce sujet un esprit ouvert, comme il convient à un homme de science. Dans les premières années cinquante, il émet une nouvelle théorie : le monstre serait une anguille géante (dont on a trouvé des larves dans l'Atlantique), les bosses étant dues à ce qu'elle nage sur le flanc (ce qui n'explique pas le long cou). Par la suite, il estime que l'on a tout simplement observé des loutres, après quoi l'ouvrage de Mrs. Whyte le convertit à la thèse du Plésiosaure, dont il restera partisan jusqu'en 1959. Et enfin il se persuade que la véritable explication de l'énigme est l'émergence en surface de masses de matières végétales.

C'est cette théorie qu'il prétend démontrer dans son livre. A cet effet, il reproduit une photographie prise dans le loch Lomond en 1937, qui montre effectivement qu'un tas de débris végétaux peut avoir l'aspect d'un monstre. Pourtant, cette thèse n'a jamais été satisfaisante, car à l'exemple de maintes idées antérieures de son auteur, elle explique trop peu de choses. Il ne s'obstine pas moins à la soutenir. Or, au cours de mes visites au loch Ness, j'ai pris grand soin d'examiner ses rives. Contrairement à beaucoup de lacs irlandais que je connais, il n'y a guère de végétation autour du loch, et rares sont les débris de bois qu'on voit flotter sur l'eau. Je n'ai pas davantage décelé de grosses masses de matières végétales dérivant dans le courant. Il ne pourrait y en avoir que dans les zones, peu nombreuses, où le rivage est marécageux. Le garde-pêche de Fort Augustus, Alex Campbell — dont le témoignage figure au début de cette étude — ne se rappelle avoir vu que deux fois de tels paquets de débris, tout au long de sa carrière, et ils étaient si faciles à reconnaître que nul n'aurait pu les prendre pour des monstres.

En réalité, cette théorie du Dr Burton avait été longuement contestée, le 24 novembre 1960, donc bien avant la parution de son livre, par Peter Baker et d'autres dans le *New Scientist* : quoiqu'il ne mentionne pas ce fait évidemment désagréable, on estimait que sa thèse était insoutenable. En effet, de telles masses de matières végétales n'auraient pu provenir que des sédiments tourbeux qui parfois constituent le fond du loch. Or, il est improbable qu'elles aient pu atteindre la surface, car elles se seraient désagrégées en chemin, sous l'action des gaz de fermentation. Et en admettant même que l'une d'elles fût parvenue à flotter, elle aurait été incapable de se déplacer en changeant brusquement de direction, comme tant de témoins l'ont décrit.

Il suffit de lire un ou deux des plus récents comptes rendus pour se convaincre que le monstre est bien autre chose qu'une grosse bulle de gaz chargée de débris. Ainsi, Mrs. Stanley Hill, d'Inverness, faisait partie d'un groupe de quatorze personnes qui virent le monstre, le 11 août 1961, de l'hôtel *The Clansman*, au bord du loch. Voici son récit de l'incident :

« Il faisait beau et le loch était très calme. Quand nous avons vu le monstre, il avançait tranquillement dans l'eau à 25 mètres du rivage, c'est-à-dire à environ 70 mètres de nous. Il y avait trois bosses, d'environ 2 mètres chacune, et à deux reprises les nageoires latérales (il y en avait deux) sont sorties de l'eau de notre côté comme pour pagayer. Nous n'avons vu ni cou ni tête, mais j'ai pu distinguer l'ombre d'une partie immergée du corps, à environ 60 centimètres sous la surface. Il progressait à la vitesse d'un canot manœuvré par de bons rameurs, mais sans agitation ni remous. Les bosses étaient d'un gris très foncé et émergeaient d'environ 60 centimètres. Je suis sûre qu'elles étaient aussi solides que celles du chameau, et non des ondulations. Nous l'avons observé cinq minutes, puis il s'est immergé. »

Et puis, le 11 mai 1962, Mrs. Christie vit le monstre, de la fenêtre d'une villa proche d'Alltsigh, et raconta la chose à un journaliste. Il faisait beau, avec une bonne visibilité et un calme plat. Brusquement, il y eut, à une soixantaine de mètres de la rive, un énorme remous, beaucoup de gerbes d'eau projetées de tous côtés, et au milieu d'elles le monstre émergea, à environ 160 mètres de la villa. Il avait une tête en forme d'œuf, au bout d'un long cou d'à peu près 1 m 50. Derrière le cou, et séparée par 1 m 50 d'eau agitée, Mrs. Christie vit une seule bosse verdâtre, presque noire, et longue de 60 centimètres. Le monstre longea la rive en direction du nord, « à la vitesse d'un canot automobile rapide », en progressant « par bonds terrifiants » que le témoin compara à de gigantesques brasses « papillon ».

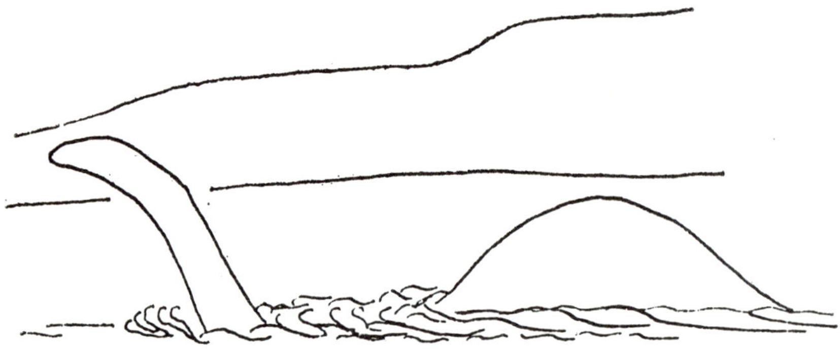

Fig. 20. Le monstre observé par Edith Christie.

De toute évidence, la thèse des masses végétales flottantes ne saurait être acceptée. Comme l'avait écrit Peter Baker en conclusion de son article du *New Scientist*, « il semble que désormais l'on soit obligé de trouver une autre explication, et si l'on en juge par les preuves réunies jusqu'à ce jour, il est plus que probable qu'on se trouve en présence d'un animal d'une espèce exceptionnelle. » Pour beaucoup de gens, cette bête extraordinaire demeurait encore un plésiosaure. Seules des recherches plus poussées devaient permettre de découvrir ce qu'elle est en réalité. Or, ces recherches ne tardèrent pas à être entreprises.

CHAPITRE IV

L'ENIGME DU LOCH NESS

On se décide à l'étudier

« Ils le traquèrent avec des gobelets et
[avec grand soin ;
Ils le poursuivirent avec des fourches et de
[l'espoir ;
Ils menacèrent sa vie avec une action de
chemin de fer ;
Ils le charmèrent avec des sourires et du
[savon. »
(Lewis CARROLL : *La Chasse au Snark*)

Ce qui avait manqué, dans tous les efforts ayant pour but de résoudre l'énigme du loch Ness, c'était une sorte d'organisation centrale. Conscients de cette lacune, David James — membre du Parlement — Mrs. Whyte, le naturaliste Peter Scott, et Richard Fitter, alors correspondant de l'*Observer* pour l'histoire naturelle, fondèrent au début de 1962 une société, qu'ils appelèrent « Le Bureau d'Enquête sur les phénomènes du loch Ness », dont l'objet était de parrainer une exploration permanente du loch. Son activité est bénévole, et tout bénéfice qu'elle pourrait faire serait versé au *World Wildlife Fund* (Fonds mondial pour la Nature). Ainsi, le projet vainement proposé en 1938 par le capitaine Munro se trouva ressuscité (Planche 13).

Le Bureau rassemble toute espèce de documentation dans ses archives : comptes rendus, enregistrements sur bande magnétique, photographies et films. Dès le début, David James déclara : « Nous ne revendiquons aucun droit de propriété de Nessie. Tout individu ou groupe qui désirerait entreprendre des recherches d'une manière indépendante trouvera chez nous la documentation nécessaire : elle est à la disposition de tout le monde. » La société s'est donné pour but d'identifier une fois pour toutes « l'animal extraordinaire » du loch Ness.

Au cours de l'été de cette même année 1962, de juin à août, l'*Observer* finança le travail de deux groupes sur le loch. La première expédition fut dirigée par le colonel H.G. Hasler, fondateur de la Course transatlantique à la voile. Il vint au loch Ness à bord de son vieux *Jester,* avec quelques jeunes volontaires, pour sillonner systématiquement le plan d'eau. Il pensait qu'un voilier silencieux aurait plus de chances qu'un bateau à moteur de surprendre un monstre timide — de même que Thor Heyerdahl, à bord du *Kon Tiki,* vit des animaux qui ne s'approchaient jamais des navires à hélices. Le voilier et ses canots étaient équipés de microphones sous-marins, capables de détecter les ultra-sons émis par certains animaux aquatiques.

Le groupe remporta quelques succès : à trois reprises, ils entendirent des coups irréguliers aux hydrophones, mais sans voir d'animal. Le 28 juin, Hasler nota dans son journal qu'il était « préoccupé à cause du manque total de résultats, après bientôt quatre semaines de travail ». Mais le lendemain, près de la rive opposée au château d'Urquhart, ils virent des bosses et des remous, en même temps que les hydrophones faisaient entendre un cliquetis analogue à celui d'une machine à écrire. Il y avait aussi, à vingt mètres derrière le bateau, un léger remous, suivi de deux autres, séparés par deux à trois mètres.

Plus tard, ce même jour, trois membres de l'expédition virent, à l'entrée de la baie d'Urquhart et à quinze mètres du bateau, deux petits tourbillons distants de deux à trois mètres, et peu après un troisième remous moins important, derrière les deux autres et à même distance, si bien qu'ils formaient un triangle équilatéral. Puis une bosse très sombre émergea à la place de chaque remous ; leur forme ressemblait à la moitié d'un gros œuf, ayant 15 centimètres de long, 8 de large, et 6 à 8 de haut. Ils revirent encore une fois ces tourbillons puis des bosses, mais plus loin du bateau, dans la soirée. Commentant cette journée importante, dans un article de l'*Observer* du 19 août 1962, le colonel Hasler écrivit : « Ces apparitions indiqueraient la présence d'un gros animal nageant ou flottant paresseusement à fleur d'eau, si bien que les petites bosses noires en seraient les extrémités supérieures. »

Cette manière de se déplacer correspond à celle remarquée par Burton et signifie sans doute que l'animal chasse. Cependant il ne semble pas qu'on ait jugé utile d'analyser les enregistrements des sons relevés au moment de ces apparitions du monstre, alors qu'ils pourraient être très importants. Les ultrasons ne sont utilisés que par un seul groupe d'animaux aquatiques, celui des mammifères, à savoir les dauphins, les baleines et les phoques. Ils les aident à se repérer les uns les autres et à déceler leurs proies. Comme il n'y a pas de phoques dans le loch Ness, l'enregistrement de tels ultra-sons semblerait indiquer la présence d'un autre mammifère capable d'en émettre, mais ce fait n'est même pas mentionné par le colonel Hasler dans son article.

A la fin de juin, son expédition fut relevée par celle des étudiants, revenant pour la seconde fois, sous la direction de Peter Baker et de Mark Westwood. Ils disposaient de quatre canots automobiles équipés d'asdics, avec lesquels ils comptaient balayer le loch de bout en bout, espérant déceler ainsi la présence de n'importe quel gros animal. Ils passèrent 480 heures à fouiller le loch et n'obtinrent que trois observations inexpliquées. Par deux fois, un « objet ressemblant à un piquet » émergea d'environ un mètre ; ensuite, ils virent près d'Achnahannet une bosse brune, longue de plus d'un mètre, qu'ils purent observer avec des jumelles de 7 × 50 : elle ressemblait à celle vue en 1960, et ils estimèrent que cela indiquait la présence dans le loch d'un gros animal, d'une espèce exceptionnelle.

Au cours de six « balayages » complets du loch, l'asdic n'enregistra qu'un écho d'objet plus gros que les poissons courants : ce fut juste avant l'apparition de l'objet à forme de piquet. On transborda alors l'appareil sur un voilier silencieux, et cette fois on obtint deux forts échos pouvant émaner du monstre, l'un au large de Foyers, l'autre dans la baie d'Urquhart ; beaucoup d'observations ont déjà été faites dans ces zones, où les animaux semblent souvent chasser. Mais il pouvait s'agir d'un banc de saumons et non d'une grosse bête. Il est regrettable que l'on n'ait pas combiné les opérations de l'asdic avec une surveillance par hydrophones, qui auraient permis de préciser la nature de l'objet.

Outre ces recherches par ultra-sons, l'expédition préleva des échantillons de l'eau et de la boue du fond du loch. On découvrit que celui-ci était presque plat et que sa boue, composée de diatomées vert foncé, avait une remarquable fluidité malgré son épaisseur de près d'un mètre. L'eau du fond était fraîche et non salée, contrairement à ce que certains pensaient. (Ce travail fut effectué par un groupe dirigé par le Dr R. Murray, de l'Université de Birmingham.)

Les étudiants enquêtèrent aussi sur les phénomènes qui pouvaient être pris par erreur pour le monstre. Ils constatèrent que les principales causes de ces erreurs étaient des effets de sillages et des oiseaux. Les sillages de bateaux (il en passe beaucoup dans le loch) peuvent persister une demi-heure, les vagues donnant parfois à l'œil nu l'impression d'être des bosses, mais au télescope on a vite fait de les prendre pour ce qu'elles sont — Andrew MacFee l'avait constaté avec son théodolite. De même, des oiseaux nageant en file indienne, ou s'envolant ensemble, peuvent donner de loin l'impression d'être des bosses, ou un long cou, car ils tracent un sillage beaucoup plus important qu'on ne le croit en général.

Cependant, Baker et Westwood ont eu soin de préciser que tous les comptes rendus d'observation du monstre ne peuvent être expliqués aussi facilement, et voici comment ils ont fait le bilan de leur travail au loch Ness, durant deux années :

« Au cours de nos 480 heures de veille, nous avons observé 16 phénomènes qui auraient pu être pris pour des monstres : 8 étaient des effets de sillage, 6 furent des oiseaux, et les deux derniers furent l'un une loutre, l'autre presque sûrement un gros saumon. Nous n'avons vu aucun objet se déplaçant très vite, mais seulement des sillages comparables en importance à ceux signalés dans les années 1930 à 1940. Nous ne pouvons affirmer avec certitude que le monstre du loch Ness n'existe pas. Au contraire, les quelques données probantes que nous avons pu recueillir indiquent toutes qu'un animal exceptionnel vit dans le loch. Toutefois, nous estimons que le « monstre » est beaucoup plus petit que beaucoup de gens l'ont prétendu, et que les énormes bosses observées sont des effets de sillage ».

En se fondant sur les comptes rendus de témoins oculaires, ils évaluèrent prudemment la longueur de l'animal à au moins trois mètres et jugèrent celui-ci « extrêmement insaisissable ». Je suis bien d'accord avec eux sur ce point, mais ne pense pas que les bosses soient toujours des effets de sillages. Il se peut que certaines des plus grosses bosses, observées de loin, aient été en réalité les vagues provoquées par le sillage de chalutiers (quelques photographies prises par l'expédition Mountain en donnent l'impression), mais la photographie présentée par Lachlan Stuart et le film de Dinsdale, entre autres, montrent des bosses vraiment semblables à celles que des témoins ont si souvent décrites. Toutefois, il ne fait guère de doute que la longueur du monstre est plus proche de 6 mètres que des 15 ou 18 mètres estimés par d'aucuns.

Enfin, Baker et Westwood ont été frappés par la rareté des apparitions du monstre. A leur point de vue, une expédition, bien organisée, avait ni plus ni moins de chances de l'observer que « n'importe quel touriste passant sur la route allant d'Inverness à Fort Augustus ». Je ne pense pas qu'ils aient lieu d'être déçus par les résultats apparemment maigres de leurs travaux. Ceux-ci ont en tout cas été le signe d'un changement d'attitude. Désormais, le monstre du loch Ness n'était plus un sujet de plaisanteries, plus ou moins stupides, et il devenait un problème sérieux, exigeant une étude attentive.

En octobre 1962, David James conduisit un important groupe de chercheurs au loch Ness. Tenant compte des déplacements nocturnes du monstre, ils sillonnèrent le loch de nuit dans des canots équipés de projecteurs, avec l'espoir que leurs faisceaux balayant la surface attireraient l'animal. A deux reprises, ils remarquèrent des objets inhabituels. Dans la nuit du 19, Michael Spear vit surgir dans le pinceau lumineux « un objet en forme de doigt, émergeant d'un ou deux mètres ». Une autre nuit, ils découvrirent un objet semblable à un dôme, qui fut filmé. Cet objet réapparut deux fois, de jour : la première le 19 et la seconde le 25 octobre, pendant plus longtemps et à plus grande distance. C'était une longue masse sombre. David James relata ce qui s'était passé, dans un article de l'*Observer* du 17 mai 1964 :

« Dans l'après-midi du 19 octobre, nous avions non seulement trois hommes de guet à Temple Pier dans la baie d'Urquhart, mais encore cinq autres occupés à réparer les projecteurs. Un calme plat régnait sur le loch, quand les observateurs remarquèrent une grande activité de truites et de saumons, cherchant à profiter de la première crue pour remonter la rivière. Nos mécaniciens lâchèrent leurs outils pour venir, au bout de la jetée, assister à ces ébats des poissons au milieu du loch. C'est alors que huit d'entre nous virent le dos d'un animal, long de deux à trois mètres, émerger à 200 mètres de la rive et avancer lentement vers les bancs de poissons. Nous avons tourné environ 15 mètres de film et recueilli dans la soirée les déclarations de tous les témoins oculaires. »

Une fois de plus, se répète le schéma familier : cherchant sa nourriture, le monstre sillonne les zones où le poisson se rassemble. L'opérateur qui l'a filmé, John Luff, déclara n'avoir jamais rien vu de pareil et estima que l'animal avait trois mètres de long. Les experts du JARIC (*Joint Air Reconnaissance Intelligence Center*), par qui le film fut expertisé, estimèrent : « Ce n'est pas un effet de vague, l'objet présente une certaine solidité, il est de couleur sombre et luisant... »

On soumit le document à une commission indépendante et impartiale de quatre savants et naturalistes, dont les conclusions furent l'objet d'une émission spéciale de la télévision, le 2 février 1963 :

« Nous estimons qu'il existe dans le loch Ness un objet animé et non identifié qui, s'il s'agit d'un mammifère, reptile ou mollusque de quelque espèce connue que ce soit, est d'une dimension justifiant un examen scientifique approfondi, aux fins d'identification. Et s'il n'appartient à aucune espèce connue, il est scientifiquement désirable que l'on enquête également à ce point de vue. »

Encouragé par cette prudente approbation, le Bureau d'Enquête du loch Ness monta en juin 1963 une expédition encore plus perfectionnée, avec des volontaires occupant dix postes d'observation, qui permettaient de surveiller la majeure partie du loch. On fit exploser des charges de dynamite, pour recréer les conditions des années 1933 et 1934, durant lesquelles la route de la rive nord avait été créée. Pour cette raison ou pour une autre, le résultat fut que, cet été-là, les archives du Bureau s'enrichirent de plus de quarante observations nouvelles.

Toutefois, l'expédition n'en fit elle-même que quatre brèves et deux plus longues à grande distance, ces dernières filmées. L'une concerne une bosse d'environ un mètre de haut, se déplaçant lentement à un kilomètre et demi, dans des conditions peu favorables à la photographie. L'autre, qui suscita beaucoup d'agitation, se solda par une déception. A 3 km 5 de distance, on filma un objet important, qui émergea du loch et pataugea sur un rivage nettement visible. C'est pourquoi James partit enchanté pour Londres, en déclarant que cette fois « la tête et le cou étaient dans la poche ». Malheureusement, la petite plage de galets se trouvait trop éloignée, si bien qu'on ne put pas tirer grand-chose du film. Les experts de la R.A.F. qui l'examinèrent estimèrent pourtant que l'objet noir n'avait guère plus de cinq mètres de long.

Une autre commission d'experts, comprenant le Dr Burton, conclut rapidement que la fréquence et l'uniformité des comptes rendus d'observations « justifiaient un examen scientifique approfondi et qualifié », car les films présentés, courts et peu concluants, demeuraient inexpliqués. La commission fut divisée dans son appréciation des témoignages dans leur ensemble, et le Dr Burton écrivit :

« Finalement, nous sommes tombés d'accord pour qu'on employât le mot "animé", ne fût-ce que pour marquer que certains phénomènes se produisent vraiment au loch Ness, ayant pour effet l'observation par des témoins de bosses mouvantes, encore que celles-ci puissent être provoquées par des phénomènes physiques aussi bien que par des objets vivants. En outre, quand nous avons estimé d'un commun accord que les comptes rendus d'observations "justifiaient un examen scientifique approfondi et qualifié", les autres naturalistes et moi-même avons consenti à l'inclusion de cette phrase dans le procès verbal, parce qu'à notre avis il est grand temps qu'on en finisse avec cette absurdité, consistant à affirmer l'existence dans le loch d'un gros animal inconnu. »

Burton insista pour que le film représentant un objet à forme de dôme fût analysé par des experts en hydrodynamique, « attendu que deux au moins d'entre eux considèrent qu'il ne peut pas s'agir d'un animal ». Or, il ne semble pas que cela ait été fait. Le Dr Burton avait maintenant adopté une position intransigeante : selon lui, il n'existait pas dans le loch Ness de gros animal inconnu. Or, comme il était le seul savant qui se fût donné la peine d'écrire une analyse critique des données du problème, son opinion avait beaucoup de poids dans les milieux scientifiques.

Dans son livre, il avait honnêtement conclu qu'il y avait à la rigueur une possibilité pour qu' « un animal extraordinaire se trouvât dans la région du loch Ness. » Mais à mesure que les discussions sur ce sujet étaient devenues plus passionnées, à partir de 1960, sa position s'était peu à peu durcie. C'est ainsi qu'en juillet 1963, il publia dans la revue *Animals* un article, illustré sur une page entière par la photographie du museau d'une loutre, et intitulé : « Est-ce le monstre du loch Ness ? » Il y exprima sa conviction que l'animal observé par des témoins au loch Ness et dans d'autres lacs du monde était tout simplement une loutre, et il précisa qu'en Europe celle-ci peut avoir jusqu'à 1 m 80 de long. Elle peut donc fort bien être prise pour un monstre, d'autant plus qu'elle a une manière excentrique de nager, qui donnerait facilement de loin l'impression de faire émerger une ou plusieurs bosses. Et le Dr Burton de conclure :

« Peut-être trouvera-t-on la preuve que de gros monstres, d'une espèce inconnue, habitent dans nos lacs et attendent qu'on les découvre. Nous ne pouvons pour l'instant qu'exprimer nos opinions personnelles, fondées sur des preuves plutôt minces. Il semble possible que certains phénomènes constatés par des témoins soient dus au comportement bien connu des loutres, soit à leur apparition à la surface, soit aux remous qu'elles provoquent dans l'eau. »

Comme on le voit, l'existence d'un gros animal inconnu dans le loch n'était pas aussi formellement établie que David James l'avait annoncée. Ses associés et lui-même avaient toujours à prouver à certains critiques que le monstre était bien là. Cela n'allait pas être facile, comme les expéditions ultérieures le constatèrent.

Au cours de la saison 1964, le Bureau d'Enquête du loch Ness enregistra dix-huit observations du monstre, dont 4 seulement furent signalées par des membres de l'expédition montée par lui. Le 21 mai, deux d'entre eux, Pauline et Peter Hodges, photographièrent au large d'Achnahannet un objet ressemblant à un piquet sombre, qui émergeait d'environ soixante centimètres. Quand Mr. Hodges claqua la porte de l'auto, l'animal plongea et s'éloigna en traçant très vite un gros sillage. Au moment où il obliqua pour gagner le milieu du loch, Mrs. Hodges remarqua un remous latéral, évoquant celui provoqué par une pagaie, et elle eut le temps de tourner 1 m 50 de film de 6 mm, tandis que son mari prenait trois photographies de 35 mm : on y voit nettement le sillage, mais rien de ce qui le provoquait n'apparaît sur le cliché.

Malgré la vigilance des membres de l'expédition, quelques-unes des observations les plus intéressantes émanèrent de témoins fortuits, en dehors de la saison. Ainsi, le 30 mars 1965, Mr. J.M. Ballantyne se promenait à pied en fin d'après-midi avec sa belle-sœur, quand ils virent la tête et le cou du monstre, qu'ils décrivirent au Bureau dans les termes suivants :

« La tête était tout à fait semblable à celle d'un python ou d'un très gros congre, et formait un angle droit avec le cou. Celui-ci, très allongé et mince, s'élargissait pour atteindre environ 30 cm au niveau de l'eau. Il émergeait de 1 m 50 à 2 mètres, évoquant la position du cobra dressé par un charmeur indien. »

Fig. 21. La tête et le cou vus par J.M. Ballantyne.

La saison d'été 1965 fut compromise par le mauvais temps, et l'on ne put guère travailler. Toutefois, deux bonnes observations furent faites par Ted Holiday, un écrivain spécialiste de la pêche, qui les a décrites dans son propre livre. Le 15 juillet, à Achnahannet, une bosse passa si vite qu'il n'eut pas le temps de la filmer, si bien qu'il se lança à sa poursuite en voiture par la route nord. Il la suivit longtemps. D'un brun jaunâtre, elle avait la forme de la partie supérieure d'une fenêtre gothique.

L'intérêt de cette observation tient à ce qu'elle est sans doute la plus longue de toutes celles relatées par des témoins oculaires. En outre, elle a été confirmée par deux autres témoins, ne se connaissant pas, qui poursuivirent aussi la bête par la rive sud ; l'un, officier de police, l'autre, contrôleur des contributions, ils firent part plus tard de leurs remarques à Holiday. Un mois plus tôt, le 21 juin, à Whitefield, il avait manqué de peu une occasion de filmer une bosse noire, alors qu'il se promenait avec des amis, le ménage Eaves. La bête n'était apparue qu'un instant, avant de plonger en provoquant un fort remous.

Néanmoins, la saison ne fut pas complètement infructueuse pour le Bureau. Le 1er août, on put filmer à 1 282 mètres deux sillages se déplaçant ensemble et séparés l'un de l'autre par une distance variant d'un à vingt mètres. Les experts du Jaric estimèrent que ce film « indiquait fortement qu'il y avait plus d'une de ces bêtes ». C'était encourageant. Impressionné par cette analyse, David James s'entendit avec Tim Dinsdale pour que le JARIC examinât son film de 1960. Le rapport remis par les experts, le 24 janvier 1966, était saisissant, et sans doute cette année 1966 marquera-t-elle un tournant significatif dans l'histoire des recherches au loch Ness.

Les techniciens avaient procédé à un agrandissement optique du film original de 16 mm, afin d'établir la dimension et la vitesse de l'objet, puis de l'interpréter. Tout d'abord, ils affirmèrent qu'il ne s'agissait pas d'un canot à moteur hors-bord ou intégré. Ils estimèrent que le film montrait « une forme solide, noire et à peu près triangulaire, sans impression de perspective. Si donc on admet qu'il s'agit d'une forme triangulaire plane,... elle a une base d'environ 1 m 65 et une hauteur d'environ un mètre... Il paraît raisonnable d'admettre que, pendant le tournage du film, l'objet se déplaçait à une vitesse approchant quinze kilomètres à l'heure. »

Quant à l'identification de l'objet, puisqu'il ne pouvait être ni un bateau ni un sous-marin, « on doit conclure qu'il s'agit sans doute d'un objet animé..., ayant un corps... Même s'il a un ventre relativement plat, la forme arrondie qu'on distingue permet de penser que la partie immergée du corps a au moins soixante centimètres de hauteur. On peut en déduire qu'en coupe transversale l'objet n'a pas moins de 1 m 80 de large et de 1 m 50 de haut. »

Venant d'experts rompus à l'interprétation des images photographiques les plus compliquées, cette opinion semblait concluante : on avait la preuve qu'un gros animal inconnu existait vraiment dans le loch Ness. Or, ce rapport suscita des critiques.

Dans une lettre adressée au *New Scientist,* Maurice Burton écrivit :

« La lecture attentive de ce rapport montre qu'il part de trois données peu sûres, puis après plusieurs hypothèses et présomptions, finit par suggérer que l'objet pourrait être animé. »

Nous l'avons vu, le rapport ne dit pas cela, mais : « Il s'agit sans doute d'un objet animé. » Il est donc beaucoup plus positif que le Dr Burton ne le prétend. Celui-ci poursuit :

« D'ailleurs, la phrase clef se trouve à l'avant-dernier paragraphe, où nous lisons : " Il faut laisser le soin de discuter plus à fond les formes de sillages et de remous aux spécialistes familiarisés avec la dynamique des fluides. " Etant donné que les sillages et remous sont les seuls éléments clairement visibles du film, il s'agit là d'une importante omission. Or, j'ai discuté de ce film avec une bonne douzaine de spécialistes en dynamique des fluides, et tous ont été formels : les sillages et remous du prétendu monstre correspondent exactement à ceux d'un canot propulsé par un moteur hors-bord. »

Il n'est pas clairement établi que tous ces experts ont bien vu le film ; mais il est manifeste, si l'on compare les deux photographies de sillages prises par Tim Dinsdale — celui du monstre, puis celui du canot, peu après —, qu'ils diffèrent considérablement l'un de l'autre. Ainsi, le JARIC affirmait que la bosse n'était pas un bateau, tandis que le Dr Burton affirmait le contraire, d'où une nouvelle impasse.

Dans tout ce débat dont le monstre est l'objet, on est frappé de voir combien sont fréquentes des déclarations publiées, au sujet de films ou de photographies, sans que ces documents soient reproduits, si bien que le lecteur ne peut se faire une opinion personnelle. Dans ces conditions, les affirmations catégoriques d'un savant peuvent être très convaincantes aux yeux de ceux qui ne sont pas familiarisés avec les données détaillées de la question discutée. C'est une manière déplorable de mener un débat scientifique.

Au cours de l'année 1966, le Bureau enregistra 29 comptes rendus d'observations, dont 8 seulement émanèrent de membres de l'expédition qu'il organisa de mai à septembre. Pendant l'hiver, David James reçut les meilleurs témoignages relevés depuis 1933, et il prit soin de noter les conditions météorologiques. Il constata que neuf sur dix des observations du monstre avaient eu lieu par calme plat. Il eut l'impression qu'elles se produisaient rarement l'après-midi, parce que le vent avait tendance à souffler davantage dans la journée que le matin et le soir. Je ne suis pas certain que cela soit très exact. Le beau temps attire plus les gens que les animaux, et la grande fréquence des observations matinales ou tardives est plus probablement due aux habitudes nocturnes de l'animal. Comme nous l'avons vu, il pourchasse les bancs de poissons, et ceux-ci sont surtout actifs de bon matin ou en fin de soirée. Toujours est-il que, selon James, les périodes de temps calme sont en général les plus favorables à l'observation. Or, cette règle comporta une exception : le 27 mars, au large de Dores, il vit le cou et les bosses de l'animal dans l'après-midi, mais ne put les filmer à cause d'une tempête de neige... Notons d'ailleurs que, cette année-là, deux observations eurent lieu au clair de lune et confirmèrent ainsi les habitudes nocturnes de l'animal.

1966 fut marqué par un autre événement important : l'arrivée d'un renfort américain. En septembre, le Dr Roy Mackal, biochimiste de l'Université de Chicago, vint au loch Ness, car il s'était intéressé au monstre l'année précédente, au cours de vacances écossaises. Il s'employa à obtenir en Amérique une aide financière pour le Bureau : ainsi, le *Chicago Adventurers' Club* donna 5 000 dollars et promit des volontaires pour les expéditions. En outre, le Dr Mackal ajouta son concours scientifique personnel à celui de Denys Tucker, afin de stimuler l'intérêt des milieux scientifiques pour le monstre. A cette époque, il pensait que celui-ci pourrait être une sorte de gigantesque mollusque marin, capable de se contorsionner en une série de bosses. S'il avait des branchies, il pouvait passer le plus clair de son existence dans l'eau, ce qui expliquerait les observations relativement peu fréquentes.

En Grande-Bretagne et aux Etats-Unis, le monstre faisait maintenant l'objet d'articles importants, quoique incrédules, dans les périodiques. Dans son numéro de janvier 1967 *Science Digest* publia à New York un long article, estimant que la très invraisemblable théorie du Dr Mackal devait être considérée comme une sérieuse possibilité. En revanche, un rédacteur du *Financial Times* de Londres écrivit en février que personne ne l'avait encore convaincu de l'existence d'un monstre dans le loch Ness ; cependant il était très impressionné par les preuves de l'existence de David James. « Si l'on ne connaissait pas ses succès à la direction d'une importante affaire, on serait tenté de le cataloguer dans la catégorie des " doux dingues ". » Et le journal de conclure sagement : « Les monstres sont des affaires sérieuses. »

Elles le sont, certes, à tel point qu'en mars le *Highland Development Board* accorda au Bureau une subvention de 1 000 livres sterling pour participer aux frais de la prochaine expédition. Parce que « ces expéditions ont constitué une attraction touristique considérable au cours des cinq dernières années », déclara son porte-parole. Cela irrita vivement le maire d'Inverness. A son avis, « cette enquête a assez duré, aux frais du public, sans succès. J'aurais pu trouver un meilleur emploi de cet argent. J'estime qu'il convient de faire de la propagande autour du mythe et non tenter d'enquêter sur lui. » S'il redoutait de voir les efforts du Bureau mettre un terme à l'attraction touristique, ses craintes furent vaines, car on n'obtint aucune observation spectaculaire pendant l'été 1967.

Il est possible de constituer un dossier complet et détaillé pour contester l'existence du monstre du loch Ness : c'est ce que Maurice Burton a tenté de faire dans son livre *The Elusive Monster*. Je n'ai pas ici l'intention de jouer le rôle de l'avocat du diable, car la question a déjà fait l'objet d'un procès télévisé, en juillet 1968, dans la série intitulée par la BBC *Your Witness* (Le témoin est à vous). L'objet du débat fut la proposition suivante : le monstre du loch Ness ayant été vu, il convient de croire à son existence. Cette thèse fut controversée par deux avocats de talent qui, à l'appui de leur argumentation, citèrent chacun plusieurs témoignages. Pour justifier la proposition, Mr. Robin McEwen commença par déclarer que les observations de témoins dignes de foi, les preuves photographiques, et les commentaires attentifs de divers milieux académiques tendaient à signaler la présence dans le loch Ness d'une bête substantielle et remarquable. Puis il fit appel aux témoignages de Tim Dinsdale avec son film, d'Alex Campbell dont les comptes rendus étaient parmi les plus anciens et convaincants, et de Ted Holiday qui brandit les épreuves de son livre relatant ses propres observations. Le jeune savant américain, Dr Roy Mackal, dont l'attitude au sujet du monstre était un peu fanatique, émit en conclusion quelques théories scientifiques assez invraisemblables.

En outre, à la demande de Mr. McEwen, un autre témoin, l'écrivain Gavin Maxwell, relata un incident personnel :

« En septembre 1945, je me dirigeais en voiture d'Inverness à Mallaig, par un temps gris, pluvieux et calme. Au bout de 8 à 10 kilomètres, avant Invermoriston, je me suis arrêté pour me soulager. Il y avait là un tertre dominant le loch d'environ 25 mètres. Tout en marchant dans la broussaille, j'ai remarqué ce qui me parut être une série de roches, formant une sorte de mur en partie immergé, perpendiculaire à la rive, long de 6 à 9 mètres, et luisant d'humidité. Deux minutes plus tard, en repassant au même endroit, j'ai constaté que ces pierres avaient disparu, pour faire place à un léger remous dans l'eau, qui disparut très vite. Je suis resté là une demi-heure, mais rien d'autre ne s'est produit. »

Maxwell a admis lui-même que son observation n'avait rien de spectaculaire, mais nous savons que les apparitions du monstre ne sont pas nécessairement monstrueuses. Et McEwen conclut :

« On m'oppose le fait que les gens sont influençables et prêts à croire ce qu'ils désirent croire. Pour ma part, je prétends qu'à partir du moment où quelqu'un s'est mis dans la tête qu'une chose est impossible, rien ni personne ne le persuaderont du contraire. »

Exprimant l'opinion de la partie adverse, Anthony Lincoln soutint qu'il n'y avait pas de « preuves scientifiques » suffisantes pour justifier qu'on crût à l'existence d'un monstre dans le loch, et qu'on pouvait expliquer toutes les prétendues observations de la bête comme étant des phénomènes normaux, car « l'absence de monstre est ennuyeuse, tandis qu'un monstre est une nouvelle intéressante ».

En fait, il s'avéra que la BBC trouva au contraire ennuyeuse la présentation détaillée des preuves apportées par les témoins. Aussi, beaucoup de celles-ci furent-elles passées sous silence, au montage, tandis que l'argumentation de la partie adverse se réduisit à un déplorable désordre de déclarations embrouillées. Mr. Lincoln n'avait manifestement qu'une connaissance très vague de certains détails des preuves qu'il prétendait réfuter. Quant à Maurice Burton, il prétendit que Kenneth Wilson se lavait les mains de sa photographie et ne croyait pas à l'existence du monstre. Or, ce n'était là qu'un bruit dont il se faisait l'écho, et d'autre part cela n'avait aucun rapport avec le cliché lui-même, qu'il continua d'interpréter comme représentant la queue d'une loutre en train de plonger. Une fois de plus, on évoqua les masses de matières végétales remontées à la surface puis se désagrégeant, ainsi que les cabrioles exécutées par des loutres pour tromper les touristes et se faire passer pour des monstres. Pour finir, le psychologue Christopher Evans répéta les habituelles stupidités, proférées depuis longtemps, sur les témoins imaginatifs qui prennent leurs désirs pour la réalité.

Jusqu'à ce jour, je ne m'étais pas rendu compte à quel point les opinions étaient divisées. Quand vint le moment de voter, le jury composé de jeunes savants professionnels se prononça pour la proposition à une voix de majorité. Ainsi, le monstre semblait avoir gagné un peu de crédibilité. Cependant il faut poser la question : que veulent donc dire les critiques quand ils parlent abondamment de preuves scientifiques ? Les savants se contentent souvent de moins qu'une preuve physique : par exemple, quelle est la preuve physique de l'antimatière ? Or, en ce qui concerne le monstre, il y a plus de preuves juridiques qu'il n'en faut, il y en a même assez pour satisfaire l'historien scrupuleux. Toute méthode scientifique doit commencer par une observation convenable des phénomènes, et toute théorie est nécessairement la conséquence de telles observations. Si improbable que cela puisse paraître à certains, la théorie selon laquelle un gros animal inconnu existe dans le loch Ness explique des phénomènes observés qui ne peuvent être attribués à d'autres causes.

Alors même que ce procès se déroulait, un groupe de savants s'efforçait de fournir de nouvelles preuves de l'existence de l'animal. En août 1968, une équipe de l'Université de Birmingham tenta une autre fouille du loch Ness au sonar (la première depuis 1962). On ne dit rien de l'expérience, tant qu'elle ne fut pas achevée et ses résultats analysés. On avait installé le sonar sur Temple Pier, dans la baie d'Urquhart, faisant directement face au loch. Le 28 août, quelques dessins intéressants furent enregistrés, grâce au tube émetteur de rayons cathodiques. Plus tard, dans son numéro du 19 décembre 1968, le *New Scientist* les publia, avec un commentaire de Hugh Braithwaite. Trois objets furent ainsi décelés. L'un, fixe au milieu du loch, était sans doute une roche. Les deux autres se déplaçaient du fond du loch à la surface puis redescendaient. Etant donné qu'il ne pouvait s'agir que d'animaux, étaient-ce des poissons ? Braithwaite estima que, vu la rapidité de l'ascension et de la descente, « cela semble très improbable. Les biologistes spécialisés en matière de pêche, que nous avons consultés, ne peuvent en tout cas pas se prononcer sur la nature de tels poissons. On est donc tenté de supposer qu'il s'agirait des fabuleux monstres du loch Ness, observés ainsi pour la première fois sous eau dans leurs activités. » Tout cela était certes parfait, encore que ce ne fussent pas les premiers échos sonores des animaux que l'on eût obtenus. L'auteur ajoutait d'ailleurs prudemment que ces données ne suffisaient pas pour résoudre définitivement le problème, et qu'il convenait de poursuivre l'enquête.

On peut néanmoins se demander si ces deux objets étaient vraiment des monstres. Dans son numéro du 9 janvier 1969, le *New Scientist* publia une lettre de son correspondant, Mr. Odds, signalant qu'on pouvait obtenir des échos analogues provenant de masses de tourbe, soulevées par des gaz puis retombant au fond. Le sonar avait pu, selon lui, repérer un objet « animé », sans que ce fût nécessairement un « animal ». Il rappela que des « monstres », observés dans d'autres

▲ Le loch Ness au tournant du siècle : c'est à partir du vapeur reliant Abriachan à Inverness que le maçon Alexander MacDonald avait aperçu le "monstre" en 1889.

A partir de 1933 seulement, les observations se sont multipliées à cause de la construction d'une route nouvelle allant de Foyers à Inverness, et qui longeait un rivage débarrassé de son écran d'arbres et de buissons. ▼

▲ Le loch Ness, de nos jours, avec les ruines du château d'Urquhart, d'où les animaux inconnus du lac ont si souvent été vus.

Au pied du château, un des rares rivages du lac sur lesquels ces bêtes apparemment amphibies pourraient se hisser à terre. ▼

La première photo authentique du ıonstre" fut prise en novembre 1933 r Hugh Gray...

et c'est en janvier 1934 qu'un étudiant médecine, Arthur Grant, le vit pour première fois à terre, sur le bord de la ute de Drumnadrochit : il examine ici, lendemain matin, des touffes de laine mouton trouvées non loin. ▶

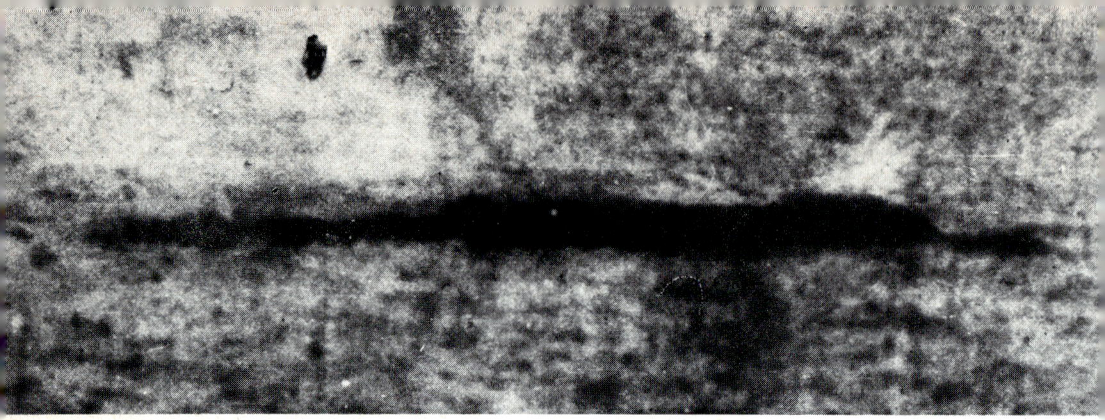

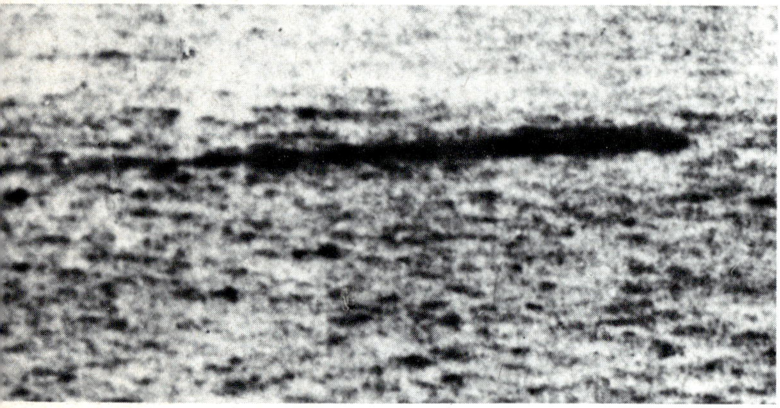

◄ en décembre 1933... ▲

Quelques vues des deux films pris par Malcolm Irvine, des *Scottish Film Productions*...

◄ ... et en novembre 1936.

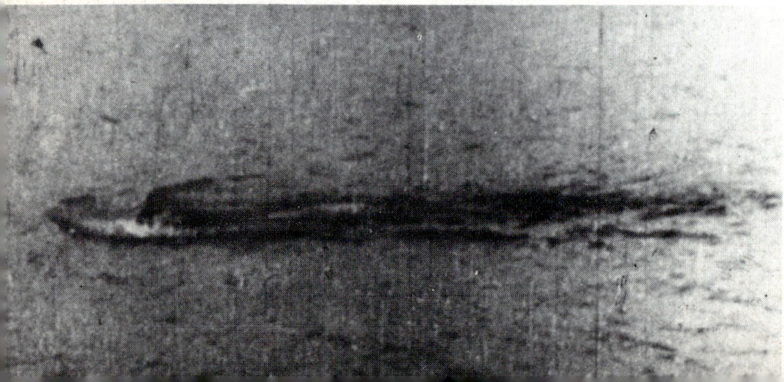

▲ Ces deux photos, prises en avril 1934 par un chirurgien londonien, le Dr Kenneth Wilson, montrent l'inconnu du loch Ness avec la tête et le cou dressés perpendiculairement "en périscope"...

... et avec le cou s'abaissant au moment de plonger. ▼

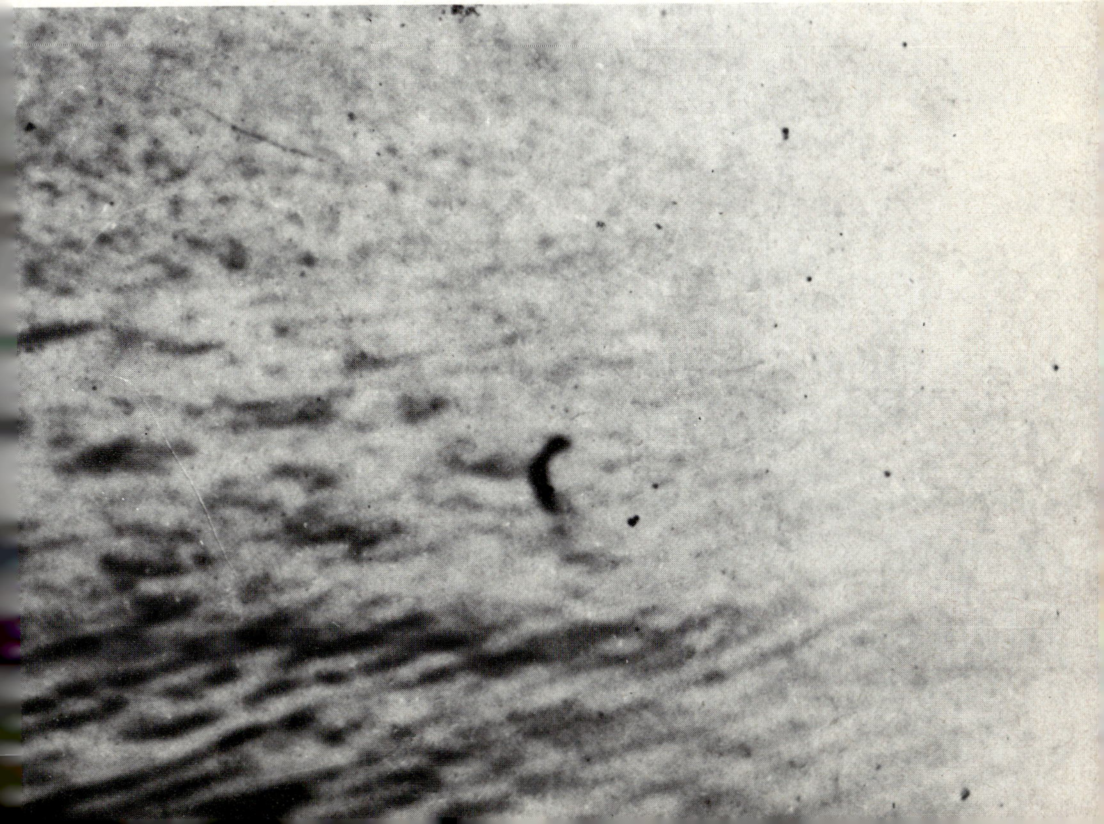

▲ La meilleure photo prise par l'expédition organisée en juillet-août 1934, par Sir Edward Mountain, semble montrer tout au plus la gerbe d'eau soulevée par une bosse.

Celle prise en août 1934 par le Dr James Lee révèle comme une grosse tête obtuse, mais qui pourrait être l'arrondi du cou, la petite tête étant dirigée dans l'axe de visée. ▼

▲ Deux photos célèbres des années 50 : la première, prise en juillet 1952 par Lachlan Stuart, pourrait bien ne pas représenter un animal...

... et la seconde, prise en juillet 1955 par P.A. MacNab, paraît en revanche montrer deux animaux nageant de conserve. ▼

Trois images du film p
en avril 1960 par l'ing
nieur aéronautique T
Dinsdale : selon les expe
de la R.A.F., qui ont an
lysé le film, il représen
bien « un objet animé
dont la partie émerg
mesure 1,80 m de large
s'élève à 90 cm au-dess
de la surface.

▲ Un bateau à moteur hors-bord, filmé peu après et au même endroit à titre de comparaison, se trahit par un sillage tout à fait différent, produit par l'hélice.

.a photo prise à la même époque par Peter O'Connor est infiniment plus suggestive, certes, trop ›eut-être pour être authentique. ▼

▲ En 1961, le zoologue Bernard Heuvelmans est allé enquêter au loch Ness. Il y a discuté avec le principal de l'abbaye de Fort-Augustus, le père J. Aloysius Carruth, un érudit qui a consacré une brochure au « monstre »...

... et a interrogé maints témoins oculaires, entre autres le garde-pêche Alex Campbell, dont les révélations avaient fait éclater l'affaire dans la presse en 1933. Lors de sa rencontre avec Heuvelmans, il avait déjà vu une demi-douzaine de fois les inconnus du loch et réuni les témoignages de plus de deux mille personnes. ▼

La créature du lagon noir? Non, Bernard Heuvelmans sortant de l'eau après sa première plongée dans le loch en 1961... ►

... exploration à l'issue de laquelle il exposa, devant les caméras de la Télévision française, ses conclusions quant aux conditions de visibilité sous l'eau. ▼

▲ Voici les principaux techniciens qui ont tenté, non sans succès, de filmer les animaux inconnus du loch Ness : de gauche à droite, le Dr Robert Rines, son adjoint Martin Klein, et Tim Dinsdale, au retour d'un repérage au sonar réussi, en 1970.

▲ Et voilà les zoologistes actuels qui ont cherché à les identifier : Sir Peter Scott et le Dr Bernard Heuvelmans (de gauche à droite), réunis en 1966 au quartier général du L.N.P.I.B. (bureau d'enquête pour l'étude des phénomènes du loch Ness). Alors que pour Heuvelmans, le "monstre" est un mammifère, apparenté aux phoques et aux otaries, auquel il a donné en 1965 le nom provisoire de *Megalotaria longicollis,* il est pour Sir Peter un reptile, un représentant attardé du groupe des plésiosaures du Mésozoïque, qu'il a nommé scientifiquement *Nessiteras rhombopteryx* en 1975, en se fondant sur les photos prises par le Dr Rines. ▼

▲ Des animaux semblables au monstre du loch Ness ont été signalés en bien d'autres endroits d'Ecosse : au tournant du siècle, le cadavre de l'un d'eux se serait même échoué à l'écluse de Corpach...

... et, au loch Shiel, on en aurait vu à plusieurs reprises sur les rivages. ▼

▲ Au loch Morar, des recherches systématiques ont même été faites, de 1970 à 1972, par l'équipe d'Elizabeth Montgomery Campbell, afin de tenter d'étudier les "monstres" de ce lac, où la visibilité est meilleure sous l'eau.

En septembre 1958, un savant éminent, le Dr George Cooper, avait exécuté cette aquarelle, aussitôt après l'émersion, sous ses yeux, d'une bosse du Morag, comme on l'appelle localement. ▼

▲ Plusieurs lacs irlandais ont, eu aussi, la réputation d'héberger de « monstres » semblables à Nessie. Bi Stuart, du *Sunday World* de Dubli interroge un témoin oculaire au loug Bran à propos de son observatio faite en mai 1976.

◄ Un souvenir en terre cuite pour touristes, représentant le "monstre" du lough de Glendarry, sur l'île d'Achill, a été réalisé, mais à partir d'une photo plus que suspecte prise en 1968.

Le "fantôme" du Monstre du lough Bray – en fait une série de vagues de houle simulant des bosses – photographié en 1946 par Peter Costello lui-même, peu après l'annonce de plusieurs observations locales. ▶

▲ Sur cette carte d'Islande figurant dans le *Theatrum Orbis Terrarum,* une légende en latin indique que dans le Lagarflót (à droite du centre) vit "une anguille de grandeur insolite qui nuit considérablement aux habitants".

▲ Au lac Storsjö, en Suède, une enseigne publicitaire facétieuse signale l'existence d'un "monstre" fameux, mais, comme en témoignent les harpons et les pièges utilisés en 1894 pour tenter de capturer celui-ci, les pêcheurs locaux prenaient autrefois son existence très au sérieux. ▶

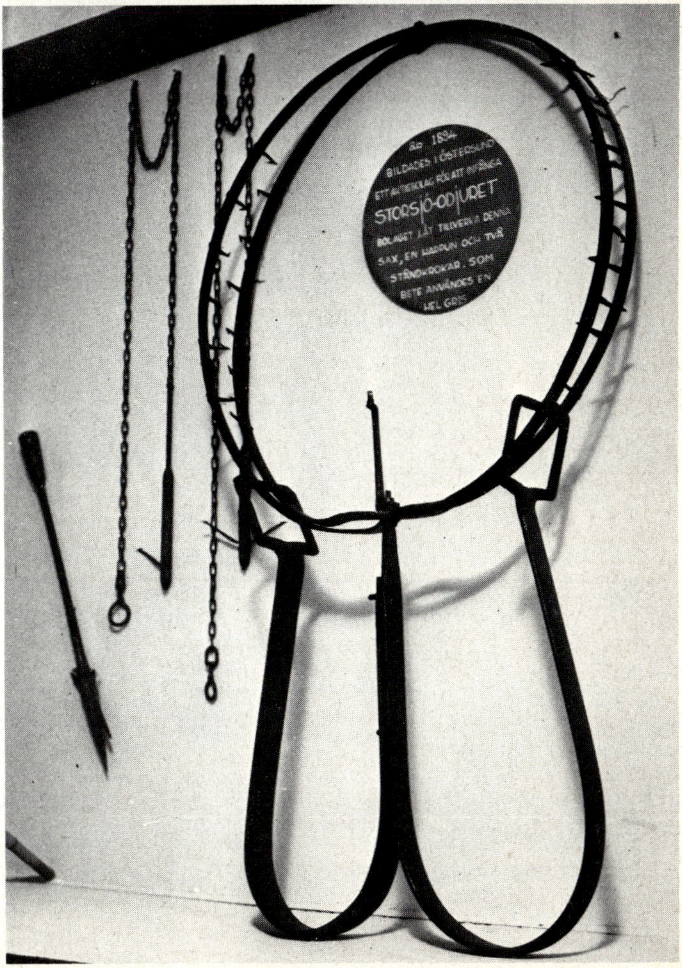

▲ Tous les “monstres” des lacs des U.S.A. ne sont pas de pures inventions littéraires comme celui du lac La Metrie qui périt canonné par un détachement militaire.

▲ Au Canada, celui du lac Utopia fut dessiné avec soin en 1872, d'après les descriptions de témoins récents...

... et celui du lac Manitoba semble même avoir été photographié en 1962. ▼

▲ C'est le "monstre" du lac Okanagan, en Colombie Britannique, qui tient la vedette au Canada...

... Baptisé "Ogopogo", on est allé jusqu'à lui élever une statue, non dénuée d'humour, sur les bords du lac. ▶

▲ Le lago Lacar, un des divers lacs d'Argentine où des "monstres" ont été signalés, appartient précisément au type à rives encaissées et situé sous un climat tempéré froid, caractéristique de tous ceux de l'hémisphère nord d'où l'existence d'animaux semblables a été rapportée.

. Il est, en fait, exceptionnel que des “monstres” comme celui du loch Ness soient décrits dans des :cs tropicaux. Ce fut le cas pourtant de celui du Tasek Bera, en Malaysia, s'il faut du moins en croire officier de police qui l'aurait vu surgir à quarante mètres à peine alors qu'il venait de piquer une tête ans l'eau pour se rafraîchir.

▲ En Australie, le *Bunyip,* le croquemitaine traditionnel des terres comme des eaux, est généralemen
représenté de manière fantastique et même grotesque...

▲ ... mais il arrive que, dans les lacs, on le décrive sobrement comme une sorte d'otarie à long cou, armée de crocs puissants (ceux-là ne seraient-ils pas les “cornes” souvent attribuées à de tels monstres lacustres et, ici, mal plantées par l'auteur du dessin ?).

▲ Tiamat, le Dragon de l'épopée assyro-babylonienne, tel qu'il apparaît sur un sceau cylindrique.

Les bêtes enlacées de la mosaïque romano-celte du temple de Nodens, élevé dans le Gloucestershire, en Angleterre, semblent une réplique fidèle des animaux à long cou observés de nos jours dans maints lacs plutôt froids. ▼

▲ L'animal figuré sur la croix de Cong, confectionnée en Irlande vers 1123, aurait-il été inspiré par le "monstre" du lough Mask, voisin. Voyez ses traits de mammifère, si semblables à ceux du *Naïtaka* gravé par les Indiens de Colombie Britannique.

▲ La Préhistoire à l'ère victorienne : le plésiosaure du Crystal Palace, de Sydenham, près de Londres, construit en 1853 par Waterhouse Hawkins, a laissé une impression indélébile dans l'esprit des Britanniques.

Le plésiosaure est aussi en vedette dans cette illustration du célèbre *Monde perdu* (1912) de Conan Doyle, qui a tant fait pour populariser l'image des grands sauriens préhistoriques et suggérer la possibilité de leur survivance à notre époque. ▶

▲ Le monstre du loch Ness a fait son apparition au cinéma dès 1934, dans *le Secret du Loch*. Etrangement, il y était représenté, non comme le plésiosaure classique, mais comme une sorte de triton, conformément à la toute récente hypothèse de Rupert T. Gould, bien vite oubliée d'ailleurs.

grands lacs de la planète, avaient finalement été identifiés comme étant des « masses burtonesques de matières végétales », et il conclut : « Peut-être qu'avec le temps, on montrera que Nessie n'est littéralement qu'un tas de vieux débris. » Si amusant que soit son style, Mr. Odds ne respecte pas tout à fait les données du problème. Nous le verrons, Burton n'a fourni qu'un seul exemple — en Norvège — de monstre devenu un « tas de vieux débris ». Combien d'autres épisodes demeurent inexpliqués !

Cependant, une nouvelle explication de beaucoup d'entre eux (judicieusement choisis pour prouver sa thèse) fut proposée en décembre par Ted Holiday, quand il publia son livre *The Great Orm of Loch Ness.* Il avait eu la chance de voir le monstre — qu'il a décidé d'appeler l'*Orm,* terme médiéval s'appliquant aussi bien aux vers qu'aux serpents — en deux occasions que nous avons mentionnées au passage. Dans son ouvrage, il se proposait d'exposer sa nouvelle théorie : le monstre est une sorte de vermidien gigantesque, vivant de poissons au fond du loch et émettant une bave corrosive. Dans son esprit, il y a un rapport entre cette horreur et un fossile récemment découvert en Amérique : le *Tullimonstrum* ou monstre de Tully. Or, ce fossile mesure à peine 15 cm de long. Quoique Holiday expose sa thèse avec enthousiasme et l'accompagne d'une impressionnante panoplie scientifique, elle me paraît un peu trop tirée par les cheveux. Toute ressemblance entre un fossile minuscule et un monstre de six mètres ne peut être qu'une coïncidence. Le livre n'en a pas moins connu un immense succès et joui d'excellentes critiques. Tout cela montre comment les attitudes peuvent changer, en matière de monstres et de ceux qui les chassent.

Pendant ce temps, en Amérique, le Dr Mackal était revenu sur son idée que le monstre était un invertébré. Il pensait maintenant qu'une sorte de vache-marine, de rhytine, adaptée à l'eau douce correspondrait mieux aux descriptions. Or, chose curieuse, la seule carcasse anormale jamais rejetée par un lac dans le monde, l'avait été en 1914 dans le lac Okanagan, au Canada, réputé pour contenir des « monstres », et on l'avait identifiée comme étant une « vache-marine ». Ne pourrait-on pas s'être trompé, et ne s'agissait-il pas précisément d'un des monstres lacustres, qu'on n'avait pas su reconnaître hors de l'eau ?

Ce changement n'était pas sans rapport avec la récente parution en Amérique du livre de Bernard Heuvelmans sur le Grand Serpent-de-mer, dans lequel il expose incidemment la théorie selon laquelle les monstres lacustres, ou tout au moins quelques-uns d'entre eux, sont des mammifères. Heuvelmans affirme que le type de serpent-de-mer qu'il appelle « Long-cou » peut se trouver aussi dans beaucoup de lacs aux rives encaissées des régions tempérées froides des deux hémisphères : il a en effet toutes les caractéristiques signalées par les témoins, à l'exception peut-être de la longue queue d'ailleurs problématique. Heuvelmans croit qu'il s'agit d'une espèce inconnue d'otarie géante à long cou. C'est la théorie directrice du présent ouvrage.

A cette époque, le Bureau d'Enquête du loch Ness était installé en permanence à Achnahannet, sous la direction technique de Clem Skelton, et en 1969 il continuait de s'efforcer de résoudre l'énigme.

En mai, un jeune sous-marinier américain appelé Dan Taylor apporta à Inverness un petit submersible jaune, financé par un groupe américain important et appelé le *Viper Fish.* Mais assailli de difficultés mécaniques, il ne réussit pas à observer et encore moins à photographier le monstre. Il repartit en se plaignant de ce que personne ne l'avait averti au préalable que la visibilité dans l'eau du loch n'excédait pas trente centimètres !

Un autre sous-marin, le *Pisces* de la Compagnie Vickers, opéra aussi dans le loch cette année-là, d'une part pour y faire des essais, d'autre part pour prêter son concours au tournage d'un film sur Sherlock Holmes, dans lequel le monstre jouait un rôle important. Mais le monstre postiche, à armature de fil de fer, avait coulé pendant le remorquage et été perdu. Quand les plongeurs repérèrent au sonar un objet long de 12 m ils supposèrent que c'était ce monstre-là et non le vrai. Mais au cours de plongées profondes ils découvrirent au fond du loch une sorte de tranchée, descendant jusqu'à 240 mètres.

En automne, le Bureau et l'*Independant Television News* coopérèrent pour examiner le loch sur une grande échelle. ITN ancra au milieu du loch un ballon équipé d'un appareil photographique perfectionné, qui devait prendre automatiquement des clichés de la surface à intervalles réguliers. Utilisant en outre un sonar, les membres de l'expédition comptaient repérer le monstre en deux semaines. Associé à l'entreprise, le *Daily Mail* envoya au loch Ness son reporter le plus ancien, Vincent Mulchrone, avec mission d'en relater des comptes rendus pittoresques. Une telle publicité devait inévitablement provoquer des canulars. Deux pêcheurs, « désireux de garder l'anonymat », informèrent le journal qu'ils avaient découvert un os immense, long de 1 m 50, dont ils envoyèrent la photo. Après que celle-ci eut été reproduite par une bonne partie de la presse mondiale, on finit par apprendre que c'était un morceau de mâchoire de baleine jeté aux ordures par le muséum local d'histoire naturelle. Pour la seconde fois, le *Daily Mail* s'était fait mystifier.

Dégoûté, Mulchrone repartit en bougonnant qu'on n'avait rien trouvé au loch Ness, parce qu'il n'y avait rien à y trouver.

ITN ne put rien annoncer aux téléspectateurs, touchant l'identité du monstre, et le Bureau dut se contenter d'enregistrer 19 observations, contre 29 en 1966. Dans le rapport annuel du Bureau, publié en juin 1970, David James écrivit : « Quoiqu'il y ait de plus en plus de preuves qu'un animal inconnu vit dans le loch, on n'a pas pu jusqu'à présent l'identifier davantage. »

L'année 1970, pour active qu'elle fût, n'apporta pas de révélations nouvelles. On doit cependant noter deux participations américaines. La première fut celle du Dr Robert H. Rines, du Massachusetts. Il tenta vainement d'exciter les désirs sexuels du monstre au moyen d'un modèle en plastique enduit d'huile de saumon. Après avoir repéré un objet de grande taille au sonar, il prétendit que l'animal, une sorte d'anguille géante de douze mètres, respirant donc au moyen de branchies — ou au travers de la peau ! — était albinos et aveugle, à cause de l'obscurité régnant au fond du loch. La blancheur éclatante de l'animal étant en contradiction flagrante avec les observations de tous les témoins depuis 1933, il semble que le monstre soit bien mal connu, même de ses meilleurs partisans...

En septembre, une autre équipe américaine financée par un fabricant de whisky vint au loch Ness. Son chef, un géologue nommé Jack Ullrich, déclara aux journalistes : « Le monstre est, non plus un mythe, mais une réalité fondée sur des preuves scientifiques substantielles. » Afin de percer l'obscurité du loch, il employa des caméras à rayons infrarouges, ainsi qu'un sonar, mais ne parvint pas à repérer l'animal, qu'il pensait être un plésiosaure.

Cependant, l'activité permanente du Bureau d'Enquête était devenue une des caractéristiques de la vie locale, et les touristes pouvaient visiter au bord de la route A 82 une exposition relative à l'histoire du monstre. Malgré le peu de progrès réalisés en dix années d'efforts, l'équipe des enquêteurs ne se découragea pas, car c'étaient des fanatiques. Son chef, Tim Dinsdale, exprima son optimisme inlassable dans le rapport sur l'année 1971. Et cela en dépit du fait qu'alors qu'il disposait de cinq caméras couplées, il avait été trop ému pour les déclencher, quand la tête et le cou du monstre avaient émergé à 200 mètres à peine devant lui. Le vieux « cheval marin » continue de jeter des mauvais sorts aux simples mortels ! « En dépit de ce que prétendent les savants, déclara Dinsdale au cours d'une conférence de presse, le monstre existe. Pour moi, prouver cette existence est une question de principe, celui de défendre la vérité. Je dois m'y employer, et c'est ce qui me stimule dans mon action. »

Non, certes, les fanatiques ne se découragent jamais. On en eut une preuve en 1972. Depuis lors, un militaire retraité, Frank Searle, campe sous la tente près de Dores en compagnie de ses chats, et sillonne chaque jour le loch en canot, dans l'espoir de prendre une belle photographie du monstre qui, dans son esprit, lui rapporterait 5 000 livres. En attendant, ce brave type vit de 7 livres par semaine en pleine campagne, loin des bruits du monde et partageant sa maigre pitance avec ses chats.

Le 27 juillet, sa persévérance fut récompensée : il photographia deux petites bosses émergeant près de la ferme de Balachladoich. En avant il y a un remous qui peut correspondre à l'emplacement de la tête ; et en arrière, on voit émerger ce que je pense être le haut des nageoires postérieures. Le cliché est intéressant, quoiqu'il ne montre rien de la tête et du cou.

Le 20 octobre, Mr. Searle prit une autre série de photos. Cette fois, en plus des deux bosses, l'image montre un cou bref et une grosse tête émergés. Cependant, je ne crois pas qu'il s'agisse d'un animal vivant, et je ne suis pas davantage satisfait des circonstances dans lesquelles ce cliché aurait été pris. Mr. Searle prétend que l'animal, ayant été photographié d'un côté de son bateau, a alors plongé puis resurgi de l'autre côté, permettant ainsi une seconde photo. Or, il me paraît évident que l'objet représenté est pareil à lui-même dans les deux images et n'a pas bougé. Je pense que c'est le bateau qui en a fait le tour, pour obtenir une vue de chaque côté. Il est vraiment dommage que Mr. Searle ait choisi de discréditer sa photographie antérieure, en perpétrant une mystification si évidente.

Le *Daily Record*, qui publia ces clichés, offrit 1 000 livres de récompense à quiconque capturerait le monstre du loch Ness. C'était une offre généreuse, mais insignifiante par rapport à celle, toujours valable à cette époque, de la firme de whisky *Black and White*, et portant sur un *million* de livres, pour la capture du monstre vivant, sous réserve que le *British Museum* le reconnût comme tel. (On a peine à imaginer ce que durent être les prudentes délibérations de ses dirigeants à ce sujet.) Il est vraisemblable que ces donateurs garderont leur argent, car s'emparer du monstre demeure une opération difficile.

*
* *

Alors que je travaillais déjà à rassembler beaucoup de documentation devant servir à la rédaction de ce livre, je ne connaissais le loch Ness que par les ouvrages qu'il a inspirés et les cartes. Mais au cours de l'été 1967, je pus le visiter à l'occasion d'une grande randonnée dans les Highlands. La petite ville d'Inverness était remplie d'Anglais en vacances. On y vendait des cartes postales humoristiques, typiquement britanniques, dans lesquelles par exemple le monstre tenait le rôle de la belle-mère. Mais le public pouvait aussi acheter de vraies photos du monstre, en général celle prise par Lachlan Stuart. Avait-on inventé le monstre — comme certains continuent de le prétendre — pour attirer et distraire les touristes ? Sûrement pas. J'ai eu l'impression que très peu de gens s'aventuraient jusqu'au bord du loch, pour tenter d'apercevoir le monstre, et qu'ils se hâtaient de regagner leur véhicule pour se rendre aux Iles. A mon avis, le monstre n'est pas un bébé qu'on peut abandonner sur le seuil de la Chambre de commerce.

En fin d'après-midi, nous avons pris la route sud, datant de 1715, sur laquelle les Spicer virent surgir l'étrange animal en 1933. A première vue, le loch Ness est impressionnant par ses vastes dimensions et son caractère imposant : quand le soleil se couche, les pentes sombres et abruptes de la montagne se dressent comme un mur surplombant ses eaux gris souris, sur la rive nord. De la route sud, on voit très mal le plan d'eau, à cause des buissons, des bouleaux, et surtout des abominables pins que les Eaux et Forêts ont plantés un peu partout. Il n'y a vraiment rien d'étonnant à ce qu'autrefois, cette route étant la seule praticable, on ait si rarement remarqué quelque chose d'anormal à la surface de l'eau.

Nous avons dîné à l'hôtel de Foyers, dont la directrice a manifesté quelque incrédulité au sujet du monstre, « qu'on n'avait pas vu depuis deux mois », dit-elle. Dans le hall, à côté du téléphone, une pancarte invitait quiconque ayant remarqué quelque chose d'anormal dans le loch à le signaler aussitôt au Bureau d'Enquête installé à Achnahannet. Des avis identiques sont affichés dans tous les lieux publics autour du loch, afin qu'on puisse enregistrer les observations de n'importe quel visiteur de passage.

Après le dîner, nous sommes descendus à pied, par un mauvais sentier, vers l'ancienne estacade de la Compagnie britannique de l'Aluminium, maintenant abandonnée et dangereusement pourrie. Le loch était calme, comme on assure que le monstre l'aime. Quelques pêcheurs descendaient quand nous sommes repartis, sans avoir décelé le moindre signe de la plus belle prise qui reste à faire au loch Ness.

Entouré maintenant de routes nouvelles, desservant entre autres une fabrique d'aluminium, le loch semblerait faire partie du monde moderne, mais en réalité il n'en est rien. Dans un certain sens, il continue d'appartenir à un vieux monde celtique, où les distinctions que nous faisons, entre les questions relevant les unes de la zoologie et les autres de la psychologie, n'ont aucun sens. Le loch Ness est un Monde perdu de l'imagination, où l'esprit conserve sa jeunesse.

Aux yeux de certains, il offre un aspect singulier, quelque peu sinistre et mystérieux. Gavin Maxwell a trouvé que le loch « semble vouloir vous attirer, comme s'il était sensible et averti, ce qui crée une impression de malaise, même sous le soleil d'été ». Et Percy Cater, un des premiers journalistes londoniens qui y vinrent en 1933, écrivit après une seconde visite en 1955 : « Le loch Ness m'oppresse autant qu'il le fit, la première fois que je l'ai vu il y a vingt ans. Il demeure aussi énigmatique que le sourire de Mona Lisa... Sa surface, évocatrice de sinistres profondeurs, est la chose la plus impressionnante que je connaisse... Dans un paysage aussi rude, il est facile de s'imaginer qu'il se passe des choses étranges dans le loch. »

Ces impressions ne sont pas seulement des idées romanesques, inspirées par l'existence présumée d'un monstre dans le loch. En effet, dès 1773, le Dr Johnson, parcourant à cheval la route sud avec Boswell, fut impressionné par l'aspect sauvage de cette nature, où les « rochers dominaient le lac dans leur horrible nudité ». Qu'aurait-il dit s'il avait entendu parler du monstre ? Peut-être ce qu'il déclara en une autre occasion : « Ce phénomène est, à mon avis, aussi merveilleux que tout autre fait mystérieux, auquel beaucoup de gens sont lents à croire, quand ils ne le rejettent pas avec un mépris obstiné. » Il parlait alors de fantômes et aurait été intéressé d'apprendre que le loch Ness était hanté par plus que le légendaire Cheval-aquatique.

Le vieux monde celtique était en train de disparaître du loch Ness, à l'époque où Johnson et Boswell y passèrent. Jusqu'à ces derniers temps, on pouvait encore respirer l'atmosphère de ce monde préhistorique dans les coins les plus reculés d'Ecosse. Mais, comme le poète Edwin Muir l'a si tristement dit de l'île des Orcades où il est né, les sirènes et les fées n'y sont plus : « Toutes ces choses ont disparu des Orcades au cours des cinquante dernières années, sous la pression de l'instruction obligatoire. »

Quels que soient les changements apportés par l'instruction à Inverness, elle n'a pas encore détruit toutes les légendes qui courent autour du loch Ness. Comme on demandait à un vieil homme s'il croyait au monstre, il répondit : « Non, je n'y crois pas, mais j'ai vu le Cheval-aquatique. » Ces légendes, dont les vieilles gens surtout gardent le souvenir, n'ont pas pour seul sujet le célèbre animal.

C'est ainsi que, dit-on, le loch continue d'être hanté par le spectre du bateau de saint Colomba. Je n'ai trouvé qu'une seule allusion à cette histoire dans une publication, et pourtant elle jette une curieuse lumière sur les idées qui s'expriment dans cette région. Selon le garde-pêche Alex Campbell, le navire apparaît tous les vingt ans. En 1902, c'est Finlay Frazer qui le vit à Strathenick. En 1942, le frère d'Alex, Colin Campbell, décrivit en ces termes la vision :

« Il faisait nuit noire, au point que je ne pouvais pas distinguer les arbres et les rochers autour de moi. Et puis, brusquement, j'ai vu le bateau à trente mètres de la rive. Il n'y avait pas de lampes à bord, mais il était éclairé par un faisceau de lumière fluorescente, à la fois blanchâtre et bleuâtre, vraiment magique. Le navire ne bougeait pas et semblait à l'ancre. J'ai vu des cordages lovés sur le pont et tous les détails du bâtiment. Il ressemblait à un vaisseau très ancien, de l'époque biblique. »

En 1962, un vagabond irlandais, nommé Thomas O'Connell, eut à peu près la même vision. « Nous autres, déclara Alex Campbell, nous ne racontons pas d'histoires bizarres, à moins qu'elles ne soient vraies. Nous avons tendance à être méfiants et réservés. Mais ceci dure depuis si longtemps qu'à mon avis il faut le dire aux gens. » C'est Campbell, rappelons-nous, qui rédigea le premier compte rendu d'observation du monstre en 1933. Or, son frère Colin, qui a vu le navire du saint, ne croit pas au monstre : il ne l'a pas vu.

Quant à mes amis et moi-même, nous espérions bien, comme tout le monde, voir le monstre de nos propres yeux. Nous avons campé dans un champ sur la rive, près de Whitefield. Le soir, assis sur une souche devant la plage de galets, j'ai éprouvé une curieuse sensation à regarder l'eau du loch, trop agitée sûrement pour le monstre. Dans cette pénombre lugubre, on est prêt à croire n'importe quoi sur les monstres, tant ce lieu paraît mystérieux. Le lendemain matin, après avoir nagé quelques minutes, il ne me restait guère d'illusions : le monstre devait avoir le sang rudement chaud pour vivre dans cette eau glacée. Quand nous avons repris la route, nous n'en sommes pas moins restés attentifs, surveillant sans cesse la surface de ce loch, si trompeuse à cause de ses taches sombres et des longues rides sinueuses qui la parcourent.

Par la route sud, nous avons gagné Fort Augustus, qui est avec Foyers la zone où le monstre a été observé le plus souvent. Je ne m'étonne pas qu'il en soit ainsi, car de ces deux endroits on a une vue magnifique du loch. Dans son livre, Maurice Burton cite 47 observations signalées par des élèves du collège de l'abbaye. Dans l'hôtel situé aux abords immédiats du bourg (il s'appelait autrefois « Inchnacardoch House » et fut souvent cité par des témoins relatant des observations), le bar s'appelle *Nessie's Nook,* c'est-à-dire « le Coin de Nessie ».

Le lendemain, nous avons pris la route moderne du nord, d'où l'on observa le monstre le plus souvent, et d'où Kenneth Wilson prit sa célèbre photographie en 1934. Les arbres et les buissons ont tellement poussé depuis lors que le nombre des observations a, si l'on peut dire, varié en raison inverse de la densité de la végétation. Néanmoins, le Bureau d'Enquête a fait raser par endroits ces bosquets, afin de permettre à ses caméras d'opérer avec le maximum de visibilité et de champ. Quelques personnes se promenaient là, espérant voir le monstre. Nous devions apprendre par la suite qu'il avait été effectivement aperçu le 23 juillet par un conducteur de car et ses passagers : ils avaient nettement distingué quatre grosses bosses, se déplaçant très vite au milieu du loch.

A Achnahannet, nous nous sommes rendus au quartier général du Bureau d'Enquête. Il comprend un certain nombre de caravanes, qui servent de logement pour le personnel et de laboratoire, des camions et des voitures, tous bien rangés sur un terrain où flotte, en haut d'un mât, le pavillon portant la devise héraldique : « *Azur a monstre argent naiant regardant* ». Les visiteurs paient un modique droit d'entrée, qui contribue à couvrir les frais considérables de l'opération. Dans une des caravanes on peut voir une importante exposition de photographies, croquis et cartes, retraçant l'histoire du monstre et expliquant les diverses théories formulées à son sujet. Il semble qu'ici le Plésiosaure soit encore populaire.

Une des photos présentées ce jour-là m'a surpris, et je suis sûr qu'elle aurait réchauffé le cœur incrédule de Maurice Burton. Elle avait été prise quelques jours auparavant, près du château d'Aldouric où plusieurs témoins affirmaient que le monstre était apparu. Or, après agrandissement, le cliché avait révélé qu'il s'agissait d'un daguet traversant le loch à la nage. Je me souvins alors que le Dr Burton avait envisagé la possibilité que l'on prît pour un monstre un cerf nageant dans le loch. Rentré à Londres plus tard, je repris son livre. Après avoir relaté le passage d'un cerf à la nage dans un autre loch, il s'efforce de tirer un argument des bois courts du daguet et écrit :

« Il est significatif que seulement trois comptes rendus d'observations au loch Ness aient signalé les cornes de l'animal : ce sont ceux de A.H. Palmer le 11 août 1933, de P. Grant le 12 août 1934, et de Mrs. Finlay le 18 août 1952. Or, dans sa seconde année, le daguet porte deux bois courts et sans ramifications qui, pendant l'été, sont "en velours", à savoir couverts d'une peau velue (une comparaison montre que ces bois et les cornes signalées au loch Ness sont semblables). A mon avis, nous pouvons éliminer ce genre de comptes rendus. »

Ainsi, cette photographie exposée à Achnahannet constituait une preuve à l'appui de la théorie de Burton relative au loch Ness, d'autant plus que la photo avait été prise à l'endroit même où l'un des observateurs antérieurs s'était posté. Ce qui me parut troublant fut que les membres du Bureau d'Enquête n'eurent pas l'air d'attacher d'importance à l'incident ni à la photo. En outre, personne n'a, à ma connaissance, fait allusion à cette observation dans une publication, ce qui n'est guère conforme à la rigueur scientifique, obligatoire dans une telle enquête. (Cela dit, nous ne pouvons éliminer ce genre de comptes rendus, car nous verrons plus loin que les « antennes » remarquées par certains témoins sont en réalité des oreilles.)

Au cours de notre visite au quartier général, on nous montra les caméras servant à étudier le loch. Il y avait là un appareil Arriflex de 25 mm muni de puissantes lentilles télescopiques, capable de photographier un objet à plus de trois kilomètres de distance. On ne s'en servait pas ce jour-là, nous dit-on, car il faisait trop mauvais temps pour que le monstre apparût. Ces techniciens disposaient aussi de deux caméras aériennes, distantes de 1 m 80 l'une et l'autre, qui pouvaient prendre 30 clichés à la minute. On obtenait une image à trois dimensions en superposant trois clichés pris simultanément.

Le membre de l'expédition qui nous reçut était convaincu de l'existence du monstre, « qui a été démontrée », déclara-t-il. La mission de l'équipe consistait à rassembler davantage de preuves relatives à ses habitudes et à sa manière de vivre. Lorsque j'ai nommé Maurice Burton, il a ricané et fait à son sujet un mauvais calembour que j'ai oublié. Pour lui, ce genre de personnage systématiquement incrédule se montrait réfractaire à toute manifestation de la vérité. Nous sommes partis sans vouloir écouter davantage des propos révélant un curieux cas de paranoïa. J'imagine toutefois que leur arrogance quelque peu stupide ne reflète pas l'esprit du Bureau d'Enquête dans son ensemble.

Lorsque j'ai mentionné la théorie de Burton relative à une loutre géante, il répliqua qu'il n'y avait pas de loutres dans le loch Ness. Je n'en crois rien. En 1962, l'expédition des étudiants de Cambridge a formellement reconnu une loutre au cours de ses diverses observations. Au surplus, si l'on a le moindre doute au sujet de leur présence dans le loch, pourquoi cette question n'a-t-elle pas fait l'objet d'une enquête sérieuse ? Si rares ou difficiles à observer qu'elles soient, les loutres ont l'habitude de s'ébattre dans certaines zones, faciles à déceler.

Quant à la théorie de Burton relative aux masses végétales, notre hôte la rejeta en arguant, plus sérieusement cette fois, qu'en trente années on n'avait enregistré qu'un seul cas de ce genre. Toutefois, ce cas unique existe et, ajouté à la photographie du daguet, cela donne plus de vraisemblance aux théories de Maurice Burton.

Il semble en somme que les méthodes du Bureau d'Enquête du loch Ness ne soient pas très scientifiques. Il faut que l'existence des animaux dans le loch soit prouvée irréfutablement, et il nous appartient, à nous qui croyons à cette existence, d'en fournir la preuve. Des photographies telles qu'on en montre sont une bonne chose, certes, mais elles ne constituent pas des réfutations de bruits qui continuent de courir, au sujet des loutres (qui peuvent atteindre 1 m 80) et des masses de matières végétales. Tels sont donc les problèmes qui se posent au loch Ness, et j'ai le sentiment que, pour résoudre cette énigme, il faut mener là-bas une enquête scientifique de grande envergure.

Le jeune personnage que nous avons rencontré ce jour-là s'est plaint de ce que le gouvernement travailliste d'alors (il était lui-même conservateur) ne soutenait pas financièrement le Bureau. Etant donné qu'il n'accorde aucune subvention importante à la recherche scientifique, je ne vois pas pourquoi il ferait exception à cette règle. En revanche, j'estime que la Grande-Bretagne devrait financer une enquête écologique complète, portant sur tous les aspects de la vie dans la région du loch Ness, si caractéristique de l'Ecosse ; cela présenterait le double avantage de résoudre le problème du monstre, et de fournir des renseignements d'un grand intérêt scientifique, au cas où l'on ne découvrirait pas de monstres, car on saurait alors à quoi s'en tenir, en matière de daguets, de loutres et de masses végétales...

David James a dit que le seul but du Bureau d'Enquête du loch Ness est la photographie. Ses postes d'observation sont répartis de manière à étudier une partie du loch, certes vaste mais limitée, car elle ne comporte pas les embouchures des rivières. Le manque de succès en dix années d'efforts incite à penser qu'il y a quelque chose de défectueux dans leur méthode de travail. Il est un fait : la seule surveillance photographique n'a pas donné les résultats qu'on en attendait.

On a essayé d'autres moyens d'investigation, par exemple et à fréquentes reprises les sondages par le son, avec un médiocre succès. Quand on a obtenu des échos provenant de gros objets, ils ont souvent été interprétés de diverses manières. Au surplus, il est impossible d'utiliser ce procédé, soit au fond, soit dans les trois premiers mètres sous la surface de l'eau, ou très près de la rive, à cause du rebondissement de l'écho sur ces surfaces. C'est pourquoi l'on n'a jamais reçu d'échos d'anguilles ou de loutres, dont on connaissait pourtant la présence : elles vivent respectivement au fond et à la surface près du rivage. Il est très possible que le monstre en fasse autant.

D'autre part, les animaux naturellement dotés de sonars, tels que les dauphins, sont douloureusement sensibles aux ultra-sons émis par l'Homme et les fuient. Le colonel Hasler ayant affirmé que le monstre utilise un sonar, cela indiquerait qu'il fuit de même les ultra-sons qui le recherchent. De toute façon, les enregistrements du sonar peuvent seulement révéler la présence d'un gros animal, sans nous aider à l'identifier. Il faut pour cela des photographies, de préférence prises en eau peu profonde ou à terre. Les techniciens du Bureau se sont efforcés de photographier le monstre nageant à la surface ; ils partent de l'idée préconçue qu'il vit en eau profonde et s'aventure rarement en surface, en général par temps clair et calme. Il se peut que cette idée soit erronée.

De bons témoignages indiquent que le monstre émerge souvent près du rivage et monte même parfois sur la rive. Un des rares films tournés par le Bureau montre un animal, long de plus de 5 mètres, pataugeant au loin sur une plage de galets. Cela correspond beaucoup aux observations d'autres témoins, par exemple de Margaret Munro en 1934 et de Torquil MacLeod en 1960. Il est très malheureux que la stupide mystification, montée en 1933, ait porté sur une fausse empreinte du monstre, car de toute évidence, s'il monte sur le rivage, il doit y laisser des traces. Nous avons raison de les regarder avec méfiance, mais si rares qu'elles soient, elles semblent bien conformes à un certain modèle.

Il y a les traces examinées par les étudiants sur les lieux de la rencontre d'Arthur Grant et du monstre. On se rappelle qu'ils ont aussi trouvé, plus loin sur la berge, de l'herbe tassée comme si un gros animal s'était couché à cet endroit.

Leur témoignage n'est pas le seul de ce genre. Dans ses mémoires, publiés en 1961, le capitaine Alistair MacIntosh raconte qu'un jour il rencontra sur la route de Dores un menuisier nommé Alec Muir, employé à l'usine d'aluminium de Foyers. Celui-ci lui dit que le monstre venait de traverser la route devant sa voiture. Ensemble, ils suivirent une « piste visible » à travers bois, jusqu'à une clairière. « Là, bien nettement marquée sur la mousse, il y avait une immense cuvette : le monstre s'était évidemment couché là pour se reposer. » C'est dans cette même zone que Mrs. Reid avait vu son « étrange animal », couché dans les fougères assez loin de la route.

En 1962, au bord d'une plage isolée, au-delà d'Inverfarigaig, Ted Holiday remarqua qu'il y avait « à un endroit une curieuse surface, large de plusieurs mètres, où les branches des buissons étaient brisées ou tordues, sans qu'on pût en expliquer la cause ». Plus tard, il apprit que les gens du pays voyaient par moments des traces analogues de piétinement de la végétation, et qu'ils les attribuaient aux monstres.

Les témoignages signalant la présence du monstre à terre ne manquent d'ailleurs pas. D'après mes calculs (et j'ai étudié à fond toute la littérature relative à ce sujet) il y a eu, de 1870 à 1960, dix-sept observations du monstre sur le sol. Ce n'est pas beaucoup, mais il faut tenir compte de ce qu'en général peu de gens pensent au monstre circulant sur la terre ferme. Sauf Maurice Burton, tant dénigré, la plupart des gens sont partis du principe que l'on ne peut trouver l'animal qu'en eau profonde. Burton, au contraire, a pensé que, ressemblant à la loutre, il pourrait venir sur les berges, dans les marais, sur Cherry Island, ou encore dans les ruisseaux qui se déversent dans le loch, d'un bout à l'autre de ses rives. Il serait vraiment cocasse qu'en fin de compte ce soit lui qui ait raison sur ce point.

J'ai cité plus haut quelques comptes rendus d'observations du monstre sur le sol. Il convient maintenant de noter ceux qui n'ont pas encore été mentionnés. Il s'agit surtout de témoignages révélés seulement depuis peu, des années après l'époque de ces observations. La première de celles-ci remonte à 1919 et est citée par Nicholas Witchell, qui a interrogé le témoin. C'est Mr. Jock Forbes, l'homme de Foyers dont le bateau avait, selon Maurice Burton, été filmé par Tim Dinsdale. A l'âge de douze ans, il accompagna un jour son père, cultivateur, à la foire aux bestiaux d'Inverness, et ils en revinrent le soir en charrette anglaise, tirée par un poney.

« La nuit était très noire et orageuse, raconta-t-il. Nous nous sommes arrêtés un moment chez mon oncle à Scaniport, puis nous avons repris notre voyage. A environ trois kilomètres au nord d'Inverfarigaig, près de l'ancien bac, le poney s'est brusquement arrêté et a commencé de reculer, parce qu'il avait peur. Il a bien failli nous faire verser et tomber sur le rivage. A vingt mètres de nous, un gros animal est sorti des arbres dominant la route, l'a traversée lentement, puis est descendu dans le loch en faisant beaucoup de bruit. Il faisait trop noir et j'avais trop de mal à maîtriser le poney pour distinguer des détails, mais c'était sûrement une grosse bête, qui couvrait toute la largeur de la route. Je me rappelle que mon père a grommelé quelque chose en gaélique. Peu après, nous sommes repartis, et jamais plus nous n'en avons reparlé. »

Selon Mrs. Whyte, les collégiens de Drumnadrochit informèrent leur maître, au cours des années trente, qu'ils avaient vu « un animal très extraordinaire et effrayant, dans le marais bordant la baie d'Urquhart ». Il y avait sur les murs de la classe des dessins de bêtes préhistoriques, et les enfants montrèrent tous du doigt celui qui représentait le plésiosaure au long cou, affirmant qu'il ressemblait tout à fait à l'animal qu'ils avaient vu.

Ted Holiday mentionne un témoignage encore plus lointain et indéterminé dans le temps — vers 1890 — émanant d'une gitane : elle affirmait avoir vu le monstre sur la route entre Dores et Foyers. Jock Forbes a d'ailleurs dit à Nicolas Witchell que, dans son enfance, cette histoire « était bien connue de tout le monde ».

En 1933, une certaine Mrs. Eleanor Price Hughes affirma qu'elle avait vu le monstre surgir de buissons à Drumnadrochit, puis disparaître dans le loch, emportant dans sa gueule quelque chose de rose. « Est-ce que les bébés phoques ne sont pas roses ? » demanda-t-elle. Mais Gould rejeta ce témoignage, le considérant comme une mystification. En revanche, Oudemans y crut, avec cette réserve : à son avis, l'objet rose était un petit cochon.

Il reste à noter trois comptes rendus d'observations plus détaillées, dont les auteurs sont tous des correspondants de Tim Dinsdale, qui les cite dans ses ouvrages. Le premier est très bizarre. Une nuit d'avril 1923, Mr. Alfred Cruickshank se rendit en auto à la gare de Speanbridge. Ses phares étaient alimentés par une magnéto, si bien que leur lumière baissait quand il ralentissait dans les virages. C'est ce qui se produisit en bordure du loch, au moment même où un animal de grandes dimensions traversa la route devant la voiture. Il semblait avoir 6 à 7 mètres de long et environ 1 m 50 de haut.

« Sa couleur gris-kaki, raconta-t-il, ressemblait à celle du crapaud, mais son ventre qui traînait sur le sol était plus crémeux. Il avait quatre pattes épaisses comme celles de l'éléphant et de larges pieds palmés. En fait, il avait l'air d'un énorme hippopotame, mais avec un dos arqué et une longue queue, traînant au même niveau que le ventre sur la terre, comme le montre mon croquis. Il a poussé un aboiement aigu, à la manière du chien, puis a disparu de la route dans l'eau du loch, en contrebas. »

Le croquis représentait un gros animal, à quatre courtes pattes munies de doigts ou de griffes, avec une large tête de chien, presque pas de cou et une immense queue. Dinsdale en fut déconcerté, et il y avait certainement de quoi. Pour ma part, je suis prêt à accepter l'aboiement, car si Adamnan est le seul à l'avoir signalé, il y a eu d'autres témoignages confirmant le fait. La couleur sombre du dos et plus claire du ventre correspond aussi à ce que nous savons déjà. En revanche, ce qui diffère des autres observations, c'est le cou très court et la queue massive. Que faut-il en penser ? Dinsdale estime qu'à la lumière insuffisante des phares, le corps étant vu de profil, il se peut que le cou se soit tourné vers l'auto, faisant apparaître une très grosse tête qui masquait le cou. Quant à la queue, que Mr. Cruickshank juge aussi longue que le corps, j'ai le sentiment très net qu'il s'agit, non pas d'une queue, mais de la longue partie postérieure du corps, qui traîne sur le sol.

Mr. Cruickshank n'est pas le seul à avoir comparé le monstre à un crapaud géant. Un article du *Northern Chronicle* du 31 janvier 1934 contenait l'histoire suivante. Une cinquantaine d'années auparavant, un plongeur rechercha dans le loch l'épave d'un petit bateau qui avait coulé devant Johnnies Point. Alors qu'il se trouvait à une dizaine de mètres de profondeur, il vit sur une saillie rocheuse « une curieuse bête qu'il compara à un énorme crapaud ». Elle avait la taille d'une chèvre et le regarda sans crainte ni férocité. (Ce récit provenait du petit-neveu du plongeur, Donald Frazer, éclusier de Fort Augustus.)

Les autres incidents sont plus précis. En 1879, des enfants pique-niquaient sur la rive nord du loch, près d'un vieux cimetière. Comme ils achevaient leur repas, ils entendirent un bruit, se retournèrent et virent une bête extraordinaire qui descendait derrière eux vers le lac. Elle avait la couleur grise de l'éléphant, un long cou et une petite tête, qu'elle tournait d'un côté ou de l'autre, en ayant l'air de les observer tandis qu'elle entrait dans l'eau. La femme qui raconta cette histoire à Edward Smith, du Sussex, ajouta : « Rentrés à la maison, nous avons tout de suite mis mon père au courant de ce qui venait de nous arriver. Il nous a battus et envoyés nous coucher, non pour avoir inventé un conte de fées, mais pour avoir prétendu que c'était une histoire vraie. »

J'ai noté plus haut que, selon E.H. Bright, un nommé Hossack avait vu le monstre vers 1865. En 1880, Bright lui-même se promenait avec un cousin au bord du loch, près de Drumnadrochit, quand ils virent le monstre surgir des bois, descendre dans l'eau sur ses quatre pattes, puis s'éloigner en traçant un formidable sillage. Il avait un long cou, semblable à une trompe d'éléphant, était gris foncé et rappelait en général ce genre d'animal. Amusé d'abord par l'histoire, son grand-père admit ensuite que le bruit courait depuis longtemps qu'il y avait un animal dans le loch, mais que les gens n'aimaient pas en parler. Plus tard, retournés au rivage, les deux garçons trouvèrent des traces de pieds fourchus à trois doigts.

De telles empreintes ne correspondent pas, semble-t-il, à la description détaillée des traces du monstre, qu'ont donnée en 1934 les étudiants d'Edimbourg. En revanche, elles correspondent à celles que Wetherell a prétendu découvrir au même endroit. Jamais on n'a formellement accusé par écrit Wetherell de les avoir imprimées lui-même sur le sol, mais l'affaire des traces d'hippopotame les a discréditées. Or, lorsque j'ai lu le témoignage de Bright, l'idée ahurissante m'est venue tout à coup que Weatheral n'avait peut-être pas monté une mystification. Si le monstre a des palettes natatoires munies de griffes, cela correspondrait à la description de Cruickshank, et aussi à celle des espèces de sabots dont a parlé Mrs. MacLennan. Tout cela était certes évocateur, mais extrêmement conjectural de ma part. Cependant, nous verrons qu'il existe d'autres données probantes, concernant les membres de l'animal, qui confirment cette hypothèse. Pour l'instant, je m'en tiens là.

Ces récits, ainsi que les autres cités précédemment, m'incitent à penser que le monstre, ou plutôt les monstres, passent plus de temps hors de l'eau que ne l'indiquent les dix-sept observations enregistrées en l'espace d'un siècle. Si comme je le crois il vient sur les rives, il doit naturellement choisir à cet effet des endroits isolés que personne ne fréquente. Or, ce sont précisément des zones de ce genre que le Bureau d'Enquête du loch Ness n'a pas soumises à une surveillance photographique systématique. Elles sont rarement visitées, sauf par des enfants qui s'amusent, comme ce fut le cas pour ceux que nous avons mentionnés plus haut. Si nous voulons obtenir des photographies vraiment révélatrices du monstre du loch Ness — et c'est ainsi que le problème sera résolu — c'est dans ces zones que nous devrons chercher.

Je suis retourné au loch avec des amis pendant l'été 1971, afin d'examiner les lieux où Irvine a tourné ses films, ainsi que les marais et les embouchures de rivières. Ce jour-là, nous sommes descendus du nord, par la route qui, après avoir serpenté dans les collines, débouche brusquement sur la large faille de Glen More, au fond de laquelle miroitent les eaux noires du canal Calédonien. Par de nombreux lacets, nous avons atteint Abriachan, où Arthur Grant vécut son aventure, puis tournant vers le sud, nous sommes allés à Drumnadrochit, où nous avons trouvé un bon terrain de camping dans un champ, bien à l'écart de la route et dans la plus ancienne partie de l'agglomération. Un des endroits où le monstre était monté sur la terre ferme, en 1879, se trouvait à proximité du « vieux cimetière sur la rive nord », mentionné dans le compte rendu de l'époque.

Après le repas, nous avons donc tenu à explorer les environs de ce cimetière et en particulier le marais qui borde le loch. La traversée du cimetière désaffecté ne posa pas de problèmes, mais dès que nous eûmes pénétré dans le bois qui le prolongeait, les difficultés commencèrent. Heureusement, il y avait là quelques sentiers qui prouvaient que certains habitants, vraisemblablement des pêcheurs, passaient souvent par cette futaie. Toutefois, à mesure que nous avancions dans une pénombre grandissante, il me parut évident qu'aucune personne sensée ne devait choisir un tel lieu pour s'y promener régulièrement.

Deux rivières, ou plutôt des ruisseaux, l'Enrick et le Coiltie, traversent ce marais boisé et se jettent séparément dans le loch. Elles sont cependant proches et séparées l'une de l'autre par de petites îles couvertes de buissons impénétrables. Le soir tombait, si bien qu'il nous parut très improbable de découvrir quoi que ce fût d'intéressant dans ces conditions ; en outre, la perspective de rencontrer le monstre dans cette obscurité n'était pas aussi passionnante qu'elle le fut par la suite, dans le hall de l'hôtel où nous dégustions un merveilleux whisky. Comme le remarqua un de mes amis, « heureusement qu'il n'y a pas de crocodiles ici ». Mais on s'empressa de l'informer que précisément un fermier d'Afrique du Sud avait apporté un de ces animaux, du Natal au loch Ness...

Dès le lendemain, nous avons entrepris de parcourir le reste du marais qui borde le loch, non sans nous arrêter en chemin au Bureau d'Enquête. L'employé de service était en train de raconter aux visiteurs de la salle d'exposition la belle histoire d'un plongeur qui, peu auparavant, avait rencontré une grosse bête noire dans la baie d'Urquhart. Un des murs était couvert par une grande carte du loch Ness, sur laquelle on avait marqué les observations les plus récentes du monstre, ainsi que celles relatives à ses apparitions sur le sol. Or ces dernières étaient au nombre de sept, ce qui ne plaide guère en faveur de la rigueur scientifique de ce Bureau.

De là, nous nous sommes rendus à Invermoriston. L'embouchure de la rivière y est d'un accès difficile, et il semble que, là aussi, seuls les pêcheurs aient l'habitude de venir. La plupart des gens s'arrêtent à distance pour contempler de remarquables cascades, mais ne s'aventurent pas sur les berges de la rivière. Celle-ci est faite, durant près d'un kilomètre, d'une série de profonds bassins, dont l'eau claire permet de distinguer les bords rocheux. C'est là que John MacLeod vit le monstre avant 1907. Le lieu se prête certes remarquablement à une observation. Si, comme cela semble très probable, le monstre a l'habitude de chasser à l'embouchure des rivières, je pense que celle de la Morrison et les bassins qui la précèdent seraient d'excellents postes d'observation. Pour notre part, nous n'avons malheureusement rien remarqué ce jour-là.

Notre prochaine étape fut la baie d'Inchnacardoch. Nous avons pu y louer un canot (c'est là que, dans sa jeunesse, Mrs. Cameron et ses frères jouaient quand ils aperçurent le monstre sur la rive opposée), grâce auquel nous sommes allés jusqu'à Inchnacardoch Point, où jadis un vapeur qui faisait le service du loch a sombré. Le promontoire et le marais situé à l'arrière-plan n'étaient pas aussi couverts de végétation que je l'imaginais. Toutefois, le bois s'étendait assez loin de la route, si bien que cette zone était aussi isolée qu'à l'époque où le jeune William MacGruer et ses petits camarades de jeu effrayèrent le monstre et l'obligèrent à regagner le loch. Si l'endroit offre à un gros animal de nombreux refuges, il ne se prête au contraire pas à l'observation. Je pris quelques photos de l'emplacement que je jugeais correspondre le mieux aux comptes rendus de Mrs. Cameron et de MacGruer, puis nous rentrâmes pour gagner en voiture Fort Augustus.

J'avais écrit à dom J. Aloysius Carruth, supérieur de l'abbaye, pour lui annoncer ma visite et lui demander de m'accorder un peu de son temps précieux, afin de parler des films d'Irvine. Or, c'est à grand-peine que nous sommes parvenus à le coincer, après qu'il eut longuement fait visiter l'abbaye à un groupe de touristes américains, et notre visite se révéla inutile. M'efforçant de découvrir ce qu'il savait, sans révéler mes propres connaissances, je me suis livré avec lui à une sorte de match d'escrime pendant plusieurs minutes. Hélas ! le secret du confessionnal allait jusqu'à couvrir le destin de la mytérieuse bande de pellicule de Mr. Irvine. En tout cas, si le Père Carruth savait ce que sont devenus ces films, il ne nous l'a pas dit.

Nous avons photographié au passage la plage de la baie de Borlum, où Margaret Munro avait vu le monstre se traîner sur le sol. A Foyers, la rivière débouche dans le loch par un delta de deux petites branches. Quoique beaucoup de témoignages aient émané de ce lieu, le seul bon poste d'observation repéré par Dinsdale se trouve sur la colline dominant le loch. Mais la construction d'une nouvelle usine à Foyers risque fort de polluer la rivière, ce qui aura pour conséquence de ne plus attirer le monstre dans ces parages. Enfin, l'embouchure de la Farigaig est une autre zone de marais et de fourrés, mais on n'y a fait que de rares observations.

Le principal intérêt de notre enquête a été de révéler que les zones où l'on a le plus de chances de voir le monstre ne sont pas surveillées systématiquement. Il me semble que quelques techniciens devraient y concentrer leurs efforts, en particulier sur les bassins d'Invermoriston. On pourrait y installer une caméra permanente, un sonar et des hydrophones. Ces derniers appareils seraient spécialement importants, pour analyser les ondes sonores et les comparer à celles émises par d'autres phoques. Si l'on doit un jour réussir à prendre une bonne photo du monstre, il se présentera vraisemblablement à l'embouchure de la rivière, quand le poisson en remonte le cours, plutôt qu'ailleurs.

En fait c'est là, devant Temple Pier, qu'une photographie a été prise récemment. En août 1972, Bob Rines a repéré au sonar et filmé ce qu'il prétend être la nageoire postérieure d'un plésiosaure. Sur ce point, Tim Dinsdale est très catégorique, car, selon lui, l'image montre bien la forme losangique normale d'un tel organe. Cette observation ne confirme certes pas la théorie du monstre mammifère, mais, certains experts qualifiés ont exprimé des doutes sur cette image. Elle provient d'un des quatre clichés de 16 mm qui seuls montrent quelque chose. La saisissante photo, si souvent publiée, a été obtenue par un procédé d'amélioration par ordinateur, mis au point par la NASA. Pour ma part, je préfère réserver mon jugement jusqu'à plus ample informé. La photo a fait l'objet d'un article de Dinsdale, paru dans le numéro d'avril 1972 du *Journal of the Royal Photographic Society*.

Un boucher de Foyers, qui avait remarqué un curieux remous près de Dores, nous déclara : « Si ce n'est pas le monstre, il y a en tout cas quelque chose de bizarre dans le loch. » Cette attitude est assurément louable. Nier l'existence du monstre est une chose, mais ce qu'on ne peut nier, c'est « qu'il y a quelque chose de bizarre dans le loch ».

CHAPITRE V

L'ENIGME DU LOCH NESS

Dernière analyse

Le 11 novembre 1975, un homme entra dans le bureau de Ladbrooke, bookmaker d'Oxford, et paria 50 livres sterling qu'avant un an à dater de ce jour-là, l'existence du monstre du loch Ness serait prouvée. On accepta ce pari, avec la cote de 10 contre 1. Depuis quelques jours, toute un série de paris semblables avaient été déposés à Reading. Comme on demandait au parieur d'Oxford pourquoi il pariait ainsi, il répondit que sa grand-mère avait prévu l'événement dans les feuilles de thé — une méthode de divination typiquement britannique. Toutefois, il est beaucoup plus probable qu'il avait eu connaissance de bruits concernant de nouvelles preuves de l'existence du monstre, que contenait un livre en cours d'impression à Reading.

En l'espace de deux semaines, le total des sommes pariées de cette manière chez Ladbrooke s'éleva à 23 000 livres, si bien que le bookmaker s'exposait à devoir payer 230 000 livres : la cote était tombée à 6 contre 1. A cette époque, ce pari devait paraître une opération sûre, car les nouvelles preuves qui le motivaient étaient vraiment très sensationnelles. Néanmoins, lorsqu'elles furent publiées, on dut reconnaître qu'elles ne suffiraient sans doute pas à faire gagner tous ces parieurs.

Les agences de presse s'emparèrent de l'affaire, si bien que le loch Ness fit de nouveau l'objet de gros titres. Rien de surprenant car, en août de cette même année, *Newsweek* et d'autres publications américaines s'étaient faites l'écho d'une rumeur : la Société Kodak, de Rochester, Etat de New York, développait dans le plus grand secret de nouvelles photographies du monstre. Elles avaient été prises, disait-on, au cours des derniers mois et constituaient la preuve définitive de l'existence de l'animal. Telle était en tout cas l'opinion de leurs auteurs, une équipe de l'Académie des Sciences Appliquées de Boston, conduite par le Dr Robert Rines, celui-là même qui — nous l'avons dit au chapitre précédent — avait filmé la nageoire postérieure d'un animal en 1972. Quoique ce cliché eût alors suscité divers commentaires, il ne semble pas avoir convaincu beaucoup d'incrédules de l'existence du monstre (Planche 12).

C'est donc la même équipe qui était revenue au loch Ness pendant l'été de 1975, apportant un modèle perfectionné de caméra sous-marine, reliée à un sonar semblable à celui utilisé précédemment. Cet appareil avait été mis au point en collaboration avec le Dr Harold Edgerton, du MIT (*Massachusetts Institute of Technology*) : il déclenchait automatiquement la prise de vues, dès qu'un objet important passait dans son champ de vision. On l'installa sur le fond du loch, dans la baie d'Urquhart, à 25 mètres sous le bateau à bord duquel se trouvaient les commandes et enregistreurs du sonar. La caméra était chargée de pellicule hypersensible, en noir et blanc.

En outre, on utilisa la caméra Edgerton qui avait servi en 1972. Munie d'un projecteur tournant, elle fut suspendue à mi-distance du fond. Chargée de 15 mètres de pellicule de 16 mm. Ektachrome High Speed, elle pouvait fournir 2 00 images à 75 secondes d'intervalle.

En l'occurrence, la caméra automatique principale, couplée au sonar, ne fonctionna pas comme prévu, quand elle fut déclenchée à deux reprises. Les lentilles étaient obscurcies par de la boue remuée au fond du loch, et par la suite les opérateurs estimèrent que cette perturbation pouvait avoir été provoquée par le monstre. Ces deux déclenchements automatiques eurent lieu les 27 et 29 juin. L'équipe fondait de grands espoirs sur ces prises de vues, et c'est de cette expectative que la presse eut vent en août. Mais quand la bande fut développée, on eut la déception de constater que les clichés étaient surexposés et complètement blancs : il semble que la pellicule ait été trop sensible.

Cependant, il restait l'autre caméra, la plus ancienne. On n'examina sa bande que huit jours après que Kodak l'eut renvoyée. une fois développée : cela tint à ce qu'il fallait pour cela un projecteur spécial dont la mise au point exigea quelques jours. Au surplus, cette projection ne paraissait pas urgente aux yeux des techniciens. Or, le président du département photographique de l'Académie des Sciences Appliquées de Boston, Charles Wyckoff, examinait rapidement le film, quand il constata tout à coup qu'en fin de compte l'opération avait été couronnée de succès.

En effet, l'image 438 fit apparaître sur l'écran ce qui semblait être le bas-ventre d'un animal, auquel étaient suspendus des parasites. Sans pouvoir distinguer nettement les détails, Wyckoff fut très intéressé et suivit avec attention le déroulement de la bande. Après de nombreuses vues de poissons insignifiants, l'image 726 montra un animal à long cou descendant vers la caméra. La bête avait un corps massif et ce qui semblait être deux nageoires. Une partie de ce long cou était masquée par la tête.

Surpris et déconcerté par ce qu'il voyait, Wyckoff se hâta de poursuivre son examen. L'image 1069 représenta alors le fond du bateau, prouvant que la caméra avait été bougée puisqu'elle se trouvait braquée vers le haut. Mais à l'image suivante, elle commençait à reprendre sa position normale et horizontale. Puis vint l'image 1071. Légèrement hors-cadre : c'était un cliché très rapproché mais obscur de la tête, et Wyckoff se dit aussitôt qu'elle « ressemblait à un chou ». Deux images plus loin — la 1073 — la tête réapparut. Cette fois, elle était à environ 2 m 50 de l'appareil et le regardait directement. Trois autres images montrèrent des objets impossibles à identifier ; ce pouvait être une partie de l'animal, ou encore des matières végétales en suspension dans l'eau ; d'autres choux, peut-être ?

Ainsi, telle était la fameuse et nouvelle preuve de l'existence du monstre. Que fallait-il en faire ? Le laboratoire Kodak renvoya le film au milieu d'août, et déjà le bruit de nouvelles photographies s'était largement répandu, si bien que des offres d'achat des droits de publication avaient été faites. Mais Rines et ses collègues se montrèrent prudents. En tout premier lieu, ils tenaient à ce que les photos fussent authentifiées par des zoologues vraiment compétents. D'autre part, ils voulaient en tirer quelque argent.

Je dois ici expliquer que, malgré son nom prestigieux, l'Académie des Sciences Appliquées est une institution privée, à but lucratif, qui s'efforce d'appliquer des technologies perfectionnées à l'industrie et à toute autre branche de l'activité humaine. Rines a lui-même été chargé de cours au MIT, et maintenant il possède un cabinet de conseil juridique à Boston. Parmi d'autres entreprises, l'Académie a participé aux recherches du *Bigfoot*, le monstre humanoïde légendaire des Etats de l'Ouest, et du trésor de la flotte du Roi Josaphat, disparue en mer Rouge selon la Bible. Si elle parvenait à tirer de ces photographies quelque argent, celui-ci serait aussitôt investi dans de nouvelles recherches au loch Ness. Robert Needleman, beau-frère de Rines et directeur de l'Académie, a estimé que ces clichés valaient au moins 100 000 dollars.

L'Académie annonça alors que, dans le courant de l'année, elle présenterait un rapport sur ses nouvelles découvertes, devant des experts patentés. D'ici là, elle poursuivit ses démarches pour faire vérifier les photos et les publier. Or, cela s'avéra moins facile qu'elle ne l'avait espéré.

Rines et Wyckoff tirèrent du film de 16 mm des clichés de 35 mm, ce qui améliora un peu l'image en faisant davantage ressortir les contrastes. On envoya une collection de ces épreuves à Alan Gillespie, un ingénieur de l'Institut de Technologie de Californie qui avait travaillé pour la NASA, à « perfectionner par ordinateurs » les clichés, pris par des satellites, de la surface de Mars. C'est par ce procédé que la photographie précédente, prise par Rines, de la « nageoire losangique » du monstre avait été améliorée (peut-être exagérément, selon certains critiques).

Sans doute convient-il de dire quelques mots du fonctionnement de cette méthode, un des fruits annexes et remarquables produits par le programme de recherches spatiales. Un balai électronique dissèque le cliché en 800 000 points, qui sont enregistrés sur bande magnétique. Puis, par diverses manipulations utilisant les contrastes et le filtrage des couleurs, on parvient à faire ressortir les détails cachés de l'image. Les techniciens affirment qu' « il n'est pas possible d'introduire dans un cliché des formes ressemblant à des monstres, ou quoi que ce soit d'autres, en se servant d'images indépendantes de la scène qui a été photographiée. Aucun filtrage ne peut faire apparaître sur un cliché des objets ressemblant à des monstres, si ces formes ne s'y trouvent pas. » C'est donc de cette manière que les nouvelles photos ont été obtenues. Mais un des mystères de toute cette affaire, c'est que les clichés « non améliorés » de 1975 n'ont pas été publiés. Ceux de 1972 l'avaient été, et l'on a émis de sérieuses réserves à leur sujet, car un certain nombre de personnes estiment qu'elles ne montrent pas ce que Rines et ses collègues prétendent.

Toujours est-il que, le 3 septembre, Rines présenta ses nouvelles images à Nicholas Witchell, un Anglais enthousiaste, venu exprès par avion pour les voir. Celui-ci en fut très impressionné, en particulier par la photo de la tête, qu'il décrivit en ces termes : « La bouche ouverte de l'animal laissait voir à l'intérieur ce qui semblait être des dents. Une crête osseuse saillait le long de la face et descendait jusqu'à une lèvre supérieure épaisse, apparemment dure. Au-dessus de cette lèvre et de chaque côté de cette crête, il y avait des marques en forme de narines. Le plus remarquable de tout, c'était deux espèces de tiges ou de tuyaux qui se dressaient sur le dessus de la tête. »

Ces détails ne furent pas aussi nettement décelés par ceux qui plus tard, examinèrent ces photographies. Witchell avait écrit un livre sur le problème du loch Ness, qui devait être publié en novembre, et ce furent des fuites provenant de l'imprimerie qui provoquèrent les paris de Reading. Witchell ajouta un commentaire enthousiaste sur les dernières images, mais celles-ci ne furent pas publiées dans l'ouvrage. L'Académie des Sciences Appliquées demandait 20 000 livres sterling de droits, ce que l'éditeur trouva naturellement excessif.

Le 5 septembre, Gilbert Grosvenor, rédacteur en chef du magazine *National Geographic,* et ses deux principaux collaborateurs arrivèrent à Boston. On leur projeta les clichés dans le laboratoire de Wyckoff et, quand la tête apparut sur l'écran, Grosvenor s'écria : « Bon Dieu ! Regardez ça ! » Rines et Needleman avaient pris contact avec la *National Geographic Society,* en vue de la publication des photos dans sa revue. Finalement les négociations échouèrent.

Le magazine *Time* s'intéressa alors aux documents, mais ses dirigeants renoncèrent aussi à les publier. Leur qualité était jugée insuffisante et leur prix exorbitant. John Durniak, directeur du service photographique de la revue, n'eut pas une bonne impression de l'Académie des Sciences Appliquées et déclara au *Sunday Times* : « C'est une curieuse équipe. Ou bien ils ne comprennent rien à l'édition, ou bien ils ne désirent pas publier ces photos. » Or, les beaux jours du journalisme disposant de moyens financiers illimités étaient passés : peu de publications pouvaient encore se permettre de payer des prix extravagants pour des documents.

Entre-temps, le Bureau d'Enquête sur les phénomènes du loch Ness et Sir Peter Scott, chancelier de l'Université de Birmingham, avaient été informés des nouvelles photos. Très enthousiasmé, Sir Peter organisa un symposium qui devait se tenir à Edimbourg le 9 décembre, sous les auspices de plusieurs institutions académiques, y compris la *Scottish Royal Society.*

Auparavant, en octobre, les images furent soumises, dans le plus grand secret, au *Natural History Museum* de Kensington Sud. A cette époque, l'Académie des Sciences Appliquées n'obtenait que des résultats médiocres, dans ses efforts pour susciter l'intérêt des milieux scientifiques américains pour ses photos. Ainsi Karel Liem, responsable du département des poissons au Muséum de Zoologie comparative de Harvard, avait déclaré prudemment : « Si c'est quelque chose, ce n'est en tout cas pas un poisson. » Quant à Bryan Patterson, professeur de paléontologie des vertébrés à cette même université, il avait dit : « Quoi que cette image montre, le monstre ne pourra être pris au sérieux que lorsque quelqu'un l'aura capturé dans un filet. »

Des commentaires plus enthousiastes émanèrent toutefois du Dr George R. Zug, conservateur du département des reptiles et des batraciens à la *Smithsonian Institution* ; du Dr Christopher McGowan, conservateur adjoint du département de paléontologie des vertébrés au *Royal Ontario Museum* de Toronto ; ainsi que des président, vice-président et directeur de l'Aquarium de la Nouvelle-Angleterre, à Boston.

Tout cela était certes bel et bon, mais Rines et ses collègues se rendaient compte que l'intérêt et le soutien du *Natural History Museum* constitueraient pour eux des avantages inestimables, et c'est pourquoi les photographies furent examinées avec grand soin à Kensington Sud par plusieurs dirigeants de l'établissement. Ils comptaient parmi la centaine de savants qu'on avait conviés au symposium, au cours duquel la nature même de l'objet des clichés serait discutée à fond. Jusque-là, ils étaient tenus par serment à observer un secret absolu à leur sujet.

Or, le 22 novembre, le *Boston Globe* publia un article rendant compte de la dernière expédition organisée par l'Académie et de ses passionnants résultats. Cet article, comme beaucoup d'autres qui s'en firent l'écho, insistait sur la qualité et la précision des documents photographiques obtenus. Toutefois, George Alexander, rédacteur scientifique du *Los Angeles Times*, qui vit les photos au laboratoire de Gillespie, n'en eut pas une bonne impression. Il trouva que c'était « un fouillis confus et déconcertant de points, de taches et de formes brouillées, dans les tons blancs, noirs et gris, surtout gris ». Néanmoins, la réaction générale fut assurément enthousiaste. Publiée juste avant le week-end, l'histoire fit l'objet de nombreux articles dans la presse dominicale, et le principal organe londonien, l'*Observer*, publia le sien sous le gros titre : « Nessie existe officiellement ».

Les savants du *Natural History Museum* furent consternés. Alors qu'ils étaient tenus d'observer le secret, voici que plusieurs journaux se permettaient d'imprimer qu'ils se montraient vivement impressionnés par ces photographies. Soucieux de sauvegarder ou de recouvrer leur prestige, ils se sentirent contraints de publier une déclaration, le lundi 24 novembre, selon laquelle « aucune des photographies présentées n'est assez révélatrice pour établir formellement l'existence, et encore moins l'identité, d'un gros animal dans le loch ». Ce document fut signé par cinq dirigeants du Muséum : le Dr J.G. Sheals, conservateur du département de zoologie, le

Dr Corbet et le Dr P.H. Greenwood, de la section des poissons, le Dr H.W. Ball, conservateur du département de paléontologie, et le Dr Charig. Aux yeux des chasseurs de monstres, ces personnages furent dès lors appelés les « Cinq de Kensington Sud » et considérés comme d'infâmes ennemis de la société.

Le Dr Corbet alla jusqu'à dire à un journaliste du *Daily Telegraph* que Rines et son équipe avaient fort bien pu être les victimes d'une mystification. Il admit que celle-ci n'était prouvée par rien, mais que rien ne prouvait non plus que ce n'en était pas une, commise par des tiers. (Le fait est que la caméra avait été bougée juste avant l'apparition de « l'animal », ce qui pouvait éveiller des soupçons, mais personne n'a commenté ce détail.)

Le Dr Charig estima très étrange qu'une bête, aussi grosse que Nessie, ait pu exister si longtemps sans qu'on ait vu flotter à la surface des restes de monstres morts. Au cours de sa décomposition, le corps d'un animal flotte toujours un certain temps. Or, conclut-il, « il n'y a eu ni cadavre, ni os, ni excréments, ni coquilles d'œufs, ni traces de pas. Il serait certes passionnant de découvrir un descendant vivant des plésiosaures, mais je ne crois pas que nous en ayons un. » Cet argument n'est pas tout à fait valable, car des restes de tels animaux — nous l'avons vu — ont été trouvés de temps à autre ; quant aux traces de pas, on en a signalé au loch Ness et ailleurs. Mais il s'est révélé très difficile d'obtenir que des zoologues se donnent la peine de venir enquêter sur place. Peut-être qu'à la prochaine occasion, le Dr Charig voudra bien consentir à se déplacer.

La manifestation de cette incrédulité eut d'inévitables conséquences. Les institutions qui avaient accepté de patronner le symposium du 9 décembre à Edimbourg y renoncèrent. La *Scottish Royal Society* estima que, vu la grande publicité faite autour de ces images, « aucune discussion utile » ne pourrait s'engager pour le moment. En fait, on redoutait en haut lieu de s'avancer sur un terrain délicat. D'accord avec Robert Rines, Sir Peter Scott décida donc le 2 décembre d'annuler le symposium (il devait se tenir dans un hôtel et non au siège de la *Royal Society*).

Ainsi, nota l'*Observer*, Nessie avait effarouché les milieux académiques. Mais nullement abattus, Sir Peter et Robert Rines se réorganisèrent. Ils avaient rédigé un commentaire relatif aux nouvelles photographies, à l'intention de la revue *Nature*, qui devait le publier le 11 décembre dans sa rubrique d'actualités. La veille au soir, ils tinrent une conférence de presse afin de montrer les documents. Auparavant, Sir Peter Scott avait exécuté un tableau d'après les photos, qui fut abondamment commenté par la presse, et celle-ci ne pouvait manquer d'en faire autant pour les clichés. Par la suite, Nigel Sitwell écrivit :

« En cette circonstance extrêmement passionnée, l'auditoire comprenait des membres du Parlement, des savants, des journalistes et divers invités. Pour la plupart d'entre eux, ce fut une des soirées les plus émouvantes et dramatiques de leur existence. »

Dans la grande salle de réunion des commissions du palais de Westminster, Sir Peter Scott et le Dr Robert Rines présentèrent les documents et plaidèrent leur dossier. Sir Peter déclara qu'ils avaient donné un nom à l'animal, afin de faciliter sa protection, dans le cadre de la loi sur la conservation des Animaux et des Plantes sauvages (1975). Il exprima l'espoir que les membres du Parlement seraient d'accord pour ajouter ce nom à la liste figurant au paragraphe I de la loi.

Puis il entreprit d'exposer avec Rines les données relatives à la nature de la bête. Il pensait qu'elle devait dévorer ses semblables, et que c'était pour cela qu'on n'avait jamais trouvé de carcasses. D'autre part, elle avalait peut-être des pierres, pour faciliter sa natation et sa digestion ; et après sa mort, ce lest entraînait le corps au fond et l'empêchait de remonter. A son avis, il devait y avoir dans le loch de 20 à 50 individus. « Il paraît possible, déclara-t-il, que la longueur totale de l'animal soit de 15 à 20 mètres, y compris un cou de 3 à 4 mètres et une tête relativement petite, portant des protubérances en forme de corne. » Puis il conclut :

« Tout ce que je connais des relations humaines m'incite à affirmer qu'il ne s'agit pas ici d'une mystification perpétrée par ceux qui ont pris ces clichés. Je trouve aussi très difficile de croire qu'ils ont pu être eux-mêmes victimes d'une mystification. La seule hypothèse valable est donc que ces photographies représentent une partie d'un animal. »

Pour sa part, le Dr Rines expliqua à l'auditoire les raisons de leur succès, si limité qu'il fût :

« Nous avons utilisé un matériel infiniment plus perfectionné que tous ceux employés auparavant au loch Ness, mais je reconnais que nos photographies ne sont pas encore satisfaisantes. Notre but en les publiant maintenant est d'encourager d'autres savants à poursuivre notre tâche sans craindre le ridicule. Ce que j'espère, c'est que désormais on prendra des photos encore bien meilleures, sans cette crainte. Je suis sûr qu'il existe le matériel nécessaire pour faire émerger ces animaux. Une petite académie comme la nôtre dispose de peu de moyens, mais peut-être la Marine royale pourrait-elle participer à une sérieuse enquête. Je désire tout simplement que des zoologues qualifiés, comme ceux du *National History Museum*, s'intéressent sérieusement à ce qui pourrait devenir la dixième merveille du monde. »

Cependant, cette « soirée émouvante et dramatique » fut gâchée par deux incidents. Le premier survint quand des photographes tentèrent de prendre un cliché de Sir Peter et du Dr Rines tenant la page de *Nature* montrant l'image de l'animal au long cou. Rines protesta contre cette prétention, en rappelant que les photos faisaient l'objet d'un *copyright.* Bien entendu, il sauvegardait ainsi ses propres intérêts. Il reconnut qu' « un membre de la presse britannique » avait offert 130 000 dollars pour les droits mondiaux de publication des photos, mais que ce marché ne s'était pas conclu, il stigmatisa l'atmosphère « hostile » de la communauté scientifique et les indiscrétions grâce auxquelles des fuites s'étaient produites (encore que l'Académie ait sûrement été elle-même responsable en partie de ces fuites). Cela avait empêché l'Académie de recueillir de l'argent, qui aurait été réinvesti dans d'autres recherches au loch Ness.

Le petit mystère relatif à ces droits fut élucidé le lendemain matin, quand le *Daily Mail* et le *Daily Mirror* parurent en publiant les photos en première page. Toutefois, les commentaires qui les accompagnaient furent empreints d'incrédulité. En général, la presse estima que les images n'étaient pas, de beaucoup, aussi sensationnelles qu'on l'avait prétendu. En tout cas, le prix qu'on en demanda (c'est une agence qui se chargea des tractations) tomba à 200 livres la pièce, c'est-à-dire infiniment moins que celui annoncé au début.

Le second incident fut la réplique du Dr Sheals — un des « Cinq de Kensington Sud » — aux exposés de Scott et Rines. Quand il se leva pour prendre la parole, certains assistants pensèrent qu'une bagarre allait se déclencher. Ses déclarations, que la presse ne publia pas le lendemain matin, tendirent à démolir toute la présentation des documents. Rien ne prouvait, selon lui, que tous les clichés représentaient le même objet, et moins encore un animal vivant. Il désapprouva formellement l'article de *Nature,* annonçant que l'animal avait reçu le nom de *Nessiteras rhombopteryx* (l'animal du Ness à nageoire losangique). En agissant ainsi, on répandait « une fausse notion de la réalité », et l'on accroissait encore le « désordre des noms douteux ».

Il faut noter à ce propos qu'en matière de noms scientifiques la priorité est la règle rigoureuse. Or, Heuvelmans avait déjà donné, en 1965, un nom scientifique à ces animaux : *Megalotaria longicollis.* Scott et Rines n'en tinrent guère compte, tout en ne présentant pas de données nouvelles justifiant un nom différent

(Planche 13). Un adversaire en profita pour déclarer que l'anagramme du nom ainsi inventé était *monster hoax by Sir Peter S.*, (canular monstre de Sir Peter S.)...

Le Dr Rines fut déçu par l'accueil de la presse et des milieux scientifiques. « Bon Dieu ! s'écria-t-il. Pourquoi persistent-ils tous à parler d'un fichu " objet " ? Pourquoi ne l'appellent-ils pas un animal ? » Entre les deux opinions il n'y avait guère de terrain d'entente.

Les milieux scientifiques avaient tous les droits de se montrer sceptiques et méfiants, pour ce qui était d'accepter de nouvelles espèces. Il faut cependant reconnaître qu'en ce qui concerne le loch Ness, les antécédents des savants n'ont pas été très fameux. Ainsi, nous avons vu en 1934 James Ritchie écrire dans *Nature*, après un minimum de recherches, que le monstre n'existait pas. Il se peut qu'aujourd'hui cette revue (dirigée par un homme nouveau et plus tolérant) ait changé de tournure d'esprit. Mais d'autres ne l'ont pas fait, et cela n'a pas été sans entraîner de lourdes conséquences pour certains.

C'est seulement après qu'il eut pris sa retraite de fonctionnaire du Muséum que Maurice Burton se sentit libre d'enquêter sur le monstre. Un des membres actuels de l'équipe dirigeante de cet organisme a dit à un journaliste que, s'il avait écrit un article tel que celui publié par *Nature* au sujet du Monstre du loch Ness, « il n'aurait jamais plus pu trouver du travail dans sa spécialité, où que ce soit dans le monde ».

Il ne plaisantait pas. Le Dr Denys Tucker travaillait, lui aussi, pour le *Natural History Museum*. Et puis, comme il le raconte, « un beau soir, j'ai pris le train de nuit pour Inverness ». Ce ne fut pas avec un billet d'aller-et-retour. Quoique le Muséum le nie, il affirme qu'il fut alors mis à la porte, parce qu'il s'était permis de déambuler aux frontières de la science et du fantastique. Malgré de nombreuses candidatures à d'autres postes, il n'a jamais été admis. Tel est le sombre côté de l'incrédulité officielle.

Ainsi, après une courte floraison d'articles de presse, avec des titres tels que « Nessie serait-elle cannibale ? », une nouvelle phase assez sensationnelle de l'histoire du loch Ness fit bientôt place au silence. Ayant payé la clique, la presse ne se soucia guère du morceau qu'elle jouait. Le contre-courant toucha tout le monde. Le petit livre de Nicholas Witchell, contenant une brillante description de la grande découverte scientifique, parut sans les photographies en question et fut accueilli par un silence total de la critique. Quant au parieur des 50 livres, Ladbrooke avait encore onze mois à attendre pour savoir s'il devrait le payer. Si j'en juge par les preuves disponibles, il y a de fortes chances pour que le bookmaker garde l'argent.

Si nous laissons de côté la recherche de sensationnel qui marqua leur présentation à un public impatient, que devons- nous penser de ces images ? Ajoutent-elles vraiment quelque chose à ce que nous savons déjà, au sujet de ces animaux ?

Tout d'abord, en dépit de ce que prétendent Rines et ses collègues, ces nouvelles photographies ne sont ni les plus nettes ni les plus convaincantes qu'on ait prises du monstre du loch Ness. Le remarquable cliché de Kenneth Wilson, datant de 1934, reste toujours la meilleure preuve photographique de l'existence de cet animal.

En second lieu, elles sont moins pertinentes qu'on l'a prétendu. L'image du long cou ne fait que confirmer ce que l'on voit mieux dans le cliché de Wilson, et quant aux nageoires, elles ont un contour si peu net qu'on ne peut en dire grand-chose.

L'image de la tête est assurément frappante. Mais là encore, son manque de netteté nous laisse indécis sur ce que peuvent être ses traits, à supposer qu'ils en soient. L'image montre-t-elle réellement, comme on l'a affirmé, une gueule ouverte hérissée de dents ? Moi, je ne les vois pas. Dans une affaire aussi contestée que l'existence du monstre, j'estime que ce n'est pas là une preuve péremptoire. Toutefois, si la publication de ces documents a fait réfléchir de nouveau le public sur l'existence d'un tel animal — comme il semble que ce fut le cas — ils auront servi à quelque chose. Mais ils n'ont prouvé absolument rien au sujet de ces animaux.

En fin de compte, même Rines et ses amis semblent avoir compris que les clichés ne constituaient pas la preuve irréfutable qu'ils escomptaient. Il fallait quelque chose de plus. La seule preuve qui dissipera le moindre doute dans l'esprit de tous les incrédules ne peut être qu'un spécimen, mort ou vif. A la rigueur, quelques vestiges physiques pourraient résoudre le problème. Il semble bien que Rines et l'Académie des Sciences Appliquées partagent maintenant cette opinion, car pendant l'été 1976, ils sont retournés au loch Ness et ont dragué le fond, afin de rechercher des os ou quelque autre trace des animaux. Mais ils n'ont rien trouvé.

CHAPITRE VI

LES « CHEVAUX-AQUATIQUES » DES HIGHLANDS D'ECOSSE

> « C'est l'animal même dont les journaux ont parfois signalé la présence, observée par des témoins, dans les lochs des Highlands. »
>
> (Lord MALMESBURY, en 1857)

Le monstre du loch Ness n'est pas unique en son genre. Quoique la presse s'intéresse surtout à lui, on a observé des bêtes semblables dans d'autres lochs des Highlands, au nord-ouest de l'Ecosse. Mais ces lochs étant plus isolés, il y a moins de témoins oculaires qu'au loch Ness. Les cultivateurs locaux sont en général les seuls à surveiller ces lointains plans d'eau grise, et ils ne racontent guère ce qu'ils y voient. Et s'il leur arrive d'en parler, leurs récits sont trop souvent considérés, non comme l'observation d'animaux réels, mais comme des légendes populaires relatives à d'étranges bêtes, telles que le *Kelpie* et le « Cheval-aquatique ».

Il est certain que, plus on pénètre dans les Highlands, moins il est facile de distinguer la ligne de démarcation entre le monde réel de la civilisation urbaine moderne et le monde archaïque de l'Ecosse. Le poète Edwin Muir, le chantre des Orcades, a dit de sa patrie qu' « on n'y fait pas de grande distinction entre l'ordinaire et le fabuleux ».

Durant des siècles, les traditions locales se sont transmises de bouche à oreille, et l'on a pourtant conservé les légendes jusque dans les moindres termes. Aussi peut-on penser qu'elles ont eu souvent pour origines des faits réels. Nous avons évoqué plus haut la légende de saint Colomba, encore que sa victoire sur le monstre semble quelque peu enjolivée. Il y en a d'autres, dont les lochs écossais furent le théâtre, et qui sont parfois très convaincantes.

Ainsi, l'on trouve des allusions aux monstres lacustres dans les plus anciens récits historiques d'Ecosse. En 1527 Hector Bœthius écrivait dans son *Histoire de l'Ecosse* :

« Duncan Campbell, un noble chevalier, m'a raconté un jour qu'en l'an de grâce 1510 une terrible bête a surgi du Garloll, un des lacs d'Argyll. Elle avait la taille d'un lévrier et des pattes de jars. Sortant de l'eau de bon matin, pendant l'été, elle réussit très facilement, sans effort apparent, à renverser de gros chênes avec sa queue. C'est aussi d'un coup de sa queue qu'elle tua trois des hommes qui l'attaquaient, et les autres se réfugièrent dans des arbres, jusqu'à ce que le monstre eût regagné l'eau. Ceux qui observent les choses rares et étranges croient qu'on voit seulement cette bête quand un grand malheur va s'abattre sur le royaume d'Ecosse. En effet, elle a déjà été décrite autrefois, mais pas très souvent. »

Cet animal ne fut pas le seul monstre dangereux de l'Ecosse médiévale. Timothy Pont, qui a rédigé une description des Highlands de 1590, se faisait l'écho de Boèce, en racontant cette histoire, au sujet de Lochaber :

« Dans certaines parties de ce petit pays, appelées Lochferia et Mamor, près d'Ardgour, les habitants construisirent une maison de bois dans une île proche des marais environnant Ardgour..., pour en faire un fortin et se défendre contre leurs ennemis... Or, il arriva qu'une bête monstrueuse surgit du loch..., et que tous les habitants de l'île furent dévorés et périrent, incapables de résister à la puissance de ce terrible monstre. »

Il semble que l'incident ait été connu de beaucoup de contemporains. Ainsi, James Gordan, maître d'école à Rothiemay, écrivit en 1644 que « les premiers habitants d'Ardgour, vivant alors dans une île, en furent chassés par un monstre ». On trouve un récit des événements de 1570 dans un vieux livre d'histoire écossaise, intitulé *The Chronicles of Fortingale*, où il est dit :

« On a vu au Lochfyne un monstrueux poisson, qui avait le cou souple et se dressait parfois comme un mât au-dessus de l'eau ; sa tête était surmontée de deux cornes... Des gens sérieux assuraient que l'apparition de cet animal était un signe de brusque bouleversement dans ce royaume... »

Ainsi, notre monstre a grandi, de la « taille d'un lévrier » en 1527 à la « terrible et puissante » bête de 1590 : on voit déjà l'exagération engendrer la confusion dans les esprits et l'ordinaire devenir fabuleux. Il n'est cependant pas invraisemblable que de tels animaux soient montés sur les rives, comme au loch Ness, et aient causé des dégâts à de fragiles cabanes d'osier ou à de jeunes plantations. Quant à la description du « monstrueux poisson du Lochfyne », elle rappelle le « périscope », souvent observé, du monstre du loch Ness.

La Bibliothèque bodléienne d'Oxford contient une carte d'Ecosse du XIVe siècle, sur laquelle on trouve cette mention latine, relative au Loch Tay : « *In isto lacu tria mirabilia : insula natans, pisces sine intestines, fretum sine vento.* » C'est-à-dire : « Dans ce loch trois merveilles : une île mouvante, un poisson sans nageoire, des vagues sans vent. » Or, dans l'*Atlas* de Blaeu, datant de 1653, il est dit qu'il y a dans le loch Lomond « des vagues sans vent, un poisson sans nageoire, et une île flottante ». Ces vagues sans vent sont peut-être les curieux sillages observés au loch Ness, ou encore les remous bizarres que Maurice Burton décrit dans son livre *The Elusive Monster.* Des témoins récents ont noté que le dos bossu du monstre ressemblait à une petite île, tandis que sa forme oblongue et régulière peut facilement être comparée à un poisson sans nageoire ».

Beaucoup d'écrivains de jadis ne savaient comment identifier les animaux qu'ils signalaient. Ainsi, Timothy Pont raconte que, selon les habitants des rives du loch Awe, celui-ci contenait des anguilles géantes « grandes comme des chevaux et d'une longueur incroyable », ce pourquoi ils n'y pêchaient pas. On trouve des récits du même genre dans la zone du loch Rannoch.

Relatant un voyage aux Hébrides qu'il fit en 1773 avec Johnson, Boswell note ce récit du guide qui les conduisit au loch na Mna : « Il y avait dans ce loch une bête sauvage, un cheval-aquatique, qui dévora la fille d'un riverain. Celui-ci alluma alors un grand feu sur le rivage et y fit rôtir un cochon, pour attirer le monstre par son fumet. Il avait aussi mis un pieu à rougir dans la braise, avant de se cacher derrière un muret. Le monstre vint, et l'homme le tua avec le fer rouge. Le guide Malcolm ne riait pas en racontant cette histoire. »

Alors qu'il visitait à cheval les Highlands en 1800, John Leyden découvrit que les riverains du loch Vennachair « avaient été très effrayés par l'apparition de cette bête indescriptible qu'on appelle le Cheval-aquatique ». Quelques mois auparavant, ce monstre avait provoqué la noyade d'un groupe d'enfants qui traversaient le loch en canot. En 1807, le poète James Hogg nota que, « dans divers endroits des Highlands, les habitants vivaient encore dans une terreur continuelle, due à une bête imaginaire qu'on appelait le Cheval-aquatique ». Quoique cet animal ait été mentionné en 1893 par un romancier qui le considérait comme un « lutin fabuleux », un autre écrivain y fit encore allusion dans *Bradford Antiquities* en juillet 1903, en lui attribuant une origine plus sinistre, assurant que le Cheval-aquatique est « un farfadet monstrueux, qui exige chaque année au moins une vie humaine ».

Sans aucun doute, le Cheval d'eau est apparu à des témoins avec une tête de cheval. Par contre, le *Kelpie* est plus difficile à situer. L'étymologie du mot est obscure. On a proposé le terme gaélique *cailpach* ou *calpa,* qui signifie « poulain » ou « bouvillon », mais l'*Oxford English Dictionary* estime que « cette origine n'est pas suffisamment prouvée ». Toujours est-il que les habitants de la basse Ecosse appelaient ainsi un monstre aquatique à énorme dos noir, qui émergeait parfois, provoquant la mort des voyageurs insouciants. Il y est fait allusion par Collins dans ses *Popular Superstitions of the Highlands* (1747). Dans une lettre du septembre 1792 à son ami Cunningham, le poète Robert Burns parle du *Kelpie,* qui hante les gués et passages du bac de l'Ayrshire.

Mais c'est dans l'œuvre de Sir Walter Scott, un des premiers grands écrivains qui s'intéressèrent vraiment aux traditions écossaises, que nous trouvons des preuves de l'existence du Cheval-aquatique : c'est plus qu'un mythe servant de thème aux légendes et aux poètes. Dans une lettre du 23 mars 1810 à Surtees, il estime qu'à en croire les dires des riverains de presque tous les lacs écossais, la bête traditionnelle qui y vit doit être une sorte d'hippopotame. Il ajoute qu'« étant donné la rage du progrès », on va sans doute drainer un certain nombre de lochs, et qu' « il ne serait pas surpris d'apprendre bientôt la découverte du squelette de ce béhémoth égyptien... »

Ecrivant cinq ans plus tard à Lady Compton, il fut plus précis : « Dans le petit loch Cauldshields, plusieurs personnes ont vu une très grosse bête. J'ai pensé que c'était une loutre, mais un homme très sérieux m'a affirmé l'avoir vue en plein jour : à son avis, ce n'en est pas une. L'animal ressemble à un cheval ou à une vache. » Si bien que, « par une sorte d'instinct », Sir Walter prit désormais la précaution de s'armer d'un fusil pendant ses promenades.

Enfin, il nota dans son journal intime, le 23 novembre 1827, l'anecdote suivante : « Clanronald nous a donné un exemple typique de la crédulité des gens des Highlands. Plusieurs de ses voisins, entre autres Borradale, habitent près d'un petit lac, dans lequel ils sont convaincus que vit une fabuleuse vache-aquatique. Pour appâter le monstre, ils ont jeté un soir dans l'eau, près du rivage, le cadavre d'un chien amarré à deux ancres. Ils espéraient que la bête la dévorerait mais, le lendemain matin, ils furent très déçus de voir que l'appât était intact. »

Ce ne devait être ni la dernière tentative de capture du monstre ni le dernier exemple de la « crédulité » des Ecossais. En 1860, John Francis Campbell, d'Islay, qui fut un des premiers à recueillir les récits traditionnels d'Ecosse, écrivit que « dans les Highlands les gens croient encore à l'existence du cheval-aquatique », et que beaucoup de personnes sont convaincues d'avoir vraiment vu ces « bêtes imaginaires ». Et il ajoute : « Les témoignages sont si nombreux et concordants qu'il doit y avoir à leur base une croyance celtique profondément enracinée... » L'explication n'est pas aussi simple que cela, et deux ans plus tard Campbell devait noter une très curieuse histoire, relative à un mystérieux animal appelé le *Boobrie,* qui semble avoir été une sous-variété du cheval-aquatique, observé dans un loch d'Argyll.

Par une froide matinée de février, un ami dc Campbell pataugea dans l'eau du loch pour se rapprocher d'un animal, qui plongea quand il ne fut plus qu'à 85 mètres de lui et ne refit pas surface. Il eut l'impression que c'était comme un grand plongeon arctique, sauf que l'oiseau avait une bande blanche sur le devant du cou et la poitrine. La longueur du cou « était de 90 cm et sa circonférence de 60 cm » : ces estimations semblent singulièrement précises, vu les circonstances. Le bec, « long de 40 cm environ, ressemblait par son extrémité à celui d'un aigle », ce qui signifie sans doute que sa partie supérieure saillait par rapport à sa partie inférieure. Les pattes, courtes, étaient noires et puissantes ; les pieds, palmés jusqu'à 10 cm du bout des doigts, comportaient de grosses griffes. Les traces, relevées dans la boue de la rive nord, couvraient un espace équivalent aux bois d'un grand cerf. L'animal beuglait comme un taureau en colère — ce qui n'a rien du cri d'un oiseau — et se nourrissait, disait-on, d'agneaux et de loutres. Campbell déplora que son ami ne fût pas armé, pour rapporter un spécimen de cette bête, et il affirma que d'autres personnes l'avaient vue.

Il est tout à fait improbable qu'il se soit agi d'un oiseau, ne fût-ce qu'à cause de sa longueur : plus de 4 mètres. D'autres témoins ont comparé le cou à celui du cygne, mais on peut comprendre qu'un Ecossais l'ait comparé à celui du plongeon, oiseau au long cou noir avec lequel il était plus familiarisé. Le reste de la description — voix, griffes, traces, forme de tête — correspond à celles des animaux au long cou que nous avons citées dans les chapitres précédents. J'ai tenu à relater ce récit pour montrer que tout ce qu'on appelle des légendes folkloriques n'est pas nécessairement le fruit de l'imagination.

En fait, divers visiteurs anglais voyageant en Ecosse ont été amenés à croire, par les preuves qu'on leur présentait, à l'existence de monstres dans les Highlands. Pourquoi d'ailleurs s'y seraient-ils refusés, puisque par exemple, le 6 mars 1856, le *Times* publia un bref article intitulé « Le Serpent-de-mer dans les Highlands ». C'est le plus ancien compte rendu de la presse nationale que j'aie pu retrouver, concernant un monstre lacustre écossais :

« Le village de Leurbost, dans la paroisse de Lochs, sur l'île de Lewis (Hébrides), est actuellement le théâtre d'événements extraordinaires. Il s'agit de rien moins que de l'apparition, dans un des lacs intérieurs d'eau douce, d'un animal qui par ses grandes dimensions a vivement intrigué les naturalistes. Les uns supposent que c'est le *Kelpie* aquatique rendu célèbre par la mythologie ; d'autres le rapprochent du « Serpent-de-mer » dont la presse reparle de temps en temps. Or, la bête a été vue à maintes reprises au cours de la dernière quinzaine par quantité de gens, et maintes personnes sont venues des coins les plus reculés de la paroisse pour contempler l'étonnant spectacle. Certains disent que l'animal a l'aspect d'un gros tas de tourbe, tandis que d'autres affirment qu'un canot à six rameurs pourrait passer sans peine entre ses grosses nageoires, visibles par moments. Tout le monde est d'accord pour estimer que sa forme est celle d'une anguille géante. Un témoin digne de confiance nous a déclaré que sa longueur est d'au moins douze mètres. Il est probable qu'il s'agit tout simplement d'un très gros congre, car on en a capturé d'énormes dans les lacs écossais. Celui-ci a, dit-on, avalé la couverture laissée sur le rivage par une jeune gardeuse de vaches. Un chasseur s'est embusqué à proximité de la rive pendant une journée entière, espérant tirer l'animal, mais il ne l'a pas vu. »

L'article fut reproduit par l'*Inverness Courier* soixante-dix ans avant l'apparition du monstre du loch Ness, ce qui montre que les directeurs de journaux ont intérêt à bien connaître le contenu de leurs archives. Ayant lu ce récit, un correspondant londonien écrivit au journal pour confirmer l'existence de la bête dans l'île de Lewis :

« En septembre 1821, alors que je chassais là-bas avec quatre amis, j'ai vu le même animal, sans pouvoir le tirer malgré des heures d'efforts... Mr. Mackenzie, avec qui nous avons dîné à Stornoway, nous a dit que, soixante-dix ou quatre-vingts ans plus tôt, on a capturé dans le même lac un congre si énorme qu'il a fallu une charrette de ferme pour le transporter... »

Nous avons quelque peine à croire qu'on ait pu réussir une telle capture au XVIIIe siècle. Pourtant, il y en eut d'autres, à ce qu'on dit. Ainsi, Mrs. Cameron, habitant Corpach, près de Fort William, écrivit au capitaine Lionel Leslie qu'à la fin du siècle dernier des ouvriers, travaillant aux écluses du canal

Calédonien à Corpach, trouvèrent et tuèrent un étrange animal : « Il ressemblait à une très grosse anguille et avait une longue crinière. » Lionel Leslie, qui a perdu cette lettre, m'a dit qu'il s'en souvient très bien. La bête était « couverte de poils rougeâtres ». Les ouvriers pensèrent qu'elle provenait du loch Ness, déjà réputé à cette époque pour contenir des animaux étranges (Planche 14). Je reviendrai plus loin sur ce compte rendu imprécis, quand j'étudierai le problème de la disparition des cadavres de tels monstres.

Le 3 octobre 1857, Lord Malmesbury, homme politique anglais et propriétaire de domaines écossais, écrivit dans son journal pendant un séjour à Achnacarry :

« Ce matin, mon garde et son fils m'ont parlé d'une mystérieuse bête, qu'ils appellent le Cheval-du-lac et qui, affirment-ils, vit dans le loch Arkaig. Les journaux ont déjà signalé la présence d'animaux de ce genre dans les lochs écossais, et le regretté Lord Ellesmere a écrit un intéressant article sur une telle bête observée dans le loch Assynt ; mais jusqu'à présent on considérait ces récits comme des légendes. Je suis maintenant persuadé qu'ils sont véridiques. Mon garde, John Stuart, d'Achnacarry, a vu deux fois l'animal à l'aube, par très beau temps en été et calme plat. Il ne bougeait pas. Seules émergeaient sa tête, ressemblant à celle d'un cheval, et sa croupe ; par conséquent son dos devait être incurvé, et il ne pouvait s'agir d'un phoque ou d'un poisson. Les trois petits enfants de Stuart l'ont vu aussi, à une trentaine de mètres de la rive. Comme il ne bougeait pas, ils l'ont pris pour une roche, mais il a soudain levé la tête et les enfants se sont enfuis, terrorisés [...] Très superstitieux, les Ecossais croient que c'est une bête diabolique [...] Pour ma part, je pense qu'un phoque pourrait bien être passé, malgré les difficultés, par la rivière Lochy dans le loch Arkaig... ».

Un demi-siècle plus tard, Sir Herbert Maxwell — grand-père de l'écrivain Gavin Maxwell — évoqua d'une manière très différente le « monstre » du loch Arkaig. Avec trois amis, il traversait le lac dans une pinasse à moteur, quand un gros animal se mit à émerger derrière le bateau. Il semblait se débattre, car les remous qu'il provoquait étaient plus forts que le sillage du bateau. Un des compagnons de Sir Herbert — « un homme intelligent et digne de confiance » — lui dit très sérieusement qu'ils venaient de voir « un gros animal inconnu ». Trois semaines plus tard, Sir Herbert rencontra le garde qui les avait accompagnés et lui demanda ce qu'il pensait de l'incident. « C'était une loutre », répondit l'homme sans hésiter. Mais comme les quatre chasseurs ne lui avaient pas posé de questions à bord de la pinasse, il avait estimé plus correct de se taire.

Le Cheval-aquatique décrit à Lord Malmesbury était-il également une loutre ? Cela semble peu probable. Il se peut cependant que des loutres soient parfois prises pour des monstres. Elles ont l'habitude de nager en file indienne et de bondir comme des dauphins, quand elles pourchassent des poissons, ce qui peut donner l'impression d'un « gros animal inconnu ». Mais on ne saurait expliquer de cette manière toutes les observations relatives à des monstres. Notons au passage qu'on en a signalé aussi dans le loch Canish, qui communique avec le loch Assynt ; un certain Kenneth MacKenzie, de Steen, affirma vers 1930 qu'un soir, juste derrière son bateau, un animal avait surgi, avec un long cou et une tête ressemblant à celle d'une biche, mais sans oreilles.

Recherchant dans les archives de presse les articles auxquels Lord Malmesbury faisait allusion, j'ai trouvé deux entrefilets relatant des tentatives infructueuses de capture de « chevaux-aquatiques ». L'une fut effectuée par un Anglais nommé Bankes, dont les terres bordaient le loch Beiste, sur l'île de Ross occidentale. Il commença par le drainer, puis ayant échoué il y versa de la chaux vive, espérant l'empoisonner. L'autre eut lieu sur l'île de Skye, au loch nan Dubhrachan, sur les rives duquel on avait vu le monstre. On le prit d'abord pour une vache morte, mais il plongea et s'éloigna, la tête sous l'eau. Le propriétaire du domaine, MacDonald, de Sleat, organisa une grande pêche, qui attira une foule de spectateurs, dont les enfants des écoles qui eurent congé. Ce fut une fête, et « l'on but encore plus de whisky qu'à un enterrement ». Deux bateaux traînèrent un long filet d'un bout à l'autre du loch, mais ils ne prirent que deux brochets.

En 1904, le géologue Sir Archibald Geikie publia un ouvrage, *Scottish Reminiscences,* dans lequel il évoque certaines croyances dont il avait retrouvé des traces sur l'île de Skye. Il s'agissait de chevaux ou vaches aquatiques qui hantaient quelques lacs. On disait que le Cheval-aquatique enlevait des jeunes filles, mais l'auteur ne rencontra personne ayant vu une de ces bêtes.

D'autres en virent. Ainsi, le Père Allan McDonald, desservant la paroisse de l'île de South Uist aux Hébrides, eut la chance de s'entretenir avec un homme dont le témoignage est d'un très grand intérêt. Comme je l'ai déjà dit, les chroniqueurs ont souvent eu tendance à prendre pour des légendes populaires ce qui était en réalité le compte rendu d'observations d'animaux inconnus. Le récit suivant est tiré des notes prises par ce prêtre et a été publié par John Lorne Campbell et Trevor Hall, dans leur ouvrage intitulé *Strange Things.*

Le 5 juin 1897, un certain Ewen MacMillan raconta au Père Allan comment, quatre ans auparavant, il était parti à la recherche d'une de ses pouliches qui avait disparu. Une brume épaisse couvrait l'île quand il arriva au loch Duvat, près d'Eriskay.

« Il aperçut alors devant lui, sur la rive nord du lac, un animal qu'il prit d'abord pour sa jument, et il s'en rapprocha. A une vingtaine de mètres, le brouillard l'empêcha de distinguer la couleur de sa robe, mais il eut l'impression que sa taille était supérieure à celle des poneys d'Eriskay. Tout à coup, la bête se mit à pousser des cris horribles, qui terrifièrent non seulement MacMillan mais aussi les autres chevaux, paissant non loin de là, qui prirent comme lui la fuite, pour ne s'arrêter qu'une fois rentrés à la ferme. »

Le Père Allan, très intéressé par les phénomènes occultes, pensa que ce « cheval-aquatique » était une bête surnaturelle. Pour ma part, je crois qu'il s'agissait d'un animal semblable à celui du loch Ness, et que son horrible cri sera entendu à nouveau. L'histoire montre comment un incident banal peut aisément devenir fabuleux : enjolivée à mesure qu'on la répétait, elle pourrait vite devenir un de ces récits exagérés que nous avons déjà rencontrés.

Il semble donc qu'à la fin du siècle dernier l'Ecosse ait déjà eu la réputation d'être hantée par d'étranges monstres lacustres. Il nous faut maintenant rechercher leurs traces, découvertes plus récemment. Sans doute est-il normal de commencer par l'île de Lewis dans les Hébrides, puisqu'elle fut le théâtre du sensationnel incident relaté par le *Times* en 1856. En 1941, le zoologue Norman Morrison signala à Cyril Dieckhoff qu'on voyait quelquefois un animal bizarre dans un petit loch de cette île ; il ressemblait à un bateau renversé, et les gens du pays l'appelaient le « Poulain aquatique ».

Vingt ans plus tard, le 27 juillet 1961, deux instituteurs locaux, Ian McArthur et Roderic Maciver, pêchaient en eau peu profonde au bout du petit loch Urabhal, près du village d'Achmore. Soudain Maciver s'écria : « Il y a quelque chose dans le loch ! » A environ quarante-cinq mètres de lui, un animal émergea trois fois de suite. Il avait une bosse et, à deux mètres, soit une petite tête soit une nageoire. Il nageait par bonds onduleux, comme un dauphin, mais était beaucoup plus gros. Il faisait un temps superbe, ensoleillé et calme, mais la bête disparut avant que McArthur eût le temps de la photographier. Mis au courant, son père estima qu'il s'agissait d'une loutre, mais McArthur affirma que l'animal ne nageait pas du tout comme une loutre. Cependant, l'historien de Lewis, le Dr Donald MacDonald n'a recueilli aucune tradition de monstre dans ce loch, tandis qu'au loch Suainbhal — théâtre de l'incident de 1856 — on avait jadis jeté des agneaux dans l'eau pour apaiser la bête.

Passons en Ecosse occidentale. Là, au pied du Ben Nevis, le loch Treig fut longtemps réputé pour contenir des « chevaux-aquatiques » particulièrement effrayants, et ces antiques terreurs furent ravivées en 1933. Cette année-là, Mr. B.N. Peach, ingénieur chargé de la mise en œuvre d'un projet hydro-électrique, déclara que des plongeurs travaillant au fond du lac étaient remontés à la surface, parce qu'ils avaient vu des monstres, et plusieurs abandonnèrent le chantier pour aller travailler ailleurs.

De nouveaux comptes rendus d'observations proviennent d'autres lochs à traditions de « chevaux-aquatiques ». C'est le cas du loch Lomond où, en 1724, Alexander Graham, de Duchray, affirmait : « Là où la rivière Enrick se précipite dans le loch, à un kilomètre et demi de l'église de Buchanan, les habitants disent qu'ils voient quelquefois un hippopotame ou un cheval-aquatique. » Or, le 22 septembre 1964, Mr. et Mrs. Haggerty, de Helensburgh, virent un long dos bossu se déplacer rapidement dans le lac. Le même été, le mécanicien et le chauffeur d'une locomotive, sortant d'un tunnel et longeant le loch, virent un animal « plus gros qu'un long bateau traverser le loch à la vitesse d'une torpille ».

D'autres lochs, sans traditions de monstres (à ce que je sache), contiennent cependant de tels animaux. Le loch Quoich est de ceux-là. Un lord qui y pêchait, avec deux serviteurs, vit un jour le monstre couché sur le rivage ; mais il fit jurer le secret aux hommes, de crainte qu'on ne les accusât d'ivresse. D'autres pêcheurs, traversant le loch en bateau, virent aussi l'animal à la même époque, nageant juste sous la surface.

En ce qui concerne le loch Lochy, Cyril Dieckhoff recueillit des bruits, plus ou moins fondés, sur l'existence d'un animal dans ses eaux. En 1930, un habitant de Lochyside interdit à sa femme d'y laver son linge, parce qu'il y avait vu une bête étrange. L'année précédente, deux gardes-chasse éprouvés avaient remarqué ce qu'ils prirent d'abord pour un gros tronc d'arbre au milieu du loch ; mais à la jumelle ils constatèrent que c'était une grosse bête, dont ils purent suivre la progression sur un kilomètre, avant qu'elle finît par plonger. En 1960, Maurice Burton fit état, dans son livre *The Elusive Monster,* d'une photographie envoyée par un correspondant qui l'avait trouvée dans un album de famille. Elle représentait apparemment un monstre du loch Lochy. Or, écrivit Burton, « l'agrandissement a montré une masse irrégulière et sombre au milieu d'écume », et il conclut qu'il s'agissait d'un tas de matières végétales en décomposition, qui n'avait pas tardé à retomber au fond de l'eau.

Mais le 15 juillet 1960, dans ce même loch, Mr. Eric Robbins, sa femme et un ami virent, à 7 h 25 du soir, ce qu'ils estimèrent être un « monstre ». Il y eut d'abord des « vagues sans vent », puis un large dos émergea de l'eau et se mit à rouler sur lui-même. Observant l'animal à la jumelle, Mr. Robbins constata que son ventre avait une teinte plus claire. La longueur du dos était d'environ 5 mètres et, à 250 mètres de distance, ils estimèrent la longueur totale à 10 ou 12 mètres. Neuf autres personnes eurent le temps de voir le remous et les vagues se brisant à leurs pieds sur le rivage.

J'en arrive au loch Oich, qui se trouve entre les lochs Ness et Lochy. Il fait l'objet de traditions relatives à un monstre, mais celles-ci sont imprécises. Alister MacGregor les a mentionnées en 1937 mais, écrit-il, « quoique de nombreux voyageurs affirment avoir vu l'étrange bête, elle a été éclipsée par sa très célèbre voisine du loch Ness ». Dans un article de 1934 consacré au monstre du loch Ness, Oudemans a cité une curieuse histoire à propos du loch Oich, et je crois qu'elle mérite d'être notée. Elle a pour théâtre un profond bassin de la rivière Garry, qui se jette dans le loch, et qu'on appelle localement le « bassin des Enfants ». Voici le récit :

« Selon la tradition, il y a bien des années, les enfants d'Inchlaggan jouaient dans les méandres de la Garry, quand un gros animal ressemblant un peu à un poney surgit sur la rive. Curieux de voir si c'était un vrai poney sur lequel ils pourraient monter, ils s'en approchèrent et le trouvèrent si docile qu'un enfant l'enfourcha. Aussitôt, la bête bondit dans l'eau, emportant non seulement son cavalier mais un autre enfant, qui tentait de le retenir en s'accrochant à sa crinière. Jamais on ne retrouva les corps de ces petits, si mystérieusement noyés. »

Beaucoup de lecteurs penseront qu'il s'agit là d'une légende, mais Oudemans semble l'avoir prise au sérieux et, à la réflexion, elle n'est pas tout à fait invraisemblable. La description correspond assez bien à celles que nous avons maintes fois citées. Pour ma part, je doute cependant par expérience qu'on parvienne à l'éclaircir par des enquêtes locales.

Au cours de l'été 1936, un des voyageurs auxquels MacGregor faisait allusion vit le monstre. Mr. A.J. Robertson se promenait en canot à l'extrémité sud-ouest du loch, vers Lochy, quand il remarqua un gros remous dans l'eau. Puis une sorte d'énorme serpent noir émergea, avec une tête ressemblant vaguement à celle d'un chien.

Le loch Oich communique avec le loch Ness par une rivière, si bien qu'un animal peut passer ainsi de l'un dans l'autre. Un des premiers journalistes qui enquêtèrent au loch Ness en 1933, J. W. Herries, continua de s'intéresser au problème et, au cours d'une visite ultérieure, chercha si les bruits relatifs à un autre monstre dans le loch Oich étaient fondés. Voici ce qu'il en dit :

« J'ai interrogé trois jeunes gens qui avaient vu cet objet passer du Ness dans le loch Oich. J'ai ensuite parlé à l'éclusier du canal Calédonien, qui le vit de près. Sa fille ayant attiré son attention sur un étrange animal qui se trouvait dans la baie, au pied de leur maison, il sortit et vit nager une bête longue de deux mètres, ressemblant à une loutre mais beaucoup plus grosse. Il dit à sa fille d'aller chercher son fusil, mais l'animal s'immergea tout de suite. Connaissant à fond le loch et sa faune, il ne put faire aucun rapprochement entre ce qu'il venait de voir et tout ce que son expérience lui avait appris. »

Pour ma part, j'ose prétendre que les dimensions réduites du loch Oich faciliteraient considérablement de nouvelles recherches, et qu'il faut espérer que celles-ci seront bientôt entreprises. Je dois à ce propos noter la suggestion qu'Angus Ross, de l'Université d'Edimbourg, a formulée dans une lettre au *New Scientist*, le 1er décembre 1960. Il estime que, d'après les témoins oculaires, on se trouve en présence d'un animal « remarquablement semblable à ce que nous appelons un calmar géant ». Il ajoute qu'il en est sans doute de même du monstre du loch Ness. Cette théorie n'est pas nouvelle, puisque Henry Lee s'en est servie en 1883 pour nier l'existence du Serpent-de-mer. Elle ne saurait s'appliquer aux animaux lacustres, pour la simple raison qu'un calmar ne peut pas vivre en eau douce. Il n'en reste pas moins qu'il convient de déterminer si un ou des animaux inconnus existent dans le loch Oich.

Malheureusement, ce loch est maintenant discrédité, à cause d'une déplorable mystification perpétrée en 1961. Le 8 juillet de cette année, le *Daily Express* écossais publia une photographie de « *Wee Oichy* », le prétendu monstre du loch Oich. C'était en fait un engin mécanique ayant la forme d'un gros animal, que le journaliste Jonathan Routh et quelques amis avaient conçu, fabriqué et photographié à grand-peine. Mais un groupe d'étudiants leur vola l'engin, ce qui fit éclater le mensonge. C'est infiniment regrettable, car désormais toutes les observations relatives au loch Oich seront jugées d'avance suspectes et repoussées.

Au cours de mon second voyage dans les Highlands, j'ai tenté d'en savoir plus sur les observations de l'éclusier, rapportées par Herries. Or, celui-ci était parti et remplacé par un de ses aides, qui ne se souvenait de rien. Je n'obtins aucun renseignement me permettant d'éclaircir le problème. Mais rentré chez moi, je découvris par la suite que l'animal du loch Oich avait été vu en 1936 par un certain Simon Cameron, gardien du pont sur le canal, à Laggan, Invergary, le 19 septembre. Ayant à peu près deux mètres de long, une tête de chien et un corps velu, la bête avançait vite, par de puissants coups de ses membres antérieurs, et disparut vers l'est. Au journaliste qui lui demandait si ce pouvait être une loutre, Cameron répondit : « Il n'existe nulle part au monde de loutre de ce genre-là. » Ainsi, Herries avait dit vrai, contrairement à ce que l'on prétend sur place...

Dans la région côtière occidentale, autour des lochs Shiel et Morar, les traditions sont plus précises et les observations authentiques plus récentes. C'est à dom Cyril que l'on doit de les avoir recueillies en toute occasion, au cours de ses tournées pastorales, en particulier dans le district catholique des deux lochs. C'est ainsi qu'il apprit plusieurs histoires concernant le monstre du loch Shiel (Planche 14).

En décembre 1933, un vieillard habitant près de Shiel Bridges lui dit qu'un jour la bête avait été vue aux abords de Dalilea. Le même mois, le facteur de Glenuig lui raconta qu'une vieille femme avait vu l'animal en 1874 et le décrivait en ces termes : « Il portait trois bosses et il allait très vite. » A Inverailort, le gardien du domaine des Cameron-Head, Ewan MacIntosh, l'informa d'une observation datant de 1905 : naviguant sur le lac à bord du *Clan Ronald,* en compagnie d'un vieil homme nommé Ian Crookback et de deux jeunes garçons, il vit soudain émerger trois bosses, qu'il eut le temps d'observer à la jumelle.

Selon le témoignage d'une vieille Ecossaise, Ann Mor MacDonald, dont le langage gaélique était parfois difficile à comprendre, son frère Ronald MacLeod vit en 1926 *an Seileag,* comme on appelle localement l'animal, sortir de l'eau à Sandy Point, un après-midi entre 3 et 4 heures. Ancien garde-chasse, il l'observa à la longue-vue et le trouva plus gros que le *Clan Ronald,* avec un cou long et velu, une large tête à grande bouche, et sept voiles sur le dos, la plus grande étant au centre. A d'autres moments, il n'y avait plus que trois bosses, la plus grande toujours au milieu. Mr. Francis Cameron-Head interrogea ensuite MacLeod ainsi que Sandie MacKellaig, un autre témoin oculaire, qui lui confirmèrent leurs observations. En 1933, le neveu de MacKellaig, propriétaire de l'hôtel de Glenfinnan, informa Dieckhoff que, selon son oncle, « le monstre venait par moments sur la terre ferme ».

Les lochs Shiel et Morar sont tous deux des sites étranges, car il n'y a pas de maisons sur leurs longues rives, et leurs profondes eaux demeurent inexplorées. Le loch Morar surtout, le plus profond de tous les lacs britanniques, est vraiment impressionnant (Planche 15). C'est encore Cyril Dieckhoff qui nous fournit le plus ancien renseignement sur le monstre qui y vit et qu'on appelle dans le pays le *Morag*. Le 24 mars 1934, il nota dans son journal :

« Charlie MacDonald (un de mes amis de Glenuig) m'a raconté ce qui lui est arrivé il y a quelque temps, quand il était garde-chasse à Letter Morar. Un matin, il sortit de la hutte pour rechercher des chevreuils, et brusquement un animal bizarre surgit de l'eau, tout près de lui. Sa tête jaillit, au bout d'un cou long comme le bras. Il ressemblait à une anguille, mais les anguilles ne se dressent pas ainsi hors de l'eau. A en juger par le remous qu'elle provoqua, MacDonald estima que cette bête était très grosse. »

Les traditions concernant un monstre dans le loch Morar sont fort anciennes. Une vieille chanson populaire contient ces mots :

« Morag, le messager de la mort,
Nageur géant dans le Morar aux eaux vertes,
Le loch qui n'a pas de fond...
C'est là que vit Morag, le monstre »

On disait qu'il apparaissait toujours avant la mort d'un MacDonnell. Effectivement, trois semaines après qu'il eut surgi sous les yeux de nombreux visiteurs se promenant en bateau, un des derniers MacDonnell mourut. L'écrivain James MacDonald se félicita de porter son propre nom, une nuit de janvier 1887, alors qu'il traversait le loch pour aller tirer des chevreuils à l'aube, au-dessus de Raitlan. La bête émergea près du bateau, et les trois parties de son corps, bien distinctes sur l'eau, représentaient selon la tradition la mort, le cercueil et la tombe d'un MacDonnell.

Le premier témoignage solide relatif au monstre, date de 1895. Cet été-là, Sir Theodore Brinckman et sa femme allèrent pêcher dans le loch avec leur garde MacLaren. Apercevant à quelque distance une forme longue et sombre, Lady Brinckman crut que c'était un canot qui avait chaviré et flottait, la quille en l'air. Mais le garde répliqua : « Non, ce doit être tout simplement le monstre. » Et il expliqua que l'animal, bien connu dans la région, n'apparaissait que de temps en temps.

L'affaire du loch Ness attira un moment l'attention des curieux sur le Morar, mais on l'oublia vite. Toutefois, en 1946, un témoignage intéressant fut fourni par Mr. MacDonnell. Un jour, il conduisait en bateau un groupe d'enfants de la colonie de vacances d'Inverailort, de Morar à Meoble. En passant devant Bracorina Point, sur la rive nord, quelques enfants s'écrièrent : « Oh ! Regardez la grosse bête, là-bas, sur la berge ! » Mr. MacDonnell vit alors un animal, aussi gros qu'un éléphant indien, plonger du rocher dans le loch avec un bruit formidable. C'est la seule fois, semble-t-il, que le monstre fut observé à terre. Pour ma part, je crois que la forme sinueuse du long cou, analogue à une trompe, et la couleur grisâtre de ces animaux incitent beaucoup de gens à les comparer à des éléphants.

En 1948, un bateau chargé de touristes rencontra Morag, et la presse relata longuement l'incident. Mr. John Gillies avait emmené ces visiteurs — la plupart venaient de Liverpool — faire le tour du loch. Sur le chemin du retour, devant Swordlands, un des passagers remarqua quelque chose dans le sillage du bateau. Par la suite, Gillies raconta à Mrs. Whyte : « C'était bien notre "Maggie". Sa longueur devait être de 9 à 10 mètres, et quatre bosses successives émergeaient d'environ 50 centimètres. Comme elle se trouvait à près d'un kilomètre derrière nous et disparut en moins d'une minute, je n'ai pu distinguer ni tête ni queue, mais je peux dire que la bête avançait à vive allure, en traçant un gros sillage. »

Depuis lors, Morag a été régulièrement observé. Un ménage anglais, propriétaire du domaine de Swordlands pendant plusieurs années après la guerre, s'habitua tellement à ses allées et venues qu'il finit par renoncer à guetter ses apparitions. La plupart du temps il avait l'aspect d'un « bateau chaviré, la quille en l'air ».

En septembre 1958, le Dr George Cooper, un savant éminent, et sa famille passèrent leurs vacances à Morar. Un jour qu'il peignait le beau paysage de l'extrémité occidentale du loch, avec au loin les îles boisées, derniers vestiges de l'antique forêt calédonienne, il observa pendant une heure un gros tronc d'arbre qui dérivait dans le courant : tout à coup celui-ci disparut. Aussitôt il en fit rapidement un croquis à l'aquarelle (celle-ci est entre les mains du Bureau d'Enquête du loch Morar), montrant que l'une des extrémités était plus proéminente que l'autre. Elizabeth Montgomery Campbell a remarqué que « c'est sans doute le seul portrait existant de la bête du loch Morar, ou de n'importe quel autre monstre lacustre d'Ecosse » (Planche 15).

En août 1968, un employé d'hôtel nommé John MacVarish vit la tête et le cou du monstre émerger, alors qu'il naviguait entre Bracora et Lettermore. Le cou avait environ deux mètres de long et 50 centimètres de large ; il se rétrécissait vers le haut jusqu'à la tête, plate, petite et évoquant celle du serpent. La peau était lisse et noire. L'animal nageait lentement, et les remous latéraux indiquaient l'action de nageoires. Dès que Mr. MacVarish accéléra pour se rapprocher, la bête plongea et disparut. Par la suite, le témoin revit quelques bosses et un sillage.

L'été suivant devait marquer un tournant important dans l'histoire de Morag, mais auparavant je crois bon de noter deux témoignages intéressants. Le 8 juillet, un visiteur habituel du loch Morar, nommé Bob Duff, traversait la baie de Meoble à très petite vitesse (environ 30 km/h), par beau temps. L'eau était si claire qu'il voyait les feuilles sur le fond de sable, à 5 ou 6 mètres. Penché sur le plat-bord, Mr. Duff « vit ce qu'il appela un "lézard monstrueux", d'environ 7 mètres, immobile au fond du loch et le regardant. Il en fut si impressionné qu'il s'en alla très vite, sans l'observer davantage. D'après sa description, il ne vit probablement que la partie antérieure du corps. La tête, ressemblant à celle d'un serpent, avait une large bouche et des yeux très bridés. Vu à la verticale, le cou ne se distinguait pas et sa longueur ne pouvait être évaluée. En revanche, on voyait nettement les quatre pattes, les antérieures étant dotées de trois doigts. Mais Mr. Duff n'aperçut que vaguement le corps, l'arrière-train et la queue. La couleur de la bête était d'un gris brunâtre, et sa peau semblait rugueuse comme des scories. »

Une fois calmé, Duff revint sur place, mais l'animal était parti. Toutefois, un commerçant de Mallaig qui passait au même endroit quelques semaines plus tard aperçut, lui aussi, une forme indistincte au fond du loch, mais l'ami qui gouvernait le bateau refusa de s'arrêter pour l'observer.

Ces deux témoignages présentent un intérêt exceptionnel, en particulier à cause des trois doigts des pattes antérieures et des yeux bridés, détails caractéristiques que nous avons déjà lus à propos du loch Ness et que nous rencontrerons encore. D'autre part, la plupart des observations au loch Ness ont été faites dans les zones peu profondes, à l'embouchure des rivières, où il est normal qu'un animal guette les truites, saumons et anguilles. C'est en se fondant sur cette théorie que Malcolm Irvine put à deux reprises cinématographier le monstre. On aurait cru que des enquêteurs profiteraient du renseignement pour surveiller la baie de Meoble. Il n'en a rien été. Quand le Bureau d'Enquête du loch Ness envoya une équipe au loch Morar, celle-ci commit les mêmes erreurs, en plaçant des caméras aux mauvais endroits : ainsi, celle de la baie de Meoble fut braquée, non sur la baie, mais sur l'extrémité lointaine du loch.

Néanmoins, l'intérêt de ce groupe ne tarda pas à être éveillé par un événement sensationnel, qui survint dans la soirée du 16 août 1969. Vers 21 heures, Duncan MacDonnell et William Simpson revenaient en bateau d'une longue partie de pêche, en contournant de petites îles à l'extrémité occidentale du loch. Ils avaient mis de l'eau à bouillir sur un réchaud à gaz pour faire du thé. Soudain, MacDonnell entendit du bruit à l'arrière et, se retournant, vit un gros animal nageant à environ vingt mètres. Peu après, la bête heurta le canot si rudement que la bouilloire se renversa, obligeant Simpson à aller fermer le gaz dans la cabine. Pendant ce temps, MacDonnell s'efforça d'écarter l'intrus avec un vieil aviron, mais celui-ci se brisa dans sa main, quand il frappa une masse solide et résistante. Simpson ressortit de la cabine avec son fusil et tira sur l'animal, qui disparut à l'arrière. Les deux amis pensèrent qu'il avait seulement été effrayé par la détonation et n'était pas blessé.

Selon le compte rendu qu'ils remirent à l'équipe des enquêteurs (d'où j'ai tiré ces précisions), la bête avait 8 à 10 mètres de long et présentait à la surface trois légères bosses ou ondulations. Sa peau était rugueuse et d'un brun sale. Ils ne distinguèrent pas de queue. En cherchant à l'écarter avec son aviron, MacDonnell vit le dessus d'une tête à forme de serpent, large d'environ 30 centimètres, qui se dressait à 50 centimètres audessus de l'eau. Ce n'était d'ailleurs pas sa première rencontre avec le monstre, dont il avait déjà vu plusieurs fois la tête, le cou, et à une seule occasion plusieurs bosses. Cependant il ne voulut pas insister sur ses observations devant les enquêteurs car, déclara-t-il, beaucoup de gens pouvaient en dire autant que lui par expérience, mais ils se refusaient tous à en parler, de crainte d'être accusés de mensonge.

Il avait raison de se méfier. S'emparant de son témoignage, la presse en fit un récit sinistre. J'en eus pour la première fois connaissance par une dépêche de l'*United Press International*, publiée entre autres dans le *New York Times*. A l'en croire, le monstre furieux avait mordu dans l'aviron puis reçu une charge de chevrotines dans le côté. Nous verrons dans d'autres chapitres qu'une telle déformation des faits n'est pas rare et qu'il faut la déplorer. Mais n'oublions pas qu'en dépit des détails effrayants, ajoutés par les journalistes pour rendre les récits plus pittoresques, un fait patent demeure : MacDonnell et Simpson ont bien vu le monstre du loch Morar. C'est l'essentiel qu'il faut retenir.

En 1970, 1971 et 1972, le Bureau d'Enquête du loch Morar a

effectué des recherches indépendantes, sans grands résultats. Leur récit complet se trouve dans *The Search for Morag*, par Elizabeth Montgomery Campbell et David Solomon. Pour le moment, les travaux du groupe sont interrompus, car les responsables estiment que seule une expédition, officiellement parrainée et dotée des moyens financiers indispensables, pourra obtenir les résultats souhaités.

Il me faut encore, pour être complet, mentionner dans ce chapitre l'observation d'un animal sur la terre ferme, semblable à celles signalées souvent au loch Ness. Il se peut qu'elle concerne un serpent-de-mer, puisqu'elle a eu lieu dans l'estuaire de la Tay, mais j'ai tenu à inclure ces témoignages ici. Les comptes rendus originaux ont d'abord paru dans le *Daily Express* écossais, puis les faits ont été l'objet d'enquêtes de Ted Holiday et de Constance Whyte.

Le 30 septembre 1965 au soir, Mrs. Maureen Ford, épouse d'un boxeur écossais connu, roulait avec des amis sur la A-85, entre Dundee et Perth. A 23 h 30, aux abords de Perth, Mrs. Ford aperçut sur le bas-côté un objet étrange. « C'était une longue forme grise, raconta-t-elle au journaliste de l'*Express*, sans jambes, mais je suis sûre d'avoir vu de longues oreilles pointues. Elle n'était séparée de la rive de la Tay que par quelques mètres. »

Une heure et demie plus tard, à 1 heure du matin le 1er octobre, un autre automobiliste, Mr. Robert Swankie, propriétaire du *National Bar* à Arbroath, se rendit de Perth à Dundee par la même route. Brusquement il vit dans ses phares le même animal qui, cette fois, avait traversé la chaussée. « Sa tête avait plus de 60 centimètres de long, déclara-t-il plus tard, et semblait surmontée d'oreilles pointues. Le corps, long de 6 à 7 mètres, était tout bosselé comme celui d'une chenille géante. Il avançait très lentement et faisait un bruit analogue à celui d'un lourd paquet que l'on traînerait par terre. »

Ni Mrs. Ford ni Mr. Swankie ne s'arrêtèrent pour en savoir davantage. Leurs récits furent enregistrés au magnétophone par une Miss Russell-Fergusson, de la Société *Clarach Recordings*, qui envoya la bande à Mrs. Whyte. Celle-ci dit par la suite à Ted Holiday que ces témoignages ne l'impressionnaient pas, surtout pas celui de Swankie: « Sa description me paraît correspondre de très près aux cartes postales semi-comiques représentant le monstre du loch Ness. »

Il se peut que Mrs. Whyte ait été troublée par le détail des « longues oreilles pointues », mentionnées par les deux témoins. Or, nous l'avons vu, on a parlé de « cornes » à propos du monstre du loch Ness. Je dirai plus loin pourquoi je pense qu'il s'agit probablement d'oreilles. On en a signalé ailleurs, dans le lac suédois de Storsjö — nous le verrons. D'autres oreilles pointues et longues ornent la tête d'un animal représenté sur le Calvaire de Cong en Irlande, datant de 1123. On en trouve également au Canada, en Colombie britannique, où les Indiens ont gravé dans la pierre un monstre à longues oreilles pointues. C'est assurément une coïncidence très significative, car un tel animal ne pourrait — cela semble évident — être qu'un mammifère.

Je l'ai dit, le loch Ness a absorbé l'attention de la plupart des enquêteurs, et quelques progrès ont été réalisés dans la recherche d'une solution de l'énigme. Il n'en est pas moins nécessaire de ne pas ignorer ou négliger les bribes de données plus ou moins probantes qui proviennent d'autres lochs écossais.

On m'objectera peut-être que la tradition des « chevaux-aquatiques », existant dans un si grand nombre de ces lochs, jette quelque doute sur la valeur d'observations récentes de monstres : les gens, dira-t-on, peuvent fort bien ne voir que ce qu'ils désirent. Mais, à mon avis, le contraire est également vrai : les comptes rendus d'observations modernes montrent qu'il y a du vrai, après tout, dans les vieilles traditions relatives au *Kelpie* et au « cheval-aquatique ». Cela nous indique aussi qu'ailleurs, si nous découvrons de telles traditions concernant des monstres lacustres, nous sommes sans doute sur la piste de quelque animal inconnu.

Les animaux du loch Ness ne sont pas uniques en leur genre, tant en Ecosse qu'en d'autres pays du monde. Plus on prêtera attention aux témoignages provenant d'autres lieux, plus on pourra déterminer, rapidement et sur des bases complètes, l'existence de ces animaux. C'est maintenant vers quelques-uns de ces autres lieux que nous allons nous tourner, en commençant par l'Europe, avec l'Irlande et la Scandinavie.

CHAPITRE VII

LES « POOKA » ET « PIAST » D'IRLANDE

« Mais un vieux serpent
Refusa obstinément d'être servile à ce point
Et de quitter le lough Allen où il vivait.
... Il montra son crochet au vénérable saint. »
(Austin CLARKE : *The Last Irish Snake*)

Selon le naturaliste Robert Lloyd Praeger, les monstres lacustres sont « une partie généralement admise de la zoologie irlandaise (section " mythalia ") ». Pourtant, quelques-uns de ces monstres se sont manifestés à notre époque d'une manière qui n'a rien de mythique.

Dans son inestimable ouvrage sur les noms de lieux irlandais, l'historien P.W. Joyce a remarqué que « les légendes relatives à des monstres aquatiques sont très anciennes en Irlande » : un grand nombre de noms indiquent qu'autrefois la population croyait beaucoup à l'existence de monstres aquatiques, tels que le « Cheval-aquatique », le *Piast* et le *Pooka.* Il cite le récit d'Adamnan concernant le monstre vu dans la rivière Ness : puisqu'il semble qu'en fait cette légende soit fondée sur une réalité, ne pourrait-il pas aussi y avoir du vrai dans ces vieilles traditions irlandaises ? Ces monstres ne pourraient-ils pas appartenir à une autre section, zoologique celle-là ?

Dans une des nombreuses sagas irlandaises se trouve l'explication du nom d'un lac du comté de Donegal, le lough Derg, c'est-à-dire le lac Rouge. Finn, héros légendaire, y tua un monstre qui avait avalé bon nombre de ses guerriers. Quand il lui eut ouvert le ventre, ses compagnons en sortirent vivants, mais nus et chauves. De tels récits mythiques abondent dans la littérature irlandaise ancienne, et nous devons nous garder d'y chercher des éléments sérieux d'histoire naturelle. Ils évoquent sans doute des rites d'initiation tribale et, sortis de leur contexte, ils paraissent absurdes aujourd'hui au zoologue.

Il est aussi fait souvent allusion à des monstres aquatiques dans les biographies de saints irlandais. Ainsi, dans la *Vie de saint Mochua de Balla* (VIIe siècle), il y a le récit d'une chasse royale, au cours de laquelle le cerf se réfugia sur une île du lough Ree, une section de la rivière Shannon. Or, ce *lough* (équivalent irlandais de « lac ») avait la réputation d'être « infesté par un horrible monstre qui dévorait les nageurs ». Quand un des chasseurs fut assez brave pour tenter de gagner l'île à la nage, la bête l'engloutit. * Et saint Colman de Dromore sauva une jeune fille qui avait été avalée par un monstre alors qu'elle lavait du linge dans le bassin d'une rivière : par la puissance de sa foi, le saint la retira du ventre de la bête.

De telles légendes ne sont pas rares. A mesure que nous examinerons les témoignages relatifs aux monstres lacustres irlandais, nous verrons que, sous une couche superficielle d'imagination, ces récits sont fondés sur l'existence réelle d'animaux. En voici un, très caractéristique, tiré de l'ouvrage de Roderick O'Flaherty *Description of West or H-Iar Connaught* (1684). Décrivant le lough Mask, il raconte :

« Il contient une bête rare, que nous pourrions appeler le crocodile irlandais, et il y a dix ans un homme eut à cause de lui une triste aventure. Longeant la rive, il aperçut au loin la tête d'un animal qui nageait, qu'il prit pour une loutre, et auquel il ne fit plus attention. Mais la bête, ayant plongé, atteignit le rivage, bondit, saisit l'homme par le bras et l'entraîna vers l'eau. L'homme se débattit, tira un couteau de sa poche et en porta un coup vigoureux à l'animal, qui le lâcha et disparut dans le lac dont l'eau devint rouge de sang. Il avait la taille d'un lévrier ordinaire, et sa peau gluante était noire, apparemment sans poils. Les vieilles gens du pays affirment qu'il y a bien une telle bête dans le lac, et qu'elle a été rencontrée un jour par un solide gaillard qui se promenait avec son chien-loup. Après un long combat, elle a réussi à leur échapper, mais longtemps après, les eaux ayant baissé, on a trouvé son cadavre en décomposition dans une grotte. On dit qu'il en existe de sembla-

* Il y a plus de quarante ans, le batelier du lac, Hugh Brennan, parla au capitaine Lionel Leslie — qui rechercha durant des années des preuves authentiques de l'existence de monstres dans les lacs irlandais — d'un " cheval d'eau " qu'il avait lui-même " vu de très près, à demi émergé " dans le lough Derg. Son prédécesseur, Pat Muldoon, dit au frère aîné du capitaine, l'écrivain Shane Leslie, qu'un jour il avait vu nager dans ce lac ce qu'il appelait le « roi de toutes les loutres ». Selon l'archéologue irlandais Wood-Martin, ces légendes remontent au début du christianisme : en ce temps-là, on pensait que les monstres lacustres à tête de cheval étaient les rejetons illicites des nonnes d'un couvent proche.

bles dans d'autres lacs irlandais, et elle est appelée *Dovarchu,* ce qui signifie le " chien-aquatique " ».

Que faut-il penser de cette remarquable histoire, si simplement présentée ? C'est ici que les difficultés commencent. Quand la Société irlandaise d'Archéologie publia le livre à Dublin en 1866, le directeur responsable de cette édition, James Hardiman, ajouta une note en bas de page à ce récit : « Dans ces régions occidentales de l'Irlande, on appelle en général cet animal *Each Uisge,* ce qui signifie cheval-aquatique ; il a, assure-t-on, une peau luisante, noire, et une queue sans poils. L'histoire relatée par l'auteur est restée populaire dans la région du lough Mask. »

Il semble qu'ici il y ait eu une certaine confusion de terminologie. En irlandais, le mot *dovarchu* signifie parfois « loutre », mais Hardiman paraît avoir mélangé deux bêtes que la tradition populaire avait toujours distinguées avec soin. En effet, en 1843, l'auteur de *Wild Sports of the West* écrivait :

« Dans le Connaught, on pense que des animaux de forme extraordinaire et de qualités étonnantes vivent dans les lacs et les rivières. Parmi eux il y a surtout le Cheval-d'eau et la Loutre-maîtresse. Par une singulière anomalie, on trouverait le premier dans certaines îles, et son apparition serait fatale à quiconque a le malheur de le rencontrer. »

On peut donc imaginer que le crocodile irlandais d'O'Flaherty est la « Loutre-maîtresse », et que le « Cheval-d'eau » n'est autre que le *Each Uisge* des légendes gaéliques. Nous avons longuement parlé du « Cheval-aquatique » ; peut-être la « Loutre-maîtresse » est-elle le *Kelpie* ? On a souvent estimé — ce fut le cas de Maurice Burton — que certaines observations de monstres lacustres pourraient être dues à de grosses loutres à long cou. En fait, un des types de serpents-de-mer a cet aspect : Heuvelmans l'appelle la Super-loutre. Il est difficile de dire si les animaux signalés dans le Connaught sont de ce genre, mais la description de celui du lough Mask rappelle beaucoup la Loutre.

Ces vieilles traditions relatives à un monstre du lough Mask ont été récemment confirmées par un témoignage. Dans un article paru dans *The Field,* le capitaine Lionel Leslie cite une lettre de Mr. A.R. Lawrence, de Tullamore (comté d'Offaly), relatant un incident survenu le 16 juin 1963 :

« Comme je me tenais sur la rampe des bateaux, à regarder la baie, j'ai brusquement vu émerger ce qui me parut être la tête et la queue d'un très gros poisson. Une seconde ou deux plus tard, le même fait se reproduisit à peu près au même endroit. Ensuite, une autre tête et une autre queue émergèrent en avant des deux premières, puis le mouvement se répéta quelques mètres plus loin. Je me rendis alors compte que j'observais en réalité deux bosses qui se suivaient, en traversant la baie à une allure tranquille et régulière. »

Mr. Lawrence eut l'impression qu'il s'agissait du dos d'un très gros poisson ressemblant à une anguille géante. Sans distinguer ni tête ni queue, il estima que chaque bosse avait 1 m 50 à 2 mètres de long, et qu'elles étaient séparées l'une de l'autre par une distance de 2 m 50 à 3 mètres. L'animal nageait dans une eau dont la profondeur ne dépassait guère 1 mètre, et bientôt une petite île le masqua. Pendant les quelque 90 secondes que dura l'observation, il parcourut environ 250 mètres, ce qui correspond à une vitesse approximative de 10 km à l'heure. Il émergeait de 30 à 40 centimètres, sa couleur était noire, sa peau lisse, et il laissait un sillage. Quand il longea l'île, les mouettes qui se trouvaient sur le rivage s'envolèrent, effarouchées.

Par la suite, un autre correspondant de *The Field* déclara qu'il avait capturé en juillet 1963 dans le lough Mask un très gros poisson, pesant 40 kilos. Il crut d'abord que c'était un énorme brochet, mais à la réflexion il se demanda s'il ne s'agissait pas du monstre. Toujours est-il que les récits de Hardiman et d'O'Flaherty pourraient, d'après de tels témoignages, contenir une part de vérité et ne pas être de simples légendes populaires locales.

Une des difficultés que présentent ces témoignages, tant en Irlande qu'en Ecosse, provient de ce que les écrivains modernes relatent des récits, en les traitant de légendes folkloriques, alors qu'on les leur a communiqués en tant que faits authentiques. Il est donc ardu d'opérer un tri entre la réalité et la fiction. O'Flaherty notait comme un fait divers l'existence d'un animal étrange dans le lough Mask, alors qu'au siècle dernier les écrivains ont estimé que c'était le fruit de l'imagination des gens.

Tel fut par exemple le cas de W.B. Yeats, dans son charmant et juvénile ouvrage *The Celtic Twilight*, publié en 1893. Il y rapporte beaucoup d'histoires relatives à des animaux miraculeux. C'est ainsi qu'un de ses informateurs lui dit un jour :

« Mon père se trouvait en bateau sur le lac avec deux ou trois amis de Gort. L'un d'eux était armé d'une fouine à anguilles. A un moment, il la plongea dans l'eau et heurta un objet si dur qu'il s'évanouit. Il fallut le ramener à terre et, quand il revint à lui, il déclara :

— J'ai piqué une bête aussi dure qu'un veau, et ce n'était en tout cas pas un poisson. »

Un des amis de Yeats (peut-être George Russell) était

« convaincu que ces terribles bêtes, si courantes dans les lacs, y étaient placées par de subtils enchanteurs, pour veiller sur les portes du savoir ».

Dans son livre *Visions and Beliefs in the West of Ireland*, publié en 1922, Lady Gregory évoque d'autres récits relatifs aux lacs du comté de Gort. Dans le lough Graney, où vivait un monstre « qu'on ne voyait que tous les sept ans », et qu'on disait enchanté, « il se passait d'étranges choses ». Ainsi, un homme qui s'y baignait eut juste le temps de regagner la rive, avant d'être rejoint par une grosse bête qui le poursuivait. D'autre part, dans un petit lac proche de sa demeure, Lady Gregory et ses deux frères, rentrant de l'école dans leur jeunesse, furent surpris d'entendre de grands éclaboussements d'eau, et ils virent « une bête sortir du lac, avec une tête et une crinière de cheval ». Elle ajoute que « beaucoup de gens l'ont vue » : Dougherty de Gort et d'autres...

Ces histoires rappellent maintes observations récentes faites en Ecosse et ne nous paraissent pas invraisemblables, quoique ceux qui les ont récoltées n'en aient pas cru un mot. Je citerai encore celle relative à un monstre du lough Nathanagan. Un voyageur visitait l'Irlande, accompagné d'un gros chien noir, et aimait se baigner dans tous les lacs. Alors qu'il se déshabillait et s'apprêtait à plonger dans le lough Nahanagan, un garçon lui conseilla d'y envoyer d'abord son chien, pour s'assurer qu'il n'y avait pas de danger. Il lança donc un bâton dans l'eau, et le chien y bondit pour aller le chercher. Mais tout à coup « le chien disparut et, peu après, ses entrailles apparurent, flottant à la surface ». Il s'agit probablement d'une légende. Comme en Ecosse, il est difficile en Irlande de faire la part du vrai et de l'imaginaire, mais on ne doit pas oublier que souvent le folklore est fondé sur des faits réels. J'en viens maintenant à des témoignages plus positifs.

Le 25 mai 1934, Mr. Joseph Gallagher écrivit en irlandais à Cyril Dieckoff cette évocation d'un monstre du comté de Donegal :

« Ceci se passa dans ma jeunesse, vers 1885. Une jeune femme pataugeait sur les bords du lough Muck, à la recherche de trèfle d'eau, quand elle entendit et vit non loin d'elle un animal qui se rapprochait. Affolée, elle regagna la rive à toutes jambes. Ensuite, on revit de temps en temps la bête pendant un ou deux ans, faisant émerger deux bosses. Ce lac n'a guère plus d'un kilomètre de long, et sa largeur est un peu moindre. En novembre on y pêche parfois du saumon, mais en général il ne contient que des truites, et il se trouve à 70 km de la mer. Depuis quarante ans, on n'y a rien vu d'extraordinaire, et personne n'a pu déterminer ce qu'était cet animal : la jeune femme a toujours répété qu'il avait des yeux larges d'au moins 5 à 7 centimètres. »

Nous l'avons noté, les observateurs du monstre du loch Ness ont parfois signalé de tels grands yeux, mais c'est dû, semble-t-il, à la couleur plus claire de leur pourtour, plutôt qu'à leur dimension. En outre, Mr. Gallagher remarque non sans raison que ces monstres irlandais ont souvent été vus dans de petits bassins, où l'on a peine à imaginer qu'ils aient pu survivre ; de sorte que nous sommes fondés à nous demander si, comme les animaux du loch Ness, ils ne sont pas capables de se déplacer sur la terre ferme.

Le monstre du lough Muck disparut au bout de quelques années, mais d'autres vivent encore. Dans son livre *Seventy Years of Irish Life*, publié après sa mort en 1893, W.R. Le Fanu écrivait :

« Cette épouvantable bête, le *Wurrum*, moitié poisson moitié dragon, survit encore dans de nombreux lacs de montagne, et si les gens ne le voient guère, ils en parlent beaucoup... Ainsi, il hante le beau petit lac, proche de notre campement de pêche, à la source de la rivière Blackwater, qu'on appelait le lough Brin, ou actuellement Bran. Le batelier en parle avec crainte, ne l'a jamais vu et espère ne jamais le rencontrer. »

Quoique n'ayant que 1 500 mètres de long et 800 de large, le lough Bran a par endroits 70 mètres de profondeur (Planche 16-17). Il est très à l'écart, un seul chemin y mène, et rares sont les maisons dans son voisinage. Il semblerait que son monstre ne soit pas seulement une bête légendaire, hantant le lac où rôde le fantôme de Bran, le chien du héros Finn, qu'elle aurait dévoré. Le batelier de 1893 ne l'avait pas vue, mais en 1964 un résident anonyme m'a écrit ceci :

« Il y a certainement un monstre dans le lough Bran. Je l'ai vu. Deux autres personnes l'ont vu également, et il y a des années qu'il est là. Il a près de cinq mètres de long et deux gros yeux sur le front. O'Sullivan et O'Connor l'ont vu. Il ressemble moitié à un poulain, moitié à un poisson. C'est dans ce lac que le chien de Fionn Machumhail a été noyé. »

Comme le dit mon correspondant, le monstre a été vu récemment. En 1940, un garçon de douze ans fut stupéfait d'apercevoir, couché au soleil sur le rivage, un animal étrange, noir, ayant quatre pattes courtes. Plus tard, un homme distingua, du haut de la colline dominant le lac absolument calme, un très gros sillage inexplicable en plein milieu de ce miroir. Un autre homme, rentrant chez lui par une soirée très sombre, entendit en longeant le lac des bruits d'éclaboussements dont il ne put déceler l'origine.

Le soir du réveillon de Noël 1954, Timothy O'Sullivan (mentionné dans la lettre ci-dessus), cultivateur à Cappa près du lac, sortit pour ramener et traire ses vaches. En chemin, il aperçut sur le lac ce qu'il prit d'abord pour deux canards, mais ceux-ci se dressèrent davantage hors de l'eau, et il comprit que c'étaient en fait des « nageoires », longues de 80 centimètres environ et émergeant d'autant, avec une distance de 4 mètres entre les deux. Elles surgirent puis disparurent quatre fois de suite, à 60 mètres de la rive. Mr. O'Sullivan revint en courant chez lui, prit son fusil et, suivi de sa femme, retourna au lac, mais les objets avaient disparu et le lac baignait dans la pénombre d'un soir d'hiver.

« A quelques kilomètres de là, raconte encore Le Fanu, entre les loughs Bran et Glencar, il y a aussi un petit lac qui fut le théâtre d'une scène extraordinaire. Un jeune garçon qui s'y baignait en fut chassé par l'épouvantable *Wurrum.* La bête le poursuivit jusque chez lui et le mordit dans le dos, si bien qu'il rentra nu et en sang. Quand on lui demanda ce qu'était cette bête, il répondit qu'elle avait un peu la forme d'un âne. »

Je me demande si cette histoire n'est pas véridique. Est-ce qu'un jeune Irlandais aurait été mis dans un tel état par un animal avec lequel il était familiarisé depuis sa tendre enfance ? De toute évidence, il avait été terrifié par quelque chose qu'il ne pouvait comprendre, et sa seule explication fut que la bête « avait un peu la forme d'un âne ». Quoi qu'il en soit, l'animal du lough Bran est tantôt un « chien d'eau », tantôt un « cheval-d'eau », tantôt une sorte de poisson, ou tout bêtement un monstre. C'est donc une question de vocabulaire, et cela n'a rien à voir avec son identité réelle, car même dans les témoignages récents on trouve encore un fâcheux mélange de faits positifs et de traditions légendaires.

Dans un de ses derniers livres (rédigé avec le spirituel concours de Martin Ross) intitulé *The Smile and the Tear,* Edith Somerville évoque quelques histoires intéressantes, relatives aux monstres lacustres. C'est ainsi qu'un animal à forme de serpent apparut en janvier 1914, dans un lac que l'auteur appelle le lough Abisdealy et qui semble être aujourd'hui nommé Poul na Gurrum. Un dimanche matin, une dame se rendit à l'église en charrette anglaise, avec son cocher et sa femme de chambre.

« Brusquement ils virent tous les trois une longue bête noire qui progressait vite à travers le lac. Sa tête plate émergeait au bout d'un long cou, et à mesure qu'elle avançait son corps ondulait en deux grandes boucles, tantôt immergées tantôt hors de l'eau. Il ne pouvait s'agir que d'un très gros serpent, pensèrent-ils, et ils le regardèrent avec stupéfaction. La route longeait la rive, à quelques mètres, si bien qu'ils purent distinguer nettement le monstre mystérieux et restèrent convaincus que c'était un serpent. »

Ils se trompaient : d'après la verticalité des ondulations décrites par le témoin principal, c'était sûrement un mammifère et non un reptile. Le cocher estima sa longueur à douze mètres, et la femme de chambre la compara à celle de l'office, ce qu'Edith Somerville trouva plus vraisemblable, peu d'offices de demeures irlandaises ayant douze mètres de long.

Un autre animal légendaire qui hante, dit-on, les lacs d'Irlande est le *Pooka.* Il se présente en général comme un grand chien noir ou parfois comme un cheval. De nos jours, il n'est plus qu'une sorte de croquemitaine dont on menace les enfants désobéissants, sans d'ailleurs connaître l'origine du terme, qui demeure incertaine. En revanche, il a donné son nom à de nombreux lieux irlandais. Dans son livre *The Middle Kingdom,* le capitaine D.A. MacManus, ami de Yeats, examine le caractère occulte du *Pooka* et raconte entre autres l'histoire suivante.

Un de ses camarades de jeunesse, nommé Martin, élève au Trinity College de Dublin, passa en 1928 les vacances de fin d'année chez ses parents, dans le comté de Derry. Un après-midi, alors qu'il pêchait dans une rivière au bout du jardin, il vit arriver, à une centaine de mètres, une bête nageant dans le courant. Il ne put déterminer ce que c'était, « un chien, une panthère, ou autre chose, mais il la trouva extrêmement menaçante ». Lâchant sa canne à pêche, il grimpa dans un arbre. « L'animal continua d'avancer et, en passant devant lui, le regarda avec une expression presque humaine, montrant ses dents en une sorte de rictus mi-méchant mi-moqueur. Le garçon frissonna de frayeur en fixant ces yeux terribles et étincelants comme de la braise. Il pensa qu'il s'agissait d'un fauve échappé d'un cirque. » La bête disparut dans les méandres de la rivière. Mr. Martin courut chercher un fusil de chasse mais ne put retrouver l'étrange animal.

Or, peu après l'incident, il ouvrit un paquet de cigarettes qui contenait une carte représentant un *pooka,* dont le nom était à l'origine de la localité bien connue de Poulapuca, dans le comté de Wicklow : l'image correspondait exactement à la bête qu'il avait vue ! Intrigué, il interrogea les gens du pays et apprit qu'ils la connaissaient bien : autrefois, on la voyait assez souvent au crépuscule, près du pont, mais depuis une cinquantaine d'années personne ne l'avait observée en plein jour. Parlant à MacManus de l'image, Mr. Martin précisa :

« C'est bien ce que j'ai vu, sauf qu'elle ne représente pas les yeux rouges, la bouche moqueuse et les dents méchantes. A part cela, on jurerait que le dessin a été exécuté d'après nature. »

Selon MacManus, cet animal, ainsi que d'autres bêtes traditionnellement connues comme le *Pooka* ou le « Cheval-aquatique », est occulte. Tout en insistant sur l'incident qu'il relate, il ne nous fournit pas d'indication précise sur le phénomène constaté. Or, il ne fait aucun doute que l'étrange animal vu par Mr. Martin était fait de chair et de sang, encore que rien ne permette de l'identifier.

Cependant, certaines vieilles traditions ont été récemment confirmées d'une manière plus positive que celle-là. C'est le cas d'un monstre dans le lough Ree, sur la rivière Shannon. Le 18 mai 1960, à 21 h 30, trois prêtres de Dublin — les Pères Matthew Burke, Daniel Murray et Richard Quigly — pêchaient au large de Holly Point, profitant de la saison des éphémères. Ils connaissaient bien les lieux, le temps était superbe, chaud et très calme. Tandis qu'ils guettaient l'apparition des truites, tous trois virent soudain un curieux animal passer en nageant à cent mètres de leur bateau. Voici comment l'un d'eux raconta l'incident :

« Tour à tour, il disparaissait sous l'eau puis revenait à la surface en formant une boucle. De l'extrémité de la boucle à la tête, la longueur était de 1 m 80. Il y avait environ 50 centimètres de cou et de tête au-dessus de l'eau, et ceux-ci semblaient minces par rapport à la taille d'un beau saumon. La propulsion provenait de la partie immergée du corps, que nous ne pouvions pas voir en totalité ».

La tête, ajouta-t-il, était plate comme celle d'un python. Ils ne purent évaluer la longueur de la bête, et l'un des prêtres eut la bonne idée de dessiner sur le dos d'une enveloppe un croquis de ce qu'ils venaient de voir. Quelques jours plus tard, un journaliste publia une interview dont sont extraits les passages que je viens de citer, et pour couper court à toute contestation, les trois prêtres remirent un compte rendu de leur observation au syndicat des Pêcheries intérieures. Ce second récit, plus détaillé, diffère un peu du précédent, sans doute parce qu'à la réflexion certains aspects de l'incident parurent plus clairs aux témoins :

« Il y avait deux parties bien distinctes émergeant de l'eau. La partie antérieure, uniformément cylindrique et inclinée à environ 30 degrés par rapport à la surface de l'eau, était très rectiligne, avait de 40 à 50 centimètres de long, 10 centimètres de diamètre, et s'achevait par une tête pointue, analogue à celle d'un serpent.

« La partie postérieure, séparée de l'autre par quelque 60 centimètres d'eau, nous parut être une sorte de boucle serrée et semi-circulaire. Ce pouvait être une grosse bosse sur le dos d'un corps massif, propulsé par des nageoires. Si c'était une boucle, son diamètre devait correspondre à celui d'un saumon de 15 livres ; si c'était une bosse, sa base pouvait avoir environ 50 centimètres de diamètre... Nous avons estimé que la longueur totale des parties visibles pouvait être de 1 m 80 environ. L'animal avançait avec régularité, sans troubler la surface de l'eau, ce qui indiquerait que les nageoires étaient profondément immergées. Le corps n'ondulait pas sur le lac,

Fig. 22. Le monstre du lough Ree, vu par les prêtres.

et son allure tranquille prouvait que notre présence ne troublait pas la bête. Nous l'avons vue progresser pendant deux ou trois minutes vers le nord-est, en direction du rivage. Puis elle s'est immergée progressivement ; elle réapparut deux minutes plus tard et finit par plonger, à trente mètres de la rive. »

Après toutes les imprécisions des témoignages irlandais que nous avons mentionnés jusqu'à présent, il est réconfortant d'en venir à ce récit sobre et précis de trois excellents témoins. Il en est peu d'aussi convaincants, relatifs à l'Irlande, et cependant il a suscité un désaccord presque général.

Dès leur arrivée à terre, les prêtres racontèrent ce qu'ils venaient de voir à un pêcheur local ; il estima que c'était une famille de loutres qui s'ébattaient. Un des prêtres se rangea à cette explication, mais ses deux compagnons s'y refusèrent. C'est pourquoi, traversant le lac, ils se rendirent le lendemain chez le regretté colonel Harry Rice, personnalité bien connue dans la région de la Shannon. Huit ans auparavant, dans son livre *Thanks for the Memory,* il avait fait allusion au monstre qui, disait-on, hantait le lough Ree ; mais jusqu'à cette visite des trois prêtres pêcheurs, il l'avait considéré comme une bête de légende. Or, voici comment il a relaté cet entretien :

« J'ai pris note de tout ce qu'ils m'ont dit et je l'ai envoyé au journal local, en demandant que quiconque avait remarqué quelque chose d'étrange prît aussitôt contact avec moi. Deux heures durant, j'ai interrogé contradictoirement ces prêtres, en usant de tous les moyens normaux de la critique ; mais deux d'entre eux étaient si convaincus d'avoir vu une bête extraordinaire que je n'ai pas réussi à les en faire démordre... Ces messieurs sont des pêcheurs éprouvés, parfaitement qualifiés pour observer ce genre de phénomène. »

La semaine suivante, toute la presse irlandaise et anglaise. publia des articles sur l'incident, si bien que d'autres témoignages ne tardèrent pas à être enregistrés. Un facteur retraité, Mr. Paddy Hanley, connaissant à fond la rivière depuis son enfance, raconta que, trente ans auparavant, il pêchait en bateau avec sa famille, à l'entrée de la baie de Bally au nord de Yew Point, quand il ferra une grosse pièce. Sa ligne, la plus résistante qui fût (« presque un câble »), se tendit à l'extrême, et le bateau fut entraîné à travers le lac jusqu'au-delà de la bouée Adélaïde. Là, Hanley fut contraint de couper la ligne sans avoir pu voir l'animal, mais par la suite il apprit que des incidents semblables avaient déjà eu lieu.

Presque au même endroit, Mr. F.J. Waters vécut une aventure analogue. Pêchant la truite au large de l'île de Beam, avec une forte ligne, il ferra un poisson qui plongea aussitôt vers le fond, et la ligne cassa après s'être entièrement déroulée (vingt mètres) à une vitesse fantastique, supérieure à celle de n'importe quel poisson. Mr. Waters n'avait aucune idée de ce que cette bête pouvait être.

En 1958, deux touristes anglais furent aussi remorqués à toute vitesse à travers le lac, si bien qu'ils durent couper leur ligne. En février 1960, deux pêcheurs locaux, Patrick Ganley et Joseph Quigly, d'Inch Turk, jetèrent leur filet par vingt mètres de fond, au milieu du lac et non loin de l'endroit où les prêtres avaient vu leur animal. Ils comptaient prendre des brochets, mais ils sentirent qu'un très gros poids faisait gîter le bateau. Comme ils s'efforçaient de hisser cette prise à bord, elle se débattit avec une telle violence que le filet craqua et qu'elle s'échappa. « Cette bête devait avoir la force d'un cheval », déclara ensuite l'un d'eux.

Dans son livre *Charts of the River Shannon,* le colonel Rice note qu'en 1950 un canot automobile heurta quelque chose, en plein milieu du chenal profond de plus de 20 mètres, mais que malgré un dragage soigneux on ne trouva rien d'anormal en cet endroit. D'autre part, deux hommes marchant un soir d'été sur la rive de la baie de Saint Mark virent un animal qui nageait parallèlement au rivage. Son cou se dressait à environ trente centimètres au-dessus de l'eau puis, derrière lui, une bosse noire émergeait. Pensant que c'était un veau perdu, ils mirent un canot à l'eau pour le sauver, mais ne le retrouvèrent pas. Le colonel Rice, relatant ce témoignage, remarqua qu'il ne pouvait s'agir d'un veau, car les bovins nagent comme les chiens, en maintenant leur tête au ras de l'eau, ne laissant émerger que la bouche et les naseaux.

Dès que le monstre du lough Ree fit l'objet de commentaires de presse, on se mit à proposer des explications de son existence, fort variées et plus ou moins croyables ; les unes étaient stupides ou amusantes, d'autres raisonnables, et certaines pouvaient permettre une identification plausible. Voici les principales :

(a) Quand on souleva la question du monstre à la réunion du conseil du comté de Westmeath, un conseiller déclara qu'à son avis ce n'était « rien de plus que le conseiller d'Arcy en train de prendre un bain ». Certains de ses collègues estimèrent que le monstre serait une bonne chose pour le tourisme régional — ce qu'on a aussi dit injustement à propos du loch Ness. Mais le colonel Rice fit remarquer que les trois prêtres n'avaient personnellement rien à gagner dans cette affaire, le seul intérêt du lough Ree étant à leurs yeux les éphémères qui favorisaient la capture de truites.

(b) A une réunion de l'Association protectrice des cours d'eau intérieurs d'Irlande, dont le colonel Rice était président, quelqu'un dit que le prétendu monstre était un sous-marin russe de poche, largué par un des avions ayant survolé Athlone la semaine précédente.

(c) Dans le *Westmeath Independent* du 28 mai, on estima que le monstre était un cœlacanthe. Cette théorie fut par la suite développée par le colonel Rice à une séance de l'Association, puis dans un autre article de cette revue, le 4 juin. Les idées du colonel sur le Cœlacanthe étaient quelque peu fantastiques : « Une telle créature doit être de la variété des serpents, avec un appareil digestif rudimentaire ». Elle se nourrissait en effet, selon lui, de la boue du lac, comme un ver de terre le fait du sol. Il va sans dire que le Cœlacanthe n'est rien de tout cela, et l'on n'entendit plus parler de cette théorie farfelue.

(d) Quelques pêcheurs furent d'avis que les prêtres avaient vu une série de gros brochets pris aux hameçons d'une ligne de fond. Il y avait plusieurs centaines de mètres de telles lignes dans le lac, « et peut-être que plusieurs gros poissons donnaient en se débattant l'impression d'ondulations à la surface de l'eau ». Or, les prêtres avaient bien précisé que l'animal progressait sans susciter ni ondulations ni sillage. En outre, cette théorie n'explique pas le long cou, décrit avec tant de précision par les témoins.

Cependant, un expert de Dublin (on n'en manque jamais) déclara : « J'ai vu de telles lignes, et quand plusieurs brochets s'y trouvent pris, ils les emmêlent complètement. Il est donc très possible qu'on en ait pris pour un monstre. De toute manière, s'il ne s'agissait pas du témoignage de prêtres, j'aurais dit que c'était un effet de leur imagination. » C'est à cause de leur qualité que l'on prêta tout de même quelque attention à leurs propos. Quant aux remous provoqués par des brochets se débattant, ils ne correspondent en rien à la progression régulière et tranquille de l'animal observé. Enfin, de telles lignes ne sont jamais posées à cette époque de l'année, ce qui achève de prouver la fausseté de la théorie.

(e) Des pêcheurs du lough Conn ont pensé que les prêtres avaient vu une file de canards. Cela ne concorde pas avec leur description. De telles théories, sans doute curieuses, sont inutiles.

(f) Un instituteur local a estimé qu'il devait s'agir de loutres. C'est aussi ce qu'avait pensé le pêcheur rencontré par les prêtres en débarquant sur la rive, et l'on a tenté d'expliquer ainsi le monstre du loch Ness. Le 5 juillet 1963, une de mes correspondantes, Mrs. Anne Kinsella, de Gory, m'écrivit à ce sujet :

« Je suis allée voir mon frère (qui habite non loin du lough Ree) juste après que les trois prêtres de Dublin eurent vu le monstre. Il a été extrêmement amusé par toute la publicité que la presse leur a faite. C'est que, voyez-vous, il habite tout près d'un petit lac et a souvent tiré des loutres, certaines mesurant plus de deux mètres de long. Or, les loutres peuvent se déplacer à la surface de l'eau sans y faire la moindre ride... »

A cela je dois répondre que, dans ce lac, la taille des loutres n'excède jamais 1 m 75. S'il en existe qui dépassent deux mètres, ce seraient alors de véritables monstres dans leur genre, et elles justifieraient la tradition de la « Loutre-maîtresse ». En tout cas, il faudrait d'abord en montrer un spécimen, et pour correspondre à la description des prêtres, il devrait avoir un long cou. Dans l'affirmative, il serait par lui-même un animal inconnu, du plus grand intérêt.

(g) Il semble que l'on doive absolument éliminer toute possibilité de mystification, si anticlérical que l'on soit.

(h) Il faut de même écarter l'illusion d'optique, encore que celle-ci soit toujours possible.

(i) Après mûre réflexion, le colonel Rice changea d'avis (peut-être à cause d'un article de l'*Illustrated London News*, relatif à un serpent-de-mer aperçu au large des côtes écossaises). Il pensa que le monstre pourrait être une espèce de plésiosaure. Il arrivait ainsi à la solution classique, déjà proposée à la fois pour le Serpent-de-mer et pour le monstre du loch Ness. Pour ma part, je préfère de beaucoup celle de la loutre de plus de deux mètres. Mais il est évident que les gens ne peuvent jamais résister à la thèse du monstre préhistorique.

Je me suis longuement étendu sur cet incident, d'une part parce que les témoignages modernes confirment une tradition fort ancienne, et aussi parce que c'est l'observation irlandaise la mieux documentée que je connaisse. Claire et précise, elle fait de toute manière écho aux descriptions que nous avons déjà lues, relatives à l'animal au long cou du loch Ness. Tous les monstres lacustres d'Irlande ne répondent pas aussi parfaitement au modèle qui nous est devenu familier.

J'en viens maintenant à un tout autre témoignage, car il concerne un animal très différent et très déconcertant. Glinsk est un petit village isolé du comté de Galway, à 5 km d'un affluent de la Shannon, la Suck. Rares sont les étrangers qui y viennent. Le correspondant de l'*Irish Press*, G.S. Lane, y pêchait un jour, quand un vieil homme lui recommanda de ne pas s'approcher du lough Dubh, voisin, car « il s'y passait des choses étranges de temps en temps ». Vers 1956, trois ouvriers y aperçurent, trop loin pour pouvoir le détailler, un très gros animal nageant dans le lac. En 1960, un homme du pays nommé Con Mahon raconta à la radio qu'il avait vu trois animaux traverser le lac, l'un plus gros que les autres.

Puis au milieu de mars 1962, l'instituteur de Glinsk et son fils, portant le même nom, Alphonsus Mullaney, firent une rencontre terrifiante sur la rive du lac, et Mr. Mullaney en raconta les circonstances à un journaliste du *Sunday Review* :

« J'avais promis à mon fils de l'emmener pêcher après la classe. Nous avions emporté deux cannes, l'une de quatre mètres, montée avec une forte ligne et une cuiller pour la perche ou le brochet, l'autre plus petite pour pêcher au ver. J'ai commencé par laisser la grosse au garçon, mais n'obtenant aucun résultat au ver, j'ai pensé que le poisson devait être plus loin et, prenant la grande canne, j'ai longé le rivage. Tout à coup, ma ligne s'est tendue, et croyant qu'elle était accrochée à une racine, je l'ai laissée filer. Or, elle ne s'est pas détendue et, quand j'ai commencé de la tirer doucement, elle s'est cassée. Je l'examinais lorsque mon fils a poussé un cri, et c'est alors que j'ai vu l'animal. Ce n'était ni un phoque ni une bête que je connaissais. J'ai remarqué entre autres des pattes courtes et grosses, une tête d'hippopotame, carrée avec de petites oreilles, et une corne blanche sur le museau. Gros comme une vache ou un âne, il avait une couleur gris foncé et de petits poils analogues à ceux des cochons. »

Le garçon l'avait vu le premier. Mr. Mullaney pensait qu'ayant mordu à l'hameçon l'animal, irrité par la douleur et les jappements d'un chien, s'était efforcé de grimper sur la berge et d'attaquer son fils. Celui-ci avait alors crié et couru se réfugier auprès de lui. Cherchant plus tard dans un album zoologique, l'instituteur trouva que l'animal correspondant le plus à celui qu'il venait de voir était le rhinocéros. Rentré aussitôt chez lui, car l'enfant avait été épouvanté, il alerta des hommes du village qui, armés de fusils, fouillèrent en vain les rives puis montèrent la garde.

« Je n'ai jamais cherché, m'a écrit par la suite Mr. Mullaney, à faire de la publicité à ce sujet, et j'ai toujours refusé d'en parler à la télévision. Mon fils a été si bouleversé à la vue de l'animal que j'ai tenu à le lui faire oublier si possible, car sa nature impressionnable risquait de réagir fâcheusement. »

Cependant, le *Sunday Review* voulut avoir l'opinion des experts du *British Museum* (Histoire naturelle) sur l'interview de Mr. Mullaney. Après avoir déclaré que le lac était trop éloigné de la mer pour qu'un phoque pût s'y rendre et que la description de la bête les déconcertait, ces messieurs « signalèrent que récemment des animaux étrangers à ces parages avaient été trouvés près des côtes d'Ecosse et d'Irlande, notamment des tortues marines, ce qui indiquait une possibilité de changement climatique dans l'Atlantique ».

Il est parfois plus difficile de comprendre ces déclarations officielles, relatives à l'identité de monstres lacustres, que d'interpréter les témoignages oculaires. Certes, le Gulf Stream a parfois entraîné des animaux tropicaux jusqu'aux côtes occidentales de l'Irlande, mais quel rapport cela a-t-il avec l'animal du lough Dubh ? Et si ces savants estimaient qu'il s'agissait d'un visiteur exceptionnel, pourquoi ne se sont-ils pas hâtés de venir enquêter sur place ?

Je ne suis pourtant pas surpris que cette description les ait déconcertés, car elle diffère complètement de toutes celles que nous avons évoquées. Le monstre du lough Dubh n'est pas un de nos animaux à long cou du loch Ness, mais je n'ai aucune idée de ce qu'il peut être. Une mystification est hors de question : témoigner de l'apparition d'un monstre lacustre n'est pas un genre de publicité que recherche un instituteur dans sa région.

Le témoignage suivant nous ramène à des observations plus familières. Il émane du comté de Wicklow, au sud de Dublin, où plusieurs auteurs irlandais ont évoqué des traditions de monstres hantant les nombreux lacs régionaux. Deux d'entre eux, les loughs Bray inférieur et supérieur, se trouvent dans la montagne et sont si isolés que seuls les touristes y viennent en été. La route la plus proche est à un kilomètres de là, et l'on ne peut accéder au lac inférieur que par une allée privée. Les eaux des deux lacs sont profondes et obscurcies par la tourbe. Or, le 17 juin 1963, voici ce qu'écrivit à un journal de Dublin un correspondant, signant « L.R. », au sujet d'une visite au lac inférieur, qu'il avait faite avec un ami, le lundi de Pentecôte :

« Alors que nous regardions le lac, d'une hauteur qui le domine, nous avons vu une bête que — nous en sommes convaincus — on peut seulement appeler un "monstre". C'était en fin de journée, par un temps calme et une bonne visibilité. Soudain, une grosse bosse semblable au garrot d'un rhinocéros émergea, ridant la surface de l'eau tout autour d'elle, bientôt suivie d'une tête analogue à celle d'une tortue mais beaucoup plus grande. Elle se dressa à environ un mètre au-dessus de l'eau et se mit à avancer lentement, de quelques mètres. Ce faisant, l'animal nous révéla son corps, bien visible, cylindrique et n'ayant pas moins de 3 ou 4 mètres de circonférence. Il était de couleur sombre, grisâtre. Il a plongé brusquement mais sans bruit, ne laissant derrière lui qu'un remous tourbillonnant. Nous l'avons observé au moins trois minutes. Comparant ensuite nos impressions, nous avons constaté qu'elles étaient identiques, sauf que mon ami a trouvé que la tête ressemblait plutôt à celle d'un cygne. »

L'auteur de cette déclaration ajouta que son ami et lui-même étaient certains de ce qu'ils avaient vu. « Il peut sans doute s'agir d'une illusion d'optique, conclut-il, mais en toute franchise rien ne me convaincra que tel fut pour nous le cas. » Notons à ce propos que la comparaison avec une tête de cygne, signifiant qu'elle s'amincissait beaucoup à l'avant, correspond à ce qui a été dit maintes fois des animaux du loch Ness.

Un témoignage anonyme comme celui-là doit être accepté avec des réserves prudentes ; néanmoins, il me paraît assez crédible pour que je le joigne provisoirement au dossier. Lorsque j'ai, peu après, visité le lough Bray, je l'ai photographié plusieurs fois. Sur l'un des clichés, on voit nettement sur la rive sud un pittoresque chalet, et sur la surface de l'eau trois sombres formes. A l'œil nu, je n'avais rien vu de tel, et je suis certain qu'il s'agissait d'effets d'ombre et de lumière. Même par temps calme, il suffit de légères risées pour susciter sur le plan d'eau de longues ombres qui peuvent être prises pour des animaux vivants qui se déplacent (Planche 17).

Un bon exemple de cette illusion d'optique nous est fourni par Seymour et Neligan, dans leur ouvrage classique *True Irish Ghost Stories*, publié en 1929. Ils y relatent le récit d'une Mrs. A.V.

Hunt, qui s'était rendue un après-midi de 1911 au lough na Corra, proche de Croagh Patrick, avec une amie et deux ouvriers :

« Brusquement la surface de l'eau fut troublée par une grande forme noire, qui surgit et nagea en quelques instants d'un bout à l'autre du lac. D'autres formes semblables apparurent, et elles parurent s'ébattre, plongeant et émergeant tour à tour, comme des phoques en train de jouer. Le lac a quatre ou cinq kilomètres de long. De la hauteur où nous nous trouvions, ces bêtes paraissaient plus grosses que le bétail qui paissait dans les prés. Même à la jumelle, nous ne pouvions à cette distance distinguer aucun détail... Nous avons appelé les ouvriers qui travaillaient à la chapelle, pour qu'ils les voient. Mais peu après, elles ont disparu l'une après l'autre, et le lac a repris son aspect tranquille. »

Quand un phénomène observé revêt l'aspect d'un animal, le témoin a facilement tendance à penser qu'il en voit vraiment un. Or, dans ce cas, rien n'indique que Mrs. Hunt ait observé des animaux réels « ressemblant à des phoques ». C'étaient presque certainement des ombres courant sur le lac, comme celles du lough Bray que j'ai photographiées. Toutefois, si trompeuses que soient certaines ombres, elles ne sauraient servir d'explication au long cou et à la petite tête si nettement distingués par « L.R. » et son ami, ni au témoignage que je vais maintenant relater.

Quelques semaines après la déclaration de 1963 des deux amis, un autre monstre fut signalé, cette fois dans le lough Mayor, du comté de Monaghan. A la fin de juillet, trois jeunes gens — Talbot Duffy (dix-sept ans), G. Reilly (dix-huit ans), et Paul Pentland (douze ans) — affirmèrent qu'en rentrant d'une partie de pêche ils avaient vu un « monstre » bondissant dans l'eau comme un lion-de-mer. Quoique très effrayés, ils l'observèrent plusieurs minutes, puis lui jetèrent des pierres, et quand il se dirigea vers eux ils s'enfuirent. Talbot Duffy, qui avait tiré beaucoup de loutres, était certain que ce n'en était pas une. Les garçons dirent que la bête avait une crinière et deux cornes saillant sur sa tête. Quand ils revinrent le lendemain, ils virent qu'une douzaine de brèmes, laissées par eux sur le rivage avant de s'enfuir, avaient été mangées et qu'il n'en restait que les arêtes. Un homme du pays, Paddy Brady, confirma la description des jeunes gens, car il avait également vu l'animal dans le lac. Le week-end suivant, quantité de gens de Monaghan et des comtés environnants vinrent au lac dans l'espoir d'y voir la bête, mais ce fut en vain. Il ne pouvait d'ailleurs s'agir d'un phoque, car le lac se trouve à 50 km de la mer ; mais en dépit du manque de détails et contrairement au monstre du lough Dubh, cet animal correspond mieux aux caractéristiques des signalements habituels.

Cependant, j'accorde moins de crédit aux témoignages relatifs à un monstre de l'île d'Achill, qui firent beaucoup de bruit durant l'été 1968. Mes réserves sont en partie motivées par une mystification qui a beaucoup diminué la valeur des récits traditionnels de cette île. On a souvent prétendu à tort que les histoires de monstres sont inventées dans un but publicitaire. C'est d'autant plus inexact que la plupart des lacs réputés pour contenir des monstres se trouvent isolés dans des régions sauvages et que les touristes n'y viennent pas. En revanche l'île d'Achill, toute proche de la côte occidentale d'Irlande, est la plus fréquentée par les habitants de Dublin et les visiteurs européens, avides de nouvelles sensationnelles concernant les monstres locaux. Aussi faut-il considérer celles-ci avec le maximum de circonspection.

Ces témoignages ont pour objet le lough Glendarry, au centre de l'île. Le premier dimanche de juin 1968, un homme d'affaires de Dundalk prit dans sa voiture deux jeunes auto-stoppeuses, Mary O'Neill, de Mullingar, et Florence Connaire, de Galway. Alors qu'ils longeaient le lac, vers un heure, une des jeunes filles montra du doigt une « grosse bête » sur le rivage, à une centaine de mètres de la voiture. Un peu effrayées, les passagères voulaient poursuivre leur route, mais l'homme n'en fit rien et tint à photographier l'animal, à supposer que c'en fût un, au moyen de son Polaroïd. La bête avait une douzaine de mètres de long, une tête de lévrier et une longue queue. « Il ressemblait tout à fait à un dinosaure, dit plus tard Mary O'Neill. Il a bougé un peu et m'a paru avoir 6 à 7 mètres de long. » Une fois développé, le cliché montra bien ce que les voyageurs avaient vu, mais les dimensions de l'animal demeurèrent imprécises.

Le 5 juin, l'*Evening Herald* de Dublin rendit compte de l'incident et publia un agrandissement de la photographie : elle représentait un monstre assez hideux et grimaçant pardessus une haie se trouvant là bien à propos. Quand je demandai au journal, en novembre 1970, une copie de la photo, la réponse fut la suivante : on ne leur avait confié le cliché que pour le reproduire une fois, il n'en restait donc pas de copie, et le nom du photographe ne figurait pas au dossier. Pour ma part, je ne suis pas du tout convaincu qu'il représentait un animal. Quoi qu'en pense Miss O'Neill, l'objet ne rappelle aucun dinosaure connu, mais plutôt ce à quoi beaucoup de gens imaginatifs croient qu'ils ressemblaient. Nous l'avons vu, s'il existe des monstres lacustres dans ces régions, ce sont presque sûrement des mammifères et non des reptiles préhistoriques. Dans le cas présent, j'ai le sentiment que quelqu'un a fabriqué un monstre avec de la tourbe, et que le touriste sans méfiance l'a photographié au passage.

Cela dit, si quelqu'un a monté une supercherie, il a bien choisi l'endroit. Le reporter du *Herald*, envoyé enquêter sur place, découvrit plusieurs personnes qui avaient effectivement vu un monstre dans le lac. Deux mois auparavant, le 1er mai, un entrepreneur local, John Cooney, et son ami Michael McNulty longeaient le lac en camion, quand un animal traversa la route devant eux.

« Il avait trois à quatre mètres de long, déclara Mr. Cooney, un long cou de cygne mais bien plus gros, et une queue très épaisse. Comme il se présentait obliquement, nous n'avons pas pu évaluer sa longueur exacte. Il avançait en se tortillant. Nous avons nettement vu qu'il était brun foncé, luisant et écailleux. Ses yeux brillaient, mais je ne peux dire s'il nous a regardés, car il a vite disparu dans d'épais buissons, et nous ne nous sommes pas arrêtés pour le rechercher. »

Ce témoignage me paraît correspondre beaucoup, avec quelque exagération, à ceux relatifs à notre ami au long cou ; la queue est sans doute en réalité la partie postérieure du corps qui traîne sur le sol.

Egalement en juin, une femme de Limerick vit une sorte de tronc d'arbre qui s'agitait bizarrement sur le lac ; elle alla chercher son mari, mais quand elle revint l'objet avait disparu.

Deux ans auparavant, selon Denis McGowan, un pêcheur anglais était entré dans son magasin, après avoir vu un étrange animal dans le lac, mais il n'avait donné aucun détail à ce sujet.

D'autre part, Thomas Cooney, cousin du précédent, avait vu le monstre trente-cinq ans plus tôt ; une certaine Mrs. Annie Callighan confirmait cette observation à la même époque ; enfin l'animal avait été vu trente ans auparavant par des femmes ramassant de la tourbe, et ces témoignages n'étaient pas les seuls qu'on retenait.

Trois semaines avant la prise de la photographie suspecte, un un jeune apprenti menuisier de seize ans, Gay Denver, rentrait à bicyclette de l'église chez lui. La route au bord du lac montant en pente assez raide, il descendit de sa machine pour gravir la côte à pied. A ce moment, il aperçut un animal près d'un bosquet, à environ cinquante mètres du lac, qui « semblait faire le gros dos » pour grimper sur la berge : « Il avançait par bonds, comme un kangourou. Il avait une tête de mouton, un long cou et une longue queue. Ses membres postérieurs étaient plus longs que les antérieurs. » Denver évalua sa longueur à environ quatre mètres ; il était donc « beaucoup plus gros qu'un cheval » et de couleur sombre. Voyant par la suite une image du kangourou, le témoin dit qu'elle était bien conforme à ce qu'il avait vu, car le monstre avait « un dos bossu, tout comme celui-là, et une petite tête ».

Au cours d'une visite à Achill, j'ai acheté un assez charmant souvenir du monstre, fabriqué par le potier local d'après la photographie (Planche 16). Les gens du pays semblent raisonnablement convaincus de l'existence de l'animal. Certains éléments des récits de Cooney et de Denver concordent avec ce que nous pouvions prévoir, et s'il n'y avait pour preuves que ces témoignages, le dossier concernant ce monstre serait convaincant. Malheureusement, il y a cette monstruosité préhistorique de la photographie, que même ma nature crédule ne saurait accepter.

Si l'île d'Achill espérait accaparer seule les amateurs de monstres de l'Irlande occidentale, elle ne tarda pas à être déçue. En effet, les monstres lacustres sont devenus une épidémie dans la province de Connaught, et l'on signala bientôt un rival dans un lac proche de Clifden. Il y a au sud de cette ville une vaste zone de marécages, comprenant de nombreux petits lacs dont certains ne sont guère que des mares. Plusieurs observations récentes de monstres ont été faites dans une série de trois de ces lacs, communiquant entre eux et avec la mer par un simple ruisseau.

En 1954, Mrs. Georgina Carberry faisait partie d'un groupe qui alla pêcher dans le plus grand de ces lacs, le lough Fadda. Ils y virent « un gros objet noir qui se déplaçait lentement, laissant émerger deux bosses et une tête, environ un mètre au-dessus de l'eau, au bout d'un long cou incurvé. La gueule était ouverte et occupait toute la partie inférieure de la tête, comme chez un requin. Elle avait une couleur noire, la peau était lisse, et le corps tout entier semblait en mouvement. » Quand la bête se retourna puis plongea près d'un rocher, ils remarquèrent que sa queue était fourchue et « formait un V ».

Cette description, jusqu'au détail de la prétendue « queue », nous remet en présence de l'animal familier au long cou. Le capitaine Lionel Leslie en eut connaissance et, en mai 1966, il tenta de capturer ce monstre, avec l'aide de son ami Lord Massarene, un autre ami et trois experts en biologie marine. Etant membres du Bureau d'Enquête du loch Ness, ils usèrent d'une tactique analogue à celle employée en Ecosse par David James. Ils tentèrent de chasser l'animal des profondeurs en y faisant exploser des grenades sous-marines. Une caméra braquée sur le lac devait filmer tout ce qui émergeait, mais il ne se produisit rien qu'un curieux remous.

Une autre tentative eut lieu en 1968, cette fois pour prendre l'animal au filet. Le professeur Roy Mackal y prêta son concours d'expert, afin de contraindre l'animal à tomber dans le piège du plus petit lac, de 130 mètres sur 80. Une famille de sept personnes informa les enquêteurs qu'un animal noir, de quatre mètres de long environ, avec les habituelles bosses et le long cou, avait été vu nageant autour du lac. On posa les filets, on utilisa un anesthésiant pour poissons. Mais bien que la faune du lac parût normale, aucun monstre ne vint flotter à la surface. Le manque de temps et la prolifération des nénuphars empêchèrent que l'on draguât le lac, et il fallut conclure que l'animal avait réussi à gagner la mer par le ruisseau. Toutefois, un an plus tard, Ted Holiday apprit par un berger que celui-ci avait vu un monstre sur la terre ferme, près de ce même lac. Des recherches aussitôt entreprises par un plongeur ne jetèrent cependant aucune lumière sur le mystère des allées et venues de la bête.

Cependant, un cultivateur habitant près d'un des lacs, Mr. Tom Joyce, avait vu ce qu'on appelait dans le pays des « anguilles chevalines ». Thomas Crofton Croker, le spécialiste des traditions populaires du siècle dernier, a décrit ces animaux comme étant « de grands congres, longs de sept mètres, au corps de taureau et portant une crinière de cheval sur le dos ». Celui de Mr. Joyce lui sembla d'abord n'être qu'une loutre, puis il vit lentement émerger un corps, long de deux à trois mètres et haut de moins d'un mètre. La bête s'éloigna, pataugeant à travers les roseaux, et disparut enfin sous l'eau.

Un autre témoin, Mr. Pat Walsh, a raconté qu'étant à bord de son canot sur le lac, il vit soudain émerger tout près de lui une tête et un cou d'animal inconnu. Très effrayé, il regagna la rive en ramant de toutes ses forces, craignant que la bête ne fît chavirer l'embarcation. Deux de ses amis avaient, quelque temps auparavant, plongé dans le lac pour tenter de découvrir ce qu'était un animal étrange aperçu de loin sur le rivage : il s'agissait d'une anguille géante, longue d'au moins cinq mètres.

Stimulés par ces témoignages, le capitaine Leslie, Holiday et trois amis retournèrent au lough Fadda en septembre 1969 pour y mener une enquête approfondie. Cette fois, ils tendirent des filets dans les trois lacs, qu'ils eurent la surprise de trouver peu profonds, le fond étant constitué d'une épaisse couche de vase fluide. Le mauvais temps les contraignit à cesser leurs recherches en octobre, sans avoir vu un animal. Celui-ci avait sans doute réussi à fuir par le ruisseau jusqu'à la mer, ou bien alors il se tenait tapi dans la vase, sans faire surface. F.W. Holiday a décrit en détail ses investigations dans son livre *The Dragon and the Disc* (1973). Ses résultats confirment le signalement habituel, absence de queue et petites cornes incluses. Mais je pense qu'il faut accepter avec la plus grande prudence les théories exposées par l'auteur.

Pour conclure ce dossier des monstres irlandais, il me reste à relater l'histoire du Monstre des Bois, qu'Edith Somerville nous a fait connaître. En juillet 1921, elle reçut la visite d'un vieil homme qu'elle connaissait, Thady Byrne, qui demanda si elle avait entendu parler du « monstre qui hante les bois ». Il faisait allusion à une forêt de 250 hectares environ, qui couvrait les collines et les vallons dominant la petite baie de Myross, dans le comté de Cork. Thady rentrait chez lui à travers bois quand il vit le monstre qui, « assis sur un rocher, le regardait ».

« Il était noir, déclara-t-il, aussi grand qu'un lévrier, mais avec une tête de chat. Il avait de longues moustaches mais pas un poil sur la queue. Sa large gueule rappelait celle du bouledogue. Son corps, très large aux épaules et à la poitrine, s'amincissait vers la queue. On l'entend souvent aboyer la nuit dans les bois, et son jappement ressemble au cri de la mouette. »

Quelqu'un ayant estimé que cette bête ne pouvait venir que de la mer, Thady et quelques amis passèrent le dimanche suivant à la chercher avec des chiens, mais sans succès. On continua cependant d'en parler toute une semaine, en la rendant responsable notamment de vols de poulets. Les témoignages, émanant même d'hommes dignes de confiance, variaient beaucoup, allant jusqu'à la comparer à un crocodile ou à un singe.

A mon avis, la description de Thady ne peut correspondre qu'à une sorte de phoque. Mais s'il s'agissait d'un phoque ordinaire, il l'aurait aussitôt reconnu. Le fait que ce monstre pouvait se dresser sur ses pattes de devant évoque une sorte d'otarie ou de morse. Ce ne pouvait pas être une otarie, et si ç'avait été un morse (il en vient parfois dans ces parages), Thady aurait sûrement parlé de ses défenses. Je ne peux donc qu'en déduire que ce devait être un serpent-de-mer à crinière, un Long-cou, mais doté d'une crinière et d'une moustache. Le cou de tels animaux peut être plus court que celui des animaux du loch Ness, mais la question reste incertaine. Sauf erreur, je crois que c'est le seul témoignage, relatif à un tel animal observé sur la terre ferme, qui ait jamais été enregistré. Toutefois on en a vu dans le passé le long des côtes irlandaises. En 1922, l'un d'eux apparut dans le Shannon, à Limerick, en pleine guerre civile, et un garde national fit feu sur lui. Un autre fut aperçu plus en aval en 1933.

Il est difficile de tirer des conclusions positives du dossier irlandais, parce que la réalité est trop souvent mélangée à la légende. Quelques cas — les monstres du lough Ree et du lough Bray, peut-être aussi celui du lough Abisdealy — sont assez clairs. Dans d'autres, on constate des éléments fantaisistes et exagérés, dus à ce que les étrangers appellent volontiers « une débordante imagination celtique ». L'unique photographie présentée est certainement une mystification, si drôle soit-elle. Les quelques tentatives de capture se sont soldées par de lamentables échecs. Néanmoins, les données fournies par les témoins sont assez positives pour nous convaincre qu'il existe, dans certains lacs irlandais, des animaux semblables à ceux signalés en Ecosse. Il y a aussi quelques faits bizarres, tels que ceux du lough Dubh, qui doivent rester des mystères déconcertants. Et enfin, il y a toujours le vieux serpent qui demeure enchaîné au fond du lough Allen...

CHAPITRE VIII

LES « SŒ-ORM » et « SKRIMSL » DE SCANDINAVIE

« Ils sont tous extrêmement curieux, et méritent qu'on les rassemble pour former un seul groupe. »

(TAYLOR, dans ses notes sur Grimm.)

Durant des siècles, les Scandinaves ont considéré comme normale l'existence de monstres dans leurs innombrables lacs. Cette attitude parut bizarre à un correspondant du *Gentleman's Magazine,* qui écrivit en 1765 : « Les habitants de Stockholm signalent qu'un grand dragon, nommé Necker, infeste le lac voisin, et qu'il prend et dévore les garçons qui s'y baignent. » A cause de ce monstre, ils tentèrent de dissuader Mgr Huet, l'évêque d'Avranches, de nager dans le lac Malern par une chaude journée d'été ; mais l'intrépide ecclésiastique ne voulut rien entendre, et « ils furent très surpris de le voir revenir, ayant échappé à ce danger immanent ».

Quoique ce prélat n'ait pas rencontré Necker — l'équivalent nordique du « cheval-aquatique » — les descendants de ce monstre survivent de nos jours, non seulement dans les lacs suédois, mais ailleurs, en Islande et en Norvège. J'ai groupé les observations signalées dans ces trois pays, moins à cause de leur proximité géographique que pour leur commune culture scandinave.

Bien avant 1765, la Scandinavie avait la réputation d'être le repaire par excellence du Serpent-de-mer, qu'on appelait là-bas *Sœ-Orm.* Les vaisseaux des Vikings étaient ornés de féroces dragons sculptés sur l'étrave, tel celui de Gokstad, au bec crochu et au long cou. Un navire célèbre s'appelait le *Dragon-de-Mer* et, pour continuer la tradition, les Suédois ont récemment lancé un sous-marin nommé le *Serpent-de-Mer.*

La mythologie nordique contient maintes légendes de héros

tuant des monstres marins ; on connaît surtout la victoire de Siegfried sur le dragon Fafner, immortalisée par Wagner dans la Tétralogie. Dès le VIIIe siècle, le poème épique *Beowulf* prit pour thème ces traditions, évoquant de sinistres monstres tapis dans des marais. Mais en plus de ces bêtes effroyables, le poète en mentionne d'autres qui sont « contraintes de nager dans les eaux glacées de lacs abominables » : à mes yeux une référence à quelque monstre lacustre à sang chaud. Quant aux serpents-de-mer qu'il décrit, leur comportement ressemble beaucoup à celui des phoques.

Certains récits fort anciens, relatifs au Serpent-de-mer, émanent de personnalités dignes de foi : ce fut le cas d'Erik Pontoppidan, évêque de Bergen, qui publia en 1752 une *Histoire naturelle de la Norvège.* Il y écrit : « Je ne me refuse pas complètement à croire ce qu'on raconte au sujet de serpents aquatiques observés dans des lacs d'eau douce. Ceux de Sundfjord et d'Uland sont renommés pour contenir de telles bêtes, et les habitants des régions voisines n'osent pas les traverser, de peur que leurs bateaux ne chavirent. »

Dès 1555, l'historien Olaus Magnus en avait parlé, dans sa vaste étude des peuples scandinaves : « Il y a aussi un serpent d'une incroyable énormité dans le lac Mjösa, au diocèse de Hamar. De même qu'une comète présage des changements dans le monde entier, l'apparition de cette bête annonce un changement dans le royaume de Norvège. On l'a constaté en 1522, quand elle a surgi au-dessus de l'eau et a tourné sur elle-même comme une sphère. La longueur de ce serpent a été évaluée, à grande distance, à environ cinquante coudées (25 mètres). Or, il y a eu ensuite le bannissement du roi Christian, une grande persécution des évêques, et la destruction du pays. »

L'auteur note aussi que le Serpent-de-mer « ne sort de ses cavernes que par de belles nuits d'été, pour dévorer des veaux, des agneaux et des cochons ». En 1884, un journaliste hollandais, revenant de Norvège, dit à Oudemans qu'on observait parfois des mouvements étranges à la surface du lac Mjösa, et que les gens du pays les attribuaient à un serpent-de-mer, qu'on y voyait parfois.

Il me faut aussi mentionner les travaux de Mlle Elizabeth Skjelsvik, qui s'est efforcée de recueillir quantité de légendes et de traditions populaires en Norvège, dont beaucoup concernent des monstres lacustres. Ainsi, dans la *Hammer Chronicle* de 1617 à 1624, il est encore question du monstre du lac Mjösa, dont l'apparition présagea la capture par les luthériens du dernier évêque catholique norvégien. Le même monstre avait été mentionné en 1532 par Jacob Ziegler, dans son ouvrage *Schondia.*

Il y raconte que, cette fois aussi, l'animal fut le signe avant-coureur de changements dans le royaume, car il se manifesta juste avant la mort du roi Christian II. « Son corps, écrit Mlle Skjelsvik, était multicolore, et il avait des yeux comme des cerceaux. » On disait également qu'un autre monstre surgissait du profond lac Lunda lors de la mort des rois de Norvège ; mais celui-là semble très favorable à la dynastie régnante, car on ne le revoit plus.

J'en ai assez dit sur les légendes. Passons en Islande, où l'on trouve des monstres plus concrets. Selon l'*Histoire naturelle de l'Islande* de Harrblow, que Boswell cite, « il n'y a pas de serpents dans ce pays ». Cette omission de la nature est compensée par l'existence du *Skrimsl.* On le trouve mentionné à plusieurs reprises dans le *Landanamabok,* histoire de l'Islande primitive, à l'époque de sa colonisation par les Norvégiens. La *Chronique islandaise* indique qu'il est apparu pendant l'été de 1345 dans le Lagarflót, un long lac montagneux d'eau douce, situé à l'extrême nord-est de l'île, et précise :

« C'était une chose extraordinaire, qu'on a estimé être un animal. Par moments, il ressemblait à une île ; à d'autres, on voyait apparaître des bosses..., séparées par de l'eau. Personne ne connaît les dimensions de cette bête, car nul n'a vu sa tête ou sa queue, et par conséquent on n'est pas certain de ce que c'était. » *

Dans le *Thjoth Sogur,* Jon Arnason cite la description du *Skrimsl* observé dans le Lagarflót en 1749 ou 1750 : elle émane de témoins oculaires instruits, un homme de loi nommé Peter et deux amis :

« Ils estimaient qu'il avait la taille d'un gros bateau et se déplaçait rapidement. Après l'avoir observé quelque temps, ces hommes allèrent au crépuscule à Arneither-stede, où ils racontèrent ce qu'ils venaient de voir. Or, tandis qu'ils parlaient, le monstre surgit du lac, juste devant la ferme. Il semblait très long, et l'on voyait une grosse bosse émerger plus que le reste du corps. Un des témoins crut deviner les mouvements d'une queue, juste sous la surface. Tous les habitants de la ferme, sans exception, virent la bête. Par la suite, ceux de Hrafnagorthis

* Sur la carte d'Islande, dessinée en 1585 par Abraham Ortelius pour son *Theatrum Orbis,* d'après les renseignements fournis par Andreas Vadel, il y a une note relative au Lagarflót (Planche 18). Rédigée en latin, elle est ainsi conçue : « Dans ce lac il y a un serpent de dimensions extraordinaires, dangereux pour les habitants, qui apparaît en même temps que de mémorables changements se produisent dans le destin du pays. » On peut certes ne pas tenir compte de telles légendes, dont beaucoup de grands lacs sont le théâtre, mais elles ont souvent été confirmées par des témoignages plus récents.

signalèrent que trois bosses étaient apparues à la surface des eaux et n'en avaient pas bougé durant une journée entière. »

L'animal devait être encore vu peu après à l'extrémité ouest du Lagarflót, et de nouveau en 1819 à Arneither-stede. Nous devons nous rappeler qu'à cette époque l'Islande était une île lointaine, dont les quelques habitants exploitaient des fermes très distantes les unes des autres. Pourtant, ils formaient une communauté remarquablement instruite, ce qui explique la valeur de ces observations.

En 1860, un jeune pasteur de 29 ans nommé Sabine Baring-Gould, membre de la Société littéraire nordique et spécialisé dans l'étude des anciennes sagas, visita les régions les plus isolées d'Islande, et peignit des aquarelles de tous les sites les plus remarquables — volcans, geysers et glaciers. Peu avant la fin de son périple, il arriva un soir dans une petite agglomération provinciale. Voici ce qu'il écrivit à ce sujet :

« A notre grande joie, nous avons rencontré à Skogkotr Martin et le Yankee, qui venaient de passer une semaine à pêcher à Skorradalsvatn. Ils étaient très agités à cause de l'apparition d'un *Skrimsl*, monstre à moitié fabuleux qui, dit-on, vit dans certains lacs d'Islande, mais que l'on considérait en général comme le fruit de l'imagination des gens. Or, mes deux amis étaient arrivés au lac, juste le lendemain du jour où l'on avait vu l'animal s'ébattre à la surface, ce qui leur permit de recueillir à son sujet des renseignements précieux. Un matin, le fermier et son personnel remarquèrent quelque chose d'anormal sur le lac, et un instant plus tard ils virent émerger une grosse tête, semblable à celle d'un phoque, qui se dressait au-dessus de l'eau. Puis un dos ou une bosse surgit derrière elle et, après un intervalle d'eau, une seconde bosse apparut. La bête avançait lentement et semblait jouir du soleil. »

Un des deux voyageurs qui avaient visité le Lagarflót envoya à Baring-Gould la description suivante de l'animal :

« D'après les estimations des cultivateurs riverains, le *Skrimsl* mesure environ 15 mètres de long, ainsi décomposés : 2 pour la tête et le cou, 7 pour le corps, et 6 pour la queue. Le monstre a été vu par le fermier local, la veille de notre arrivée à Grudd. Son histoire et la description du poisson étaient si remarquables que nous avons entrepris d'enquêter à ce sujet, ce qui nous a amené à interroger plusieurs personnes ayant vu le monstre. Il a été observé en particulier par trois fermiers riverains, dont l'un a eu le temps de le dessiner, alors qu'il s'ébattait à la surface pendant une demi-heure. J'aurais eu tendance à considérer cette histoire comme un mythe, mais tous les récits des témoins ont concordé remarquablement jusqu'au moindre détail, et le monstre a été vu non seulement dans une certaine partie du lac mais aussi en divers autres endroits. »

Dans le livre qu'il publia ensuite, Baring-Gould a reproduit le croquis du fermier. Si grossier qu'il soit, il constitue à mes yeux un superbe élément de preuve, car c'est un des plus anciens documents que nous possédions sur un monstre lacustre et, de plus, il est l'œuvre de quelqu'un n'ayant eu aucune connaissance d'autres descriptions de serpents-de-mer. Quoique la tête et les bosses soient conformes à la description, le cou semble trop court, et les proportions ne correspondent pas aux dires du fermier. Néanmoins, les charmantes moustaches nous indiquent qu'il s'agit d'un mammifère, et nous pouvons penser qu'il s'apparente au phoque ou à la loutre.

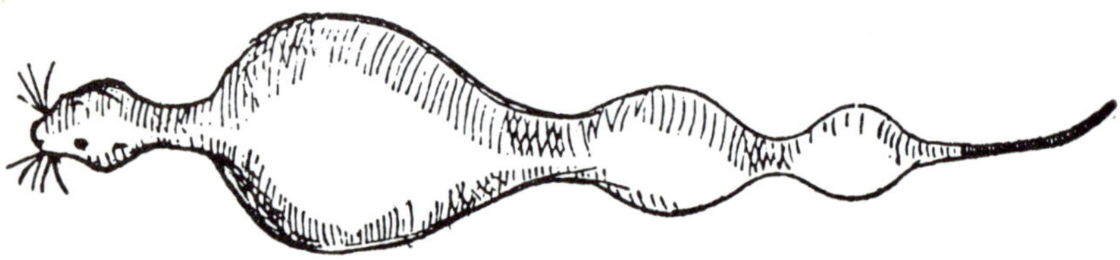

Fig. 23. Le Skrimsl, dessiné par un fermier islandais (1860).

En fait, d'autres témoignages semblent indiquer qu'au large des côtes scandinaves il y avait deux sortes de serpents-de-mer : le Long-cou, que nous connaissons bien grâce au loch Ness, et un autre type à longue queue et à cou bref (celui du croquis du fermier), qui serait la Super-loutre de Heuvelmans. Il est très possible que des animaux du second type aient réussi à se frayer un chemin jusqu'au lac islandais.

A son retour à Reykjavik, Baring-Gould en apprit davantage sur le *Skrimsl*, par un érudit islandais nommé le Dr Hjaltalin. Il dit à Baring-Gould que, pendant des années, il avait considéré qu'il s'agissait d'une bête de légende, jusqu'au jour où, sur une des plages du Lagarflót, on lui avait montré une masse d'os et de chair rejetée par le flot. Or, ces os différaient complètement de ceux d'une baleine, et il fut incapable de déterminer leur provenance : ils ne correspondaient à aucun des animaux marins connus des mers nordiques.

A ce que je sache, le Dr Hjaltalin est le seul savant qui ait jamais examiné les prétendus vestiges d'un monstre lacustre. Il serait intéressant de savoir ce que sont devenus ces os, et s'il en a publié une description, étant donné qu'il semble avoir été un des dirigeants intellectuels de son temps en Islande. Hélas ! il est plus que probable qu'il n'a rien écrit et que ces vestiges ont disparu depuis longtemps.

Les Norvégiens allaient jusqu'à mener des enquêtes judiciaires sur les observations de serpents-de-mer, les témoins oculaires étant tenus de fournir un compte rendu exact des incidents signalés. Une fois l'habitude prise, on continua de procéder à ce genre de recherches, si bien que, pour beaucoup de lacs norvégiens, nous disposons, non de simples racontars, mais de témoignages dignes de confiance.

Une de ces enquêtes eut pour but de vérifier les comptes rendus d'observation d'un monstre dans le lac Suldal, lac aussi long qu'étroit du district norvégien de Rogaland. On disait que la bête avait presque la dimension d'une petite île ; de couleur grise, un peu brunâtre, elle semblait visqueuse ou luisante. D'autres dirent qu'elle était d'un noir brillant, avec des taches blanches, qu'elle avait la grosseur d'un bateau à quatre rameurs, une tête aussi pointue qu'un soufflet et de grands yeux. Les témoignages présentèrent un mélange de faits positifs et d'invraisemblances. Un homme déclara qu'il traversait le lac à la rame, quand une tête sombre, à grands yeux, émergea à une centaine de mètres, puis le suivit et disparut quand il approcha du rivage. Un autre prétendit que la bête l'avait saisi par le bras et ne s'était résignée à le lâcher que quand il eut récité le « Notre Père », laissant son bras couvert de vase. Naturellement, de telles exagérations suscitèrent de vives inquiétudes dans les environs.

Au cours de l'été 1892, l'inspecteur régional des écoles A.J. Olsen (qui était aussi le président du comité des directeurs du Muséum de Stavanger) se rendit au lac pour enquêter lui-même sur le monstre, dont il avait entendu parler par des amis dignes de foi. Pensant qu'il pouvait s'agir d'une sorte d'illusion, il entreprit de découvrir ce qui avait provoqué ces témoignages. En général, tous ceux qu'il entendit concordaient : par temps chaud, quand le lac était calme, l'eau commençait par bouillonner, puis un gros corps sombre apparaissait au milieu des remous ; il avait la forme d'un bateau chaviré et ne tardait pas à disparaître, après quelques minutes d'ébats désordonnés.

Olsen examina surtout la partie du lac la plus en amont, où le monstre apparaissait souvent, non loin des fermes de Roalkvarm. Deux rivières se jetaient dans le lac à son extrémité, et sur chacune on avait installé une scierie. Non sans satisfaction, l'enquêteur constata que le « monstre » semblait constitué de sciure de bois, car le fond du lac en était couvert et, quand elle fermentait sous une couche de vase, le tout remontait à la surface.

Telle était sa théorie, mais aucun des habitants locaux n'y crut. Le président du conseil communal et diverses personnes influentes organisèrent une enquête puis, à l'automne, le comité directeur du Muséum de Stavanger convoqua quelques-uns des témoins. Leurs déclarations, faites sous serment, ne modifièrent en rien les opinions contradictoires des incrédules et des convaincus. On proposa au Muséum de monter à ses frais une expédition pour capturer le monstre, qui serait ensuite empaillé et enrichirait les collections du musée, mais, incrédules, les dirigeants s'y refusèrent.

Cependant, l'affaire eut des suites, un an plus tard. Au printemps de 1893, M. Roalkvam, instituteur local, et son frère remarquèrent un mouvement bizarre sur l'eau, à vingt mètres de la rive. Il y avait des remous, beaucoup d'écume, et finalement une sorte de gros tronc d'arbre apparut à la surface. Se demandant si c'était le monstre, ils mirent un canot à l'eau mais ne trouvèrent plus sur place qu'un peu d'écume. En revanche, ils eurent la chance de voir l'eau bouillonner un peu plus loin, et un autre objet ressemblant à un bateau chaviré surgir à la surface. Après avoir oscillé un moment, il s'immergea en partie mais continua de flotter, immobile, sur l'eau redevenue calme. Ayant réussi à s'en approcher, les deux frères eurent la vive surprise de découvrir que c'était « une masse compacte de sciure de bois, de plantes à moitié pourries, d'aiguilles de pin et de morceaux de bois agglutinés par de la vase. Ils essayèrent de la remorquer jusqu'à la rive mais durent y renoncer. »

Ce remarquable témoignage (tiré d'un rapport sur le monstre du lac Suldal, rédigé par A.J. Olsen pour le Muséum de Stavanger en 1897) a fourni à Maurice Burton le prototype des « masses végétales » qui, à son avis, constituent l'explication des apparitions du loch Ness. Pour ma part, je persiste à ne pas comprendre comment un tas de bois pourri peut revêtir l'aspect d'un animal dont maints détails ont été précisés. Néanmoins, s'il est vrai que les comptes rendus d'observation de monstres dans les lacs norvégiens ont commencé d'être publiés à l'époque où les premières scieries furent installées sur les bords de rivières de montagne, cela peut n'être qu'une simple coïncidence. Au surplus, il n'y avait évidemment pas de scierie aux abords du lac Mjösa en 1553.

Nous devons à Mlle Skjelsvik de connaître, grâce à ses recherches dans les archives d'Oslo relatives aux traditions folkloriques, certains détails concernant d'autres lacs norvégiens réputés pour leurs monstres. Mais il s'agit, là encore, de simples traditions orales, généralement dépourvues de détails précis. On en trouve cependant quelques-uns, qu'il me paraît utile de mentionner. Ainsi, l'animal du lac Bullare, en Suède, avait un corps correspondant à celui d'un veau d'un an et un cou de 4 mètres. Celui du lac Römmen avait une tête de veau et un corps comme un tronc d'arbre. Le monstre d'Odegaardskilen ressemblait aussi à un tronc d'arbre, mais avait des mouvements sinueux et une longue langue pointue. Dans le lac Ringsjö, on signala en 1868 une bête à tête de cheval, dont la gueule aux dents blanches « était assez grande pour avaler un chat ». Selon un témoin nommé J.A. Samuelsen, l'animal du lac Bergsö avait un cou d'un mètre et sept ou huit anneaux d'un mètre, de couleur gris fer et gros comme la cuisse d'un homme ; il en signala un autre dans le lac Oyvanna, ayant une tête de veau et des yeux « larges comme une chatière ».

L'animal du lac Kröderen avait, disait-on, une tête aussi grosse qu'une petite maison, ce qui est évidemment ridicule, mais aussi de grands yeux et un beuglement de vache, ce qui est plus vraisemblable. Il faut cependant noter que ces comptes rendus ont été rédigés et sans doute enjolivés par le journaliste Ivar Wiel qui, en revanche, écrivit plus calmement, dans une revue norvégienne de géographie, que la bête du lac Tyrifjorden mesurait de 2 à 8 mètres de long.

D'autres monstres, observés dans les lacs Deblemyren, Repstadvatnet, Tinnkjödnet et Sögne, se distinguaient par une caractéristique commune : leur cou était surmonté d'une crinière de cheval. Celui du lac Lundevatnet avait huit ou neuf bosses et nageait plus vite qu'un canot automobile, tandis que celui du Mosvatnet, brun noirâtre, présentait une tête de phoque, un collier blanc et un corps évoquant un tronc de peuplier raboteux. Quant à celui du lac Ormsjö, également brun, on lui attribuait la bizarrerie supplémentaire d'être couvert de piquants et de plantes aquatiques.

Ce n'est pas tout. Les bêtes du lac Krovatnet étaient, assurait-on, grises et mouchetées de taches jaunes, tantôt grandes, tantôt petites. Celle du lac Storevatn avait 9 à 10 mètres de long et un corps noir, luisant, à forme de canot chaviré, la quille en l'air. Le monstre du lac Torfinnsvatnet se distinguait par une tête de dragon, une large gueule et des pattes de crocodile. Selon un écrivain de 1872, le monstre du lac Skodje, aussi corpulent qu'un homme, avait une tête de cheval, une crinière, et des yeux comme des assiettes. Quelqu'un a prétendu qu'il mesurait 7 mètres ; mais la longueur de celui du lac Sandsavatnet atteignait, quant à lui, 70 mètres, et l'on en signala un dans le lac Jölstravatnet, qui mesurait 800 mètres de long...

Dans ce fatras fantastique, nous retrouvons certains détails familiers, mais en majeure partie le pittoresque de ces comptes rendus est trop exagéré pour qu'ils soient utiles. Pas de doute qu'il y a, dans ces témoignages norvégiens, des éléments autres que la vision de masses végétales, mais avant de se prononcer avec certitude il faudra les étudier de plus près. Mlle Skjelsvik indique que le monstre Kro apparaît surtout en été dans le lac Orekvam, de même qu'un autre dans le lac Sör Sömna, et qu'un troisième ne surgit dans le lac Snaasa qu'à l'aube et par temps calme. Elle remarque que « ces apparitions du monstre sont très souvent accompagnées de bouillonnements et de remous », ce qui l'incite à adopter la théorie des masses végétales. Mais, nous le verrons, de tels détails peuvent aussi aisément être invoqués à l'appui de l'existence d'animaux. En tout état de cause, il va nous apparaître sans aucun doute qu'il y a autre chose que des masses végétales dans le lac Storsjö, en Suède.

CHAPITRE IX

L'ANIMAL DU LAC SUEDOIS STORSJO

L'enquête du Dr Olsson

« Un de ces animaux contraints de nager dans les courants glacés de lacs abominables. »

(*Beowulf*)

*
* *

Le grand lac Storsjö, le plus profond de tous les lacs scandinaves, est situé au cœur de la Suède, dans les montagnes. Jusque vers 1880, la ville d'Ostersund, qui se trouve sur sa rive est, ne fut qu'un lointain village de la province de Jämtlands. Avec l'instauration de l'industrie du bois et la création du chemin de fer, l'agglomération s'est développée et a prospéré. Plusieurs journaux étant alors publiés dans la ville, ce furent divers articles de presse, parus dans les années 1890 et suivantes, qui révélèrent au monde extérieur, et en particulier au Dr Peter Olsson, l'existence, dans le lac, d'un monstre mystérieux.

Ce zoologue, qui enseignait au lycée national d'Ostersund, avait publié plusieurs travaux relatifs à la biologie marine et à la faune de la province. L'annonce qu'un mystérieux animal vivait dans le lac au bord duquel se dressait sa maison l'intéressa vivement. Plusieurs témoignages recueillis à ce sujet en 1898 l'incitèrent à rechercher et collationner des comptes rendus d'observations antérieures, afin de dresser si possible un portrait détaillé du monstre. Dans ce cas au moins, il ne faisait guère de doute que l'on avait affaire à un animal. Le Dr Olsson trouva quelque vingt-deux comptes rendus, émanant de témoins tout à fait dignes de foi et échelonnés entre 1820 et 1898. Certains avaient été publiés dans les journaux locaux, mais beaucoup furent le fruit de ses enquêtes personnelles.

Le premier, datant de 1820, était celui d'un cultivateur : l'animal avait suivi son bateau à l'extrémité sud du lac, près de Funas. Une dizaine d'années plus tard, un peintre en bâtiment fut impressionné à tel point par la bête qu'il l'appela le « Léviathan du lac Storsjö » ; cela s'explique parce que les Suédois, luthériens, lisaient beaucoup la Bible. Il est intéressant de noter que, dans les rapports datant du XIXe siècle, les cultivateurs restaient attachés aux anciennes unités de mesure (en particulier la coudée, valant à peu près cinquante centimètres), tandis que les techniciens et ingénieurs employaient le système métrique.

Vers 1839, un certain Aron Andersson, de Hackaas, vit avec des amis l'animal nager de la rive vers le milieu du lac. Il ressemblait à un cheval gris rougeâtre à crinière blanche, qui disparut soudain en eau profonde. Le fils d'Andersson, qui avait pour son père le plus grand respect, l'entendit souvent raconter cette histoire par la suite. En citant de tels récits, Olsson prit soin d'assurer ses lecteurs du sérieux de ces témoins, qu'il jugeait dignes de foi, et l'on peut se ranger à son opinion.

Le 25 juillet 1855, l'administrateur local signala ce qu'il venait d'apprendre du député Paul Andersson. Le 19 juillet à 10 h 30, celui-ci naviguait avec quatre fermiers au large de Sanne lorsque, à une distance de 500 coudées, il vit l'animal — long d'environ huit mètres et aussi large qu'un canot — se diriger comme eux vers le sud mais à beaucoup plus vive allure que leur bateau. Il affirmait que le monstre avait été vu cette année-là dans une autre zone du lac et était inoffensif ; à son avis, ce pouvait être simplement un très gros brochet.

Selon un journal local de 1858, un autre fermier d'Ostersund, Erik Isaksson, fut un jour suivi dans son bateau par un gros animal dont la forme lui rappela celle d'un canot renversé. L'article ne donnait aucun détail, mais cette description correspond à celles fournies par beaucoup d'autres témoins.

En 1863, par une belle journée d'été ensoleillée, J. Bromée et plusieurs membres de sa famille traversaient le lac en venant de Billsta, quand ils virent un gros animal près de la plage s'étendant au pied de leur ferme. La belle-mère de Bromée crut d'abord que c'étaient des enfants s'amusant dans l'eau, près du rivage, mais en se rapprochant ils constatèrent qu'il s'agissait de tout autre chose : une grosse bête, à pattes courtes et épaisses, s'ébattait en faisant éclabousser l'eau de tous côtés. Bromée fit débarquer les siens puis se lança avec quelques hommes à la poursuite de l'animal, dont les bosses émergeaient sur une longueur d'environ dix coudées. Après une courte poursuite il disparut sous l'eau, sans qu'on eût pu déterminer sa longueur totale.

Un bel après-midi de l'été 1868, un autre témoin vit l'animal dans l'Aassjö, une zone particulière du lac située au nord d'Ostersund. L'eau était calme comme un miroir. Il y eut d'abord une forte vague, analogue au sillage d'un canot automobile, puis une forme semblable à un tronc d'arbre lisse et sans écorce émergea à une centaine de mètres du rivage ; elle s'éloigna à toute vitesse, parcourut environ 200 mètres et disparut sous l'eau.

En 1870, ce fut au contraire à la fin de l'automne et par temps d'orage que J. Bromée revit passer l'animal à quelque distance de sa ferme. Il évalua sa longueur à six mètres et trouva qu'il ressemblait à un tronc d'arbre. La bête avançait plus vite que n'importe quel canot, en direction de Hofverbärget, et son sillage était si important que les spectateurs estimèrent qu'elle devait être d'une force exceptionnelle.

Au milieu de l'été 1873, Erik Olsson, d'Ostersund, se rendit en bateau avec quelques amis de Kjalmarsundet à Hallen. Soudain il aperçut devant lui, à quelque distance, un objet qu'on prit d'abord pour un gros morceau de bois ; mais quand il s'en fut rapproché, il constata que c'était un animal se déplaçant à grande allure, qui se mit à suivre le bateau, sans doute par curiosité. Plusieurs rameurs prirent peur, et gagnèrent une petite île proche de Goije, où ils attendirent que la bête se fût éloignée. Malgré le soir tombant, ils purent nettement remarquer qu'elle avait une tête de chien.

En 1889, par une belle journée d'août, un bedeau nommé Ostman vit « un monstre » dans l'Aassjö, à une époque où personne dans le pays ne parlait encore de la bête, encore que les serpents-de-mer fussent alors connus de tout le monde. A une distance de 150 à 200 mètres, il aperçut quelque chose qui se déplaçait sur le lac. Croyant à une trombe, il reprit la direction de la rive, mais tandis qu'il ramait, il entendit derrière lui, le « vent » se renforcer, accompagné de bruits curieux. Curieux de savoir ce qui les provoquait, il se retourna à environ 70 mètres du rivage. Il découvrit un animal dont le cou émergeait de 3 mètres, et dont le corps gris avait environ 10 mètres de long et 1 mètre de large. Effaré, il rama de toutes ses forces pour gagner la terre ferme, mais un quart d'heure plus tard il revint au même endroit : la bête y était encore, à produire les mêmes bruits, et elle finit par s'éloigner à toute vitesse, avant de disparaître.

Pendant l'automne 1892, selon un journal local, Lars Larsson et son fils virent, dans la même zone du lac, un gros animal ressemblant à un bateau chaviré et se déplaçant très vite, grâce à ce qui leur parut être de courtes nageoires postérieures. Il faisait un tel bruit qu'on pouvait l'entendre de très loin, et sa longueur fut évaluée par le témoin à douze mètres environ.

Cependant, l'attention générale fut attirée sur le monstre à la suite d'un incident qui survint en octobre 1893. Deux jeunes filles de bonne réputation de Sörbyn — Marta Olsson (dix-huit ans) et sa sœur Karin (vingt et un ans) — étaient descendues sur la plage, en dessous d'Aas, un matin à 9 heures, pour y laver du linge. Tout à coup, elles virent un animal nager très vite vers la rive et s'arrêter devant elles. Durant une heure et demie, il resta à la même place, tour à tour dressant la tête et la replongeant dans l'eau ; cette tête, grosse et ronde, avait d'assez grands yeux. La peau était luisante, et elles distinguèrent des nageoires courtes, plus larges à l'avant qu'à l'arrière du corps. Elles ne purent affirmer qu'il y avait une queue et furent aussi imprécises quant aux oreilles ; toutefois, elles signalèrent des « choses » couchées sur la tête et qui avaient l'air rognées. La couleur générale était grise, avec de grosses taches noires.

Karin se mit à lancer des pierres à la bête qui, loin de partir, se rapprocha du rivage, si bien que la jeune fille prit peur et courut se réfugier derrière le remblai de la voie ferrée. Quant à Marta, elle grimpa dans un arbre, d'où elle put continuer d'observer l'animal. Celui-ci resta un moment à s'ébattre dans l'eau, plongeant puis émergeant à maintes reprises, avant de disparaître.

Le directeur du *Ostersund Post* interrogea longuement les deux sœurs, et Karin lui fournit des précisions plus détaillées. Les yeux de l'animal, grands comme des soucoupes et sombres, la regardaient fixement sans battre des paupières. La large bouche était ouverte, rouge à l'intérieur comme celle d'un poisson, et l'on voyait à chaque instant la langue en sortir puis y rentrer. Une distance de six à huit centimètres séparait les deux yeux. La tête avait à peu près un mètre de large et autant de long. Elle estima la longueur du cou à environ trois mètres et celle du dos à cinq mètres. Les membres antérieurs étaient plutôt des nageoires que des pattes. Les deux grandes oreilles étaient couchées en arrière et collées au cou. Il y avait aussi sur la nuque deux organes qui pouvaient s'allonger : on pense aux « harengs saurs » que quelqu'un avait signalés sur la nuque de Nessie. Quand l'animal s'éloigna, les jeunes filles se reprochèrent d'en avoir eu peur. Elles virent alors nettement le dos et la partie postérieure, traçant dans l'eau un long sillage. Les nageoires antérieures battaient l'eau si puissamment qu'à chaque coup le poitrail se dressait hors du lac. Au cours de divers interrogatoires ultérieurs, les deux témoins ne modifièrent aucun détail de leur récit.

Si remarquable qu'il ait été, il ne fut pas le seul digne d'intérêt cette année-là. Deux mois plus tard, le matin de Noël, un ouvrier nommé A.M. Johansson et sa femme franchissaient le pont qui relie Ostersund à l'île de Frösö, quand ils entendirent craquer la glace fraîchement formée du lac. Se penchant sur le parapet, ils virent émerger d'un trou la tête d'un animal, qui resta un instant à quelque 75 centimètres au-dessus de l'eau puis s'immergea. Le mouvement fut aussi rapide que l'attaque d'un serpent. Deux autres hommes, présents sur le pont, l'observèrent aussi, et l'on apprit par la suite que le même incident se reproduisit ailleurs au cours de la journée. On estimait que la bête avait une longueur totale d'environ 6 à 7 mètres.

C'est à la suite de ces observations qu'en 1894 on s'efforça de capturer l'animal. Une riche veuve d'Ostersund créa dans ce dessein une petite société, et l'on raconte que le roi Oscar II se laissa persuader de fournir une partie du capital. On embaucha un baleinier norvégien éprouvé, mais c'est en vain qu'il sillonna le lac durant une année entière : jamais il ne vit le monstre. On peut voir aujourd'hui au musée d'Ostersund une collection de harpons et d'énormes hameçons, ainsi qu'un immense piège consistant en deux mâchoires à ressort, entre lesquelles un porcelet était placé comme appât (Planche 19). Malgré ce matériel compliqué, la société n'atteignit pas le but cherché, fit faillite, le baleinier fut renvoyé, et l'on abandonna les recherches.

Cependant, bien loin d'avoir disparu, l'animal continua d'attirer l'attention de maints observateurs. En 1896, un certain Nils Ling vit, à 6 ou 8 mètres de son bateau, deux objets émerger de l'eau, longs de 50 et hauts de 75 centimètres. Sa surprise fut grande de les voir se déplacer parallèlement à lui et plus vite que son bateau, contre le vent. En outre, l'animal fit un grand bruit avant de plonger pour ne plus reparaître. Ling ne put donner aucun autre détail.

Le 31 décembre 1897, un groupe d'amis se rendant en bateau à Odensala virent l'animal nager parmi les morceaux de glace brisée qui dérivaient sur le lac, par temps clair et calme. J. Franzen, d'Ope, qui le vit le premier, déclara qu'il ressemblait à un bateau chaviré de douze mètres de long. Ses amis ayant poussé des cris, la bête changea de direction et continua de nager, tantôt plongeant, tantôt refaisant surface, pendant une demi-heure, si bien qu'au milieu des remous qu'elle provoquait on put l'observer de tous côtés.

Le 2 juin 1898, c'est au large de Hackaas qu'on vit, durant une demi-heure également, l'animal se diriger vers le nord. Il fut observé par une demi-douzaine de personnes, à environ 400 mètres de distance. Cette fois, il présentait deux bosses émergeant tour à tour sur une longueur d'une douzaine de mètres. Comme il avançait parallèlement au bateau des témoins, ceux-ci purent constater qu'au soleil sa peau semblait luisante et visqueuse. Sa partie antérieure était de couleur sombre, mi-verte mi-brune, tandis qu'à l'arrière le corps paraissait plus clair, d'un gris jaunâtre. De chaque côté, on pouvait deviner l'action motrice des nageoires, battant l'eau comme des hélices, à si vive allure que les rameurs avaient grand mal à se maintenir à sa hauteur. Il s'arrêta un court instant puis, ayant effectué quelques évolutions vers le nord, il disparut.

Un mois plus tard, le 10 juillet, le journaliste P.E. Aasèn et cinq autres personnes virent l'animal à un kilomètre de sa maison, située au bord du lac. Croyant que c'était un bateau qui avait chaviré, il mit à l'eau son canot pour se porter à son secours. Mais à mesure qu'il en approchait, il se rendit compte que c'était une masse flottante, et bientôt le mouvement de nageoires lui prouva qu'il s'agissait d'un animal et non d'une embarcation. Celui-ci se mit à nager contre le vent, qui fraîchissait, provoquant beaucoup de vagues, si bien qu'Aasèn eut du mal à le suivre. Brusquement, la bête se retourna dans l'eau, montrant son ventre et deux nageoires. Son corps avait plus d'un mètre de haut et moins de cinquante centimètres de large, le haut du dos étant très étroit. Quant à la longueur totale de l'animal, Aasèn ne put que l'évaluer vaguement : à la ligne de flottaison, elle pouvait être de 4 à 5 mètres. Quoique la tête ne fût jamais sortie tout à fait de l'eau, il estima qu'avec le cou elle devait mesurer à peu près 1 m 50. Le corps était lisse et couvert par endroits de verrues ; de couleur cannelle, il lui paraissait visqueux et écailleux. Quant aux « oreilles », elles étaient blanches et rabattues en arrière, le long du cou. Les vertèbres, de petites protubérances sombres, saillaient sur le dos, où l'on voyait aussi pendre quelque chose de vert et d'indéfinissable, crinière ou bouquet d'algues. Enfin Aasèn ne put déterminer si les membres antérieurs étaient des pattes ou des nageoires.

L'animal se dirigea tranquillement vers Vallniken, après que le témoin eut pu l'observer pendant une demi-heure. Puis, un vapeur passant au loin se mit à siffler. Aussitôt, la bête dressa les oreilles, parut effrayée, se tourna vers le sud et disparut sous l'eau.

La semaine suivante, exactement le 17 juillet, deux jeunes garçons virent l'animal près de la demeure d'Olof Perssons, à Valla. Ils le lui montrèrent, et une douzaine d'autres personnes qui étaient là le virent également. Ressemblant une fois de plus à un canot chaviré, il se déplaçait contre le vent, par un temps si clair que chacun put l'observer à la perfection. Quoique son corps fût rougeâtre, il avait des oreilles ou des nageoires d'un blanc étincelant. Un navire venant de Norderö s'approcha alors et, dès que l'animal l'entendit, il fit demi-tour puis plongea dans un grand bouillonnement d'écume.

Toujours en cette même année 1898 — étant la plus proche de l'enquête d'Olsson, il était naturel qu'elle produîsit le plus de témoignages — un mécanicien nommé A. Johansson se tenait, le 1er août, sur le rivage à Ostersund, quand il vit l'animal à 7 ou 8 mètres de lui. Il avait la dimension d'un canot chaviré et une couleur sombre. Sur le dos et près du cou, le témoin distingua deux oreilles plus claires, dressées et ayant 40 centimètres de haut sur 20 de large. Tout à coup, la bête s'éloigna à toute vitesse et disparut. En tout, l'observation n'avait duré qu'une minute.

Dix-huit jours plus tard, Olof Johansson, de Sunne, se promenait en canot sur le lac, quand il aperçut un objet ressemblant à un tronc d'arbre, qui se déplaçait lentement vers l'ouest et dont une partie se dressa à environ un mètre au-dessus de l'eau. Quand Johansson s'en approcha, l'animal prit peur et plongea. Il était de couleur sombre et mesurait de 12 à 14 mètres.

En fin septembre ou au début d'octobre, il fut observé à 8 heures du matin devant Optand par un fermier nommé Ward, un chasseur et une servante. Ward se trouvait à 400 mètres du rivage, tandis que l'animal était à 600 mètres au large. A une telle distance, il estima sa longueur à une dizaine de mètres, le corps n'émergeant qu'en une série de petites bosses. La tête était argentée et tournée vers la rive. Ward tira deux coups de fusil sur la bête, mais je ne vois pas comment il pouvait espérer l'atteindre à un kilomètre. Après la seconde détonation, elle disparut.

Le 4 octobre, près de Funas, trois hommes virent l'animal se diriger vivement vers le sud, puis tourner et disparaître. Ils purent l'observer pendant quatre minutes. Malgré le peu de vent, il y avait de fortes vagues dans le sillage de la bête, dont ces témoins évaluèrent la longueur à 8 mètres environ.

Enfin, le 20 novembre, un groupe de personnes put observer l'animal de près devant Sunne, car il apparut par calme plat à quelques mètres du rivage. On estima sa longueur à 8 ou 10 mètres. Il ne montra d'abord que sa tête, puis le corps émergea, et l'un des témoins déclara qu'il y avait quatre bosses distinctes. L'eau était agitée comme par une hélice de bateau. Brusquement, l'animal s'éloigna à vive allure. Deux des membres du groupe tentèrent de le suivre en canot, mais il disparut avant d'être rattrapé.

Malgré la diversité de tous ces témoignages. Olsson parvint à en déduire une sorte d'ébauche de la forme et de l'aspect de la bête. Sa longueur variait, selon les avis, de 4 à 14 mètres. Seuls deux témoins mentionnèrent sa largeur, d'un mètre environ, qui devait sans doute correspondre à la base du cou. Tout le monde s'accordait en général à trouver que la forme était longue, qu'on la comparât à un canot chaviré, à un tronc d'arbre ou à une file de canards.

La peau était lisse, luisante ou visqueuse et écailleuse. La couleur allait du gris verdâtre et tacheté de noir au brun jaunâtre, ou au gris rougeâtre. Quatre témoignages décrivaient la tête, ronde comme celle d'un chien, avec de grands yeux et une crinière blanche (à moins que ce ne fussent les oreilles...) ; elle ne sortait que rarement de l'eau.

Selon les descriptions, les organes moteurs seraient à l'avant, des pattes courtes et épaisses, sans doute palmées, tandis que les nageoires postérieures seraient plus longues. Quand l'animal nage, la tête reste en général sous l'eau, d'où n'émergent par moments que les « nageoires ». Les témoignages ne concordent guère au sujet des bosses, ailerons ou nageoires qui apparaissent ainsi, mais il se peut que ces différences proviennent plus de la terminologie employée que des observations proprement dites. En tout état de cause, le tableau général de la bête est assez clair.

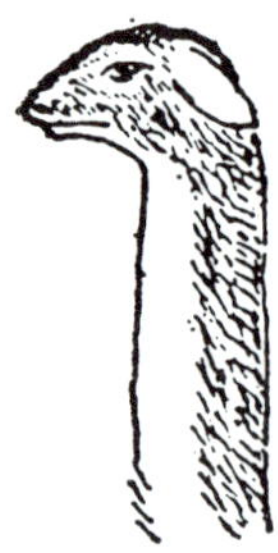

Fig. 24. Profil de l'animal du lac Storsjö, établi d'après les observations des témoins.

On est, semble-t-il, d'accord pour estimer que la vitesse de déplacement de l'animal est très rapide et atteint peut-être 70 kilomètres à l'heure. Il a presque toujours été vu nageant ou plongeant en eau profonde, celle du lac atteignant par endroits près de 300 mètres. Il peut disparaître lentement, mais le plus souvent il brasse l'eau avec violence quand il s'immerge.

A une exception près, les observations ont toujours eu lieu par temps calme, le plus souvent en été, mais aussi en toute autre saison ; elles proviennent de toutes les zones du lac, et la grande proportion des témoignages relatifs à la zone d'Ostersund tient certainement au fait que la population y est beaucoup plus dense qu'ailleurs.

Un des témoins ayant signalé la présence de l'animal dans un banc de poissons, Olsson en a conclu qu'il était piscivore. Tout en paraissant inoffensif, il manifestait de la curiosité en suivant les bateaux. Sensible au bruit, il s'effrayait facilement. Enfin, son cri était sonore, et l'on voyait sortir de sa large bouche une longue langue qui semblait très mobile.

Telles étant donc les données du problème, comment Olsson les a-t-il interprétées ? Après avoir brièvement examiné diverses théories — la raie géante, le plésiosaure et le zeuglodon, entre autres — il opta pour celle du pinnipède géant, esquissée quelques années auparavant par Oudemans dans son ouvrage *The Great Sea-Serpent*. Il ne fait aucun doute que, selon les témoignages enregistrés, l'animal du lac Storsjö est bien un mammifère, d'une espèce apparentée aux phoques et aux otaries. Le Dr Olsson publia donc à Ostersund une brochure relatant les résultats de son enquête. Il convient de noter tout spécialement que ses conclusions, celles d'un zoologue éprouvé, furent émises quelque trente-quatre ans avant que le monstre du loch Ness ne suscitât tant de sensation dans le monde international !

Or, par un singulier contraste, si les journaux de Stockholm et d'Oslo s'intéressèrent beaucoup, par la suite, au monstre du loch Ness, ils ne publièrent presque rien sur leurs propres monstres lacustres. Le *Tidens Tegn* d'Oslo reproduisit un témoignage provenant du Danemark : vers 1840, un monstre aurait été aperçu dans le petit lac Farrisvatnet, situé dans le sud du pays, mais on n'en entendit plus jamais parler. Un peu plus tard, le même journal publia la photographie d'un prétendu monstre, prise dans un lac de l'île de l'Ours, au nord du Cercle polaire arctique. Le photographe était un certain G. Horn, mais jamais je n'ai pu en apprendre davantage à son sujet. Si la photographie était authentique, nul doute qu'elle aurait fait l'objet de commentaires beaucoup plus nombreux, surtout à cette époque.

Quant au monstre du lac Storsjö, il est toujours là, et son histoire semble remonter à un passé très lointain. En effet, on a découvert dans l'île de Frösö une pierre commémorative, dans laquelle sont gravés une inscription runique et le dessin d'un animal, qui pourrait bien être celui du lac Storsjö. On distingue nettement son long cou et sa queue bilobée (ou ses nageoires postérieures).

L'animal se montra encore au cours de l'été 1907, puis il demeura caché pendant des années. A la fin de la Seconde Guerre mondiale pourtant le *New York Times* publia un article intitulé : « Retour à la normale ? ». Il y annonçait la réapparition de la bête et y voyait un réconfortant présage du rétablissement de la paix en Europe : tout devait bien aller maintenant, puisque les gens recommençaient à voir des monstres au pays de l'aquavit. D'autre part, le *Der Tidningen* de Stockholm signala, d'après le témoignage de trois personnes, que « la surface calme et brillante du lac a été perturbée par une sorte de serpent gigantesque, ayant trois bosses sombres et hérissées de piquants. Nageant parallèlement au rivage, l'animal provoqua des vagues qui venaient s'y briser ». Après les comptes rendus rédigés avec une rigueur scientifique par le Dr Olsson, on retombait dans le mauvais journalisme à sensation.

Depuis lors, on a régulièrement revu l'animal. En 1959, un journaliste d'Ostersund a mis à jour les études du Dr Olsson, car il a réussi à découvrir plusieurs témoignages encore plus anciens, ainsi que quelques autres nouveaux. Toutefois, le contenu de ces comptes rendus est dans l'ensemble le même que celui des rapports que nous avons déjà cités, en sorte qu'il n'est pas nécessaire de les analyser en détail.

Plus récemment, pendant l'été de 1965, le *Scandinavian Times* a signalé une recrudescence d'observations du monstre. Après avoir donné des détails sur des incidents récents, le magazine annonça que les touristes venaient en foule au lac, dans l'espoir d'y voir l'animal. Le comité touristique de la province du Jämtlands se sert du monstre dans ses brochures aux couleurs vives et faisant ressortir sa ressemblance avec celui du loch Ness. Le visiteur qui arrive à Ostersund trouve aux abords de la ville une effigie comique de la bête, à laquelle ne manquent ni les oreilles ni la queue bilobée (Planche 19).

Néanmoins, les zoologues suédois n'ont pas suivi l'exemple de pionnier que leur avait donné le Dr Peter Olsson. Ils traitent par le mépris les témoignages qu'on leur soumet, en les attribuant à l'effet de l'aquavit, ce qui constitue une grossière calomnie à l'égard de personnes dignes de foi. Récemment, un profane intéressé par ce problème voulut se renseigner au service zoologique de l'université de Stockholm : on lui déclara que cette question ne présentait aucune valeur scientifique. Il faut espérer qu'étant donné l'intérêt suscité maintenant par le loch Ness, il se retrouvera un jour en Suède un savant désireux d'enquêter sur les monstres lacustres de son propre pays.

Quant à nous, c'est vers les Amériques que nous allons maintenant nous tourner, à la recherche d'autres monstres.

CHAPITRE X

« SLIMY SLIM » ET AUTRES MONSTRES DES U.S.A.

> « *Serpent de mer :* Nul n'a encore compté ses apophyses géni et ses gastroliges, ni dénombré ses pariétaux ni décrit ses supra-orbitaires, mais beaucoup aimeraient bien le faire et, par surcroît, le mettre en saumure dans un musée pour que les gens puissent venir le contempler. »
> (Charles G. FINNEY : *The Circus of Dr. Lao*)

⁂

Il y a en Amérique beaucoup de traditions indigènes évoquant des monstres lacustres. Quantité de peuplades diverses — Cree, Algonquin, Onondaga, Ojibway — croyaient à leur existence. Les Hurons avaient l'*Angoub,* et les Chinook de la Colombie britannique le *Hiachuckaluck,* encore que ces deux dernières bêtes fussent aussi capables, disait-on, de vivre dans la mer.

Cette parenté entre le Serpent-de-mer et les « monstres » d'eau douce fut comprise aussitôt par un des premiers savants qui s'intéressèrent sérieusement à cette question. Dans un article sur les serpents-de-mer publié en 1819, le brillant naturaliste franco-américain Constantin Samuel Rafinesque signala qu'un monstre avait été vu dans le lac Erié en juillet 1817, qu'il mesurait environ 12 mètres de long et 50 centimètres de large, et que sa couleur était acajou foncé. Un autre témoignage ultérieur rectifia la longueur en la portant à 20 mètres, précisant que les yeux étaient très brillants. Rafinesque crut à la véracité de ces observations et pensa qu'il s'agissait d'une anguille géante.

Dans certains milieux on prit très au sérieux ce genre de déclaration. Un journal scientifique allemand publia même en 1835 un article sur un monstre signalé dans le lac Ontario. Mais dans l'ensemble on traita le sujet plus légèrement. C'est ainsi qu'en 1835 le journal local de Logansport, Indiana, trouva d'une drôlerie extrême qu'on eût signalé un « monstre » dans le lac Manitou voisin. Ce fut si drôle en effet que maintenant il est difficile de déterminer s'il ne s'agissait pas d'une mystification inventée par un rédacteur imaginatif du *Telegraph*, John Brown Dillon. Ses preuves — quelques noms, une description invraisemblable et un mauvais croquis — ne résistèrent pas à l'examen. Il semble que le véritable but de l'opération ait cependant été louable : il consistait à mettre en valeur certaines traditions des Indiens Potawatomi, au moment où l'armée américaine les chassait de l'Indiana. A mesure que les Etats-Unis se développaient vers l'ouest, les traditions indiennes furent éclipsées par des histoires de monstres.

On peut diviser ceux-ci en trois groupes, selon les régions d'où proviennent les témoignages : les nombreux lacs du Wisconsin, les plaines du Nebraska, enfin les états montagneux du nord-ouest.

Les lacs du Wisconsin semblent abonder en animaux remarquables. Je citerai en particulier les quatre lacs de Madison, le lac Waubeau, le lac Red Cedar, le lac Pewaukee, et le lac Elkhart. Le 31 août 1882, un article du *Lake Mills Spike* décrivit le monstre du lac Rock. Ce « saurien » avait d'abord été vu en 1867 par un certain Mr. Hassam au milieu de roseaux où il tentait de se cacher, puis les riverains l'observèrent fréquemment. En août 1882, des hommes ramant sur le lac furent surpris de découvrir une sorte de tronc d'arbre flottant sur l'eau, et dont une partie se dressa soudain, comme une grosse tête. Un des témoins précisa qu'à ce moment « une odeur absolument infecte se répandit » : il se peut que, cette fois, il se soit agi d'une des masses végétales putréfiées si chères au Dr Burton !

Le monstre du lac Red Cedar fut signalé en 1891. C'était une sorte de serpent ou de poisson de forte taille, à grosse tête, et dont le corps ondulant présentait une série de protubérances dorsales en dents de scie. Mais certaines mauvaises langues prétendirent que cette histoire avait été inventée pour attirer les touristes.

Je crois que le « serpent-de-mer » observé dans le lac Monona, proche d'East Madison, n'était pas une mystification, et qu'il semble avoir été plus qu'une explosion gazeuse. Le 12 juin 1897, le *Wisconsin State Journal* annonça la réapparition d'un animal que plusieurs personnes avaient eu l'occasion d'observer auparavant :

« Il avait, paraît-il, au moins sept mètres de long et nageait en surface vers l'est, quand Eugene Heath, agent de la Sté Garr-Scott, tira sur lui plusieurs coups de fusil, qui eurent pour effet de le faire disparaître. Mr. Schott et d'autres témoins insistent pour affirmer qu'il s'agit d'une réalité, non d'une plaisanterie ou du fruit de leur imagination. L'aspect de l'animal n'est pas celui d'un serpent. Le clair de lune a permis à Mr. Schott de remarquer qu'il avait la forme d'un fond de bateau, long d'une dizaine de mètres. Les deux fils de Mr. Schott, qui l'ont vu, sont convaincus que l'animal est dangereux, ce pourquoi ils ne se risquent plus à naviguer sur le lac, où ils ont pourtant passé une partie de leur existence. »

Tout le monde ne fut pas aussi timoré. Un chasseur nommé Christopher Egstein fut assez brave pour tirer sur un monstre qui, en 1886, surgit du Great Sandy Lake, dans le Minnesota. Mais les comptes rendus d'observations américaines présentent une difficulté. Quelle que soit leur origine — témoignages sérieux de personnes dignes de foi, ou facéties inoffensives de rédacteurs journalistiques — ils finissent tôt ou tard par devenir un élément du folklore national. Ainsi, ce qui aurait à l'origine pu être admis comme crédible devient souvent incroyable. L'affaire du lac Alkali dans le Nebraska en est un exemple typique.

Il se trouve à quelques kilomètres au sud de Hay Springs. En 1939, un certain nombre d'érudits et d'écrivains furent chargés de collationner tout ce qu'ils trouveraient en matière de « folklore national ». En mal de copie, ils rédigèrent une histoire sommaire du monstre du lac Alkali, qu'ils appelèrent du nom bouffon de *Giganticus brutervious*. Quand il apparaît, dirent-ils, la terre tremble et le ciel s'obscurcit. Quand il vient sur la rive pour dévorer des veaux, une brume épaisse couvre la campagne autour de lui, et l'on entend claquer ses mâchoires comme des coups de tonnerre. (Ces descriptions rappellent celles des dragons chinois, dieux qui commandaient la pluie et la foudre, si bien qu'on se demande si les coolies, travaillant vers 1870-1880 à construire les voies ferrées du Nebraska, n'avaient pas laissé derrière eux une de leurs divinités.) Les auteurs décrivent facétieusement l'horrible bête, dont le seul aspect suffit à rendre les hommes fous ou à faire blanchir leurs cheveux. Ayant cent mètres de long, elle pouvait avaler une île. Cependant, en 1939, le monstre était vu si rarement qu'on pensait qu'il était soit parti soit en hibernation (1)...

(1) Pourtant, il n'y a guère de doute qu'on ait observé quelque chose dans le lac Alkali. En automne 1922, J.A. Johnson signala qu'il avait vu le monstre se dresser en eau peu profonde, près de la rive. Il avait une « protubérance pareille à une corne entre les yeux et les narines », et sa couleur était « gris terne ou brune ». « L'animal avait une douzaine de mètres de long, y compris la queue et la tête, cette dernière se dressant, effrayée, à notre vue. L'aspect général ne différait guère de celui d'un alligator, sauf que la tête était plus courte et l'ensemble plus massif. »

Voilà jusqu'où peuvent aller certains spécialistes du folklore dans leurs pires extravagances. Ce n'est ni de la littérature ni de la science, c'est de l'absurdité pure et simple. Ces gens-là auraient mieux fait d'étudier comment le folklore local coïncidait avec la mythologie chinoise. Il est d'ailleurs curieux de noter que l'on trouve parfois plus d'éléments intéressants dans les ouvrages de fiction que dans le prétendu folklore. En voici un exemple :

« Il y a bien des années, j'ai entendu vaguement parler d'un lac étrange, situé dans une région presque inaccessible du Wyoming. Il est le théâtre de divers récits incroyables : ainsi, on dit qu'il est habité par des animaux datant d'une très lointaine époque qu'on ne trouve ailleurs dans le monde qu'à l'état de fossiles. »

Ce texte est extrait d'une nouvelle, un des premiers récits de science-fiction, intitulée *Le monstre du lac La Metrie*, qui parut dans *Pearson's Magazine* de septembre 1899. L'histoire en elle-même est assez stupide. Deux savants, explorant le lac, capturent une bête « exactement longue de 9 mètres, avec une peau noire et un cou de cygne » (Planche 20). Un des savants tue l'autre et trépane le monstre, pour remplacer son cerveau par celui de son ami. Mais le résultat est que l'animal — un élasmosaure, type américain de plésiosaure — se retourne contre l'apprenti-sorcier. Le seul intérêt de cette œuvre, c'est que son auteur Wardron Allen Curtis (d'ailleurs à peu près inconnu) a manifestement utilisé des rumeurs circulant sur des monstres qui vivaient dans les lacs montagneux de l'ouest des Etats-Unis. Or, depuis le milieu du XIXe siècle, on n'a pas cessé de parler d'animaux vivant « dans une partie sauvage et inconnue des montagnes ».

Dans les années 1840 et suivantes, pour échapper aux persécutions que les Américains infligent habituellement aux minorités, les Mormons fuirent vers l'ouest, à travers le désert de l'Utah, et fondèrent la ville de Salt Lake City, où ils créèrent un nouvel Etat. Sir Richard Burton et de nombreux journalistes y allèrent, avides de voir ces remarquables polygames. Quelques-uns de ces voyageurs en rapportèrent des récits relatifs à d'étranges animaux existant dans les lacs de l'Utah. Les Indiens en vénéraient quelques-uns comme des lieux sacrés. Ils croyaient le lac Panguitch hanté par les fantômes des chefs Navajo décédés, tandis que le lac Salé contenait les esprits des tempêtes. En 1883, un journaliste écrivit :

« Le lac Utah (un lac d'eau douce, au sud de Salt Lake City) a un monstre légendaire. Le lac Bear est le plus mystérieux de tous, car selon de nombreux témoignages, il y existe aujourd'hui encore un immense animal aquatique, d'une espèce que la science n'a pu définir. »

Or, tout cela se passait un demi-siècle avant que l'on parlât de l'apparition du monstre du loch Ness. Tout en croyant fermement que le lac Bear avait contenu un tel monstre autrefois, les Indiens Shoshone dirent aux premiers colons qu'il avait disparu en même temps que les bisons, décimés dans l'Utah par les tempêtes de neige de 1830. Selon l'historien Austin Fife, « ils le décrivaient comme une espèce de serpent, mais avec des pattes d'environ cinquante centimètres, qui lui permettaient de ramper sur le rivage. Ils disaient aussi qu'il rejetait en l'air de l'eau par la gueule. »

Cependant, le 27 juillet 1860, un journal mormon publié à Salt Lake City, *The Deseret News,* annonça que, « selon le témoignage d'un Blanc digne de foi », le monstre du lac Bear était toujours vivant. Trois semaines plus tôt, Mr. S.M. Johnson, habitant le hameau de South Eden sur la rive est du lac, se rendait à cheval à Round Valley par la route qui longe le lac, quand : « ... A mi-chemin, il aperçut dans le lac ce qu'il prit d'abord pour un noyé. La route étant trop éloignée de la rive, il s'en rapprocha et constata que de fortes vagues se brisaient sur la plage, si bien que le corps allait vite être rejeté sur la terre ferme. Or, quelques minutes plus tard, il vit émerger, de près d'un mètre, un animal tel qu'il n'en avait jamais rencontré. Il ne s'agissait que de la tête et d'une partie du cou, le corps demeurant invisible dans l'eau. De chaque côté de la tête, il distingua soit des oreilles soit de très grosses protubérances. Quand les vagues passaient par-dessus sa tête, il la secouait et crachait de l'eau par la bouche et les naseaux. Il n'avança pas vers le rivage et resta à la même place en ne remuant que la tête. Mr. Johnson pensa que le corps massif devait reposer sur le fond, sinon les vagues l'auraient fait dériver sur la terre ferme. »

Le lendemain, un autre témoin anonyme et trois femmes revirent le monstre au même endroit. « Il était très grand, dirent-ils, et nageait beaucoup plus vite qu'un cheval ne galope. »

C'est alors que le journaliste découvrit d'autres témoignages intéressants et légèrement antérieurs. Le dimanche qui précéda le 27 juillet, quatre hommes — les frères Davis, de St Charles, Thomas Slight et J. Collins, de Paris (dans l'Utah !) — et six femmes rentraient en voiture de Fish Haven à St Charles :

« Soudain leur attention fut attirée par un curieux mouvement de vagues, à environ 5 kilomètres de distance, alors que le temps était calme, avec une légère brise. Mr. Slight dit qu'il vit nettement le flanc d'un très grand animal, dont la longueur lui parut être d'au moins trente mètres. Mr. Davis ne vit pas le corps mais estima, d'après le sillage, que c'était une bête d'au moins quinze mètres de long. Elle se dirigeait vers le sud et, de l'avis général, à une vitesse presque incroyable ; selon Mr. Davis, elle avançait plus vite qu'une locomotive, à au moins 60 kilomètres à l'heure. Quelques minutes après le premier, un second animal apparut dans son sillage, puis d'autres encore, beaucoup plus petits. Il y en eut en tout sept, y compris le gros, que l'on perdit bientôt de vue... Mr. Slight estima que leur couleur était brunâtre... Tous les témoins trouvèrent la vitesse de propulsion stupéfiante, en la calculant d'après les distances connues entre divers points de la rive opposée. Quant aux vagues soulevées par cette progression fantastique, ils pensèrent qu'elles devaient atteindre un mètre de haut. Voilà l'essentiel de ce que Messieurs Davis, Collins et Slight m'ont dit. Ce sont des hommes éminents, connus dans toute la région, dignes de foi, et la véracité de leur récit ne peut être mise en doute. Je suis certain qu'ils accepteraient de faire des déclarations sous serment, relatives à cet incident. »

Ce compte rendu n'est pas aussi clair qu'il aurait pu l'être. Toutefois, le gros sillage, la grande vitesse, la couleur, les brusques changements de direction, tout cela nous rappelle des observations semblables faites au loch Ness, et nous pouvons être à peu près certains que nous avons affaire avec le même phénomène. Heureusement le monstre du lac Bear ne fut pas observé qu'à grande distance.

En effet, quelques mois plus tard dans cette même année 1860, le *Deseret News* annonça que Marion Thomas et les trois frères Cook avaient vu un des monstres du lac, alors qu'ils pêchaient au large de Swan Creek :

« Sa tête ressemblait à celle d'un serpent ; et les sept mètres de son corps, bien visible, étaient couverts d'un pelage brun clair, aussi épais que celui de la loutre. Deux nageoires saillaient du corps vers le haut, analogues aux avirons d'un rameur. Les témoins ont affirmé qu'ils se sont approchés de l'animal à tel point qu'ils auraient pu le tirer. »

Ici encore, l'idée préconçue qu'on se faisait des monstres lacustres les a incités à évoquer une tête de serpent, alors que le reste du témoignage montre bien qu'il devait s'agir d'un mammifère et non d'un reptile. Le pelage brun, semblable à celui de la loutre, est particulièrement significatif, mais il ne s'agit pas d'une loutre, bien sûr.

En 1871, on eut d'autres nouvelles des monstres, car le *Semi-Weekly Herald* publia deux récits d'observations, et un troisième parut dans le *Deseret News*. Le 19 juillet, Milando Pratt et Thomas Rich virent, au nord de Fish Haven, un remous inhabituel dans l'eau. La tête et une partie du corps d'une bête émergèrent — « un corps dont le diamètre était analogue à celui d'un homme, et une tête rappelant un morse sans défenses. » Quand ils tirèrent plusieurs coups de fusil sur lui, l'animal s'éloigna vers la rive opposée « en traçant un sillage sinueux ». Un morse sans défenses était évidemment un parent des phoques et des otaries.

Un des autres témoignages concernait un jeune monstre qui, affirmait-on, avait été capturé à Fish Haven. C'était « une bête de 6 à 7 mètres de long, se déplaçant dans l'eau grâce à l'action de sa queue et de ses pattes », et qui avait une grande gueule. Il s'agissait peut-être d'une mystification, car la capture d'un tel animal aurait dû susciter plus de commentaires. Pourtant, la description, loin de contenir les détails sensationnels qui abondent dans les mystifications, est au contraire d'une assez grande banalité. Ainsi, comment un monstre semblable au phoque pourrait-il se propulser dans l'eau, sinon en utilisant ses nageoires postérieures, souvent prises à tort pour une queue ? Qu'a-t-on fait de cet animal « capturé » ? Je l'ignore.

En 1883, Phil Robinson relata dans le *Harper's New Monthly Magazine* ses excursions dans l'Utah et il fit allusion au monstre, mais sans parler de sa capture. Le professeur Richard Owen lui avait dit que le Serpent-de-mer pouvait exister, mais qu'à son avis ce n'était pas un animal totalement inconnu de la science : il pensait à une sorte de seiche ou de calmar gigantesque, ou à la rigueur à une sorte de phoque. S'appuyant sur l'avis de ce respectable savant, Mr. Robinson estima que, d'après les témoignages recueillis sur place, le monstre du lac Bear devait être soit un phoque d'eau douce soit un lamantin. Malheureusement les données sur lesquelles il fondait son opinion sont tout à fait insuffisantes :

« Un jour qu'elles longeaient le lac en voiture, plusieurs personnes surprirent le monstre en train de se chauffer au soleil sur le rivage. Il se jeta à l'eau quand elles s'approchèrent et quelqu'un tira sur lui avec un revolver, en le poursuivant. Mais la bête s'éloigna rapidement vers le milieu du lac. On examina avec soin les traces laissées sur la rive, et les résultats de cette observation furent aussitôt consignés par écrit. »

Or, Robinson n'en cite pas une ligne, ce qui ne l'empêche pas de déclarer : « Les preuves fournies par ces témoins confirment le bien-fondé des légendes indiennes et l'existence de cet animal aquatique sans pareil. C'est maintenant aux experts de s'en occuper. »

Bien entendu, les experts n'en firent rien, et « l'animal aquatique sans pareil » du lac Bear alla rejoindre le Serpent-de-mer de la Nouvelle-Angleterre, dans le royaume des récits folkloriques plus ou moins fantaisistes. Beaucoup d'auteurs l'ont classé parmi les mystifications, mais les détails des témoignages sont trop plausibles pour qu'on puisse se contenter d'une telle explication. Il se peut que la capture du jeune n'ait jamais eu lieu ; en revanche, je suis convaincu que les autres comptes rendus sont véridiques.

C'est aussi mon opinion, en ce qui concerne l'incident signalé le 14 juillet 1877 par le *Semi-Weekly Herald* au Salt Lake. Mr. J. H. McNeil, qui campait avec un ami au bord du lac, avait vu l'animal sortir de l'eau. « Il avait la forme d'un crocodile ou d'un alligator, mais était beaucoup plus grand — vingt-cinq mètres environ — avec une tête de cheval. » Quand il ne fut plus qu'à quelques mètres de la rive, il produisit un grand bruit, si bien que les deux campeurs s'enfuirent dans la colline proche et y passèrent la nuit. Lorsqu'ils revinrent le lendemain matin, ils ne trouvèrent que des traces sur le sol.

Quoique je n'aie rien pu découvrir de plus sur les monstres de l'Utah, on continue à dire dans le pays qu'il en existe d'autres, « dans une partie sauvage et inconnue des montagnes ». Pourtant, de nos jours, celles-ci sont bien explorées par quantité de visiteurs.

Dans l'état voisin, celui de l'Idaho, le lac Payette s'étend sur une dizaine de kilomètres et reçoit les eaux d'une importante rivière montagneuse. Ses rives, souvent escarpées, sont couvertes de forêts de pins et parsemées de chalets très fréquentés pendant les week-ends. De 1930 à 1940, on parla parfois d'une sorte de serpent-de-mer qui vivrait dans le lac. Ce n'étaient que des rumeurs très vagues, mais à partir de l'été 1941, des comptes rendus d'observations se mirent soudain à affluer. Je dois noter à ce propos que les Américains et les Canadiens sont de fervents pratiquants des sports nautiques et de toutes sortes de navigations, si bien que les lacs, même exigus, sont couverts de bateaux et de skieurs nautiques à chaque week-end, et surtout pendant les vacances.

L'animal fut observé pour la première fois le 2 juillet, et durant les deux mois suivants trente personnes le virent. Au début, on n'en parla qu'en privé, car aucun habitant de cette région, réputée pour son esprit « conservateur », n'aurait voulu avouer publiquement qu'il avait vu un « serpent-de-mer ». Mais le silence fut rompu par Thomas L. Rogers, lorsque ce commissaire aux comptes d'une respectable firme de Boise raconta à un journaliste local sa rencontre avec la bête :

« Le serpent, long d'une quinzaine de mètres, progressait à environ huit kilomètres à l'heure, par une sorte de mouvement onduleux... Sa tête, qui ressemble à celle d'un crocodile au nez retroussé, émergeait de vingt centimètres. A la réflexion, j'estime qu'il devait avoir une douzaine de mètres de longueur. »

Après la publication de ce témoignage, les rives du lac furent assaillies par quantité de gens, avides de voir et photographier les bosses ou le long cou, semblable à un périscope, que certaines personnes s'étaient empressées de décrire. Cependant, l'*Idaho Sunday Statesman* ne tarda pas à introduire dans le débat son inévitable accent de frivolité. L'animal fut désormais appelé « Slimy Slim » (jeu de mots signifiant « le mince gluant »), et toutes sortes de plaisanteries le prirent pour cible, jusqu'au Sénat ; mais on ne fit aucun effort pour enquêter sérieusement à son sujet, et l'on n'entendit bientôt plus parler de lui.

Cependant, un autre animal a été signalé dans le lac Flathead, situé dans le nord-ouest du Montana, le montagneux Etat voisin. En dépit de la publication de nombreux témoignages dans la presse locale, on n'a pas davantage jugé bon de procéder à une enquête scientifique à leur sujet. Cela n'a pas empêché le directeur du *Flathead Courier* de constituer un dossier avec ces comptes rendus et d'offrir une récompense (d'abord de vingt-cinq puis de cinquante dollars) à quiconque rapporterait une photographie du monstre. A ce jour personne n'a réclamé la prime à ce journaliste, Mr. Fugleburg.

Si beaucoup d'observations sont insignifiantes, il y en a d'autres qui présentent un intérêt particulier. Ainsi, en septembre 1960, la famille Zigler vit des vagues anormalement fortes se briser sur le rivage, au pied du chalet qu'elle habitait. Officier de police et par moments adjoint au shérif, Mr. Zigler occupait en été les fonctions de surveillant du terrain de golf, en bordure duquel était construit son chalet. Ce soir-là, à 19 h 30, il n'y avait aucun bateau sur le lac. Or, au bout de l'estacade, quelque chose provoquait des vagues qui submergeaient l'ouvrage. « On eût dit qu'un animal se frottait énergiquement aux pilotis », déclara le témoin, qui alla chercher son fusil, tandis que sa femme se rapprochait de la jetée. Elle vit alors la tête de la bête émerger, ainsi qu'un cou, long de quelque trente centimètres. « Elle était horrible à voir, dit-elle, et avait la grosseur de celle d'un cheval. » Effrayée, elle cria, mais quand son mari la rejoignit, l'animal avait disparu. D'après cette description, il ne pouvait s'agir d'un poisson, de quelque sorte que ce fût.

Le mercredi précédent, Mrs. C.E. Blankenhorn, son père et sa fille avaient remarqué « une bête de fortes dimensions nageant contre le courant », près de l'embouchure d'un ruisseau qui longeait en partie le terrain de golf.

Il y a eu aussi des témoignages plus récents. Le 8 septembre 1963, vers 11 h 30, deux instituteurs de Poulson, le bourg local, se promenaient en canot dans la baie de Skidoo quand ils aperçurent « un objet gris foncé à trois bosses » qui s'éloignait vers le milieu du lac. Ils en distinguèrent environ 3 mètres. Un autre bateau l'ayant sans doute effrayé, l'animal plongea puis émergea de nouveau en continuant sa marche. Il traçait un gros sillage, et « ses bosses apparaissaient et disparaissaient tour à tour, en un mouvement ondulant et rythmique ». Plus tard, Mrs. Wade Vincent et Mrs. Richard Burbank déclarèrent avoir vu, elles aussi, le même jour, quelque chose d'environ trois mètres de long, qui se déplaçait en glissant sur l'eau et traçait un sillage, avant de plonger rapidement.

Bien entendu, il y eut les inévitables mystifications. Deux jeunes gens du pays, Ronald et Maynard Nixon, trouvant ridicule ce qu'ils considéraient comme des légendes, s'amusèrent à fabriquer des photographies truquées représentant des espèces de dinosaures surgissant du lac. Mais le monstre eut le dernier mot car, en 1963, alors qu'ils roulaient en voiture le long du rivage, ils virent quelque chose de bizarre dans l'eau. Ils racontèrent à l'écrivain Gardner Soule :

« D'où nous étions, nous avions une excellente vue sur le lac, distant d'une centaine de mètres. L'animal s'éloignait de la rive à vive allure, car il provoquait en avançant une vague de 50 centimètres environ, et son sillage en était distant d'au moins 8 mètres, ce qui indique que sa longueur totale doit être encore plus grande. Il n'y avait pas de nageoire dorsale : ce n'était donc pas un esturgeon. Je n'ai aucune idée de ce que cela peut être. »

Deux ans plus tard, Ronald Nixon évoqua cet incident devant un journaliste du *New York Times,* W.J. Briers, qui enquêtait sur le monstre, et répéta : « C'était un animal long d'au moins 8 mètres et assez massif pour provoquer en se déplaçant une vague de 50 centimètres. Il était absolument noir, sans nageoire dorsale, ce ne pouvait donc être un poisson, et je suis sûr que ce n'était pas non plus un objet fabriqué. »

Briers interrogea d'autres témoins. Mr. et Mrs. Dean Powell, de Poulson City, purent observer durant plusieurs minutes le monstre, nageant entre l'île de Birs et la rive est du lac. « Il était gros et noir, affirma Mr. Powell, et ce ne pouvait être un bateau, car il émergeait et plongeait tour à tour en faisant éclabousser l'eau et décrivant des cercles. »

Enfin deux sœurs de Missoula, dans le Montana, Mrs. A.B. Bartlett et Mrs. Harry Peterson, virent le monstre alors qu'elles se promenaient en bateau, au large du quai. « Nous n'avons rien dit, raconta Mrs. Bartlett, et j'ai d'abord cru que c'était un effet de vague. Mais non, c'était bien une bête, toute noire. » Plus romanesque, sa sœur la trouva « gracieuse ». Elles ne distinguèrent pas de nageoires et n'entendirent aucun bruit. L'animal glissait sur le lac presque calme, en traçant un long sillage régulier.

On a tenté de capturer le monstre. En juillet 1964, un pêcheur essaya en vain de le pêcher avec d'énormes hameçons, appâtés de poulets entiers et de gros morceaux de viande. Un plongeur de Malta, nommé Fuller Laugher, passa quatre jours à explorer systématiquement le lac sans résultat. La Société *Big Fish Unli-*

mited a offert une prime de 1 400 dollars pour la capture du monstre ou de n'importe quel poisson de plus de cinq mètres, et en 1964 le président ajouta 100 dollars de contribution personnelle à cette récompense, mais à ce jour personne ne l'a réclamée.

Plus au sud, dans le Nevada, le lac Walker a aussi la réputation d'être hanté par un monstre. Les légendes indiennes ont longtemps évoqué la bête qui mangeait des hommes, mais on dit que, d'accord avec les Indiens, elle ne mange plus maintenant que les Blancs. Pour garder la tradition, l'équipe de basket-ball du lycée de Hawthorne se dénomme « Les Serpents ». Toutefois, on a enregistré des témoignages récents. En 1969, un couple de Babbitt écrivit au magazine *Old West* qu'en avril 1956 ils avaient vu le monstre se déplacer à la vitesse d'un puissant canot automobile : alors qu'ils longeaient le lac à environ 60 kilomètres à l'heure, l'animal les avait dépassés. « Nous sommes certains de l'avoir observé de dix à quinze minutes, affirmèrent-ils. Il devait avoir au moins une quinzaine de mètres de long, et quand il se déplaçait très vite, son dos émergeait de près d'un mètre et demi... »

Je possède une documentation sur d'autres lacs américains, dans les Etats de l'Oregon, de Californie et du Vermont entre autres, mais elle est trop peu détaillée pour justifier des commentaires.

Si convaincante que puisse être cette longue tradition de monstres lacustres aux Etats-Unis d'Amérique, qui se situe depuis un siècle et demi d'un bout à l'autre du continent, les témoignages ne sont pas fondés sur des données assez probantes. En dehors de ces comptes rendus, nous ne possédons aucun document qui puisse être analysé : ni photographie, ni dessin, ni vestiges d'aucune sorte.

Pour cela, il faut nous tourner vers les lacs du Canada, et nous commencerons par la région dans laquelle nous avons achevé notre visite aux Etats-Unis, celle des montagnes Rocheuses, bordant la côte du Pacifique.

CHAPITRE XI

« OGOPOGO » ET AUTRES MONSTRES DU CANADA

« Des monstres ? Bien sûr qu'il y a des monstres ! Ne sois donc pas si bête ! »
(Propos d'un enfant canadien)

*
* *

Après la dernière époque glaciaire, qui s'étendit loin vers le sud jusqu'aux actuels Etats-Unis, le Canada resta parsemé de centaines de milliers de lacs, telles des flaques d'eau séchant au soleil, entre l'Arctique et les Grands Lacs. L'un d'eux, le lac Okanagan, est situé sur les pentes occidentales des montagnes Rocheuses, en Colombie britannique (Planche 22). Long de 110 kilomètres, sa largeur varie de 1 à 4 kilomètres et il couvre environ 320 kilomètres carrés. A son extrémité sud se trouve la ville de Penticton.

Quelque trente-cinq kilomètres plus au nord. ses rives présentent une légère courbe, et là, au milieu du lac, il y a une petite île rocailleuse et aride, qui à première vue n'offre rien de remarquable. Or, au siècle dernier et longtemps auparavant, les Indiens locaux — une branche de la tribu des Shushwap — redoutaient de s'en approcher. Car c'était là qu'habitait *Naitaka,* l'esprit monstrueux des eaux, qu'il fallait apaiser par des offrandes rituelles : chaque fois qu'ils s'aventuraient dans ces parages, les Indiens jetaient un poulet ou un chiot dans les sombres profondeurs du lac.

Il arriva qu'un chef nommé Timbasket, venu rendre visite à ses voisins, n'écouta pas leurs conseils de prudence et s'approcha de l'île. Le canoë qui le transportait avec sa famille fut soudain soulevé par une énorme vague, chavira et disparut dans un tourbillon d'écume. Tous ses occupants périrent et l'on ne retrouva jamais les corps. Aussi les Indiens ont-ils gravé dans la pierre des images grossières de *Naïtaka*, où nous retrouvons les caractéristiques qui nous sont maintenant familières : le long cou, les nageoires, et même les deux « oreilles » sur le dessus de la tête.

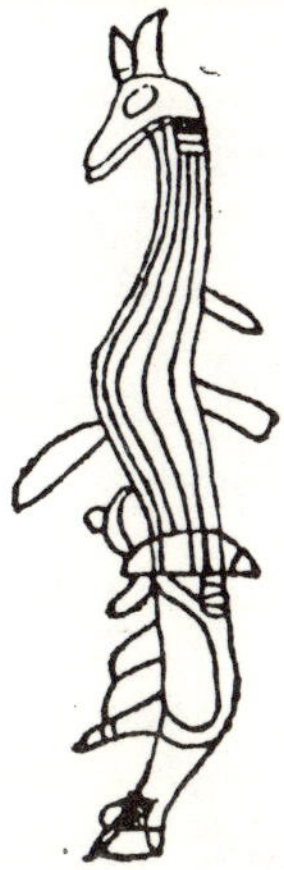

Fig. 25. Gravure sur pierre de Naïtaka.

La crainte superstitieuse qu'inspirait *Naïtaka* aux Indiens ne disparut pas avec l'arrivée des premiers Blancs qui s'installèrent dans la vallée de l'Okanagan. On continua de parler avec terreur du *Soore-appos*, du démon aquatique, et l'on affirmait que, dans le passé, les rives de l'île du Monstre avaient souvent été jonchées des restes sanglants de ses repas.

Cependant, tous ces récits n'émanaient pas des seuls Indiens. En 1845, un métis qui faisait traverser le lac à ses chevaux, en les remorquant derrière son canot, les perdit par noyade. Il affirma qu'ils avaient été tirés vers le fond par une force supérieure, ce qui l'avait contraint à couper leur longe, de peur de se noyer lui-même.

On assure que les premiers Blancs gardèrent l'habitude de jeter des offrandes dans le lac, en partie parce qu'ils y virent aussi un étrange animal. Parmi ces pionniers de la vallée d'Okanagan il faut citer les Allison. Mrs. Allison, qui vécut jusqu'en 1928, se livra à une étude poussée des coutumes indiennes et rédigea à ce sujet de nombreux articles que les journaux de Londres publièrent. Elle n'avait certes pas une nature superstitieuse. Un jour que son mari était allé chercher des provisions de l'autre côté du lac, à la Mission, un orage survint, si bien qu'elle s'inquiéta pour son retour et grimpa sur une falaise pour le guetter. Or, sous la pluie battante, elle n'aperçut qu'une sorte de gros tronc d'arbre qui, au lieu de dériver dans le vent, progressait en sens contraire des vagues, en un mouvement ondulant, et traçait un sillage bien net. Il ne tarda pas à disparaître. Au retour de Mr. Allison, elle lui dit ce qu'elle venait de voir, mais il rit et haussa les épaules. C'est cependant elle qui eut le dernier mot.

Quelque temps auprès, un de leurs amis nommé John McDougal fit, lui aussi, traverser à la nage ses deux chevaux, remorqués par son bateau. Or, une fois de plus, les chevaux furent tirés vers le fond au milieu du lac, et il dut couper la longe, de peur de chavirer. Les chevaux avaient-ils seulement pris peur, ou bien le métis avait-il eu raison d'accuser le monstre d'une noyade analogue ?

Alors que les Indiens appelaient le monstre *Naïtaka*, les Blancs lui donnèrent le nom d' « Ogopogo », qui n'est pas d'origine indienne, contrairement à ce que certains pensent. En 1924 on fredonna en effet à Vernon ce couplet en vogue, venu tout droit d'un music-hall londonien :

Sa mère était un perce-oreille,
Son père était une baleine,
Un tout p'tit bout de tête
Et presque pas de queue :
Il s'appelait Ogopogo.

En dépit de cette étrange parenté, les détails anatomiques sont remarquablement exacts : « Ogopogo » a une petite tête et presque pas de queue. Le nom a fait fortune, comme cela arrive souvent en pareil cas. C'est à Vernon qu'il fut baptisé, mais une autre localité du bord du lac, Kelowna, lui dispute la propriété du monstre, car ses habitants lui ont érigé une statue, la première sans doute qui immortalise un animal souvent prétendu « inexistant » (Planche 23).

Depuis le début du siècle, on l'a pourtant vu assez souvent : parfois c'est une seule bosse noire, parfois c'est une série de bosses qui filent rapidement sur le lac, et il arrive aussi qu'on distingue la tête au bout d'un cou. On s'accorde en général à trouver que la tête ressemble à celle d'un bouc, que le cou est long, et que le dos (certains le disent écailleux) peut changer de forme. Une jeune cavalière le vit un jour couché sur le rivage, l'effraya, et il se jeta aussitôt à l'eau : elle déclara qu'il ressemblait à un gros serpent. Selon un autre témoin, il avait « l'apparence d'un monstre préhistorique, long d'au moins 6 mètres, avec un gros corps de reptile, et une tête de cheval bien barbue ».

Cependant, le lac contient autre chose que d'hypothétiques plésiosaures. En 1914, année fertile en événements, on découvrit, rejetée par les eaux sur une plage, la carcasse pourrissante d'un animal étrange. Long d'environ 2 mètres, il pesait 200 kilos, avait une tête ronde sans cou, une couleur gris-bleu, des nageoires et une large queue. Différant complètement de toute espèce connue parmi la faune canadienne, il fut identifié par un naturaliste amateur comme étant ou un lamantin ou une vache-marine. Or, la première espèce vit de part et d'autre de l'Atlantique, au Sénégal, aux Antilles et en Amérique du Sud. et la seconde, la Rhytine, vivait autrefois dans la région des îles Aléoutiennes, d'où elle aurait disparu à la fin du XVIIIe siècle. Comment un tel animal aurait-il pu pénétrer dans ce lac des montagnes Rocheuses ? Personne ne semble avoir pu l'expliquer. Pour ma part, je pense qu'il s'agissait en réalité d'un « Ogopogo », à en juger par des détails tels que les nageoires, la large queue et la couleur sombre. La carcasse était dans un tel état de décomposition qu'on peut penser que le cou avait disparu.

Quand on commença à parler du monstre du loch Ness dans le monde entier, la presse publia quelques histoires relatives à « Ogopogo ». Ian Hassal évoqua son séjour en Colombie britannique, en 1926, durant lequel il avait entendu maints récits concernant le prétendu monstre du lac Okanagan. Des mineurs lui dirent qu'il avait « environ 20 mètres de long, et nageait très vite », et que « sa tête de bouc, avec deux cornes sur les côtés, émergeait de 2 ou 3 mètres au-dessus de l'eau, au bout d'un cou très mince ». Lorsqu'il leur dit que ce pouvait être un tronc d'arbre à forme bizarre, ils répondirent que c'était impossible, puisqu'on l'avait vu nager à contre-courant. Un médecin, entre autres, l'apercevant de la route longeant le lac, n'avait pas réussi à maintenir sa voiture à sa hauteur. Un autre mineur déclara l'avoir vu briser la glace qui recouvre le lac en hiver. En 1934, le capitaine House, officier du service de contrôle des pêcheries canadiennes, décrivit « Ogopogo » dans le *Morning Post*, comme ressemblant à un poteau télégraphique surmonté d'une tête de mouton. Un visiteur américain déclara que c'était « un puissant serpent à tête de bouledogue et à face de mouton ». L'animal était si horrible qu'il en était resté hébété.

Ce fut seulement après la guerre que les observations de l'animal se firent plus fréquentes. Le 2 juillet 1949, Mr. Kray et la famille Watson, de Montréal, naviguaient au large de Kelowna, quand ils remarquèrent une forme sombre qui dérivait vers le nord.

« Ce que nous avons vu, déclara Kray, c'était un long corps sinueux d'environ 10 mètres, consistant en cinq ondulations apparemment séparées l'une de l'autre par 50 centimètres de partie immergée, chaque élément émergé ayant à peu près 1 m 50 de long. Il semblait y avoir une queue fourchue dont la moitié seulement émergeait. De temps en temps, tout l'animal disparaissait sous l'eau, puis il surgissait de nouveau. »

Ces témoins comptent parmi les rares qui ont réellement vu la queue de l'animal dans l'eau et l'ont décrite. En fait, ce n'est probablement pas une queue ; il doit plutôt s'agir d'une paire de nageoires bilobée. Pour finir, l'animal s'éloigna vers le milieu du lac, comme s'il poursuivait un banc de poissons, et laissa derrière lui un large sillage ; au début de l'observation, il nageait au contraire dans deux mètres d'eau et paraissait manger les plantes aquatiques du rivage.

Contrastant avec cette description, nous avons celle du Révérend W.S. Bean, pasteur de l'église anglicane de Penticton, qui vit l'animal le 12 août 1950 à Naramanta, dans le lac au bord duquel était situé son chalet. Vers 16 h 30, par temps calme, il remarqua soudain un formidable remous dans l'eau, après quoi plusieurs bosses apparurent et progressèrent en traçant un grand sillage, qui s'effaça peu à peu.

La même année et aussi près de Naramanta, Mr. Bruce Miller et sa femme longeaient le lac en voiture quand ils aperçurent « Ogopogo ». Ils s'arrêtèrent pour mieux l'observer, et virent « un monstre souple et sinueux, long de vingt-cinq mètres, avec un dos ondulant et un comportement plein de dignité. Par moments, il s'arrêtait et dressait la tête calmement pour observer le lac autour de lui. »

Deux ans plus tard, par un beau dimanche de juillet, Mrs. E.A. Campbell recevait, sur la pelouse de sa propriété de Kelowna, un visiteur écossais et sa belle-sœur, de Vancouver. Celle-ci raconta plus tard sa réaction, lorsque tout à coup l'animal surgit de l'eau, à une centaine de mètres d'elle :

« Etrangère à cette région, j'ignorais que de telles choses pouvaient exister. Or, je l'ai vu si nettement ! Une tête comme celle d'une vache ou d'un cheval se dressait au-dessus de l'eau. C'était merveilleux à voir ! Les plis du corps luisaient comme deux grandes roues... Il y avait des aspérités en dents de scie sur le dos. C'était tellement beau, avec le soleil qui le faisait briller, si bien qu'on le voyait avec une extraordinaire netteté. Trois fois de suite il a émergé, puis il s'est enfoncé dans l'eau et a disparu. »

Les aspérités en dents de scie sur le dos semblent être une sorte de crête dorsale, analogue à celle souvent observée sur l'animal du loch Ness.

J'en viens maintenant au témoignage de Mr. R.H. Miller, propriétaire et directeur du *Vernon Advertiser*, qui publia le 20 juillet 1959 le récit de sa rencontre avec « Ogopogo ». Dès le début de son compte rendu, il ne cache pas l'émotion qu'il a éprouvée à la vue de « ce fabuleux serpent-de-mer ».

« Au retour d'une promenade en bateau sur le lac Okanagan, nous marchions à sept ou huit nœuds quand j'ai remarqué, à moins de 100 mètres dans notre sillage, ce qui me parut être le serpent. Prenant aussitôt mes jumelles, j'ai constaté que je ne me trompais pas : c'était « Ogopogo », qui progressait beaucoup plus vite que nous, à quelque 25 ou 30 kilomètres à l'heure. Sa tête, absolument semblable à celle d'un serpent au nez épaté, émergeait d'environ 20 centimètres. Notre émotion fut de courte durée, car nous ne pûmes l'observer que trois minutes. N'appréciant sans doute pas notre proximité, « Ogie » immergea peu à peu les cinq bosses, bien visibles, puis baissa la tête et disparut. A aucun moment la queue n'a été visible. De l'avis général, sa couleur était vert très foncé... Ce serpent-de-mer glisse gracieusement dans l'eau, en un mouvement souple (et sans se tortiller latéralement comme un reptile). Cela semblerait indiquer qu'entre ses bosses il dispose peut-être d'une sorte d'aileron qui lui permet de se diriger. »

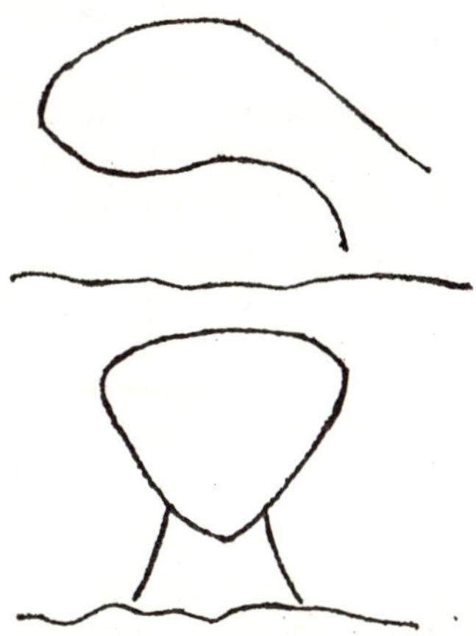

Fig. 26. Croquis d' « Ogopogo » par Dick Miller.

Mr. Miller n'a pu qu'imaginer l'existence de ces nageoires dorsales, mais il est certain qu'un tel animal devait avoir un moyen de se propulser. Comme au loch Ness, certains témoins ont affirmé qu'ils avaient vu des nageoires latérales ou des pattes palmées. Le 22 juillet 1949, le propriétaire d'un terrain de camping à Sunny Beach, Mr. Faulkner, et son fils trouvèrent sur la plage ce qu'ils estimèrent être des empreintes d' « Ogopogo », larges de quinze centimètres. On peut se demander si elles étaient authentiques, ou au contraire le résultat d'une mystification analogue à celle perpétrée au loch Ness.

Voici encore trois des témoignages plus récents. Le 17 juillet 1963, un pêcheur de soixante-douze ans nommé Sy Jenkins pêchait dans la baie de Naramanta, quand il remarqua un remous dans un coin encombré d'algues ; peu après, un animal d'environ six à sept mètres de long, dont trois bosses émergeaient, passa non loin de son bateau pour gagner le milieu du lac. L'été suivant, au large de Kelowna, Mr. Leslie Kerry et sa femme virent à 300 mètres du rivage un gros animal qui se déplaçait rapidement, et dont ils distinguèrent nettement la tête, ainsi qu'une partie des épaules. « Elle ressemblait beaucoup à celle d'un phoque, déclara-t-il, sauf que j'ai cru apercevoir deux cornes. Il avançait très vite, en créant de grands remous. » Il est intéressant de voir confirmées par ce témoin les cornes indiquées sur le croquis des Indiens et celles signalées par les mineurs à Hassal.

Le troisième témoin est un garçon de quinze ans nommé Kenny Unser. Le 3 septembre 1964, il s'amusait, près de la vieille digue de Kelowna, à jeter des bouts de bois dans le lac pour que son chien allât les chercher. Soudain il vit d'abord une vague puis, 75 mètres plus au large, une queue vert foncé qui émergeait d'un mètre au-dessus de l'eau. Elle avait « environ 30 centimètres d'épaisseur, de grosses écailles, et une extrémité postérieure arrondie comme le moignon d'une queue de chien qu'on a coupée ». Elle frappa l'eau si fort qu'il en gicla sur la jetée, en sorte que le garçon s'enfuit. Je crois que nous pouvons ignorer les écailles, mais l'extrémité arrondie correspond bien à la partie postérieure de l'animal qui, nous le savons, n'est pas une queue.

Quatre ans avant la publication de ce compte rendu, le monstre avait été vu par le vice-consul allemand de Vancouver, Hans Gerade, et un habitant de Bacon Beach nommé Philip Daum. Herr Gerade remarqua au milieu du lac « des vagues très bizarres et écumantes. On eût dit le sillage d'un bateau passant très vite du nord vers le sud, mais il n'y avait pas de bateau ». Quant à Mr. Daum, il vit « une bête d'environ huit mètres de long avec des bosses », qui sortaient de l'eau et y rentraient tour à tour au milieu d'une masse d'écume. « Je n'avais jamais cru, déclara-t-il plus tard, à l'existence d' « Ogopogo », mais après ça j'y crois certainement. »

Même ceux d'entre nous qui n'ont pas eu la chance de voir cet animal peuvent être persuadés qu'il existe, par de tels témoignages. Cependant, le lac Okanagan est en quelque sorte le loch Ness canadien : il a retenu toute l'attention du public et, jusqu'à une période récente, on a en général ignoré les comptes rendus d'observations faites en d'autres lieux, quand bien même certaines présentaient un réel intérêt.

En dehors de *Naitaka*, les Indiens du Canada ont des légendes relatives à bien d'autres monstres lacustres. Toujours en Colombie britannique, il y a le *Ta-Zam-A* du lac Shuswap, le *Tsinquaw* du lac Cowichan tout proche, et encore un autre dans le lac Pohengamok. Les Eskimo du Grand Nord de l'Alaska ont aussi leurs légendes. Les aviateurs de l'armée américaine ayant repéré de curieux animaux dans le lac Iliamna de l'Alaska, le magnat du pétrole Tom Slick se livra à une enquête à ce sujet, avec le concours du commandant Stanley Lee, de l'Armée de l'Air. En 1966, un photographe new-yorkais, Leonard Rue, tenta à son tour de découvrir si les légendes indiennes étaient fondées. Les Cree affirment qu'un serpent pisciforme existe dans le lac Memi nisha, sur le fleuve Albany dans l'Ontario, et en 1947 un journaliste a enregistré les récits de diverses observations récentes.

Nous l'avons vu, les premiers Blancs installés dans le pays recueillirent les légendes indiennes. Puis, les marins des Grands Lacs parlèrent des « serpents-de-mer » qu'ils voyaient. Si quelques-unes de ces observations furent retenues par les savants, on les rejeta pour la plupart comme de pures légendes, sans parler des mystifications inévitables, destinées à attirer les touristes.

Les journaux publièrent toutefois quelques témoignages précis, tels que celui-ci, paru dans le *Globe* de Toronto du 8 juillet 1880. L'année précédente, un Canadien français pêchant de nuit sur le lac Duchêne (une partie élargie de la rivière Ottawa) fut très effrayé par un « objet » sombre qui passa rapidement tout près de son bateau. Puis, le 6 juillet 1880, deux hommes qui se trouvaient sur la rive nord du lac, près d'une mine de phosphate, revirent la bête et firent ensuite le récit suivant :

« Mr. Williams, contremaître de la mine, et un Canadien français nommé Blanchette remarquèrent que l'eau du lac était agitée à 200 mètres de la rive, entre celle-ci et le phare de la Petite Ile. Après un instant d'observation, le Canadien s'écria en français : « Le serpent ! » Mr. Williams estima que c'était en effet une sorte de très gros serpent, qui avançait très vite dans l'eau en se tortillant. Ils en disinguèrent plus d'un mètre émergeant du lac, mais à en juger par les remous, la longueur totale de l'animal devait être triple, alors que l'épaisseur ne semblait pas excéder celle d'un poteau télégraphique. La couleur était vert foncé. »

Il paraît clair que ces deux hommes virent, non pas le corps, mais le long cou de l'animal. Toujours est-il qu'ils coururent chercher des fusils, mais à leur retour il ne restait que quelques rides à la surface de l'eau. Par la suite, ils apprirent qu'un cultivateur, Mr. Bradley et ses fils avaient vu auparavant le monstre au même endroit.

En outre, des observations datant de près d'un siècle, relatives à un monstre existant dans le lac Mocking du Québec, ont fait l'objet d'une sérieuse enquête scientifique. Durant de nombreuses années, on avait parfois signalé son apparition, si bien qu'en 1958 le Dr Vadim Vladikov, directeur du service de contrôle des chasses et pêches du Québec, décida d'aller sur place procéder à une enquête personnelle, qu'il a décrite en ces termes :

« J'ai interrogé quantité de gens à Saint-Eleuthère (le village local), et ils m'ont tous dit la même chose : il s'agit d'un animal de quatre à six mètres de long, de couleur brune ou noire, avec un dos arrondi et large d'un mètre environ, surmonté d'une nageoire dorsale en dents de scie. Chaque fois qu'on tente de s'en approcher, il s'éloigne et plonge. »

Les gens du pays fournirent peu à peu quelques témoignages. Donat Lavaseur déclara qu'il avait vu un animal gris, long d'au moins douze mètres, dont la tête ressemblait à celle d'un chevreuil privé de bois. Mr. et Mrs. Philip Gage pêchaient en bateau quand la bête émergea près d'eux : ils virent nettement un dos long de 3 mètres et une tête ayant la grosseur d'un ballon de rugby. Philip Forrest raconta que, plusieurs années auparavant, il avait tiré avec son beau-père sur un de ces animaux, mais sans résultat, car leurs chevrotines avaient dû s'enfoncer sans dommage dans l'épaisse couche de graisse de la bête.

Au cours du XIXe siècle, on signala souvent la présence d'un « serpent-de-mer » dans le lac Simcoe, dans l'Ontario, où des légendes indiennes plus anciennes évoquaient l'existence d'un monstre. En 1952, le témoignage d'un trappeur indien donna quelque créance à ces histoires. Puis, le 27 juillet 1963, on put lire dans l'*Oakville Journal Record* le récit suivant :

« Un pasteur presbytérien, un entrepreneur de pompes funèbres et leurs familles sont les derniers à affirmer qu'ils ont vu « Igopogo », le serpent-de-mer du lac Simcoe. Le Révérend L.B. Williams, de Mount Albert, et Neil Lathangue, de Bradford, se promenaient en bateau lundi avec femmes et enfants, quand ils virent quelque chose venir vers eux. Selon Mr. Lathangue, c'était un animal couleur de charbon de bois, long de 10 à 20 mètres, avec des nageoires dorsales. »

Le journaliste rapportant l'incident ajouta que, d'après un autre témoin, « la bête avait une tête de chien et un cou gros comme un tuyau de poêle ».

Cependant, ces témoignages sont insignifiants, comparés à ceux qui émanent du groupe de lacs communicants de la région de Winnipeg : le lac Winnipegosis, le lac Dauphin et tout particulièrement le lac Manitoba qui couvre quelque 300 kilomètres carrés. Le paysage, très boisé et sauvage, rappelle ceux des lacs scandinaves, propices aux monstres lacustres. Or, au XIXe siècle, des Islandais vinrent s'y installer, et le monstre fit bientôt partie de leurs traditions folkloriques : avaient-ils apporté avec eux le *Skrimsl* de leur pays natal ?

C'est en 1908 qu'un témoin digne de foi signala d'abord l'animal, mais le premier compte rendu valable que je possède provient d'un trappeur nommé Valentine McKay, de la *Hudson Bay Company*, et date de 1909. Il avait vu une grosse bête nager à environ trois kilomètres à l'heure : son dos noir émergeait de plus d'un mètre et luisait.

Il n'y eut ensuite que de vagues rumeurs — par exemple, la glace se soulevait mystérieusement en plein hiver — jusqu'en 1935, lorsque l'inspecteur des forêts C.F. Ross et son compagnon Tom Spence virent un étrange animal à l'extrémité nord du lac Winnipegosis. Il avait « une seule corne qui saillait de la partie postérieure de sa tête, comme un périscope ». Cette tête était petite et plate, et le corps ressemblait à celui d'un dinosaure « à peau grisâtre d'éléphant ». Ces témoins avaient-ils lu dans la presse des récits relatifs au monstre du loch Ness ? On trouve dans leurs propos une réminiscence du prétendu plésiosaure d'Ecosse, en dépit du fait que leur animal était de toute évidence un mammifère.

Près de Sainte-Rose-du-Lac, sur le lac Manitoba, C.P. Alric entendit, en 1948, un cri sinistre et, peu après, « quelque chose d'un brun noirâtre et d'environ deux mètres de long » se dressa un instant au milieu du marais bordant le lac. Ce cri sera encore entendu dans une autre partie du monde. Ce témoignage, un des rares qui le mentionnent, nous indique fortement que l'animal dont nous recherchons les manifestations est une espèce de mammifère.

En août 1955, aux environs de Graves Point (où le trappeur McKay avait vu son animal en 1909), Joseph Parker, Albert Gott et deux de ses fils, se promenant en bateau sur le lac, aperçurent soudain un animal surgir au loin d'une eau peu profonde et émerger de plus d'un mètre. Ils ramèrent pour s'en rapprocher, mais à 400 mètres de distance la bête disparut. Un mois plus tard, Charles Burrell et trois amis américains virent le dos, long d'environ un mètre, d'un animal émerger dans le lac Winnipegosis, près de la rivière Overflowing.

Louis Betcher et Eddie Nipanik travaillaient sur la rive du lac Manitoba en 1957, quand ils virent un animal ressemblant à un serpent. Leur témoignage s'ajoutant à d'autres cette année-là — l'un d'eux parlait même d'un cri analogue au sifflet d'une locomotive — le gouvernement s'émut des inquiétudes locales et décida l'envoi d'une équipe chargée de fouiller le lac. On cita même les paroles de Mr. Jobi, ministre de l'industrie et du commerce, déclarant que « la sécurité et la prospérité des riverains étaient liées à cette expédition dont il souhaitait le succès. » Mais la menace économique annoncée par le ministre ne se manifesta pas et l'équipe des enquêteurs revint bredouille.

Les témoignages n'en continuèrent pas moins d'être enregistrés. En juillet 1960, Mr. A.R. Adams, de Sainte-Rose, vit « une bête ressemblant à un gros serpent » avec une tête losangique et large d'environ 20 centimètres. Il estima qu'elle nageait à

25 kilomètres à l'heure, car elle soulevait une vague de près de 3 mètres derrière sa tête. Plus tard, à une vingtaine de kilomètres de là, Mr. Christopher Stople, sa femme et sa sœur virent « une bête énorme à forme de reptile » émerger à dix mètres de leur bateau ; effrayées, les femmes quittèrent l'embarcation et gagnèrent la rive en pataugeant dans l'eau. Le 22 juillet sur la plage de Manipogo, vingt personnes et parmi elles Mr. Thomas Locke, inspecteur gouvernemental du territoire, virent un « gros reptile ». Enfin, le 12 août sur la même plage, dix-sept personnes virent trois monstres, deux grands et un petit.

Après cet afflux de témoignages, le professeur James A. MacLeod, responsable du département de zoologie à l'université du Manitoba, organisa et dirigea une expédition pour rechercher l'animal dans l'extrême nord du lac Manitoba. Comme beaucoup de ceux qui croient à l'existence d'animaux non identifiés, ce savant fait grand cas de la redécouverte du Cœlacanthe en 1938 au large des côtes orientales de l'Afrique du Sud, et il pense que d'autres animaux primitifs, considérés comme disparus depuis longtemps, pourraient encore exister dans des endroits tels que le lac Manitoba ou le loch Ness.

Au début d'août de l'année suivante (1961), le Dr MacLeod annonça qu'il espérait poursuivre ses recherches, s'il obtenait le matériel et les concours indispensables, en particulier celui de plongeurs éprouvés, afin de rechercher au fond du lac des vestiges du monstre.

Or, une trentaine d'années auparavant (mes renseignements sont imprécis), un certain Mr. Oscar Fredrickson retira du fond du lac Winnipegosis un curieux os de grande dimension, qui devait être détruit dans un incendie par la suite. Il en existe une copie en bois. Il s'agit apparemment d'un élément de colonne vertébrale, long de 15 centimètres et large de 8. Le Dr MacLeod estimait prudemment que c'était une bonne réplique d'os provenant d'un animal dont l'espèce avait, pensait-on, disparu depuis longtemps. Toutefois, ajouta-t-il, ce pouvait aussi être un modèle façonné par quelqu'un ayant étudié la paléontologie. A moins, oserai-je supposer, que ce quelqu'un ait eu accès à un important muséum... Toujours est-il que, vu sa provenance obscure et douteuse, cet objet ne constitue pas une preuve valable. Sa photographie n'en a pas moins été publiée le 5 août 1961 par le *Winnipeg Free Press*, et le 12 du même mois par *MacLean's Magazine* (revue canadienne d'actualités), pour illustrer des articles relatant les recherches scientifiques du monstre effectuées par le Dr MacLeod.

Cependant, le samedi 19 août (donc quelques jours plus tard), sept personnes regardaient vers 8 h 30 le lac Manitoba, de l'endroit appelé Twin Beaches, quand une Mrs. Blanche Konecki demanda : « N'est-ce pas un bateau en train de couler, là-bas ? » Et l'un de ses compagnons, Patrick Rakowski, de lui répondre : « Non, c'est le monstre ! »

Il raconta ensuite qu'ils observèrent l'animal quelques minutes et le décrivit ainsi : « Il avait au moins douze mètres de long, dont dix constitués par une bosse qui émergeait, et une autre petite à l'arrière. Elle était d'un brun jaunâtre et paraissait gluante. » Ils estimèrent que l'animal devait nager à une vitesse de huit à dix kilomètres à l'heure. Ayant lu les articles du Dr MacLeod, ils jugèrent alors bon de signaler leurs observations.

Au début d'août 1962, des pêcheurs rendirent de nouveau compte qu'ils avaient vu « Manipogo » — tel était le nom que les journalistes avaient donné au monstre, par analogie avec celui du lac Okanagan. Puis, le 12 août, deux pêcheurs nommés Richard Vincent et John Konefall réussirent, avec l'aide d'un commentateur de la télévision américaine, à photographier pour la première fois la bête (Planche 21).

« Nous l'avons d'abord repérée à environ 300 mètres à gauche du bateau, déclara Mr. Vincent. Après avoir viré de bord pour nous en rapprocher, nous avons vu ce qui nous a paru être un gros serpent ou une anguille, de couleur noire, qui nageait en un mouvement ondulant... Il avait environ 30 centimètres de large et 4 mètres de long au-dessus de l'eau. La tête demeura invisible. »

Ils estimèrent que la bosse visible dans la photographie avait à peu près 60 centimètres de long. Le plat-bord du canot apparaissant dans un coin du cliché, il semble qu'ils aient calculé juste en évaluant la distance de l'animal à 50 ou 75 mètres. Malgré la puissance de 10 CV de leur moteur hors-bord, ils ne purent rattraper la bête qui s'échappa.

Quand on lui montra la photo, le Dr MacLeod la trouva authentique et déclara : « Si ce n'est pas le monstre, je voudrais bien savoir ce que ce peut bien être ! » Il présente assurément une singulière ressemblance avec l'animal observé en 1960 dans le lough Ree, et avec certains témoignages provenant du loch Ness, tel celui de Mrs. Christie en 1962. Pour ma part, je pense que la partie protubérante du corps est une bosse et la partie blanche en forme de croissant, une vague. En tout cas, ce témoignage constitue une conclusion très intéressante à notre enquête sur les monstres d'Amérique du Nord.

Ajoutons à cette étude des monstres lacustres canadiens les observations émanant de la région par laquelle nous avons commencé notre visite au Nouveau Monde, c'est-à-dire de la côte atlantique, celle de la province du Nouveau-Brunswick, en particulier de la baie de Fundy. Les Indiens Mic-Mac, qui habitaient jadis ce territoire, croyaient à l'existence légendaire d'un monstre aquatique qu'ils appelaient *Ktchi pitchkayan.* Il hantait surtout, disait-on, un lac du comté Charlotte, sur les rives duquel des soldats démobilisés s'installèrent en 1783, et qu'ils appelèrent avec optimisme le lac Utopia.

Ce beau lac, parsemé de petites îles, a environ quinze kilomètres de long et cinq de large. Son seul défaut serait de contenir un monstre dont la légende a été transmise par les Indiens aux Blancs. Ceux-ci y crurent surtout après l'avoir vu se chauffer au soleil, comme un immense tronc d'arbre d'une trentaine de mètres flottant sur l'eau.

C'est en 1867 que Mr. Leith Adams signala pour la première fois la présence d'un animal. Des bûcherons, employés par la scierie installée à l'extrémité nord du lac, avaient remarqué un brusque remous à la surface, jusque-là très calme, de l'eau. Certains affirmèrent que cette perturbation s'étendait sur dix mètres de long et trois mètres de large. Deux jours de suite, ce même genre d'incident se produisit en diverses parties du lac, si bien que les riverains s'en émurent et posèrent des lignes à très gros hameçons, appâtés avec du poisson salé. Adams en vit plusieurs, amarrées à de grosses bûches le long du rivage. Naturellement on ne peut s'empêcher de faire le rapprochement entre ces observations, faites aux abords d'une scierie, et celles de Norvège, tendant à expliquer ces phénomènes par la remontée à la surface de masses pourrissantes de sciure et de déchets végétaux. Mais au lac Utopia, on a eu la preuve que les comptes rendus d'observations étaient fondés sur des faits plus positifs. Le premier fut publié en novembre 1872 par l'*Illustrated Canadian News,* dans un article de E.J. Russell consacré au lac et illustré d'une gravure, représentant une saisissante rencontre avec le monstre (Planche 21) :

« Pendant de nombreuses années, une bête réelle ou imaginaire a vivement préoccupé les riverains du lac. Il n'y a pas longtemps, une petite société au capital de 200 dollars fut créée à St. George, dans le but de fournir des filets et du matériel destinés à la capture du monstre. Les filets furent posés, puis un groupe de personnes connues, comprenant un fonctionnaire du service des pêcheries, partit de St. John pour assister à l'opération et y participer. Tout ce monde était armé jusqu'aux dents. Hélas ! le monstre ne daigna pas se manifester, et tous ces braves, qui n'avaient pas craint de s'exposer à la gueule d'une bête féroce, durent rentrer bredouille à la métropole du Nouveau-Brunswick. Il n'empêche que le Grand Sorcier des Mic-Mac jure qu'une bête effrayante, avec une tête grosse comme un tonneau, a suivi le canoë dans lequel il se trouvait avec son frère indien, peu après les premières fontes printanières de la glace. L'animal faisait claquer ses mâchoires sanglantes, de la plus horrible manière. Le dessin représente exactement le monstre du lac, tel que le Grand Sorcier l'a décrit. »

Ce croquis, œuvre d'un artiste nommé Kroupa, montre un animal ressemblant beaucoup à une baleine, mais peut-être s'agit-il d'une simple convention. Russell ajoute que le monstre, « quand il était de bonne humeur, s'amusait à envoyer à la surface quantité de débris, qui faisaient bouillir et écumer l'eau, comme si un geyser venait soudain d'y jaillir ».

Selon une légende locale, rapportée en 1951, le monstre aurait atteint le lac en venant de la baie de Fundy, car vers 1840 on aurait relevé « la trace visqueuse d'une grosse bête entre la baie et le lac ». Toujours est-il que les témoignages d'Adams et de Russell furent recueillis avec soin par un certain Dr Ganong, qui fit une enquête à leur sujet et constata qu'ils correspondaient à d'autres découvertes. Il rédigea même un mémoire, résumant ses propres théories relatives à l'existence du monstre, qui se trouve au Muséum du Nouveau-Brunswick.

Il semble que la dernière observation du monstre date de 1954. James B. Sweeney cite en effet l'interview, parue dans un journal du Nouveau-Brunswick, de Mrs. Fred McKillop, qui approchait alors de sa quatre-vingt-dixième année et commémorait le dix-huitième anniversaire de l'événement :

« Il faisait ce jour-là un beau temps clair, tous les hommes étaient partis à la pêche, et j'étais restée seule à la maison avec deux de mes petits-enfants. Nous regardions le lac, et c'était très beau parce qu'il ressemblait à un miroir, sans la moindre ride. Brusquement l'eau s'est mise à bouillonner sous mes yeux, provoquant des vagues qui venaient se briser sur le rivage. Puis une grosse bête est sortie de l'eau, tout au moins sa tête et une partie de son corps. On eût dit un bloc rocheux noir et massif, mais il ne cessait de bouger et de brasser l'eau. J'ai été tellement terrifiée que je me suis dépêchée de ramener les enfants dans notre cabine de plage et m'y suis enfermée avec eux. Peu après, j'ai compris que cette bête appartenait au lac et ne présentait aucun danger pour nous. J'ai décidé de ressortir et de l'observer. Elle était toujours là, ne cessait d'aller et venir en remuant l'eau et suscitant de fortes vagues. Je ne me rappelle pas exactement combien de temps je l'ai regardée, mais j'ai le sentiment que cela dura très longtemps. Jamais je n'avais entendu parler auparavant du monstre du lac Utopia, et par conséquent j'ignorais ce qu'il pouvait être. Quand les hommes sont rentrés, je les ai mis au courant, et ils ont dit que ce devait être l'animal. Je me rappelle avoir été très effrayée. »

De toute évidence, il s'agissait là d'autre chose que de déchets végétaux remontés à la surface. Trois ans plus tôt, en 1951, un article de journal avait noté : « Il est curieux de constater que le monstre apparaît d'ordinaire après que les glaces d'hiver ont commencé de se rompre sur le lac. C'est pourquoi, chaque année à cette époque, les gens viennent au lac Utopia, espérant y voir la vilaine tête du célèbre monstre, qui surgit de la mince couche de glace et marque ainsi l'ouverture de la saison de pêche. »

Le monstre du lac Utopia nous amène d'une manière intéressante à conclure notre recherche des monstres d'Amérique du Nord. J'ai imaginé plus haut que les premiers Islandais venus au Canada avaient peut-être amené avec eux le souvenir de leurs monstres, et que certains témoignages des années 1930 et suivantes pouvaient avoir été influencés par ceux émanant du loch Ness. Mais il est évident que ces lacs américains sont hantés par quelque chose de plus positif que des monstres mythiques. Quoique les données que nous possédons ne soient pas abondantes, elles correspondent dans une large mesure à ce que nous savons déjà, et c'est là un fait important.

CHAPITRE XII

LE PLESIOSAURE DE PATAGONIE

L'Enquête du Dr Onelli

« Le plésiosaure ! Un plésiosaure d'eau douce !, s'écria Summerlee. Dire qu'il m'a été donné de vivre assez longtemps pour voir ça ! Mon cher Challenger, depuis que le monde existe, il n'y a pas eu de zoologues plus bénis de Dieu que nous ! »
(Arthur Conan DOYLE : *Le Monde perdu*)

Comme nous l'avons vu, le monstre du loch Ness ne fut pas le premier de son genre à être signalé et à retenir l'attention du monde entier. Onze ans plus tôt, en 1922, les journaux de tous les pays, y compris l'auguste *Times*, rendirent compte de recherches ayant pour objet un Plésiosaure patagon. Mais parce qu'il s'agissait d'un plésiosaure et de la Patagonie, personne ne prit la chose très au sérieux. En effet on avait cherché là-bas en vain, au tournant du siècle, un Paresseux terrestre géant, le Mylodon, dont on avait trouvé des peaux dans un état de fraîcheur remarquable.

Au début de 1922, le directeur du zoo de Buenos Aires, le Dr Clemente Onelli, avait reçu une lettre d'un Américain nommé Sheffield, qui faisait alors de la prospection d'or au pied des Andes, dans le territoire de Chebut en Patagonie. Près d'un lac montagneux de la région d'Esquel, il avait découvert des traces ne pouvant provenir que d'un très gros animal, car elles constituaient une véritable piste marquée dans la brousse, dont les arbustes et la végétation étaient écrasés. Sheffield suivit cette piste, qui le conduisit au lac, et là, écrivit-il : « J'ai vu à quelque distance un animal à long cou, comme celui d'un cygne mais plus gros, et d'après ses mouvements j'ai supposé que son corps devait ressembler à un crocodile. »

En annonçant cette remarquable nouvelle à la presse, le

Dr Onelli déclara que Martin Sheffield était un vieil ami en qui il avait toute confiance : « Ce n'est pas un savant, mais je ne doute absolument pas de ce qu'il affirme : il a bien vu nager dans le lac un gros animal étrange à cou de cygne. » La description de la bête, émanant d'un profane, correspondait à la silhouette du Plésiosaure, bien connu des paléontologistes par ses restes fossiles.

D'ailleurs, le témoignage de Sheffield n'était pas unique en son genre. En 1897, Onelli avait lui-même fait un voyage en Patagonie. Là, un cultivateur chilien résidant au bord du lac Blanc lui avait appris que, la nuit, il entendait des bruits étranges, comme si l'on traînait un lourd chariot sur les galets du rivage. De plus, par clair de lune, on pouvait voir un gros animal nager dans le lac, en dressant au-dessus de l'eau un long cou de serpent. Il plongeait et disparaissait au moindre bruit.

En 1907, le Dr Onelli entendit parler d'un autre monstre, par un ingénieur norvégien nommé Vaag. Cinq ans auparavant, il avait fait partie de la commission chargée de déterminer la frontière entre le Chili et l'Argentine. Revenu dans le pays, il explorait le lit de la rivière Tamango lorsqu'il y découvrit les restes d'un très gros animal, puis les traces d'une autre bête, et Onelli estima qu'il pouvait s'agir d'un plésiosaure. Enfin, il apprit qu'un Anglais avait vu en 1913 un animal semblable dans un lac situé plus au sud, dans le territoire de Santa Cruz.

Tous ces témoignages ne firent qu'inciter davantage le Dr Onelli à croire celui de Sheffield, et il y fut patriotiquement encouragé par quelques collègues argentins. En outre, le public était enthousiasmé à la pensée qu'on allait découvrir dans ce pays une bête préhistorique, telle que celles évoquées par Conan Doyle dans *le Monde perdu.* Un café populaire de Buenos Aires fut même appelé *El Plesiosaurio.*

En revanche, selon le *Scientific American,* les savants du monde entier manifestaient « un scepticisme méprisant » à l'égard de quiconque formulait la thèse « d'un monstre antédiluvien » qui serait encore vivant et se cacherait en Argentine. Ils n'avaient pas oublié l'affaire du Mylodon et ne voulaient pas entendre parler de cette « insanité de Monde perdu ». Le Dr F.A. Lucas, directeur du Muséum d'Histoire naturelle de New York considéra que tout cela n'était que racontars ridicules et déclara : « Plus on remonte aux sources de tels récits, moins les intéressés semblent les connaître, et personne ne peut vous dire comment ces folles rumeurs ont commencé de se répandre. »

Pour sa part, Onelli était bien résolu à le découvrir. Le 16 mars, le *New York Times* signala qu'à son avis l'animal faisant l'objet de tous ces bruits était un glyptodon, sorte de tatou démesuré. Sans se laisser décourager par l'échec des missions antérieures, lancées à la poursuite d'un mylodon problématique, Onelli décida de monter sa propre expédition pour découvrir le monstre signalé par Sheffield. Refusant le concours financier d'une firme cinématographique, il tint à n'utiliser que des fonds publics. Cent volontaires lui avaient déjà envoyé leur contribution financière. Une souscription lui fournit rapidement 3 000 pesos, 1 000 de plus qu'il n'en avait demandés.

L'expédition quitta Buenos Aires le 23 mars 1922, sous la direction de José Cihagi, directeur du Zoo, et d'un ingénieur, Emilio Frey, membre lui aussi de la commission chargée de déterminer, vingt ans plus tôt, la frontière entre le Chili et l'Argentine ; à ce titre, il connaissait bien le territoire du Chebut. Le but de l'exploration était évidemment de découvrir, non pas un plésiosaure immortel, mais un descendant de cette espèce, long d'environ quatre mètres, dont une petite colonie semblait exister dans le lac. Le matériel emporté comprenait des fusils de gros calibre, des lassos et des cartouches de dynamite. On gagna Mauquen par bateau, puis Bariloche par camion, et l'on pénétra dans le Chebut à cheval. Si les recherches demeuraient infructueuses au bout de six semaines, elles devaient être poursuivies dans des zones plus lointaines du pays.

Cependant, l'entreprise avait irrité quelques Argentins. Le Dr Albarrin, président de la Société protectrice des Animaux, demanda au ministre de l'Intérieur de refuser les permis d'exploration indispensables, en appliquant la loi d'Etat N° 2786 qui réglementait la chasse aux animaux rares. Si ce Plésiosaure existait vraiment, il devait être protégé ; non seulement la loi interdisait de le tuer, mais cela ferait honneur à l'Argentine, s'il pouvait se reproduire librement sans être ainsi pourchassé. Cette ardente intervention amusa fort les savants étrangers.

L'expédition se trouvait déjà bien engagée sur le terrain lorsque cette question de permis d'exploration suscita des controverses entre le gouverneur de la province et l'administration centrale, si bien qu'elle dut s'arrêter. Tandis qu'elle attendait l'autorisation de reprendre sa marche, le *Chicago Tribune* du 14 avril publia une dépêche exclusive de son correspondant en Argentine, contenant cette appréciation perfide : « L'expédition des savants et presque savants est en train de jouir de belles vacances, car elle campe dans la superbe région des lacs, appelée la Suisse argentine, aux frais des modestes souscripteurs, instituteurs et ouvriers, dont le concours financier lui a permis de se monter. »

Après ce commentaire caustique, on n'entendit plus parler des explorateurs pendant dix jours ; puis on annonça, le 26 avril, que l'entreprise avait échoué et que l'expédition rentrait. Elle avait atteint le lac (qui ne semble pas porter de nom), situé à quatre-vingts kilomètres de l'habitation la plus proche, et dans lequel Sheffield affirmait avoir vu l'animal. Des colons, originaires du Pays de Galles, prêtèrent un canot aux explorateurs, qui le munirent d'un moteur hors-bord et procédèrent à une inspection minutieuse du lac. Finalement, Frey y fit exploser onze cartouches de dynamite, espérant contraindre ainsi la bête supposée préhistorique à remonter à la surface. Rien de tel ne se produisit.

Rentré à Buenos Aires, le Dr Onelli déclara que son retour était dû, non à un échec, mais à l'approche de l'hiver. Il espérait toujours trouver un plésiosaure dans un lac des Andes et monterait une autre expédition au printemps prochain. Or, il semble que les choses en soient restées là, si bien que le *Scientific American* écrivit, en guise de conclusion : « Si le Plésiosaure de Patagonie a jamais existé, on a bien le sentiment qu'il a fui dans des régions inconnues de ce territoire. »

Sans aucun doute, les recherches de ce monstre furent entreprises dans une grande confusion ; toutefois, je pense que nous pouvons maintenant essayer de déterminer ce qui a été vraiment vu, où et par qui. Nous l'avons dit, Sheffield situa son observation sur un lac montagneux proche d'Esquel, où se rendit l'expédition de 1922. Mais ce lac ne fut pas le seul en cause. Onelli a en effet déclaré qu'en 1913 un Anglais l'avait informé de la présence d'un animal semblable plus au sud, dans la province de Santa Cruz. Il n'est pas impossible qu'il ait fait allusion au compte rendu suivant.

En avril de cette année, George Garrett, habitant alors Toronto, avait raconté à un journaliste du *Globe* un incident survenu en 1910 sur le lac Nahuel Huapi, où il se trouvait avec son fils :

« Autant que je le sache, nous sommes les seuls hommes blancs à avoir jamais aperçu un de ces monstres antédiluviens. Après avoir prospecté une péninsule de ce superbe lac, je fus nommé directeur d'une nouvelle société. Un ingénieur du gouvernement vint alors inspecter la propriété, dont nous lui avons fait faire en bateau le tour des rives escarpées. Après l'avoir ramené à terre, mon fils et moi sommes repartis nous promener, par bonne brise, sur le lac. Nous traversions une baie longue et profonde lorsque, peu avant de virer de bord, j'ai aperçu à environ 400 mètres derrière nous un objet de 5 à 6 mètres de diamètre, qui émergeait à peu près d'un mètre et demi. Comme les rochers du rivage étaient tout proches, j'ai dit à mon fils de surveiller l'objet pendant que je virais difficilement de bord, puis nous avons filé à toute vitesse vers lui, mais il avait disparu. J'ai appris ensuite que les Indiens parlaient souvent d'énormes animaux aquatiques qu'ils avaient vus de temps en temps. »

Mr. Garrett a assurément tiré parti au maximum de cette brève rencontre, que je crois donc bon de noter au passage.

Quand l'expédition Onelli atteignit Bariloche, sur les rives du lac Nahuel Huapi, des bruits couraient dans la région sur un autre monstre qui se trouverait à environ 240 kilomètres plus au nord, sur les rives du lac Lacar, dans la région de San Martin de los Andes. Néanmoins, les explorateurs prirent la direction du lac Epuyen vers le sud, et bien des années s'écoulèrent avant qu'on entendît de nouveau parler de l'autre animal.

Le lac Lacar se trouve dans la zone nord-est de la partie méridionale des Andes, à l'intérieur de ce qui est aujourd'hui le Parc national de Lanin (Planches 24). Or, à l'extrémité orientale de ce lac, qu'elle domine d'environ 300 mètres, s'élève la demeure de Mr. Barney Dickinson. Il y vit depuis les dernières années de la décennie 1940 à 1950. Ayant lu un certain nombre d'articles relatifs au monstre du Loch Ness, Mr. Dickinson informa en 1959 l'*Illustrated London News* de ses expériences personnelles.

Le soir, il avait l'habitude de s'asseoir sur sa terrasse et d'observer le lac, sur lequel peu de bateaux passaient. D'année en année, il remarqua plus souvent qu'il ne saurait le dire « de curieuses perturbations dans l'eau », qu'il ne pouvait expliquer. Il s'agissait d'objets, apparaissant à la surface, trop larges pour être des animaux connus, tels que des loutres, encore que celles d'Amérique du Sud atteignent de grandes dimensions. Pouvait-il s'agir d'un monstre ?

C'est ainsi que des légendes locales les expliquent. Les Indiens locaux — les Auracaniens — ont toujours cru à l'existence d'un monstre dans ce lac. Ils lui ont donné le nom espagnol de « *Cuero* », qui signifie « Peau de Vache », parce que l'animal a le même aspect, rond, sombre et rugueux. On l'appelle aussi *El Bien Peinado,* ce qui signifie « Le bien lisse », par analogie avec l'apparence d'un crâne chauve. On a naturellement fait état, comme d'habitude, d'étranges traces découvertes sur le rivage, ainsi que des restes de repas présumés du monstre, tels que peaux, fourrures et plumes. Mr. Dickinson dit que les Gauchos ont déclaré avoir vu la bête, toujours vers le soir, flotter à fleur d'eau en présentant une seule bosse, dont la texture rappelait celle d'une peau de vache. Nous retrouvons ici un aspect qui nous est familier, celui décrit par de nombreux témoins du loch Ness : le monstre ressemblant à un canot chaviré, la quille en l'air.

En 1922, un journaliste catalan nommé Fabia Vidal fit état de comptes rendus d'observations de monstres dans le lac San

Martin et le lac Viedma, mais je n'ai pas trouvé jusqu'à présent de témoignages authentiques relatifs à ces lieux.

Après avoir lu les articles du *Scientific American* à propos des monstres lacustres de Patagonie, l'écrivain Charles Fort envoya une lettre au Dr Onelli, pour plus amples renseignements ; celui-ci lui répondit, le 15 août 1924, qu'il avait encore entendu parler du monstre, mais sans donner de détails. Il y a quelques années, Bernard Heuvelmans écrivit, lui aussi, au savant pour obtenir des renseignements plus précis ; on lui répondit qu'Onelli était mort depuis plusieurs années. Une autre expédition fut organisée en 1956 par le Dr Marinesco, de l'université de Cordoba, pour enquêter sur les monstres du Chebut, mais j'en ignore les résultats qui n'ont jamais été publiés.

La Patagonie et ses hauts plateaux forestiers de type alpin nous rappellent beaucoup par leur climat l'environnement écossais, propice aux monstres. Si en 1922 des savants avaient été assez audacieux, peut-être le mystère du plésiosaure patagon aurait-il été éclairci. Mais déçus par le précédent prometteur du Mylodon, et se méfiant d'être assimilés aux héros utopiques du *Monde perdu* de Conan Doyle, les spécialistes de l'époque n'osèrent pas s'aventurer sur un terrain si délicat, si bien que la tentative d'Onelli demeura sans lendemain.

L'Amérique du Sud n'est pas aussi connue qu'on le croit. Il y a dans ce continent de vastes espaces où des bêtes ignorées peuvent encore se cacher. Je rappellerai à ce propos ce que dit le professeur Challenger à Malone et à d'autres, avant d'entreprendre son expédition dans « le Monde perdu » :

« Tenez, par ici, sur le Matto Grosso —il promena son cigare sur une partie de la carte — et là-haut, dans ce coin où se rencontrent trois pays, rien ne saurait me surprendre. »

CHAPITRE XIII

DRAGONS ET DINOSAURES

Extrême-Orient

«L'endroit rêvé pour un " Snark " ! » s'écria le Veilleur.
(Lewis CARROLL : *La Chasse au Snark*)

Le dictionnaire nous informe que le dragon est un reptile monstrueux et que son nom vient du grec *draco* signifiant « serpent ». Il semble en effet qu'à l'origine les dragons étaient des serpents gardés dans les mausolées et les tombes des héros à titre d'oracles, car ils représentaient les esprits du monde souterrain. Au Moyen Age, par suite d'influences orientales, le dragon prit sa forme rendue familière par maintes représentations, en particulier celles de saint Georges le terrassant ou de Siegfried le tuant.

Charles Kingsley se rendit compte — comme Norman Douglas plus tard — que le dragon n'était pas un animal complètement fabuleux. Il se demanda s'il ne s'agissait pas tout simplement de grands serpents, ne présentant aucun caractère extraordinaire. Mais tous les dragons ne sont-ils que des serpents, ou faut-il voir en eux des bêtes beaucoup plus anciennes, voire des dinosaures comme certains l'ont suggéré avec audace ? En Angleterre, s'il faut en croire un document historique, le dernier dragon, « un serpent étrange et monstrueux » long de trois mètres, aurait hanté la forêt de St Leonard dans le Sussex jusqu'à la mort de Shakespeare (1616).

Le dragon oriental est tout différent, et peut-être vaudrait-il mieux ne pas l'appeler de ce nom. Dans son ouvrage *Corea and Its People,* Landor écrit que, selon la description des indigènes, cet animal « ressemble assez à un lézard géant, avec de longues griffes, une tête plate et allongée, des cornes et une abondante crinière ». Le dragon oriental est en général une bête sans méchanceté. Selon la tradition, il a une tête de chameau, les écailles d'une carpe, des yeux de lapin, les cornes du cerf, des oreilles de vache, un cou de serpent, les serres d'un faucon et les pelotes de la plante du pied du tigre. Cet ensemble complexe incite à penser que tous ces animaux réunis en un seul étaient jadis plus ou moins vénérés. Les Chinois priaient le dragon, dieu de la pluie, en période de sécheresse, et lui offraient des hirondelles en les jetant dans les rivières ou les lacs.

Qu'était-ce donc que le *Lung*, comme ils l'appelaient ? La mythologie chinoise l'associant toujours à la pluie et à l'eau, on a pensé qu'il était fondé sur l'alligator du Yang-Tsé-Kiang. Mais la tradition chinoise fait une distinction bien nette entre les deux bêtes. N'étant plus qu'un ornement héraldique, le *Lung* a une origine obscure. Un officier de marine français, qui avait vu deux serpents-de-mer dans le golfe du Tonkin, a proposé l'explication suivante en 1895 : « ... Ces animaux, cornus et redoutés des Annamites doivent avoir fourni l'idée du Dragon qui, modifié et amplifié par la légende, s'est, si je puis m'exprimer ainsi, *héraldisé* pour former l'emblème national. »

Le dragon, mort depuis longtemps en Europe, demeure aujourd'hui encore en Extrême-Orient quelque chose de plus qu'une bête héraldique. En certains endroits il est toujours un dieu, comme le montre l'histoire suivante survenue au Laos en 1966. Sa colère a en effet menacé de rompre le délicat équilibre des forces entre royalistes, neutralistes et communistes.

Le dragon vit dans le Mékong, devant l'hôtel Lan Xang à Vientiane, la capitale laotienne. Pendant l'été 1966, un cultivateur déterra trois œufs que, selon la tradition, la fille du monstre devait avoir pondus. Ils avaient des coquilles blanches et dures, et non pas fragiles et mouchetées comme l'exigeait la tradition ; pourtant il n'y eut aucun doute sur leur provenance, car le dragon lui-même apparut en songe au paysan et exigea leur restitution : s'il n'obtenait pas satisfaction, il menaçait d'inonder Vientiane sous deux mètres d'eau. C'est le général Kong Le, commandant l'armée neutraliste, qui devait présider à Vientiane les cérémonies propitiatoires. Le paysan terrifié alla donc porter ses œufs à Kong Le, qui avertit le prince Souvana Phouma, Premier ministre, du danger imminent. Mais celui-ci haussa les épaules et ne voulut rien entendre. Après la mousson, le Mékong continua de monter, dépassa la cote des plus fortes crues et inonda une partie de la ville. Les généraux de droite, dont le soutien était indispensable au prince, refusèrent que le général Kong Le approchât de Vientiane, si bien que les cérémonies exigées par le dragon ne purent avoir lieu. Cependant les eaux baissèrent. Indigné par l'attitude de ses adversaires, Kong Le refusa de livrer les œufs, de sorte que la capitale demeura sous la menace de la colère du dragon. Pourtant, malgré l'influence que ce dernier avait sur les paysans superstitieux, le prince Souvana Phouma fut réélu à son poste au scrutin suivant, et l'équilibre des forces, rétabli... pour quelque temps.

Je ne peux m'empêcher de me demander s'il n'y a pas un fond de vérité à la base de cette histoire, et si ce dragon ne pourrait pas être plus qu'un démiurge local. Les Laotiens devaient manifester une tendance à voir un dragon, là où nous aurions imaginé un monstre ou quelque dinosaure. Quel dommage qu'aucun naturaliste n'ait été là pour enquêter sur cette affaire ! Certains plésiosaures étaient ovipares : leurs œufs avaient-ils des coquilles molles, comme ceux du crocodile, et mouchetées ? Bien entendu, il se peut que les œufs trouvés par le cultivateur aient été ceux d'un animal banal. Les Chinois ont eu l'habitude de ramasser dans le désert de Mongolie des œufs fossilisés d'autruche, qu'ils croyaient être des œufs de dragon, et leur couleur est de fait mouchetée de taches brunes...

Il y a des mondes perdus partout sur la planète, mais parmi ceux-ci la Malaisie centrale compte assurément parmi les plus inaccessibles. Au cœur de son épaisse jungle se trouve le Tasek Bera, un lac marécageux qu'on peut seulement atteindre par un long vol d'hélicoptère, ou en remontant en canot des rivières souvent barrées par une végétation colossale. Mervyn Sheppard, qui fut pendant quelque temps le conseiller du souverain local, et qui connaissait à fond la région et ses habitants, a écrit : « Tout ce pays est tel qu'il était il y a des milliers d'années, on pourrait presque dire depuis le commencement des temps. » Et comme un journaliste lui demandait s'il pouvait y avoir du vrai dans les bruits relatifs à la présence d'un monstre dans le Tasek Bera, il répondit : « Si quoi que ce soit de ce genre a pu survivre au cours des âges, c'est bien dans le Tasek Bera qu'il faut le chercher. »

Les indigènes locaux s'appellent les Sémélaï. C'est une tribu farouche, vivant sur elle-même dans la forêt, et croyant complètement à ces monstres qu'elle appelle *nagas*. Ceux-ci sont des bêtes légendaires qui s'apparentent au dragon chinois. Dans les mythes orientaux, les dragons sont en général associés aux montagnes, sans doute parce que les uns et les autres exercent une influence sur l'eau. Les Sémélaï croient que les *nagas* sont nés dans la montagne Gunong Chini, et qu'ils en sont descendus pour vivre dans le lac. Ils les redoutent énormément et exécutent des danses rituelles pour les apaiser, mais ils se refusent à parler de telles cérémonies à des étrangers.

Cependant, il n'y a rien de légendaire dans ces monstres. Vers 1950, un officier supérieur de la police malaise signala qu'il avait vu un étrange animal dans le Tasek Bera. En fin d'après-midi, il amarra son bateau à la presqu'île de Tanjong Keruing, devant laquelle l'eau d'une petite crique n'était pas trop encombrée de plantes, et il y plongea pour se rafraîchir. Soudain il vit surgir, à une quarantaine de mètres parmi les roseaux, le long cou d'une grosse bête, dont la tête se dressait à quatre ou cinq mètres au-dessus de l'eau. Derrière elle, il distingua les contours de deux bosses gris-argent qui émergeaient en partie. Il se hâta de regagner son bateau et de s'éloigner, en ne se retournant qu'une fois : l'animal n'avait pas bougé et le regardait (Planche 25).

Stewart Wavell, alors producteur à la radio malaise, fut mis au courant de l'incident par le chef de la police, qui lui fit un grand éloge de son subordonné et déclara : « C'est un homme absolument digne de confiance, qui n'exagère jamais et que je crois sur parole. Mais j'avoue que je trouve cette histoire de monstre assez bizarre. » En 1952, Stewart Wavell eut l'occasion d'entendre les Sémélaï eux-mêmes parler du monstre, tandis qu'il enregistrait des chants et récits folkloriques au Tasek Bera. Il y retourna en 1957, par le très difficile chemin de la rivière Sungei Bera, et séjourna au village indigène de Ba'Apa, où il entendit beaucoup d'histoires plus ou moins fabuleuses à propos de serpents gigantesques.

En fait, lorsqu'ils parlaient de ces monstres, les Sémélaï semblaient les considérer comme des bêtes faisant tout naturellement partie de leur environnement. Ils les voyaient souvent nager (car il y en avait plusieurs) et se nourrir de plantes aquatiques, sans jamais s'attaquer à eux, ce qui d'ailleurs leur paraissait surprenant de la part de serpents. Ceux-ci avaient une autre caractéristique curieuse : deux petites cornes molles saillaient au sommet de leur tête. Personne n'en avait vu un seul dans toute sa longueur, car ils ne sortaient jamais entièrement de l'eau ; les Sémélaï pensaient que cela pouvait être dû au grand poids de ces monstres, trop lourds pour se mouvoir sur la terre ferme. Wavell leur demanda alors s'ils avaient vu des pattes. Non, répondirent-ils, mais il devait y en avoir, car le corps s'élargissait beaucoup sous l'eau. Lorsque Wavell dessina pour eux la silhouette d'un dinosaure, avec son long cou, sa petite tête et son corps massif, ils furent stupéfaits qu'un étranger pût faire un croquis si ressemblant d'un animal qu'il n'avait jamais vu.

Wavell les interrogea aussi sur le cri de ces bêtes, parce qu'on le lui avait décrit en le comparant au « barrissement de trompette de l'éléphant », mais en plus bruyant. Ils en firent pour lui des imitations, et deux d'entre eux dirent qu'à leur avis c'était plutôt « analogue à l'aboiement d'un chevrotain, mais en plus bref et puissant, comme un coup de gong que l'écho répercute ».

Le lendemain de son arrivée, Wavell se rendit avec deux guides à l'endroit, nommé Tanjong Kerning, où le policier avait vu le monstre. Les indigènes allumèrent du feu, tandis qu'il préparait sa caméra et un magnétophone. A ce moment, un cri strident déchira l'air. « Nettement détaché, il provenait du milieu du lac... Il était aussi perçant que la corne de brume d'un bateau, et avait en même temps la puissance du rugissement de l'otarie allié au barrissement de l'éléphant. » Il se hâta de mettre son magnétophone en marche pour enregistrer le cri suivant, mais celui-ci ne retentit jamais.

Il quitta le Tasek Bera avec l'espoir d'y revenir, mais d'autres obligations l'en empêchèrent. Il avait néanmoins recueilli, au cours de cette brève visite, de précieux renseignements — en particulier les détails relatifs aux cornes et à l'étrange cri de la bête — qui justifiaient une enquête beaucoup plus approfondie de savants. Or, il y eut seulement, en 1962, une expédition d'amateurs enthousiastes, membres de la RAF, qui se rendirent au Tasek Bera, mais, autant que je sache, leur enquête n'a rien fait découvrir de nouveau.

Les animaux du Tasek Bera sont manifestement apparentés à ceux que nous avons déjà rencontrés en d'autres parties du monde. Cependant, la Malaisie n'est pas notre seule source de témoignages, et ses monstres ne sont pas les seuls animaux mystérieux de l'Extrême-Orient. Des voyageurs ayant visité d'autres régions de l'Asie ont aussi entendu parler de monstres, et quelques-uns en ont vu. En 1860, un journaliste nommé W.H. Marshall déclara qu'il avait vu nager dans le fleuve Irraouaddi, en Birmanie, un énorme crocodile long de plus de quinze mètres, dont la moitié environ du corps émergeait. Or, le gavial — espèce de crocodile à museau très allongé qu'on trouve en général dans cette région — est deux ou trois fois moins grand que cela. Philip Gosse a pensé qu'il s'agissait d'un plésiosaure. Quant à Bernard Heuvelmans, il estime d'une manière plus plausible que c'était un spécimen de ce qu'il a appelé le Saurien-océanique, à savoir le plus vraisemblablement une forme de Thalattosuchiens, ces crocodiles marins à queue de poisson du Crétacé.

Il semble d'ailleurs que d'autres spécimens de crocodiliens primitifs soient parvenus à survivre dans certaines régions très lointaines de l'Asie. En 1951, un journal de l'Inde publia un article fantastique, concernant un monstre préhistorique qui ravagerait la province d'Assam. Cela incita le *Daily Mail* à organiser une expédition qui, sous la conduite de Charles Stonor, se proposait d'enquêter sur place, c'est-à-dire parmi les tribus Api Thani vivant dans les collines de Dafla.

Il va sans dire que les renseignements originaux ayant servi de base à l'article indien de 1951 étaient complètement inexacts. Il y avait bien eu jadis dans la région un animal non encore décrit, appelé *Buru* par les indigènes, mais il n'existait plus depuis des générations. D'après les descriptions traditionnelles recueillies par Stonor, il s'agissait sans doute d'un genre d'alligator ou de crocodile, long d'environ cinq mètres, à cou bref, au corps arrondi et à longue queue. De couleur sombre, sauf sur le ventre qui était blanc, il avait sur le dos trois rangées de petites arêtes ou aspérités, et ses courtes pattes étaient munies de griffes. L'anthropologue Christopher von Fürer-Haimendorf, qui écrivit l'ouvrage de référence classique sur les Api Thani, retourna plus tard les voir mais n'entendit pas parler de monstres.

Dans le livre qu'il a consacré aux aventures de Stonor dans l'Assam, aventures auxquelles il participa, Ralph Izzard relate certains bruits qu'ils entendirent à Rillo, c'est-à-dire à des centaines de kilomètres de la région où le *Buru* avait, disait-on, existé. Les gens du pays affirmaient, sans donner de précisions, qu'on avait vu ces animaux jusqu'à une époque toute récente : l'année précédente ! D'autre part, deux planteurs de thé racontèrent l'incident suivant, survenu au cours d'une chasse au canard dans un marais proche de Sadiya. Un soir, ils avaient été attirés par un curieux bruit de pataugement et, comme ils en cherchaient la cause, ils furent stupéfaits de voir surgir, au-dessus des roseaux, une tête de reptile au bout d'un long cou. Ils tirèrent aussitôt sur l'animal, mais celui-ci leur échappa.

D'autre part, James Alban Wilson, racontant ses aventures en Assam pendant qu'il servait dans l'armée des Indes, mentionne un autre témoignage, celui de deux planteurs, datant de 1909 ou 1910. Alors qu'ils traversaient d'épaisses forêts montagneuses, ils trouvèrent un lac au milieu duquel il y avait une île. « Or, sur le rivage et à moitié immergé, ils virent un énorme reptile, aussi massif qu'un bœuf : il ressemblait plutôt à un lézard, parce que sa peau était écailleuse et lisse, non rugueuse comme celle du crocodile. Ils coururent chercher leurs fusils, mais quand ils revinrent la bête avait disparu. »

De même qu'en Amérique du Sud, ce genre de témoignage est imprécis au point de vue des noms et du détail des lieux, et pourtant il faut en tenir compte. Nous pouvons à ce sujet faire nôtre la remarque de Sir Walter Raleigh, à propos de bêtes étranges signalées en Amérique du Sud : « Pour ma part, je ne les ai pas vues, mais je suis convaincu que tant de gens ne se sont pas tous concertés d'avance pour rendre compte de leur existence. »

Passons à présent des forêts sauvages d'Assam aux steppes plus sauvages encore de Sibérie, et de rumeurs plus ou moins vagues à des témoignages oculaires circonstanciés. C'est seulement depuis peu que le gouvernement soviétique s'est intéressé à ces territoires vierges : les savants russes explorent maintenant cette vaste région, dans laquelle ils font de surprenantes découvertes. En 1955, les cartographes furent étonnés de constater que des chaînes de montagnes, considérées comme parfaitement connues, s'étendaient en réalité dans des directions absolument différentes. Comme le remarqua Bernard Heuvelmans en 1958 : « Là où des montagnes peuvent demeurer inconnues si longtemps, il y a de l'espoir pour le naturaliste. »

Quelques années plus tard, le 18 juillet 1964, le *New York Times* signala que les savants soviétiques s'occupaient activement d'enquêter en Sibérie orientale, au sujet de monstres qui, selon des témoignages, vivraient dans certains lacs de cette région :

« Ces savants se rendent au lac Labynkir, sur le plateau gelé de Sordongnokh, où un géologue affirme avoir rencontré, il y a dix ans, une bête étrange. Un autre géologue, qui a vu une grosse bête dans le lac Vorota tout proche, a informé les *Nouvelles de Moscou* (édition anglaise) qu'il s'agissait « d'une redoutable bête de couleur gris foncé. Son corps ressemblait à un énorme cylindre luisant, d'où émergeait une sorte de gouvernail oblique. »

La réaction des Occidentaux à cette annonce ne saurait être mieux dépeinte que par ce commentaire d'un simple berger écossais de Drumnadrochit, au bord du loch Ness : « Je vois que même Khrouchtchev dit qu'il y a un monstre dans un lac sibérien : ça prouve que maintenant tout le monde est dans le coup... »

Ces communiqués de presse, généralement inexacts, tendaient à faire sensation, et l'on n'en tint pas compte à cause de certaines révélations récentes des savants soviétiques. Celles-ci ne devaient pas être mises sur le plan de l'obscurantisme comme l'affaire Lyssenko, elles frisaient plutôt la science-fiction. Toujours est-il que, malgré les immenses réalisations de la science soviétique dans beaucoup de domaines, le monde occidental manifesta une méfiance peut-être justifiable à l'égard des témoignages relatifs aux monstres lacustres russes.

Or, ces comptes rendus d'observations étaient authentiques et provenaient de quatre lacs : trois dans le nord-est de la Sibérie, et un autre dans le Tien Chan, plus au sud.

Le plus ancien de ces récits date d'août 1963 et fut publié par *Priroda* de Moscou, sous forme d'un article du Dr S.K. Kloumov, concernant le lac Vorota. En juillet 1953, racontait-il, le géologue V.A. Tverdokhlebov effectua, à la tête d'une équipe de spécialistes en prospection minière, une inspection du plateau de Sordongnokh. Ils arrivèrent au lac Vorota, qui se trouve à 120 kilomètres du village le plus proche, par une belle journée ensoleillée, presque sans vent. Or, à la surface lisse du lac, le géologue et son assistant Boris Bachkator virent, à environ 300 mètres du rivage, ce qu'ils prirent pour un gros estagnon de pétrole. Mais peu après, ils constatèrent à leur vive surprise qu'il s'agissait d'un animal vivant qui se rapprochait. Ils grimpèrent donc sur la colline, afin d'avoir une meilleure vue du plan d'eau.

« L'animal, écrivit Kloumov, se rapprocha, de sorte qu'il devint possible de distinguer les parties de son corps qui émergeaient. A l'avant — c'était évidemment la tête — il avait au moins deux mètres de large, et ses yeux étaient très écartés l'un de l'autre. Le corps, long d'une dizaine de mètres, paraissait énorme et de couleur gris foncé. On pouvait voir, de chaque côté de la tête, des taches plus claires. Une sorte de crête dorsale, étroite et inclinée vers l'arrière, saillait nettement. L'animal progressait par bonds, si bien que la partie supérieure de son corps surgissait et disparaissait tour à tour. Quand il ne fut plus qu'à 100 mètres de la rive, il s'arrêta, se mit à battre vigoureusement l'eau, en faisant jaillir des gerbes d'écume de tous côtés, puis il plongea. »

Malgré une demi-heure de surveillance, les savants soviétiques ne revirent pas l'animal, qui ne remonta plus à la surface.

Ce récit illustre bien le danger que présente l'examen de témoignages relatifs à des animaux aquatiques inconnus. De même que le *Buru* d'Assam, la bête du lac Vorota diffère certainement des monstres bossus à long cou que nous avons si souvent rencontrés. Sa largeur, l'écartement de ses yeux, et surtout l'unique nageoire dorsale incurvée nous font aussitôt penser à un gros poisson ou à un dauphin. On a découvert en 1918 un dauphin d'eau douce entièrement blanc dans le lac Toung-Ting, au nord de la Chine, et il se pourrait fort bien que l'animal du lac Vorota fût une bête analogue.

Le lac Labynkir, dont il est question dans l'article du *New York Times* de 1964, est situé aussi sur le plateau de Sordongnokh. Les habitants de cette région, pour la plupart chasseurs et pêcheurs, sont convaincus que le lac est hanté par un démon qui dévore les chiens de chasse. Un pêcheur a affirmé qu'il avait été attaqué par lui, alors qu'il naviguait dans son canot. De couleur gris foncé, il avait une gueule énorme, ce qui nous incite de nouveau à penser qu'il s'agissait d'un gros poisson ou d'un cétacé.

En 1964, deux journalistes italiens du magazine *Epoca* visitèrent le lac Labynkir au cours d'un voyage à travers toute la Sibérie. S'il faut en croire Brunello Vardano, on leur raconta qu'un groupe de chasseurs avaient vu un cerf traverser le lac à la nage, suivi par un chien, puis tous deux disparurent sous l'eau, et peu après un monstre noir apparut, s'ébroua et replongea. Un des membres du groupe, qualifié d' « érudit » par Vardano, affirma à ses amis qu'ils venaient de voir un dinosaure. Il me paraît difficile, quant à moi, de partager la certitude de cet « érudit ».

Cependant il y eut d'autres témoignages récents au sujet de ce lac. Ainsi, une expédition soviétique avait visité les lacs Vorota et Labynkir en 1963. Quatre de ses membres observèrent durant quelques minutes un animal qui, à 800 mètres de distance, surgit de l'eau et finit par s'y plonger. Cela se passant au crépuscule, ils ne purent le photographier faute de visibilité.

En juillet 1964, une autre expédition se rendit en Sibérie pour résoudre le mystère du lac Labynkir : elle emportait le matériel de plongée le plus moderne et se composait de trois groupes successifs. Malgré des plongées effectuées à trente mètres, les deux premiers n'obtinrent aucun résultat. Le troisième — le plus petit de tous — arriva à la fin d'août. Sur le lac Labynkir, ces observateurs virent trois objets assez gros et ronds, qui se déplaçaient à environ 300 mètres du rivage. Courant sur la berge, ils tentèrent vainement de les photographier. Ils remarquèrent seulement qu'ils émergeaient et s'immergeaient en même temps ; quant à déterminer s'il s'agissait d'un seul animal à trois bosses ou de trois animaux distincts, cela leur fut impossible.

Il n'a pas été question, ni dans l'un ni dans l'autre de ces lacs, du long cou si caractéristique des bêtes que nous avons rencontrées ailleurs. Les trois bosses nous rappellent bien entendu celles du monstre du loch Ness, mais nous pouvons admettre, me semble-t-il, que les animaux signalés dans ces comptes rendus sont probablement de gros poissons ou des dauphins. Comme les savants soviétiques poursuivront certainement leurs recherches sur le plateau de Sordongnokh, nous en saurons peut-être plus dans un proche avenir.

En 1963, la radio de Moscou donna des nouvelles de l'expédition sibérienne, puis elle ajouta que, dans les monts du Tien-Chan au sud du Turkestan, on signalait la présence d'un autre monstre, au lac Sary-Tchélek. Cependant, le Dr Kloumov croit que, dans ce cas, des oiseaux nageant en file indienne peuvent avoir donné l'impression d'un reptile. J'ignore sur quelles bases il fonde cette opinion, et aucun autre témoignage récent ne nous est parvenu de ces lointaines régions.

Il n'est pas inutile d'ajouter la remarque suivante. En somme, les savants russes appellent aujourd'hui « dinosaures » ce que les voyageurs d'autrefois auraient désigné sous le nom de « dragons ». Ainsi, au sein du Tien-Chan et au sud d'Alma-Ata se trouve le profond lac d'Issyk-Koul. Le moine bouddhiste chinois Hsuan-Tsang, au cours de son célèbre voyage de 629 en Inde, passa devant le lac. Dans son récit de voyages intitulé *Vues bouddhistes du Monde occidental*, il écrivait : « Ici, dragons et poissons vivent ensemble. En certaines occasions, des monstres écailleux surgissent à la surface, et à leur vue les passants brandissent des drapeaux de prière pour obtenir leurs faveurs. » Il ne m'a pas été possible de retrouver d'autres témoignages précis sur ce site intéressant, et c'est pourquoi j'estime qu'il convient de ne pas accorder trop de crédit à ces très vieilles histoires.

Les preuves relatives au troisième lac de Sibérie sont en revanche plus concluantes : c'est le lac Khaiyr, dans la région de Yanski en Yakoutie. De juin à octobre 1964, une expédition montée par l'Université de Moscou explora les gisements minéraux des monts Koular et des districts environnant. La population locale mit alors les prospecteurs au courant de l'existence d'un monstre, dans un lac situé à 5 kilomètres du village de Khaiyr. Cette zone étant comprise dans le plan général d'activité de l'expédition, il fut décidé de vérifier si ces rumeurs étaient fondées.

L'ingénieur A. Khartchenkov, un jeune savant diplômé nommé V. Gomoharov, et six autres personnes se frayèrent difficilement un chemin à travers des marais inondés, jusqu'au village perdu dans la toundra fangeuse. Le lac où le monstre se trouvait, disait-on, était le résultat d'une faille assez récente de la croûte terrestre, et à cause de ce phénomène il possédait des qualités thermales grâce auxquelles il gelait plus tard que les autres lacs de la région. On mit les enquêteurs au courant de toutes les légendes locales. Ainsi, les chasseurs n'y allaient jamais, il n'y avait pas de poisson dans ces eaux (alors que les autres lacs en regorgeaient), les canards et oies sauvages ne s'y posaient pas, et enfin les riverains entendaient souvent des bruits bizarres qu'ils attribuaient au monstre. Toutefois, personne ne pouvait affirmer l'avoir vraiment vu.

Les explorateurs eurent plus de chance. Le chef adjoint de l'expédition, G. Roukosuyer, en fit le récit dans un article de la *Komsomolskaya Pravda*, du 21 novembre 1964 :

« N. Gladkika, un biologiste membre de l'Académie des sciences, s'est littéralement trouvé nez à nez avec l'animal, de la manière la plus inattendue. Il était allé chercher de l'eau au lac, quand il vit tout à coup une bête qui avait rampé sur le rivage, sans doute pour y manger de l'herbe. Elle avait une petite tête au bout d'un long cou luisant, un corps massif et noir comme du jais, d'où saillait une longue nageoire dorsale et verticale »

Très effrayé, Gladkika retourna à toutes jambes au camp pour alerter son chef. Mais quand il revint au lac avec des hommes armés et munis de caméras, le « monstre » avait disparu, et l'on ne trouva que de l'herbe écrasée mais non broutée. Quoique le temps fût très calme ce matin-là, il y avait des vagues, certainement provoquées par la plongée de l'animal. Rentré sous sa tente, Gladkika dessina aussitôt le monstre, tel qu'il lui était apparu.

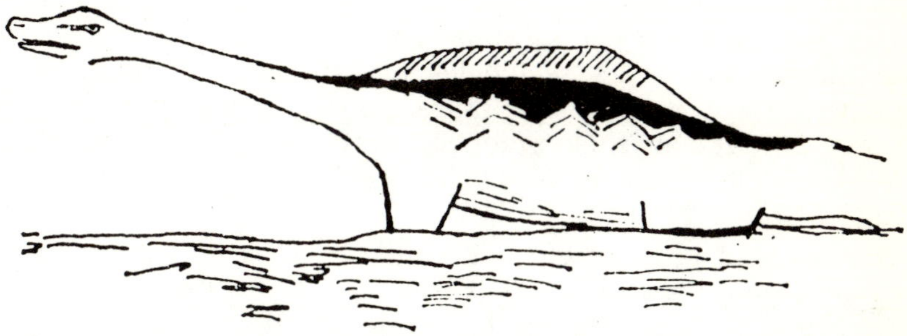

Fig. 27. Croquis du monstre du lac Khaiyr par Gladkika.

Il faut comparer ce remarquable dessin à la photographie du monstre du loch Ness prise par Wilson et au croquis d'Arthur Grant. Leur similitude est d'autant plus importante que le biologiste russe ne connaissait apparemment pas les témoignages concernant le loch Ness. Les yeux très minces et allongés qu'il a représentés sont conformes à ceux décrits par divers témoins. Ce qu'il a pris pour une nageoire dorsale est la crête souvent remarquée le long de l'épine dorsale et parfois comparée à celle du cheval. Si les deux dessins montrent bien les membres antérieurs, en revanche ils diffèrent au sujet des postérieurs et de la queue. Deux détails sont encore à noter sur le croquis de Gladkika : les hachures tendent à reproduire l'aspect rugueux de la peau, souvent signalé, et le dessus pointu de la tête me paraît évoquer deux petites cornes (en dépit du fait que le biologiste soviétique ne les ait pas mentionnées).

La crédibilité de son témoignage a heureusement été renforcée par une autre apparition de l'animal, sous les yeux du chef de l'expédition et de deux de ses collaborateurs :

« Tout à coup, une tête a surgi au milieu du lac, bientôt suivie d'une nageoire dorsale. La bête battait fortement l'eau avec sa longue queue, provoquant des vagues. On peut imaginer ce que fut notre stupéfaction, en voyant de nos propres yeux que les histoires relatives à cette bête étaient vraies. »

Roukosouyer, géologue, conclut en se demandant s'il s'agit d'un animal connu scientifiquement, et s'il ne pourrait pas être le dernier des ichthyosaures, dont le groupe est éteint depuis longtemps. Pour ma part, j'estime que ce n'est sûrement pas ce type d'animal, qui ressemblait plutôt à un dauphin géant. Bien entendu, on peut penser au plésiosaure, mais il faut déplorer que l'image des dinosaures et autres reptiles éteints du Mésozoïque continue d'exciter l'imagination des gens. En tout cas, si Gladkika avait une opinion personnelle sur la question, il n'en a rien dit.

Nous sommes loin du dragon laotien et des *nagas* des Sémélaï, et pourtant il n'y a guère de contrastes entre ces témoignages scientifiques et les récits des paysans. Quand Roukosouyer évoque l'image d'un ichthyosaure pour décrire ce qu'il a vu, ce mot est aussi mythisé que celui de dragon chez les Laotiens. En somme, le savant et le paysan s'expriment tous deux d'une manière mythique.

Sur un plan plus sérieux, bien qu'il s'agisse de textes journalistiques, nous pouvons nous demander s'il y a une différence intrinsèque de qualité entre la rapide observation du savant et l'histoire du paysan. Personnellement je ne le crois pas, mais nous sommes obligés d'accorder plus de poids aux propos du savant, et dans ce cas nous le faisons bien volontiers. Car ici nous possédons ce que les critiques des preuves relatives au loch Ness ont longtemps réclamé : l'observation, par un savant éprouvé, de l'animal, vu nettement sur la terre ferme avec une bonne visibilité. Que souhaiter de plus ?

Le Dragon, par lequel nous avons commencé ce chapitre, occupe une place naturelle dans les croyances orientales, de même que les dinosaures et consorts dans les nôtres. Les témoignages que nous avons cités émanent des « mondes perdus » de l'Asie : la Malaisie, l'Assam et la Sibérie, toutes régions où l'on peut s'attendre à trouver des « monstres ». Peut-être est-il surprenant que nous n'ayons pas de comptes rendus d'observations de monstres lacustres provenant de pays tels que la Chine ou le Japon. Il se peut que, là-bas, les gens ne tiennent plus de nos jours à dire qu'ils ont vu un dragon. On a signalé récemment la présence d'un « homme-des-neiges » dans le nord du Japon ; je ne doute pas qu'il puisse y avoir aussi des monstres lacustres dans ce pays.

Le fait est que, selon une lettre du 21 décembre 1933, adressée au *Times* de Londres par Miss Kathleen Conyngham, « le lac Chuzenji, situé au milieu des montagnes du Japon central, a la réputation de contenir un monstre. Des vagues qui, certaines nuits, se brisent sur son rivage, comme celles de la mer lors des marées, seraient causées par les mouvements du monstre. » Ce lac, qui se trouve à environ quatre-vingts kilomètres au nord de Tokyo, a une dizaine de kilomètres de long et une très grande profondeur.

D'autre part, il me semble utile de signaler que le roi du

Bhoutan, Son Altesse Jigme Dorgi Wangchuk, a vu de ses yeux (selon un article du *National Geographic* de septembre 1961) un des animaux semi-légendaires de ce pays, monstre semblable à celui du loch Ness, qui vit dans un des lacs du nord de son royaume : un grand animal blanc, nageant très vite. Cependant, des témoignages tels que celui-ci, même s'ils émanent de rois, sont en général ignorés. C'est seulement lorsque des Européens voient, eux aussi, des dragons que l'on prête quelque attention à l'incident.

CHAPITRE XIV

LE « BUNYIP » D'AUSTRALIE

«Le professeur soupira puis demanda : Sais-tu seulement ce qu'est un Boojum ? Oui, je le sais ! s'écria Bruno. »
(Lewis CARROLL : *Sylvie et Bruno*)

De même que le *Pooka* irlandais, le *Bunyip* australien est une sorte d'épouvantail (Planche 26). Cela n'empêche pas certaines personnes d'affirmer qu'elles l'ont vu en chair et en os. Dérivé du dialecte aborigène, le mot signifierait à peu près « démon » ou « esprit ». Pour les Blancs, c'est ainsi qu'on désigne toute espèce de bête étrange, et pourtant de nombreux témoignages, relatifs aux *bunyips*, sont surprenants par leur similitude. En 1939, Gilbert Whitley, du Muséum d'Australie, fit une enquête à leur sujet, et il collationna un nombre étonnant de comptes rendus d'observations, auxquels d'autres se sont ajoutés par la suite.

En juin 1801, Charles Bailly et un groupe d'explorateurs français du navire *le Géographe* remontèrent la rivière Swan en partant de ce qui est aujourd'hui la ville de Perth. Tout à coup ils entendirent un rugissement terrible, plus puissant qu'un beuglement de bœuf, qui provenait des roseaux bordant le rivage. Pensant que ce devait être une bête monstrueuse, ils s'enfuirent.

Un autre explorateur, nommé Hamilton Hume, confirma plus tard l'existence d'un tel animal. Au cours d'une séance de la Société philosophique d'Australie à Sydney, le 19 décembre 1821, il déclara qu'un mois auparavant il avait vu, dans le lac de Bathurst, un animal qu'il estimait être « un lamantin ou un hippopotame ». La société lui offrit de prendre ses frais à sa charge, s'il rapportait un crâne ou une peau de la bête, mais il ne réussit pas à en tuer une.

Cependant, d'autres témoignages analogues continuèrent d'être enregistrés. Dans une lettre au *Sydney Gazette* du 27 mars 1823,

Mr. E.S. Hall, propriétaire d'une ferme à Bathurst, raconta qu'en novembre 1821 il avait entendu et vu un monstre étrange, qui faisait un bruit semblable à celui du dauphin et avait une tête de bouledogue. D'autres que lui l'avaient également remarqué et, en décembre 1822, il s'était de nouveau trouvé en présence du même animal. Les indigènes, ajouta-t-il, le considéraient comme un démon mangeur d'enfants et ne s'approchaient jamais du lac.

En mars 1823, un géomètre nommé MacBrien signala la présence d'un « animal d'une longueur prodigieuse » dans la rivière Fish, proche de Bathurst, et un autre témoin affirma qu'il l'avait également vu dans cette même rivière, mais plus en amont.

L'explorateur William Breton déclara à cette époque : « On prétend qu'une espèce de phoque, appelé dans la région un démon, a été vu dans le lac George. »

Un journal de 1847 mentionne aussi le *Bunyip*, également appelé *Yaa-Loo* ou *Wowee-Wowee* par les indigènes. Certains disaient qu'il avait une figure humaine et des pieds tournés vers l'arrière ; selon d'autres, sa tête et son cou étaient semblables à ceux de l'Emeu, l'autruche locale, avec en outre une longue crinière, ce qui commence à nous paraître plus familier. Enfin, il se nourrissait d'écrevisses.

George Holder, du Poste du lac Parker, signala que ses hommes avaient vu un *bunyip* dans les lacs Paika et Tarla.

W.H. Hovell a noté que les indigènes de la vallée de la Murrumbidgee affirmaient avoir vu surgir une tête grosse comme un bœuf dans les lacs proches de la rivière ; ceux de la vallée de l'Edward appelaient l'animal de noms divers, en particulier le *Tnata*.

Au milieu du XIXe siècle, on ne parlait en Australie que du *Bunyip*. T. Atholl Fletcher fut un jour informé par les indigènes de la Murrumbidgee qu'ils avaient tué un *katenpai*. Il se procura le crâne et, le 9 février 1847, Hovell en envoya le croquis au *Sydney Morning Herald*. Le crâne fut examiné par W.S. Macleay, qui estima que s'il s'agissait d'un nouvel animal, il fallait le situer entre le Cheval et le Lama. Toutefois, il ajouta prudemment que ce pouvait aussi être un poulain mal conformé. Le grand anatomiste anglais, Sir Richard Owen, à qui l'on envoya le crâne, déclara que c'était celui d'un veau. On ne saura jamais qui d'entre eux avait raison, car la pièce à conviction a « lentement disparu sans bruit » dans les caves du Muséum d'Australie.

En 1847, le gouverneur Latrobe obtint des indigènes de Victoria des dessins représentant le *Bunyip*. Malheureusement, il les envoya en Tasmanie et ils se perdirent en cours de route.

L'année suivante, on signala « un vrai *bunyip* » dans le district de Port Fairy de Victoria. Selon des témoins, il était de couleur brune, avait un long cou orné d'une crinière et une tête de kangourou. On affirmait en outre qu'il possédait l'étrange pouvoir d'attirer ses victimes dans l'eau.

En 1849 ou 1850, le naturaliste néo-zélandais W.H.D. Le Souëf pensait que les *bunyips* étaient des phoques qui avaient réussi à passer de la mer à l'intérieur du pays. W.H. Jarrett lui avait raconté comment son père, lui-même et quelques amis, avaient tenté de tirer un *bunyip* surgi d'une lagune de la rivière Goulburn, à trois kilomètres du Poste d'Oorilim :

« A plusieurs reprises, la bête a fait émerger sa tête et son dos, nettement visibles au-dessus de la surface. De toute évidence, elle nageait très vite. Quoique terriblement effrayés, les Noirs se sont laissés tenter par l'argent et le tabac, et ils ont consenti à entrer dans l'eau jusqu'au ventre, pour tirer de plus près sur l'animal. Celui-ci a été touché plusieurs fois et il semble qu'il soit mort, en poussant un profond gémissement. »

Le lendemain, ils trouvèrent sur le rivage les restes d'un ornithorynque, vraisemblablement le dernier repas du *bunyip*. On ne put pas procéder au dragage de la lagune, faute de main-d'œuvre. Puis il y eut de fortes inondations dans la région, et jamais plus on ne revit le *bunyip*.

En 1857, un naturaliste nommé Stocqueler descendit en canoë la rivière Murray, ce qui lui permit d'observer et de dessiner des « phoques d'eau douce ». Ils avaient deux paires de nageoires ou pattes palmées, dont une à hauteur des épaules, un long cou de cygne, une tête de chien et un corps poilu. Leur longueur variait de deux à cinq mètres. Quand il montra ses croquis aux indigènes, ceux-ci lui dirent que cette bête était « le frère du *Bunyip* ».

En 1853, un colon installé près du mont Gambier, en Australie méridionale, vit un étrange animal, long de quatre à cinq mètres, dans une lagune proche de sa propriété. En 1872, un berger vit une bête aquatique du même genre, près de Narrandera en Nouvelles-Galles du Sud. Egalement en 1872, un animal bizarre émergea du lac Corangamite dans la province de Victoria, et terrifia tellement un homme qu'il fit chavirer sa plate. Selon le témoignage d'un certain Mr. d'Arcy, « il ressemblait à un gros chien de chasse à tête ronde et presque sans oreilles ». Une autre bête semblable fut observée par de nombreuses personnes dans le lac Burrumbeet, près de Ballarat.

En 1873, plusieurs témoins affirmèrent avoir vu, dans une lagune proche de Narrandera, un *wee-waa* qui ressemblait lui aussi à un chien de chasse, mais beaucoup plus petit, avec un poil noir et luisant. La même année, un animal à tête de phoque apparut dans la province de Queensland, près de Dalby : il avait une queue et deux nageoires. Puis ce fut en Australie méridionale, à Crystal Brooke, qu'un *bunyip* poilu fut signalé en 1876.

Une prime de 50 livres fut offerte à quiconque le rapporterait, mort ou vif, mais personne ne le captura. Divers comptes rendus d'observations, provenant de Malmesbury, Wagga-Wagga et autres lieux de la province de Victoria, concordent curieusement pour nous faire penser à une sorte de phoque.

En 1879, le Révérend George Taplin décrivit le *Moolgewanke* du lac Alexandria comme étant une sorte d'étrange triton à perruque rousse. Au contraire, le *Tunatapan* de Port Philip nous rappelle les animaux à long cou plus familiers, s'il faut en croire le signalement suivant : « Il était aussi gros qu'un bœuf, avec le cou et la tête d'un émeu, une crinière de cheval et des nageoires de phoque. Il pondait des œufs de tortue dans un nid d'ornithorynque, et quand il en avait assez de manger des écrevisses, il dévorait des Noirs. »

Un cavalier, qui traversait à gué la rivière Molonglo en 1886, vit un animal « de couleur blanchâtre et ayant à peu près la taille d'un gros chien ». Sa tête lui rappela un visage d'enfant, ce qui ne l'empêcha pas de lui jeter des pierres pour l'éloigner.

Jusqu'en 1929, un *bunyip* vraiment fabuleux hanta le marais de Tuckerbil, près de Leeton : il avait une tête à chacune de ses extrémités, ce qui lui permettait de nager vers l'avant ou à reculons.

En 1890, des témoignages plus plausibles incitèrent les dirigeants du zoo de Melbourne à envoyer une équipe dans le district d'Euroa de la province de Victoria, afin d'y chasser un animal ressemblant au *Bunyip*. Et en mai 1965, il y avait encore des groupes de chasseurs locaux des plaines de Mirramac qui fouillaient la rivière Nerang, parce que les cultivateurs régionaux avaient signalé des faits inquiétants : ils entendaient parfois des rugissements épouvantables et remarquaient en même temps que, dans la direction d'où ces bruits provenaient, l'eau était très agitée. Certains pensèrent qu'il s'agissait d'un crocodile (cette espèce était depuis longtemps éteinte dans cette rivière), mais les vieux du pays dirent que le *Bunyip* était revenu...

On a également signalé des *bunyips* en Tasmanie. En 1852, on en a vu un dans le lac Tibérias : il avait environ 1 m 50 de long, une tête de bouledogue, de vilains poils noirs, et des pattes tordues qu'on put apercevoir, car l'eau était peu profonde.

En 1863, des animaux semblables ont été observés dans le Grand Lac, le lac Echo et la rivière Jordan. Ils avaient aussi un ou deux mètres de long, une tête ronde de bouledogue, et quand ils s'ébattaient dans le lac, ils faisaient gicler l'eau à grande hauteur, ce qui nous rappelle certains témoignages du loch Ness.

De 1860 à 1870, les comptes rendus d'observations furent

nombreux. L'un d'eux précisa, en 1863, que l'animal ressemblait à un chien de berger, avec deux petites nageoires analogues à des ailes, et qu'il se déplaçait à la vitesse fantastique de 50 kilomètres à l'heure. Même les travaux de transformation du Grand Lac, pour y installer une centrale hydroélectrique, ne chassèrent pas ces bêtes, qui réapparurent en 1932.

Gilbert Whitley a conclu sa récapitulation de tous ces témoignages par cette appréciation : « Si l'on écarte quelques inventions extravagantes, on ne peut qu'être frappé de constater l'uniformité relative des descriptions du *Bunyip* durant une longue période. En général, il s'agit d'un animal à fourrure, ayant la dimension et la forme de tête d'un gros chien, avec des nageoires, vivant dans les rivières, les marais et les lacs intérieurs. » (Planche 27.)

Peut-il s'agir d'un phoque ? Il y ressemble beaucoup, c'est certain. Phoques et otaries se trouvent couramment dans les parages de l'Australie et de la Tasmanie, où ils ont été chassés avec excès durant tout le siècle dernier. Comme ce sont des animaux marins, on comprend qu'un cultivateur australien ait été stupéfait lorsqu'il en vit un, dans un lac situé en plein milieu du territoire. Or, il y a des phoques d'eau douce en Asie centrale, dans la mer Caspienne, la mer d'Aral, les lacs Baïkal et Oron. Au Canada, il en existe des colonies isolées dans quelques lacs d'eau douce. Enfin, en Australie, on a trouvé des otaries à dix kilomètres à l'intérieur des terres, et parfois plus loin encore de la la mer. Des otaries à fourrure ont été capturées dans le Shoalhaven, à plus de cent kilomètres de la mer, et, en 1870, un léopard-de-mer a été pris dans le même fleuve. En outre, une peau de phoque a été conservée longtemps à Congaro : l'animal avait été tué dans la Murrumbidgee, à 1 500 kilomètres des côtes !

Il est donc possible que certains phoques se soient introduits fort loin à l'intérieur du pays. D'autre part, beaucoup de témoignages relatifs au *Bunyip* proviennent des bassins de drainage des seules grandes rivières australiennes. Toutefois, il en est d'autres qui émanent de régions où il semble presque impossible de trouver un phoque. C'est pourquoi quelques savants ont émis des théories plus audacieuses. Voici ce qu'écrit encore Whitley à ce sujet :

« On a pensé que le *Bunyip* pourrait être une espèce éteinte de marsupial ressemblant à la loutre, car les légendes aborigènes en parlent, mais elles le confondent souvent avec le crocodile dans le nord et avec le phoque dans le sud de l'Australie. »

Comme le remarque Bernard Heuvelmans, les témoignages concernant le *Bunyip* traitent d'un animal vivant et non d'une sorte de fantôme. Dans le monde mystérieux des marsupiaux australiens, il y a des espèces équivalentes de la plupart des mammifères placentaires, exception faite des animaux volants ou aquatiques. Si donc le *Bunyip* existe, il remplirait le vide existant dans les espèces aquatiques.

Mais cette thèse explique-t-elle tous les comptes rendus d'observations du *Bunyip* ? Celui de 1847, provenant de la Murrumbidgee, avait la tête et le cou d'un émeu, avec une longue crinière. Celui du district de Port Fairy était brun, avec une crinière touffue, un long cou et une tête de kangourou. Et puis, il y a les « phoques à long cou » de Stocqueler, vus en 1857 dans la Murray. Tout cela nous semble plus proche de nos monstres lacustres à long cou que de véritables phoques ou des loutres marsupiales. Toutefois, il ne fait pas de doute que les serpents-de-mer à long cou — dont on a plusieurs fois signalé l'existence dans les parages des côtes de l'Australie méridionale — sont aussi capables que les phoques de remonter les rivières. Mais comme le dernier témoignage relatif à ce *Bunyip* particulier date de 1857, il semble bien que cet animal ne se trouve plus dans cette région.

Tous ces rapports concernant l'Australie présentent un point commun intéressant : quels que puissent être ces animaux, ils sont signalés dans des zones climatiques correspondant à celles de l'hémisphère Nord. L'Australie méridionale et la Tasmanie sont situées à peu près à la même latitude que les montagnes de l'Argentine, d'où émanaient les autres témoignages que nous avons mentionnés.

CHAPITRE XV

L'OTARIE A LONG COU

Une solution

« Ecoutez-moi bien, les gars, quand je vous [répète
Quelles sont les cinq marques indubitables
Auxquelles vous pourrez reconnaître, où que [vous alliez,
Les Snarks garantis authentiques. »
(Lewis CARROLL : *La Chasse au Snark*)

Après avoir recherché des monstres lacustres dans le monde entier, il nous reste à définir ce qu'ils sont en réalité.

Dès le début de cette étude, au loch Ness, il est apparu que nous avions affaire avec un type particulier d'animal, mais à mesure que nous avons progressé dans notre enquête, nous en avons rencontré d'autres qui, pour la plupart, étaient nettement différents. Beaucoup des *bunyips* d'Australie sont des phoques d'espèces courantes. Certaines observations provenant de Sibérie évoquent ce qui doit être de grands cétacés. Si le *Buru* d'Assam existe encore, c'est sans doute une espèce de crocodilien primitif. Si donc nous mettons à l'écart les bêtes de ce genre, il nous reste un gros animal à long cou qu'il faut identifier.

Pour aborder ce problème, le meilleur moyen est sans doute de revenir à notre point de départ, c'est-à-dire au loch Ness et à ses animaux particuliers. Si cet ouvrage était un roman policier classique, je dirais que maintenant le lecteur a en main tous les éléments nécessaires pour trouver la solution de l'énigme. Je les ai notés de chapitre en chapitre, et il convient de les rassembler pour qu'ils se complètent les uns les autres.

Comment les gens se sont-ils en général représenté l'animal du loch Ness ? De 1930 à 1940, on a imaginé qu'il pouvait être un peu n'importe quoi. Dans son livre, Gould a récapitulé toutes les suggestions qu'il avait découvertes et qui ne résistaient pas à un examen sérieux : oiseaux aquatiques, saumons, loutres, marsouins, plésiosaures, tortues, poissons-lune, raies, poissons-chat, salamandres, requins, anguilles, bélougas et autres cétacés, esturgeons, calmars, crocodiles, phoques, morses et otaries. De cette longue liste, seul le plésiosaure est encore proposé, car aucun des autres animaux ne correspond aux observations des témoins.

Aujourd'hui, le nombre des théories explicatives est plus réduit. On a suggéré qu'il pourrait s'agir d'un poisson, plus précisément d'une anguille géante. Après avoir connu quelque vogue vers 1950, cette hypothèse a été en général abandonnée. Si elle explique les bosses souvent observées, elle ne saurait résister au fait qu'une anguille ne peut avoir un long cou, à savoir un étranglement derrière la tête, quelle que soit sa taille.

F.W. Holiday a estimé que ce pourrait être un invertébré, un mollusque, une sorte de limace-de-mer géante. Cette explication, tout à fait improbable, ne correspond pas à quantité de détails observés par des témoins, tels que la crinière et le pelage.

La théorie de Gould, selon laquelle le monstre du loch Ness pourrait être une espèce de triton gigantesque, ne fut soutenue en son temps que par un seul savant réputé. Si séduisante qu'elle pût paraître, elle n'expliquait guère les diverses données du problème.

La thèse du Plésiosaure, plus ancienne, a toujours de nombreux partisans, car avec son long cou et ses palettes natatoires, cet animal constitue une explication attrayante. Néanmoins, elle se heurte à de très grandes difficultés : comment aurait-il pu survivre durant soixante millions d'années sans laisser de trace ni être remarqué, et comment pourrait-il vivre dans un lac d'eau douce extrêmement froide ?

En fait, l'unique théorie qui paraisse vraiment correspondre à tous les éléments connus est celle d'un animal à sang chaud, d'un mammifère. On a peine à comprendre que cette réalité ait été mise en doute. Il est possible que ce soit dû à des idées préconçues, soutenues par certaines personnes en dépit des preuves avancées par les témoins : le Serpent-de-mer ne pouvait être qu'un plésiosaure ! Or, il est difficile d'imaginer qu'un reptile ait pu survivre dans le climat tempéré froid du loch Ness ou des autres lacs dans lesquel des monstres ont été observés. Seul un animal à sang chaud et de préférence velu, peut s'adapter à un tel environnement. Même les témoignages les plus anciens, tels ceux des années 1880 et suivantes, mentionnaient un pelage ou une fourrure, un trait indiscutable de mammifère.

Les critiques les plus opposés à l'existence du monstre avaient conscience de ces réalités dans les années 1930. Aussi beaucoup de savants estimèrent que l'animal correspondant le plus aux comptes rendus d'observations était le phoque. Or, aucun pinnipède ne possède un long cou, alors que celui-ci est la principale caractéristique du monstre.

Oudemans, en Hollande, fut le seul à franchir l'étape suivante en estimant, qu'il devait s'agir d'une espèce *inconnue* de pinnipède à long cou, dont les caractéristiques répondraient à toutes les observations enregistrées. Il est vrai que son animal possède une longue queue, mais Oudemans s'est inspiré pour cela de la confusion existant entre des témoignages relatifs à des types différents de serpents-de-mer.

Ayant déterminé la nature fondamentale de notre monstre, que savons-nous d'autre à son sujet ?

Fig. 28. Le monstre lacustre à long cou.

C'est un gros animal, beaucoup plus gros que tous les phoques et otaries auxquels il est apparenté. Sa tête est petite et plate, avec un museau conique qui s'allonge avec l'âge. Pour certains spécimens, elle paraît un peu plus large que le cou, pour d'autres sa longueur est comparable à celle du cheval. On constate ces différences en comparant la photographie prise par Kenneth Wilson, qui montre le museau, à celles du Dr Lee où l'on n'en voit aucun. La bouche, quoique rarement visible, est grande. Ce n'est pas le cas des yeux, de simples fentes ovales, situées assez haut sur la tête. La coloration plus claire du poil autour des orbites donne souvent l'impression qu'ils sont plus grands qu'en réalité. On a remarqué deux petites « cornes » sur le dessus de la tête (elles sont visibles dans le cliché de Wilson) ; ce sont en fait des oreilles, que l'animal maintient en général couchées en arrière contre son cou, où elles ont parfois été prises par erreur pour une sorte de collerette.

La caractéristique distincte, qui permet l'identification, est le long cou. Etroit derrière la tête, il s'élargit vers les épaules et est fortement musclé. On a parfois signalé une crinière plus ou moins longue ; il s'agissait très probablement de mâles, et quoi de plus naturel pour un « cheval-aquatique » que d'avoir une crinière ?

Le corps est massif, beaucoup plus gros que celui de la plupart des phoques, épais et en forme de barrique. L'animal est couvert de graisse et montre deux ou trois bosses dorsales, dues à ce que la peau se plisse. On a pensé qu'elles pourraient être des poches d'air gonflables, fonctionnant comme les ballasts des submersibles, mais rien ne permet de retenir cette hypothèse, si l'on se fonde sur les preuves réunies jusqu'à ce jour.

Ces bosses ont fait l'objet de maintes discussions. Pourtant, il ne devrait y avoir aucun mystère à leur sujet, pour la raison suivante : un des témoins cités par Gould a observé avec soin comment elles changent de forme, et il a nettement dessiné, à son intention, les divers aspects du monstre. En mai 1934, en effet, Miss Kathleen MacDonald, d'Inverness, voyait le monstre à la surface du loch Ness, entre Lochend et Abriachan. Ce fut d'abord une bosse « terne et brunâtre », puis celle-ci s'aplatit pour devenir une protubérance centrale entre deux autres moins importantes. Enfin une quatrième partie émergea en avant du corps, encore plus petite, et le témoin ne tarda pas à constater que c'était la tête, au bout d'un long cou. De chaque côté des petites bosses, l'eau était sans cesse agitée par des remous, et il y avait à l'arrière un gros sillage, que Miss MacDonald attribua à l'action d'une puissante queue. Que peut-on donc souhaiter de plus clair et de moins mystérieux, en tout cas pour ce qui concerne les bosses ?

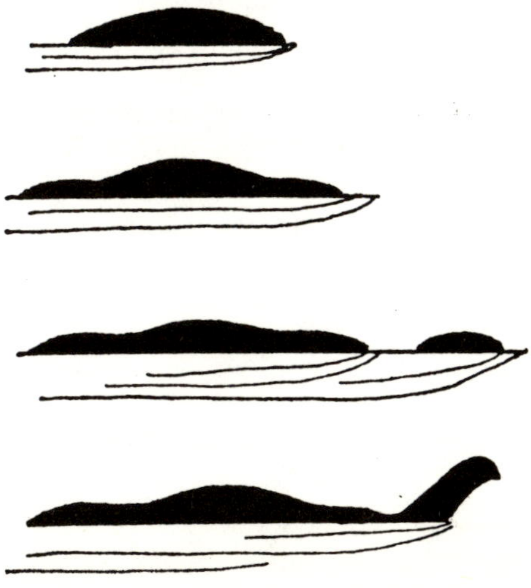

Fig. 29. Les divers aspects des bosses, tels que Miss MacDonald les a remarqués.

Il faut aussi noter que tout le long de l'épine dorsale, le pelage forme une sorte de crête plus sombre.

Il n'y a pour ainsi dire pas de queue. L'examen minutieux des témoignages mentionnant une queue — ils représentent 11 % de la totalité — montre qu'elle n'est citée qu'en termes très généraux. La plupart des témoins, telle Miss MacDonald, pensent qu'il s'agit d'une queue lorsqu'ils constatent de forts remous à l'arrière de la bête. Personne, sauf peut-être Arthur Grant, n'a jamais vu la queue du monstre, et je crois que Grant a pu se tromper, étant donné les circonstances de l'observation, dans cette sombre nuit de janvier 1934. Nous avons d'autre part des témoignages, tels que ceux de Mrs. MacLennan au loch Ness et de Miss Carberry à Connemara, selon lesquels « la queue de l'animal ressemblait à celle d'un poisson », car elle était « divisée, en forme de V ». Cela me paraît évoquer beaucoup plus des nageoires postérieures qu'une queue puissante, dont j'estime que l'existence n'est pas prouvée.

Il y a quatre pattes palmées, dont les doigts sont gros, nettement visibles, et donnant parfois l'impression de trois griffes ou même d'un sabot fendu. Ces détails ont été notés par Bright en 1880, Mrs. MacLennan en 1933, et Bob Duff en 1969. Pour ma part, je tiens également compte de la représentation d'animaux à long cou dans la mosaïque de Lydney Hall et du témoignage d'Arthur Grant. Les empreintes de pattes à trois doigts, trouvées sur la plage d'où l'animal avait regagné le loch, correspondent à ces témoignages et à la thèse selon laquelle il s'agit d'une bête semblable au phoque. De son côté, Bernard Heuvelmans a analysé comme suit ces problème dans une lettre qu'il m'a adressée personnellement :

« Vous remarquerez que, dans toutes les nageoires postérieures des phoques, les premier et cinquième doigts sont les plus longs et les plus développés, alors que les trois doigts intermédiaires sont petits, étroitement unis par une palmure, comme s'ils n'étaient que les plis d'un même doigt. Cela donne l'impression d'être une nageoire à trois doigts, dans ce genre-ci :

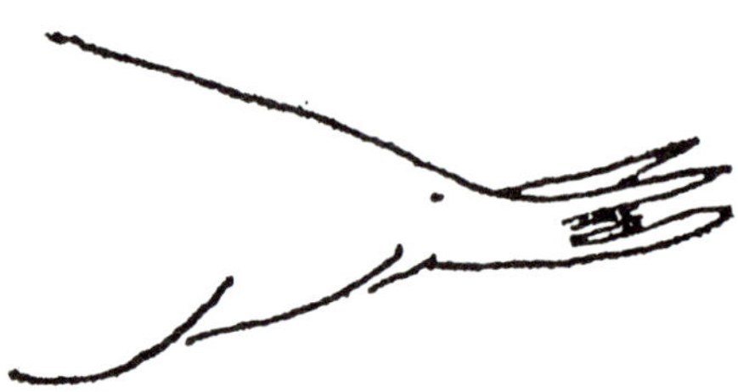

Fig. 30. La nageoire postérieure repliée.

« Quand la nageoire est déployée, voici ce que cela donne : »

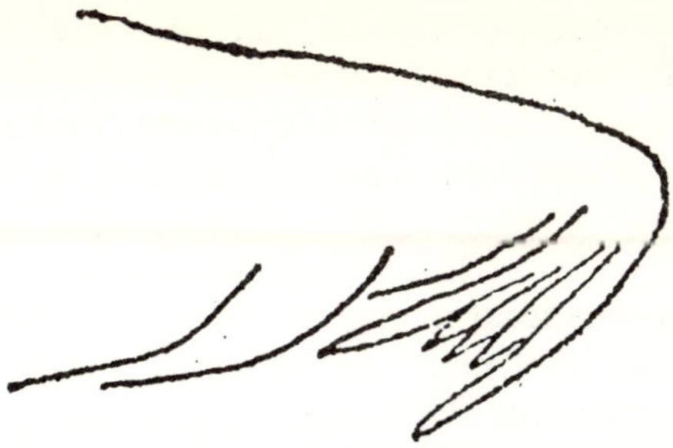

Fig. 31. La nageoire postérieure déployée.

On comprend ainsi que Mrs. MacLennan ait cru voir un sabot fourchu, tandis que Bob Duff et E.H. Bright estimaient qu'il s'agissait d'une patte à trois doigts.

Les nageoires antérieures sont souvent observées, tandis que les postérieures sont prises fréquemment pour une queue lorsqu'elles sont pointées vers l'arrière ; au contraire, quand elles sont déployées, elles ressemblent à une queue bilobée de poisson. Les quatre membres servent à nager, les postérieurs assurant la propulsion, les antérieurs l'équilibration. Les antérieurs sont reliés à un sternum massif, qui donne à l'animal son aspect robuste. Chez le morse et l'otarie, tous les membres sont adaptés à la marche sur le sol, qui s'effectue avec autant d'agilité que de vitesse.

La peau est couverte d'un très léger pelage, qui semble lisse et luisant quand il est mouillé, tandis qu'il paraît rugueux et en broussaille quand il est sec ou vu de près. Sa couleur est brun foncé, mais lorsqu'il est mouillé elle peut souvent prendre un aspect noir ou même vert olive, avec un ventre plus clair et une bande blanche à la partie inférieure du cou. Quelques jeunes animaux sont beaucoup plus clairs, presque jaunes comme des chameaux.

La dimension des animaux du loch Ness a été diversement estimée : entre six et dix mètres de longueur, la photographie prise par P.A. MacNab représentant deux spécimens de ces tailles différentes. Il était inévitable que les estimations de nombreux témoins fussent exagérées, parce qu'ils partaient du principe que l'animal avait une longue queue et évaluaient donc la longueur totale d'après la partie émergée du corps. C'est pourquoi j'estime qu'il faut en général réduire d'un tiers les évaluations, et je doute que la taille de la plupart de ces bêtes dépasse six à sept mètres. La plus grosse de celles photographiées par MacNab est sans doute le vieux mâle qui a, d'année en année, effrayé un certain nombre de témoins.

Du fait que ces animaux sont apparemment timides et vivent dans les zones les plus sauvages du loch, on connaît peu de détails sur leur comportement. Ils ont été le plus souvent observés en été, par temps calme et ensoleillé, ce qui semble indiquer leur préférence pour les journées chaudes. Toutefois, on les a vus également en d'autres saisons, et même en pleine tempête de neige.

Beaucoup de gens sont impressionnés par leur vitesse de déplacement, qui est considérable et peut atteindre parfois 35 à 40 kilomètres à l'heure. On peut en déduire qu'ils se nourrissent de poissons extrêmement mobiles ; les rares renseignements relatifs à leurs évolutions d'un bout à l'autre du loch confirment qu'ils pourchassent les bancs de poissons aux embouchures de rivières et à proximité des rives. Le cou long et flexible doit fort bien convenir à ce genre de prédation.

De même que les phoques, ils repèrent leur proie grâce à l'extrême sensibilité de l'appareil auditif, qui perçoit les échos à la manière du sonar. Il se peut que ce sens soit particulièrement développé pour compenser une vue atrophiée du fait de l'obscurité des profondeurs du loch, dans lesquelles ils vivent. Aussi n'est-il pas surprenant qu'ils s'enfuient au moindre bruit.

La respiration de l'animal n'a été observée qu'une fois par un naturaliste : elle se fait par la bouche. Sa curieuse habitude de flotter, immobile, à la surface nous incite à penser qu'il oxygène ainsi au maximum son système sanguin avant d'effectuer des plongées prolongées. C'est ce que font les phoques : on a constaté que ceux de la mer de Weddel, dans l'Antarctique, peuvent plonger à 500 mètres de profondeur, rester sous la glace une demi-heure et y parcourir 30 kilomètres sans remonter à la surface pour respirer.

L'animal plonge très vite et souvent à la verticale. Son autre habitude curieuse, consistant à s'ébattre en roulant sur lui-même à la surface, peut avoir pour but de se débarrasser de parasites.

Quoique personne n'ait signalé l'avoir entendu depuis 1923, le cri de ces animaux est aigu, perçant, et ressemble beaucoup à celui de l'otarie.

On ne sait encore rien, à ce jour, de la reproduction, de la naissance, de la croissance et de la maturité de ces animaux. Toutefois, nous pouvons raisonnablement supposer que, pour maintenir une population dans le loch Ness, ils doivent constituer un troupeau d'au moins quinze ou vingt bêtes.

Comme Heuvelmans l'a fait remarquer, ces animaux ont été observés dans de nombreux lacs, aux rives escarpées, des régions tempérées froides, aussi bien dans l'hémisphère Nord que dans l'hémisphère Sud, et à peu près de part et d'autre des isothermes de dix degrés centigrades. Ces lacs sont souvent situés en zones montagneuses, de type alpin, mais on en trouve aussi dans des rivières et des marais. Notons encore à ce propos que le lac Majeur, dans les Alpes italiennes, est réputé pour contenir un monstre ; des pêcheurs ont affirmé l'avoir vu en 1934, à l'embouchure de la rivière Ticino. On dit qu'il a une tête de cheval et se nourrit de poissons, et dans un de ses récits de voyages du début du XIXe siècle Stendhal lui-même l'a évoqué.

En résumé, l'animal du loch Ness (ainsi que ceux qui lui sont apparentés) est un grand pinnipède à long cou, plus spécialisé que toutes les autres espèces de pinnipèdes en vue d'une existence purement aquatique. (Il met bas dans l'eau, ce que les phoques ne font que s'ils y sont contraints, en de rares occasions.) Le nom scientifique de cet animal est *Megalotaria loncollis*, c'est-à-dire « grande otarie à long cou ». Proposé en 1965 par Bernard Heuvelmans, il n'a pas encore été accepté de manière unanime, en partie à cause des doutes encore exprimés par de nombreux zoologues au sujet de l'existence même de l'animal, et cela en dépit de l'abondance des données qui la prouvent.

Pourquoi en est-il ainsi ? Peut-être est-ce là que réside le seul vrai mystère de toute l'affaire. Mais, comme aurait pu le dire quelque prophète mineur, les voies du savant sont obscures et ses desseins impénétrables.

Cette étude serait incomplète si je ne mentionnais pas une question qui me paraît importante. Il est en effet curieux que, dans la longue histoire des comptes rendus d'observation de monstres lacustres, il y ait aussi peu de témoignages relatant la découverte du corps d'un de ces animaux. Mais peut-être n'est-ce pas aussi bizarre qu'on pourrait le penser. Si le monstre est une sorte de grosse otarie, comme on a tout lieu de le croire, il ne doit avoir aucune peine à regagner l'eau rapidement, même s'il est surpris sur la rive. Quant aux cadavres, il est très improbable qu'ils puissent flotter, si bien qu'on n'a guère de chances d'en découvrir. Il n'empêche qu'on en aurait trouvé quelques-uns.

Le premier cadavre de monstre fut signalé en Ecosse. Dans une lettre au capitaine Lionel Leslie citée par Ted Holiday, Mrs. Cameron, de Corpach près de Fort William, affirme qu'un petit monstre a été découvert à Corpach dans l'écluse, par des ouvriers qui la nettoyaient à la fin du siècle dernier (Planche 14). Elle dit qu'il ressemblait à une anguille, mais était beaucoup plus gros et avait une crinière. On n'a rien su de plus précis par la suite, sur cet étrange animal, ni sur un autre qui aurait été capturé au XVIIIe siècle dans un loch de l'île de Lewis. Toutefois, parmi les nombreuses lettres que je reçois — les unes stupides ou ridicules, les autres plus ou moins dignes d'intérêt — il y en a eu une, tout à fait remarquable, qui traitait de la question des cadavres de monstres, et en particulier de la bête trouvée dans l'écluse de Corpach, à l'extrémité occidentale du canal Calédonien.

M'écrivant de Clifden, dans le district irlandais de Galway, Mr. George Jefferies m'a fourni une indication supplémentaire sur ce mystérieux animal. Il croyait se rappeler une photographie ou un dessin montrant un « objet mort », trouvé dans le canal Calédonien ; cette illustration avait paru, croyait-il, dans l'*Illustrated London News,* à une époque correspondant soit à la guerre des Boers, soit à la guerre russo-japonaise (1899-1905). Elle représentait un groupe de personnes, adultes et enfants, entourant le cadavre, et c'est pourquoi mon correspondant pensait qu'un de ces jeunes témoins pouvait être encore vivant. Dans une autre lettre, il me précisa qu'il associait le souvenir de cette image à celui de la chute de Port Arthur (qui survint en janvier 1905), mais qu'elle avait très bien pu être publiée avant ou après cette date. Il ajoutait :

« Quant à l'objet lui-même, il me semble qu'on avait à l'époque émis l'hypothèse qu'il pouvait s'agir d'un régalec, encore que l'on ait peine à imaginer ce qu'un tel poisson de haute mer aurait bien pu faire dans le canal Calédonien. Il était certes long — six à sept mètres — et large d'un mètre au maximum. En d'autres termes, il s'agissait d'un animal sept fois plus long que large, et je n'ai aucun souvenir que l'on ait mentionné une crinière. La couleur était claire, presque blanche si je me rappelle bien, mais cela pouvait être dû à l'état de décomposition de la carcasse. La longueur évaluée par divers témoins était, je crois me souvenir, inférieure à six ou sept mètres, mais cela peut avoir été dû à la perspective... »

Ce renseignement m'a paru suffisamment exact pour justifier une enquête. J'ai donc commencé par écrire à l'*Illustrated London News,* qui n'avait pas conservé dans ses archives l'image évoquée par Mr. Jefferies. J'ai ensuite procédé moi-même à l'examen minutieux de tous les numéros de la revue, de 1890 à 1914, sans rien trouver d'intéressant. Des recherches analogues dans les archives de *The Graphic* et *The Sketch* furent aussi infructueuses. Celles de la Compagnie du canal Calédonien ne contiennent aucune référence à la découverte d'un tel animal ; c'est ce que m'a certifié la direction installée à Inverness, si bien que nous savons en tout cas qu'il n'en a jamais été fait officiellement état. J'ai alors écrit à Lionel Leslie pour savoir s'il ne pourrait pas retrouver la trace de son informatrice initiale, Mrs. Cameron, mais à son vif regret il ne possédait pas son adresse.

J'ai enfin sollicité diverses opinions relatives à ce mystère. Tim Dinsdale se demanda pourquoi l'on prétendait, comme

Mrs. Cameron, que l'animal serait venu du loch Ness, étant donné que l'on devait supposer beaucoup plus vraisemblablement qu'il était entré dans le canal en venant de la mer. Pour ma part, je ne doute pas que l'écluse de Corpach, citée par Mrs. Cameron, soit le grand bassin de Corpach qui communique avec la mer, et non ce qu'on appelle « l'Escalier de Neptune », qui se trouve à Banavie.

Bernard Heuvelmans ne se rappela pas avoir jamais entendu parler d'un tel témoignage, à moins qu'il ne s'agisse de celui récemment évoqué devant lui par Gerald Durrell, concernant une partie d'animal ou une photo... Je n'étais pas plus avancé.

Tout ce que je savais avec certitude, c'est qu'entre 1899 et 1905 on avait trouvé, dans l'écluse de Corpach, le cadavre d'un animal exceptionnel. Je finis par me procurer une photographie de l'écluse, telle qu'elle existait à cette époque, mais rien de plus. Dans ces conditions, je suis enclin à penser que Tim Dinsdale a raison et qu'il s'agissait d'un poisson. Etait-ce un régalec ? Dans l'affirmative, cela présenterait de toute manière un très grand intérêt.

Le régalec est un singulier poisson qui vit en eau de moyenne profondeur et dont on ne sait pas grand-chose. La plupart des spécimens examinés par des savants étaient soit morts, soit mourants. La première description de cet animal pélagique a été faite en Norvège et date de 1770, mais on trouve cette espèce dans le monde entier. On en a mesuré qui atteignaient sept mètres de long, et malgré ce qu'affirment beaucoup de manuels il n'est pas certain qu'ils parviennent à dépasser cette taille. En 1848, un régalec a été pêché au filet dans la mer du Nord, et il était plus gros que le bateau des marins. Le Dr Andrew Wilson en a déduit qu'il devait mesurer plus de vingt mètres, mais Heuvelmans estime plus probable que cette longueur se situait entre douze et quinze mètres.

En fait, la plupart des spécimens connus sont beaucoup plus petits et mesuraient environ quatre mètres. Cependant un régalec, rejeté par la mer sur la plage de Newport, en Californie, en 1901, avait plus de sept mètres de long. On l'a photographié, et ce cliché a été publié en juillet 1954 par la revue américaine *Animal Life* ; il est reproduit dans l'ouvrage de Heuvelmans sur le Serpent-de-mer.

Toujours est-il que cette image correspond tout à fait à la description de l'animal évoqué par Mr. Jefferies. C'est pourquoi je me demande si le magazine britannique, qui a signalé la découverte d'un « monstre marin » dans l'écluse de Corpach, n'a pas illustré son article avec la photographie banale d'un « monstre marin » tout différent. De toute manière, nous ne sommes pas plus capables après cette enquête de déterminer exactement ce qu'on a découvert dans l'écluse de Corpach.

Dans l'ordre chronologique, le témoignage suivant concernant un cadavre de monstre émane d'Islande. Là, un certain Dr Hjaltalin parla à Sabine Baring-Gould d'une carcasse rejetée sur le rivage du Lagarflôt, qu'il avait examinée lui-même. Mais en dehors du fait que c'était un animal de grande taille et complètement inconnu de lui, nous ne savons rien à ce sujet.

Nous n'en savons pas davantage sur l'autre carcasse découverte en 1914 au lac Okanagan, sauf qu'il s'agissait apparemment d'un mammifère apparenté aux phoques, et qu'on l'avait identifié sous toutes réserves comme étant un lamantin, ce qu'il ne pouvait en tout cas pas être.

Cependant, le témoignage le plus singulier, dans ce domaine des découvertes de cadavres de monstres lacustres, est sans aucun doute celui qui émane du lac Bear, dans l'Utah, où l'on a affirmé en 1876 qu'un monstre avait été capturé vivant à Fish Haven. C'était « une bête d'environ dix mètres de long, qui se propulsait dans l'eau par l'action de ses pattes et de sa queue », et qui avait une grande bouche. Cela ressemble tellement à ce que nous connaissons de ce genre d'animal que j'ai peine à croire à une mystification. Un plaisantin aurait présenté le monstre d'une manière plus monstrueuse. Or, cette fois encore, après avoir fait l'objet d'un bref article dans *The Deseret News*, la bête a disparu pour toujours.

Telles sont, semble-t-il, les seules indications que l'on possède sur la découverte de carcasses, sans parler d'un squelette trouvé au lough Mask d'Irlande, et d'une ou deux légendes norvégiennes assez douteuses, que Pontoppidan a citées.

Tandis que j'achevais la rédaction de cet ouvrage, la radio a annoncé une surprenante nouvelle : un gros animal semblable au phoque avait été trouvé mort sur le rivage du loch Ness par une équipe appartenant au personnel d'un zoo britannique. Mon cœur battit à grands coups : était-ce enfin la solution, le spécimen authentique ? La radio précisa qu'il avait une grande gueule et un cou court, ce qui ne semblait pas correspondre à notre monstre familier, que je pourchasse depuis tant d'années. L'affaire fit de plus en plus de bruit. La police avait été alertée, avec mission de se saisir de l'animal, en vertu d'une loi locale qui interdit de molester les animaux du loch Ness. A l'aube, elle intercepta à Forth Bridge, le fourgon qui le transportait, alors qu'il s'apprêtait à passer d'Ecosse en Angleterre. On fit venir des experts au commissariat central et, comme on aurait pu le deviner en regardant la date du journal qui relata l'événement — le 1er avril — on constata que c'était une mystification.

Un éléphant-de-mer, commandé par un petit zoo, était mort

en cours de route. Deux jeunes employés l'avaient caché dans une chambre froide, puis le transportèrent au loch Ness, où leur patron cherchait à apercevoir le monstre. Ils déchargèrent la bête sur le rivage puis allèrent téléphoner d'une cabine publique, au directeur du zoo pour lui annoncer la nouvelle, en empruntant un fort accent écossais. Le brave homme courut à l'endroit indiqué et trouva en effet un mammifère verdâtre, gluant et sans moustaches. Puis ce fut la folle randonnée, que les journaux s'empressèrent de relater.

La supercherie était adroite, parce que, cette fois, ses auteurs avaient utilisé un animal assez proche de la réalité pour duper plusieurs personnes. J'espère seulement que, si l'on découvre un jour le cadavre d'une autre bête semblable au phoque sur le rivage, on ne criera pas automatiquement : « Poisson d'Avril ! »

Sans doute est-il heureux, vu que nous n'avons aucun spécimen à disséquer et à discuter, qu'on puisse obtenir en justice une condamnation pour meurtre sur de simples témoignages, sans que le ministère public ait à produire un cadavre.

CHAPITRE XVI

LE MONSTRE ETERNEL

> « La vieille horreur surannée devait inévitablement dresser sa tête de dinosaure, au-dessus de la vase de son subconscient. »
> (George MacDonald : *Mary Marston*)

En fin de compte, on constate que le monstre du loch Ness n'a pas grand-chose de monstrueux. Ce n'est pas un énorme dragon surgi des profondeurs aquatiques, ni un reptile préhistorique, ni ce qu'un écrivain appelait « le summum de l'horreur existant dans la nature ». C'est tout simplement un animal inoffensif et à moitié aveugle, dont l'espèce s'apparente au phoque ordinaire et à l'otarie. Comment donc se fait-il que cette bête timide et discrète ait été présentée comme un monstre grotesque, maléfique et terrifiant, qui hante les imaginations modernes ? Tel est peut-être le véritable mystère du monstre du loch Ness, celui qu'il convient d'élucider.

« Hantise » est certainement le mot juste qu'il faut employer à ce propos. Sir Richard Owen en 1848 et Sir Arthur Keith en 1934 ont, l'un comme l'autre, classé le Serpent-de-mer et le monstre du loch Ness parmi les fantômes et les vampires, plutôt que parmi n'importe quelles espèces d'animaux de chair et de sang. Sir Arthur a beaucoup insisté sur ce point, en écrivant : « Toute créature dont l'existence est affirmée par des dizaines de témoins, et dont aucun spécimen n'est parvenu jusqu'à la table de dissection, appartient au monde des esprits... Je suis arrivé à la conclusion suivante : l'existence ou la non-existence du monstre du loch Ness est un problème qui se pose non pas aux zoologues mais aux psychologues. »

Le seul écrivain qui paraît avoir étudié sérieusement la thèse selon laquelle les monstres pourraient être des phénomènes métapsychiques est le regretté T.C. Lethbridge, qui croyait à bien des choses étranges et invraisemblables. Or, il a conclu qu'en l'occurrence il s'agit bien d'animaux, ce qui devrait nous encourager dans nos recherches.

Cela dit, il ne fait aucun doute que certaines apparitions fantomatiques prennent parfois la forme d'animaux. Ce fut le cas dans dans les années 1930 et suivantes, à propos d'un incident qui fit grand bruit à l'époque et qui vaut la peine que je l'évoque un instant. Cela se passait à peu près au moment où le loch Ness attirait l'attention du public : on faisait aussi grand cas, en ce temps-là, de la « mangouste parlante » de Cashen's Gap, une ferme très isolée de l'île de Man, en mer d'Irlande. Les cultivateurs qui l'habitaient affirmaient que leur maison était « hantée » par une assez gentille mangouste, appelée Jeff. Elle les appelait, de son repaire situé au-delà du mur d'enceinte, et engageait avec eux de longues conversations, ayant pour sujet tantôt leurs voisins, tantôt les excursions qu'elle faisait dans l'île, sur le toit des autobus publics.

Tout d'abord, les journaux locaux rendirent compte du phénomène à titre de curiosité, en comparant la bête au fantôme, alors célèbre, qui hantait la cheminée d'une maison de Saragosse, en Espagne. Puis une enquête fut entreprise à ce sujet par Harry Price et R.S. Lambert, qui conclurent en se demandant si cette mangouste n'existait pas uniquement dans l'imagination de cette famille. Les photographies présentées ne permettaient pas de distinguer la moindre forme animale dans le décor champêtre : quant aux traces relevées sur le sol et aux poils recueillis, on les identifia sans peine, car ils étaient identiques à ceux du chien de la ferme. Il semble donc qu'en ce temps-là, bien antérieur à l'invention de la télévision, une famille au moins avait trouvé un moyen inhabituel de se distraire durant les sombres nuits d'hiver.

Les ancêtres de Jeff sont nombreux, car quantité d'histoires anciennes relatent les actions d'esprits frappeurs ayant revêtu la forme d'un lapin ou d'un lièvre et qui s'appelaient Jeffery. Il est possible de prétendre, à l'exemple de Richard Owen et d'Arthur Keith, que le monstre du loch Ness est tout simplement une apparition, comme la mangouste parlante. Tel n'est pas mon avis, et c'est précisément pour cela que j'ai écrit ce livre. Néanmoins, dans la mesure où le monstre du loch Ness et ses semblables ont excité l'imagination des hommes, on peut dire qu'ils ont une longue histoire.

Sir Arthur a sans doute eu raison d'écrire que le monstre du loch Ness pose un problème aux psychologues, mais ce n'est pas tout à fait comme il l'entendait. Après toutes les opinions diverses de zoologues que j'ai citées, voici celle d'un psychologue, le Dr Alan McGlashan :

« On nous dit souvent que, si Dieu n'existait pas, il faudrait l'inventer. C'est également vrai de beaucoup d'autres choses, bien moins importantes. Si par exemple une bête aussi singulière que le monstre du loch Ness n'existait pas déjà, en tant que possibilité, il serait nécessaire de l'inventer. En outre, si demain on pêchait ce monstre dans le loch, ce qui prouverait incontestablement son existence, il serait indispensable de trouver de toute urgence un phénomène analogue ailleurs. Car le monstre mythique qui habite dans les eaux calmes du loch écossais concrétise, si grossièrement que ce soit, l'intuition qu'a tout homme de quelque chose d'effrayant et de terriblement réel : il est l'image du dragon au pouvoir destructeur dont l'Homme a toujours senti la présence au plus secret de sa propre nature. On a vraiment l'impression que l'Homme a besoin d'une image de ce genre. Le monstre du loch Ness est le dernier en date d'une longue lignée de bêtes qui vous donnent la chair de poule, qui suscitent souvent des quolibets, mais auxquelles on croit néanmoins... A chaque époque de l'histoire humaine, les plus érudits et raffinés de leur génération ont tourné ces choses-là en dérision, mais à l'arrière-plan de leurs ricanements on décèle un léger frisson de malaise. Même dans les milieux les plus blasés de la presse moderne, on s'empresse d'accepter comme une information passionnante le témoignage, si peu authentique qu'il soit, de quiconque prétend avoir aperçu le monstre dans le loch. »

Le monstre fait partie de ce que le Dr McGlashan appelle notre « panthéon journalistique quotidien », de même que les soucoupes volantes et les héros des bandes dessinées. Ces choses-là constituent la poésie du pauvre, l'expression imaginative de l'ignorant. Mis à part les rapports sexuels et le jardinage, ces phantasmes sont les activités les plus proches de la créativité auxquelles se livrent la plupart des gens.

Un ouvrage récent de vulgarisation sur les phénomènes surnaturels aborde sur ce même plan psychologique le problème des serpents-de-mer et des monstres lacustres, et il les classe dans la même catégorie que les loups-garous, les vampires et le Yéti. L'auteur y émet l'opinion suivante : « Ces créatures ont été à l'origine engendrées non par l'imagination consciente de l'homme d'autrefois (encore qu'elle ait certainement contribué à les perfectionner), mais au plus secret de son être, dans son subconscient : elles sont le produit des monstres symboliques qui peuplent ses rêves et ses phantasmes. »

A mon avis, la réalité est quelque peu différente. L'histoire du monstre du loch Ness a certainement une signification symbolique, qui l'apparente aux dragons de nos mythologies, mais aussi bien le Dragon que le Monstre sont fondés sur des réalités.

Nombreux sont les animaux qu'on a utilisés comme symboles, en particulier dans le domaine de l'héraldique ; et pourtant on reste stupéfait devant la quantité d'adaptations inconscientes dont les monstres lacustres ont fait l'objet, sans parler de créations purement imaginaires.

Dans son livre, Mrs. Whyte cite le célèbre psychologue C.G. Jung qui, rappelant que le Siècle des Lumières a débarrassé la nature et les institutions humaines de tous les dieux anciens, note cependant une exception : « Il a négligé le dieu de la peur, qui continue d'habiter au plus secret de tout individu. » C'est pourquoi Mrs. Whyte se demande « si l'idée d'un monstre dans le loch Ness n'ouvre pas une porte sur cette effrayante région de la pensée, où l'on peut voir surgir des bêtes terrifiantes — dragons, serpents et monstres des profondeurs — qui ne sont que les ombres ou les reflets d'indicibles horreurs ».

Il est certes curieux de remarquer combien les comptes rendus d'observations relatives à des monstres lacustres ou à des serpents-de-mer contiennent souvent des descriptions beaucoup plus détaillées qu'on ne pourrait s'y attendre, de la part de témoins objectifs. Quantité de gens semblent presque hébétés par la brusque apparition de l'animal, par l'étrangeté d'un phénomène où l'aspect et les dimensions de la bête n'entrent pas en ligne de compte. Pour certains, les monstres sont vraiment des Monstres. Voici quelques exemples, cueillis parmi divers témoignages, qui vont de la simple surprise à la stupéfaction puis à la frayeur angoissée :

« J'ai été frappé par l'étrange aspect de la tête et du cou — C'était vraiment une bête énorme, et il n'y a pas de mots pour décrire notre ébahissement — C'était ahurissant à voir..., c'était quelque chose d'anormal — Selon ses propres mots, il était " pétrifié de stupeur " — Je lui dis : " Voyez-vous ça ? " et elle acquiesça, puis demanda ce que ce pouvait bien être, d'un air assez effrayé — Ils venaient de vivre un moment tout à fait exceptionnel, dont ils allaient garder une impression durable et assez pénible — Ça ne ressemblait à rien, ou à la rigueur ça faisait penser à quelque animal préhistorique, comme on en montre dans les livres de classe ; mais j'avais toujours pensé que beaucoup de ces bêtes-là, n'ayant jamais existé, étaient des inventions pour contes de fées — Ce que j'ai vu alors semblait être une scène de cauchemar et je n'en crus pas mes yeux : une bête effroyable émergeait de l'eau — Quand on a vu le monstre une fois, on ne peut pas s'y tromper et le prendre pour autre chose : on éprouve une sensation plutôt bouleversante. »

Tim Dinsdale dit à peu près la même chose quand il parle du sentiment d'irréalité qu'inspire la vue d'un tel animal : on est déconcerté de constater que l'impossible peut exister.

Les mythes sont conformes à leur époque. Au Moyen Age, quand toute l'Europe était couverte d'épaisses forêts vierges, on croyait beaucoup à l'Homme sauvage des Bois, sorte de yéti médiéval. Maintenant, nombreux sont les savants qui pensent que le yéti est une espèce de grand singe, et que ces légendes anciennes ne sont pas sans fondement. En revanche, les folkloristes considèrent ces créatures comme des personnifications symboliques de l'Esprit de la nature sauvage, le mythe inévitable de la forêt primitive.

Aujourd'hui, alors que l'espace cosmique a été ouvert à l'exploration, tel un autre monde primitif, nous avons rempli « le silence éternel de ces espaces infinis » avec des Martiens et des soucoupes volantes. Dans un de ses derniers livres, Jung a écrit que ces phénomènes inexplicables sont la triste manifestation du malaise que l'Homme éprouve à présent dans un univers apparemment vide de sens. Comme dans *2001 : l'Odyssée de l'Espace,* Dieu a été remplacé, en tant qu'intelligence créatrice de l'univers, par une mystérieuse colonne noire. Que les soucoupes volantes existent ou non est sans doute une question qui n'a pas sa place ici. Il est certain que beaucoup de gens croient à leur existence, et ce fait n'est pas sans intérêt. (Les monstres lacustres sont en effet des phénomènes qui se répètent et peuvent donc donner lieu à des enquêtes scientifiques, tandis que les soucoupes volantes sont uniques et ne peuvent se répéter, ce qui explique les difficultés que l'on rencontre, si l'on veut procéder à une enquête sérieuse dans ce domaine.)

De la même façon, les serpents-de-mer furent autrefois la personnification des terreurs fondamentales de l'Homme, aux temps de la navigation à voile, quand les marins se trouvaient à la merci aveugle des caprices de l'Océan. Les cartes marines étaient alors superbement illustrées de marsouins, de cétacés et de monstres magnifiques de toutes sortes : autant de merveilles des profondeurs, que voyaient ou imaginaient ceux dont l'existence se passait à sillonner les mers. Aussi, les cartographes remplissaient-ils les « blancs » de leurs cartes, en y représentant par exemple « des éléphants sur des rivages inhabitables », et les mers inexplorées en y dessinant des monstres comme ceux que le Vieux Marin évoquait : « Eh oui ! Ces bêtes luisantes rampaient sur la mer plus luisante encore ; elles habitaient ces sombres et verts enfers marins, dans lesquels les cieux ont sombré et où vivent des créatures maléfiques et aveugles... »

Comme les serpents-de-mer, les monstres lacustres ont suscité des frayeurs et sont devenus des bêtes maléfiques. Un exemple typique de cette peur est la réaction de la femme du loch Shiel, qui empêche le châtelain de tirer sur un animal étrange en s'écriant : « Ne le tuez pas ! Il ne vous a fait aucun mal ! » Dans beaucoup de civilisations passées, non seulement on ne devait jamais faire de mal à une bête taboue, mais encore il ne fallait même pas en parler. C'est dans cet esprit que T.C. Lethbridge fut instamment prié, au loch na Beiste de l'île de Skye, de ne pas parler de la bête, de peur qu'elle n'apparût (à son avis, ce devait être à l'origine un morse égaré venu de l'Arctique). En tout cas, il est certain que dans beaucoup de mythologies, la « Bête surgie de la Mer » est celle qui suscite les pires terreurs.

Le mot monstre vient du latin *monstrum* qui signifie « révélation », et jadis l'apparition de nombreux monstres était considérée comme un mauvais présage. Nous l'avons vu, si le *Morag* se manifestait dans le loch Morar, cela signifiait qu'un membre du clan des MacDonnell allait mourir, et le destin de la vieille famille royale de Suède dépendait, croyait-on, du monstre du lac Mjösa. Très souvent, on n'inscrivait pas dans le journal du bord l'observation d'un serpent-de-mer, car les vieux marins croyaient que ces animaux portaient malheur. Ainsi, en 1916, le commandant Dean, croisant au large de l'Islande à bord de son navire, le *Hilary*, eut l'occasion de voir un serpent-de-mer et tint, malgré la vive opposition de son second, à ce que le fait fût consigné au journal de bord. Quelques jours plus tard, son bâtiment fut torpillé par un sous-marin allemand. Dans la chaloupe où il prit place en abandonnant le navire sur le point de couler, le commandant eut la surprise de constater que son second était le seul à avoir sauvé ses affaires : il avait eu la conviction que l'apparition du serpent-de-mer signifiait la fin imminente du *Hilary* et s'était donc empressé de boucler son sac.

Les mauvais présages attribués aux monstres expliquent la crainte superstitieuse qu'inspirent souvent celui du loch Ness et tous les autres. Des témoins récents, comme ceux cités plus haut, réagissent de la même manière que leurs ancêtres à ce qu'ils voient. En certains endroits, ils voient dans ces monstres les dieux de leurs pères. Selon divers auteurs, le loch Ness doit son nom à une déesse celtique inconnue, nommée Nessa, dont le monstre serait la personnification. Malheureusement — car nous aimons tous les histoires pittoresques — rien ne prouve que celle-ci soit authentiquement fondée et qu'on ait jadis procédé au loch Ness à des sacrifices humains.

Néanmoins je pense qu'il peut y avoir un peu de vrai dans cette théorie. Dans tous les Highlands d'Ecosse, on a donné des diminutifs féminins aux monstres locaux, cette coutume courante ayant pour objet d'apaiser les sentiments des petites divinités locales. Il ne fait certainement aucun doute que les Celtes ont vénéré les lacs, les cours d'eau, et qu'ils avaient l'habitude d'offrir des sacrifices aux esprits des eaux.

On sait que les Celtes ont pratiqué des sacrifices humains à

La Tène, au bord du lac de Neuchâtel. Le loch Ness se trouve en partie sur le territoire qu'occupaient les Pictes, peuplade primitive qui a pu, elle aussi, en pratiquer. Le loch Ness a la réputation de ne jamais livrer de cadavres, même si cette légende est sans fondement. J'ignore si, de même que d'autres cours d'eau du Royaume-Uni, il passe pour exiger une victime chaque année, mais je sais que les vieilles déesses de certaines rivières recevaient de tels tributs. J'ai évoqué plus haut le *Kelpie* et le *Cheval-aquatique* qui, selon les légendes, ont été également adorés comme des divinités. En Irlande, les *Piast* apparaissent, dit-on, tous les sept ans, et l'on peut se demander s'il s'agit du souvenir de l'intervalle entre des sacrifices offerts à un esprit des eaux, sous la forme de quelque monstre...

Une autre tradition très répandue associe monstres et dragons de ce genre à d'importants trésors cachés. Dans *Beowulf*, le dragon veille sur un trésor enfoui sous un tertre. En Malaisie, on dit que les *Nagas* du Tasek Bera sont couverts d'écailles d'or, et qu'un homme a fait fortune rien qu'en s'en procurant quelques-unes. Dans le mythe teuton, Siegfried tue le dragon qui garde l'anneau d'or des Nibelungen. En Irlande, on croit que les *Piast* veillent sur des trésors au fond de lacs, et le *Lung* de Chine est l'objet d'une croyance semblable. Ces légendes peuvent avoir eu pour origine une autre forme de sacrifice.

Beaucoup de découvertes archéologiques de grand intérêt ont été faites dans le lit de rivières, le fond de lacs, ou les marais. Tous ces objets avaient été jetés à l'eau, à titre d'offrandes votives aux esprits des eaux. L'écrivain grec antique Strabon décrit un trésor déposé dans des mares aux environs de Tolsa, devenue par la suite Toulouse. A l'extrémité est du lac de Neuchâtel se trouve le site archéologique de La Tène, déjà mentionné, où l'on a découvert quantité d'objets ainsi que les vestiges d'une jetée, sur la rive d'une petite baie, d'où ces offrandes étaient jetées dans le lac ; il y avait aussi des squelettes humains. Egalement en Suisse, à Port, on a trouvé des objets du même genre dans le lit d'une rivière, à l'extrémité nord-est du lac de Diel ; les armes étaient de très grande qualité.

L'Angleterre offre des exemples analogues. Dans l'île d'Anglesey, célèbre par ses vestiges druidiques, on a fait en 1943 une importante découverte à Lynn Bach Cerrig. Il s'agit d'une mare, au pied d'une falaise, du haut de laquelle des offrandes étaient jetées. A côté d'armes, de chaînes d'esclaves, de chaudrons et d'objets divers, il y avait quantité d'ossements de bêtes à cornes, de chevaux, de moutons, de cochons et de chiens. L'absence de toute trace d'ordures domestiques prouve que ce n'était pas un lieu de décharge publique. Les objets dataient d'une époque qui se situe entre le IIe siècle avant notre ère et la moitié du Ier siècle. Il semble que ces sacrifices aient pris fin lors de l'occupation de l'île par les troupes romaines de l'empereur Claude, en l'an 61. Des découvertes semblables mais moins importantes ont été faites en Ecosse, à Carlingwork, Blackburn Hill et Eckford, ce dernier nom qui signifie « le gué du cheval » pouvant évoquer l'apparition d'un *kelpie*...

Il est évident que ces offrandes votives sont à l'origine des trésors légendaires enfouis sous l'eau. On devait croire en ce temps-là que le monstre aquatique veillait sur tout ce qu'on lui avait offert, de sorte que le lieu de ces sacrifices était tabou. Les ossements de bœufs, de moutons, de chevaux, de cochons et de chiens, trouvés à Lynn Bach Cerrig correspondent aux monstres qui, croyait-on jadis, hantaient les lacs irlandais : dans son *Handbook of Irish Folklore* (Manuel de Folklore irlandais), le Dr O'Sullivan cite notamment le Taureau-aquatique, le Cheval-aquatique et même le Cochon-aquatique. On peut dire en fait que ces lacs sont hantés par le souvenir de sacrifices préhistoriques.

J'ai déjà mentionné le temple de Nodens, à Lydney Park, où la mosaïque romano-celte montre deux bêtes à long cou : on a associé ce temple à une sorte de culte rendu jadis à la rivière Severn (Planche 28). Le dieu Nodens est un personnage mystérieux dont on ne trouve le nom nulle part ailleurs. J.R.R. Tolkien pense qu'il est irlandais, et que c'est une divinité guérisseuse, ayant de vagues rapports avec la mer. A Lydney Park, ses deux fonctions sont évidentes : on y trouve d'une part les offrandes de pèlerins guéris, en majorité féminins, et d'autre part la mosaïque elle-même, qui fut payée par les marins de la flotte romano-britannique, évidemment pour obtenir la protection du dieu. Il semble que les bêtes à long cou, représentées là, soient des créatures qui lui obéissaient.

Malheureusement, je l'ai dit, il n'y a au loch Ness aucun vestige probant de sacrifices — ni d'esclaves ni d'objets précieux — et l'on n'y trouve aucune indication permettant de penser qu'on y révérait spécialement les bêtes du dieu Nodens hantant ses sombres profondeurs. Et pourtant, ces bêtes sont encore des dieux en certains endroits du monde.

Le Dragon oriental, comme celui décrit dans le récit laotien évoqué dans un précédent chapitre, est un parent de nos monstres lacustres, ce qui ne l'empêche pas d'être encore vénéré de nos jours, pour son pouvoir de provoquer les pluies bienfaisantes. (A ce propos, nous pouvons noter que Nodens signifie, dit-on, « Faiseur de Nuages », si bien que, de toute évidence, il était aussi une sorte de dieu de la pluie.) Nous ne possédons pas, jusqu'à ce jour, d'étude sérieuse du mythe du Dragon, car ses origines et son développement présentent des difficultés extrêmement compliquées.

Les dragons et leurs légendes sont non seulement très répandus dans le monde, mais on ne s'accorde pas sur leur signification. A l'origine, le Dragon est un mythe de la nature, puisque la pluie dépend de son plaisir. Dans la légende chinoise, le Dragon est le maître souverain des eaux et des pluies, à tel point que, s'il ne pleuvait pas pendant l'été, les paysans allaient jusqu'à punir l'image du dieu. La forme originelle du Dragon, a-t-on dit, fut inspirée par l'alligator du Yang-Tsé-Kiang, et son souffle enflammé par la longue langue bifide et frétillante du Varan de Komodo. Il semble cependant que, derrière le mythe du Dragon à long cou, il y ait eu, à une époque très lointaine, un animal ressemblant au monstre du loch Ness.

Lorsque le mythe du Dragon atteignit l'Europe, il avait ramassé en cours de route le Python indien, auquel il doit sans doute sa sinuosité, ainsi que certains mythes du Proche-Orient, d'où l'on a tiré l'histoire de saint Georges. Néanmoins, l'antique origine du Dragon, en tant que monstre aquatique, semble avoir laissé un vague souvenir, en même temps que les offrandes faites aux cours d'eau et aux lacs. Il va sans dire que, sur un autre plan, le sauvetage d'une jeune fille par un héros n'avait pas seulement une origine rituelle : comme l'a remarqué Jung, il avait une signification psychologique profonde. La préservation de la vertu, face aux attaques des puissances maléfiques, est aujourd'hui au cœur de nos réactions devant le monstre. Non seulement nous nous sentons face à face avec quelque chose de primitif, mais encore nous ressentons une peur elle-même très ancienne. On constate dès lors que ceux qui refusent a priori d'admettre l'existence du monstre sont également ceux qui ne veulent pas reconnaître les peurs, les haines, les maléfices, bref tout ce qui, de tout temps, a instinctivement pris racine au plus secret de l'âme humaine. Toute cette question exige une étude infiniment plus poussée, de la part d'archéologues, de zoologues et de psychologues, car pour l'instant les idées de ces trois groupes de savants sont souvent contradictoires.

Cependant, le Dragon nous entraîne au sein du folklore lié aux fossiles, une nouvelle source de monstres imaginés pour l'Homme moderne. Au Moyen Age, quand on croyait encore aux dragons, leur existence fut prouvée aux incrédules par la découverte de leurs vestiges. Il s'agissait parfois de pures fabrications à partir de raies artistement découpées ou de véritables lézards volants de l'Orient. Des vestiges de dragons étaient aussi exhumés dans des cavernes ou des mines, et c'étaient en général des fossiles de toutes sortes. Dans la Grotte du Dragon de Mixnitz, en Autriche, on a découvert les os de 30 000 à 50 000 ours, et l'on a tout lieu de penser que le commerce de ces bêtes dut jadis être avantageux. L'Autriche nous fournit un exemple encore plus intéressant, car il y a sur la principale place de Klagenfurt la statue d'un géant tuant un dragon, qui date d'environ 1500. Le sculpteur local a pris pour modèle de la tête du Dragon un crâne découvert quelques années auparavant et que l'on attribuait à un tel monstre. Ce crâne conservé, jusqu'à une époque récente, à l'Hôtel de Ville, a été identifié : c'est celui d'un rhinocéros velu, qui avait vécu dans cette région aux temps préhistoriques. C'était donc une sorte de monstre, mais ce n'était pas un dragon.

Au cours du XVIIIe siècle, on a compris peu à peu que les fossiles étaient les vestiges pétrifiés de plantes et d'animaux anciens. La découverte de la fantastique antiquité du monde — on croyait jusqu'alors qu'il avait au maximum 6 000 ans — influa non seulement sur les bases des pensées religieuses et scientifiques, mais encore sur les croyances populaires. Lorsque Mantell, Cuvier, Cope, Marsh et d'autres paléontologues révélèrent les fascinantes horreurs du monde des dinosaures, ces bêtes de la grande ère reptilienne subjuguèrent l'imagination populaire, et depuis lors elles n'ont cessé d'y occuper une grande place. A l'heure actuelle, tout directeur de muséum sait que rien n'attire plus le public que la reconstitution d'un dinosaure. C'est aussi pour cette raison que l'idée (absolument fausse, nous l'avons vu) selon laquelle le loch Ness contient un plésiosaure, issu de ces époques révolues, paraît si séduisante à tant de gens. Qu'un cousin des dinosaures puisse exister en Ecosse, à quatre heures d'auto de Londres, voilà qui est assurément fantastique !

On peut suivre dans le dictionnaire anglais d'Oxford l'évolution du terme, qui est entré peu à peu dans le langage courant. Sir Richard Owen l'employa en 1841 pour la première fois, dans son rapport annuel à la *British Association, dinosaure* signifiant « terrible saurien ». Dès 1851, Darwin s'en servit tout naturellement et, vingt ans plus tard, son fidèle compagnon de lutte, T.H. Huxley, le citait souvent dans ses conférences, avec la certitude que ses auditeurs en comprendraient fort bien le sens.

Le grand développement de l'instruction générale a vulgarisé les étranges perspectives ouvertes par la géologie. En 1880, on pouvait lire dans la *Library of Universal Knowledge* (sorte d'encyclopédie) que « le nombre de reptiles dinosauriens était très élevé », ce qui est bien vrai. Mais il est bien plus intéressant de noter que, l'année suivante, George MacDonald employa métaphoriquement le terme dans son roman *Mary Marston :* ce passage figure en épigraphe de ce chapitre. MacDonald fut un des écrivains les plus imaginatifs du siècle dernier, et son utilisation du mot est singulièrement frappante.

Ainsi, en quarante ans le dinosaure a cessé d'être un terme scientifique pour devenir une métaphore banale. En fait, MacDonald a défini ainsi l'effet produit par les dinosaures sur l'imagination humaine : une vieille horreur surannée. Avec leur aspect effrayant, ces bêtes impressionnent le petit enfant timide que chacun de nous porte en lui, et qui désire plus que tout être rassuré avant de se mettre au lit.

L'effet produit en leur temps par ces grands monstres sur les imaginations humaines peut être comparé, de nos jours, à l'étrange histoire du Coelacanthe. Il est certes stupéfiant qu'on ait découvert ce poisson primitif, connu seulement à l'état fossile, bien vivant et formant de grandes colonies dans les eaux peu profondes de l'archipel des Comores, en plein océan Indien. Aussi ne doit-on pas s'étonner que beaucoup de gens aient fait le raisonnement suivant : puisque cette espèce de poisson a réussi à survivre si longtemps sans qu'on s'en aperçoive, pourquoi n'en serait-il pas de même pour le Plésiosaure ? L'aspect hideux de ces bêtes semble exercer sur nous une singulière séduction : tout en frissonnant de frayeur, nous nous réjouissons à la pensée qu'elles sont parvenues à survivre.

Cette fascination exercée par les reptiles préhistoriques date presque de l'époque de leur découverte. La science ouvrant à l'imagination humaine de nouveaux domaines, le public se vit bientôt comblé : on lui en offrait même plus qu'il ne le désirait. Une des attractions les plus populaires de la grande exposition de 1851, au Crystal Palace de Londres, fut une série fantastique de monstres préhistoriques en ciment armé. Œuvre de l'artiste Waterhouse Hawkins, ils étaient représentés dans des attitudes plus pittoresques qu'exactes. Avant l'ouverture de l'Exposition, Hawkins offrit un dîner aux plus éminents géologues de l'époque, et ses cartes d'invitation étaient gravées sur une aile de ptérodactyle. C'est à l'intérieur d'un iguanodon gigantesque, mal reconstitué, que ce repas fut servi en grande pompe. Tous ces monstres merveilleux, seuls vestiges de cette grande manifestation, se trouvent maintenant épars autour du lac, dans le parc de Sydenham (Planche 30).

Pendant ce temps, aux Etats-Unis, les géologues américains Marsh et Cope se livraient un farouche combat académique, en recherchant l'un et l'autre, mais séparément, des dinosaures dans les Etats de l'Ouest. Ils ne se pardonnaient pas d'avoir découvert ensemble l'immense Brontosaure, le plus énorme animal ayant jamais existé.

C'est aussi en Amérique que les fossiles firent leur entrée dans le domaine des spectacles. Un médecin nommé Koch exhiba à New York et à Boston, en 1854, le squelette fossile de ce qu'il affirma être un « serpent-de-mer ». Mais des zoologues compétents ne tardèrent pas à constater que ce squelette était en réalité fait de morceaux provenant de plusieurs cétacés archaïques, trouvés par Koch au cours de fouilles dans le Missouri. Démasqué aux Etats-Unis, Koch partit pour l'Europe, où il exhiba son faux monstre à Londres et en Allemagne. Finalement il le vendit à un muséum allemand, qui utilisa les fossiles en leur rendant leur identité authentique.

Cette mystification ne fut pas la seule perpétrée en Amérique au moyen d'un monstre. Ce genre d'opération présente un intérêt, celui de révéler les penchants d'une époque, car elle ne peut réussir que si elle répond à ce que le public désire ou se plaît à imaginer. Or, un an après l'affaire Koch, au cours de l'été 1855, la petite ville de Perry — sur la rive du Silver Lake, quatre-vingt-dix kilomètres au sud de Buffalo, dans le nord-ouest de l'Etat de New York — fut le théâtre d'un engouement suscité par un monstre, presque aussi passionné que celui provoqué par le monstre du loch Ness.

En juillet, deux groupes de pêcheurs signalèrent qu'ils avaient vu un monstre en divers endroits du lac. Le journal local relata l'histoire, et avant la fin de l'été on put voir se dérouler les événements habituels en pareil cas. Les touristes accoururent en foule et l'hôtel local fit des affaires d'or : il appartenait précisément au propriétaire du journal, Mr. A.B. Walker. Un Indien, nommé John-John, fut interviewé et confirma que ses compatriotes Seneca avaient toujours connu l'existence d'un monstre dans le lac, sans jamais parvenir à le capturer. Il ajouta que, selon des témoins oculaires, l'animal était « gros comme un sac de farine ». En août, un Mr. Fanning déclara qu'il avait vu le monstre cracher de l'eau, mais presque tout le monde fut d'accord pour estimer que son corps était semblable à celui d'un gros serpent, de couleur sombre, avec une tête de veau. Tout cela paraissant très authentique, des hommes d'affaires locaux se réunirent pour constituer une société dont l'objet fut la capture du monstre, et à cet effet ils firent venir des spécialistes de la chasse à la baleine qui, armés de harpons, ne manqueraient pas de s'en emparer. (Le *Daily Record* de Buffalo alla jusqu'à publier un récit pittoresque et plein de détails saisissants, sur la manière dont le monstre avait été harponné et tiré jusque sur le rivage ; malheureusement ce n'était qu'une mystification de plus.)

Vers la fin de l'année, les comptes rendus d'observation se firent plus rares, et l'année suivante il n'y en eut plus du tout. Puis, en 1857, un grave incendie éclata dans l'hôtel de Mr. Walker. Les pompiers bénévoles parvinrent à le maîtriser et, ce faisant, ils furent stupéfaits de découvrir dans le grenier un très curieux objet. C'était un gros serpent vert moucheté de jaune, en fil de fer recouvert de caoutchouc : le monstre de Silver Lake était enfin trouvé... Accusé d'imposture par ses concitoyens, Mr. Walker jugea prudent d'aller passer de longues vacances au Canada. Toutefois, quelques années plus tard, la ville lui pardonna et il put y revenir. Bien plus, les habitants de Perry sont aujourd'hui très fiers de cette histoire et, en souvenir de l'adroite mystification montée par Mr. Walker, ils organisent chaque année un festival du Serpent-de-mer, présidé par une reine élue pour la circonstance : c'est une charmante variante de la légende d'Andromède et du monstre.

Il faut reconnaître que la supercherie de Walker était adroite. Perry, petite agglomération très à l'écart, n'avait pas grand-chose à offrir de passionnant aux touristes, en dehors de la pêche. Walker, dont les diverses activités commerciales périclitaient, voulut y remédier. A cet effet, il s'assura le concours de quelques amis intimes afin de créer un faux monstre lacustre, ce qui ne manquerait pas de stimuler le tourisme local. Ils façonnèrent donc une armature en fil de fer, sur laquelle ils tendirent de la toile caoutchoutée, peinte en vert foncé avec des mouchetures jaune vif. La bouche et les yeux furent rendus aussi hideux que possible, tant par leur forme que par une teinte écarlate. On gonfla le monstre sur le rivage, au moyen d'un gros soufflet et d'un long tuyau. Deux cordages permettaient de le remorquer en divers points du lac. Tout ayant été mis au point, les conspirateurs attendirent un jour propice pour montrer la bête et, le 13 juillet 1855, la firent surgir sous les yeux de pêcheurs abasourdis, qui devinrent en toute bonne foi leurs victimes.

Si l'incendie fortuit n'avait pas provoqué la découverte de la mystification, le monstre de Silver Lake serait sans doute classé aujourd'hui parmi les phénomènes de même nature. Les déclarations des témoins se sont, en fin de compte, révélées conformes à la réalité, étant donné que tous, à l'exception de l'Indien, paraissent avoir sincèrement relaté ce qu'ils ont vu. Et pourtant, il est curieux de noter qu'aucun d'eux n'a signalé les mouchetures jaunes... Il est vraiment dommage qu'à cette époque aucun sociologue ne se soit précipité à Perry, pour y étudier ce phénomène d'illusion collective dont fut victime un public crédule.

Les découvertes des géologues, si passionnants et distrayants qu'aient pu être certains de leurs résultats, ne manquèrent cependant pas de troubler beaucoup les contemporains de l'époque victorienne. Dans ce qu'on a appelé les « stances géologiques » de son poème *In Memoriam,* Tennyson a exprimé un peu de la frayeur qu'ils ont éprouvée, face aux vastes périodes historiques qu'on leur révélait soudain, véritable abîme ouvert à leurs pieds et rempli de monstres horribles, connus de Dieu seul (à supposer qu'Il existât encore).

C'est le même esprit qui anime des auteurs tels que Lewis Carroll ou Edward Lear, encore que ceux-ci masquent la terreur sous des boutades fantaisistes. Le peintre romantique et le professeur de mathématiques d'Oxford ont tous deux été perdus de vue. Ce qui nous intéresse aujourd'hui, c'est le fruit de leurs heures de loisir — ou peut-être vaut-il mieux dire, de leurs étranges névroses. Comme beaucoup d'autres auteurs victoriens qui retiennent aujourd'hui notre attention, Carroll et Lear ne se sont pas sentis à l'aise dans leur propre époque. C'est dans leurs ouvrages que les monstres réapparaissent, pour la première fois depuis la mort de Shakespeare.

Il y a tout d'abord le *Snark* de Carroll, auquel j'ai plusieurs fois fait allusion. Henry Holiday, l'artiste qui illustra le poème, commença par dessiner un projet qui ne fut pas accepté par l'auteur d'*Alice au pays des merveilles,* dont le véritable nom était Charles Dodgson. Il en a expliqué les raisons dans son autobiographie :

« Mr. Dodgson m'a écrit que c'était un monstre charmant, mais tout à fait inadmissible. Toutes ses descriptions du *Boojum* étaient absolument inimaginables, et il désirait pourtant que la bête demeurât ce qu'il avait voulu qu'elle fût. J'y ai consenti, bien sûr, encore que j'aie renoncé avec peine à ce que j'estimais être une représentation exacte de l'animal. J'espère qu'à l'avenir un nouveau Darwin finira par découvrir la bête ou ses vestiges, et s'il y parvient, je sais qu'il confirmera la véracité de mon dessin. »

Holiday fait ici allusion à la célèbre description des fossiles découverts par Darwin en Patagonie, pays dans lequel, écrit-il dans son journal, « les monstres devaient grouiller jadis ». Mais, la forme donnée au *Snark* par Holiday, certainement la synthèse de toutes les bêtes tant recherchées mais toujours insaisissables, aurait pu être trouvée plus près de chez lui : son monstre aux yeux en boules de loto et à silhouette de phoque ressemble en effet à notre vieille amie Nessie.

Nous ne devons pas nous étonner que l'imagination humaine ait fait une confusion entre les monstres réels et fabuleux. Nous l'avons noté, un témoin oculaire du loch Ness avait toujours pensé que les monstres préhistoriques étaient des bêtes de contes de fées et n'avaient jamais existé réellement, mais il changea d'opinion le jour où il vit celui du loch Ness. Parlant de dragons et de dinosaures, Kenneth Graham a dit que la valeur d'une légende se mesure non à sa vérité mais à sa vitalité :

« Le Dragon par exemple est un animal qui résiste mieux à l'usure du temps que le Ptérodactyle. Je n'ai jamais rencontré quelqu'un qui crût réellement au Ptérodactyle ; en revanche, n'importe quelle honnête personne croit au Dragon, même s'il se cache dans l'arrière-cuisine de son subconscient. »

Il a certes raison, et cela explique pourquoi l'apparition d'un monstre nous passionne, que ce soit dans un roman ou dans un film. Le premier écrivain qui ait utilisé les découvertes nouvelles dans ses romans fut Jules Verne, le créateur de la science-fiction. Un de ses premiers ouvrages, le *Voyage au centre de la Terre,* publié en 1864, relate la descente de ses trois héros dans une vaste mer souterraine, où ils assistent, le cœur battant, à un effroyable combat entre un ichthyosaure et un plésiosaure. En 1870, dans *Vingt mille lieues sous les mers,* il évoque l'immense intérêt que pourraient susciter dans le public des découvertes scientifiques et des mystères tels que celui du grand Serpent-de-mer : c'est un des meilleurs livres du grand écrivain. Peu avant sa mort, en 1901, Verne raconte dans *Le Serpent-de-Mer* les aventures d'un Breton à bord d'un baleinier qui fait le tour du monde. Ce roman est faible, l'auteur ayant perdu sa verve depuis des années : quoique bien informé et se fondant sur les recherches d'Oudemans, il décrit la rencontre avec le monstre marin sans y mettre la couleur et le talent de ses ouvrages précédents.

Il n'en a pas moins été le pionnier, dans un genre dont Wells et Conan Doyle furent après lui les véritables explorateurs. L'*Outline of History* (1920) de Wells, d'abord publié en feuilleton, avec les images de dinosaures les plus ridicules que j'aie jamais vues, a néanmoins servi à la vulgarisation des récentes découvertes scientifiques.

Dans *Le Monde perdu* (1912), Conan Doyle présenta la plus extravagante collection imaginable de bêtes disparues, peuplant le paradis montagneux de Maple White Land : le Pithécanthrope, le Ptérodactyle, l'Iguanodon et le Plésiosaure, entre autres (Planche 31). Cet ouvrage était la conséquence de divers intérêts convergents qui le préoccupaient à cette époque. Ici, il se sert des dinosaures pour obtenir un effet dramatique, tout comme Edgar Wallace l'a fait dans son scénario de *King Kong.* Ces œuvres, qui n'étaient que très superficiellement fondées sur des données scientifiques, suscitèrent cependant d'innombrables films sur le même thème.

Un des tout premiers dessins animés, tourné en 1906, montrait un reptile préhistorique et s'appelait *Gertie the Dinosaur.* Celui-ci n'a jamais cessé depuis de paraître sur l'écran. Chacun se rappelle *King Kong* et le point culminant du film ; mais la première scène, au cours de laquelle les chasseurs sont poursuivis dans la brume à travers un marais par un diplodocus, est aussi très impressionnante. (Elle a d'ailleurs été évoquée par Mr. Spicer dans son entretien avec Rupert Gould, quand il lui raconta comment il avait vu Nessie sur la terre ferme.)

En 1922, tandis qu'Onelli recherchait le plésiosaure dans les Andes, Conan Doyle était en procès avec les producteurs d'un film intitulé *The Mystery of Sleepy Valley,* dans lequel on voyait aussi deux énormes dinosaures se battre. Gertie a été à l'origine l'ancêtre de la *Créature du lagon Noir,* de *Kwangi,* de *Godzilla,* et de tous ces autres films d'horreur, dont il semble que le Japon soit le principal producteur. Il est arrivé que l'on mette les monstres dans des situations plus intellectuelles : ainsi, dans *Fantasia* de Walt Disney, les dinosaures s'ébrouent, à l'aube des temps, au rythme du *Sacre du Printemps* de Stravinski !

En revanche, il semble que les monstres lacustres aient plus rarement fait l'objet de romans. Le plus ancien récit que j'aie pu trouver, concernant un monstre lacustre, est *The Monster of Lake La Metrie,* cité plus haut et publié en 1899. L'intérêt de cette charmante œuvre de fiction est, à mon sens, que l'action se déroule dans les montagnes du Wyoming ; cela nous incite à penser qu'il devait y avoir, à cette époque, des rumeurs relatives à des monstres lacustres dans la région. Or, les plus anciens comptes rendus d'observation de monstre là-bas datent à peine de 1920.

Le monstre du loch Ness lui-même a fait l'objet de films et de romans. En 1934, la Société Wyndham Productions tourna *The Secret of the Loch,* sur un scénario de Billie Beston et Charles Bennet, avec la populaire vedette Seymour Hicks. Ce film se distingue de curieuse manière : il fut le premier « parlant » tourné en Ecosse. On l'annonça huit jours après la parution dans le *Times* de l'article de Gould, et durant deux semaines ses auteurs prirent soin de se montrer sur les rives du loch, recueillant des propos pleins de couleur locale et choisissant les meilleurs emplacements. Ils comptaient y inclure des séquences représentant le vrai monstre en train de nager, et finalement ce fut une partie du film d'Irvine qu'ils utilisèrent.

En fin de compte, ce film se révéla très médiocre, avec les personnages classiques qu'on met en scène dans ce genre d'histoire : le professeur excentrique, sa jolie nièce, et le jeune journaliste qui en devient amoureux... L'unique détail intéressant à retenir, c'est que le monstre avait été fabriqué d'une manière conforme à la théorie de Gould, c'est-à-dire qu'il était une sorte de triton géant (Planche 32). A cette époque, où la critique cinématographique était rare dans les grands journaux, le film passa presque inaperçu. Toutefois, dans la revue spécialisée *Picturegoer,* un critique estima que la scène de la rencontre, sous l'eau, entre le héros plongeur et le monstre qui le surprend, « était bien combinée et constituait le sommet de toute la dernière partie ».

Au cours de l'été 1969, alors que Dan Taylor tentait de cinématographier le monstre au naturel, l'Américain Billy Wilder était également au loch Ness, où il tournait *La Vie privée de Sherlock Holmes.* On devait y montrer une bête monstrueuse, faite d'armatures métalliques recouvertes de plastique. Malheureusement, à peine avait-on commencé de remorquer l'animal qu'il coula à pic. Dans son scénario, Wilder avait imaginé que ce faux monstre servait de couverture pour masquer une expérience secrète : l'essai d'un nouveau sous-marin de la Marine britannique. L'idée n'était pas nouvelle ; on l'avait employée dans une série télévisée américaine *Voyage au fond de la mer,* mais le producteur s'était contenté de tourner les scènes en studio au lieu de faire le voyage en Ecosse. Il n'est pas sans intérêt de noter qu'au cours d'une conversation avec Holmes, le célèbre Dr Watson l'informe que, le 17 avril 1888, le « très sérieux journal *Evening Standard* » a pour la troisième fois signalé qu'on avait vu le monstre du loch Ness. Voilà certes un animal en avance sur son temps ! Quant à Holmes, il estimait que le monstre était un « croisement entre l'anguille et le chameau », ce qui constitue assurément un exploit en matière de génétique.

La diffusion du film de Dinsdale en 1960, dans l'émission télévisée *Panorama,* donna l'idée à deux auteurs de sketches de la BBC de créer une série, ayant pour principal sujet la recherche d'un monstre dans un loch écossais. On y revit un professeur original, un jeune couple d'amoureux charmants, et bien entendu au fond de tout cela un nouveau sous-marin secret. Je ne me rappelle que vaguement la trame de l'histoire, mais je me souviens très bien de ceci : pour je ne sais quelle raison, ils firent du monstre, non pas un plésiosaure, mais un cératosaure (le dinosaure bipède qui a les pattes antérieures très courtes et une corne sur le nez). Chaque écolier sait de quoi il s'agit...

Quoiqu'il puisse y en avoir d'autres, le seul roman que je connaisse, dans lequel il soit question du monstre du loch Ness, est un des ouvrages humoristiques de Compton Mackenzie sur la vie des Ecossais, *The Rival Monster,* publié en 1952. A la consternation du seigneur Ben Nevis et de ses amis, riverains du loch Ness, on annonce que Nessie a été tuée par une soucoupe volante qui rasait les flots. Mais voici qu'on ne tarde pas à signaler la présence d'un autre monstre dans la petite île de Todday, aux Hébrides. Aussitôt, Ben Nevis prend la tête d'une expédition pour récupérer ce qui — il en est convaincu — ne peut être que Nessie devenue amnésique. Après avoir surmonté mille difficultés, il constate que ce monstre est un morse venu de l'Arctique, comme on en avait déjà vu un aux Hébrides en 1949. Finalement, celui du loch Ness réapparaît, bien vivant et en pleine forme, « propulsant lentement ses huit bosses vers le milieu du loch, où il s'immergea ».

Le monstre a aussi fait l'objet, par intermittence, de dessins humoristiques dans les journaux. J'avoue que je les aime assez, en dépit du fait qu'ils ne méritent pas qu'on s'y intéresse sur le plan scientifique. Pourtant, le *New Yorker* en a publié un, d'Allen Dunn, qui suggère l'évidente solution d'un problème familier à de nombreux savants : comment les monstres ont-ils réussi à survivre au cours des siècles ? Le dessin montre deux employés de l'établissement de pisciculture du loch Ness, en train de déverser dans une rivière un baquet rempli de bébés-monstres, qu'ils viennent de retirer du vivier. Un autre dessin qui m'est cher a pour auteur Gammidge et fut publié par le *Sunday Mirror* à Londres ; combinant les deux principaux mystères du moment, il montre un Martien couvert d'écailles, debout sur la rive du loch Ness, et saluant un monstre d'apparence amicale, en lui disant : « Bonjour, Terrien ! »

Cependant, j'ai idée qu'aujourd'hui le monstre doit se sentir un peu déprimé, à cause des expéditions rivales d'« Abominables Hommes-des-sciences » qui ne cessent de le pourchasser. Le poète anglais Ted Hughes a composé un charmant poème pour enfants sur Nessie. Etant donné que cette bête infortunée n'a pas eu la moindre possibilité de plaider sa cause, je pense que nous pouvons prendre congé d'elle, en retenant les derniers mots que le poète lui prête, à propos de son triste sort :

« C'est moi, moi, moi, le monstre du loch !
Plût à Dieu que je fusse d'une espèce normale, hippo ou croco !
Egaré par les temps, je me morfonds ici dans l'ombre,
Alors que je devrais gouverner l'Ecosse, d'un trône de Regent's
[Park...
Car je suis si laid que c'en est incroyable !
Le plus gros sac de *haggis* que l'Ecosse ne peut ni avaler ni
[vendre !
Moi, moi, moi, le monstre du loch,
La plus vilaine fille d'Ecosse, sept tonnes d'inepties !
Je vis ici, sur mon lit de vase noire, la vie d'un triton visqueux,
Sans que jamais un zoologue se pâme devant ma beauté.
Ah ! Où est la gente dame, assez audacieuse et libre,
Qui m'amènera à Londres et proclamera mon pedigree en
[fanfare ? »

Etant donné ce long et fantastique historique des monstres lacustres, réels ou imaginaires, on ne doit pas s'étonner que les savants se gardent bien de toute compromission, en reconnaissant leur existence réelle, et répugnent à se pâmer devant leur troublante beauté. Les savants n'ont aucun désir de paraître sots, et c'est là un sentiment humain tout naturel. Il faut pourtant dire que, dans le domaine des monstres, les savants se montrent totalement dépourvus d'esprit scientifique. Comme nous l'avons vu, ceux qui ont manifesté le plus de mépris pour cette question en connaissaient à peine les données. Seuls ceux qui ont examiné à fond les éléments probants du dossier devraient avoir le droit d'émettre une opinion, et ceux qui l'ont fait se sont finalement déclarés convaincus, à une ou deux exceptions près.

J'ai tenté dans ce livre de présenter tout ce qui permet d'établir, dans la mesure du possible, le pedigree du monstre. Je ne peux pas dire cependant que j'aimerais en voir un installé dans le zoo de Regent's Park ou dans quelque muséum. Il se peut qu'un jour nous parvenions à en capturer un vivant, mais cela devrait alors nous suffire. Pour le reste, il faut laisser la nature évoluer librement. Car, tant que les monstres continueront d'exister en pleine indépendance, dans notre monde sans cesse rétréci ou en désintégration, la nature conservera quelque chose de son vieux mystère, et l'Homme sera contraint de se rappeler qu'il n'est pas le maître de tout le savoir.

Ann Arbor

Londres

Dublin

POST-SCRIPTUM

L'expédition envoyée au loch Ness par l'Académie des sciences appliquées de Boston, et financée en grande partie par le *New York Times*, a terminé ses recherches à la fin d'août 1976. Elle n'a réussi ni à découvrir ni à photographier le monstre. Cependant, elle a eu la consolation de révéler un autre mystère. On avait annoncé à son de trompe que ce serait l'entreprise technologique la plus perfectionnée qui eût jamais été organisée pour élucider l'énigme du loch Ness. Son échec a démontré que, pour découvrir des animaux inconnus, le facteur chance est toujours aussi important que le matériel le plus moderne, qu'il s'agisse de sonars ou de caméras sous-marines.

Celles-ci n'ont pas cinématographié le monstre, mais les sonars ont décelé « deux grands objets noirs », ayant l'un quinze mètres et l'autre trente mètres environ de large, et situés près de l'extrémité nord du loch, en eau peu profonde. Martin Klein, qui s'occupait des sonars au cours des expéditions précédentes dirigées par le Dr Rines, s'est montré très intéressé par ces repérages et a déclaré :

— Il semble que nous ayons obtenu un résultat, qui pourrait avoir une importance archéologique considérable.

A son avis, il pourrait s'agir de *crannoges*, c'est-à-dire d'habitations lacustres fortifiées, comme on en a découvert souvent en Europe, particulièrement en Suisse en 1854. Des plongeurs furent chargés d'examiner les lieux, mais l'épaisse couche de vase recouvrant le fond du loch les empêcha de faire des constatations concluantes. Ainsi, tout en ne parvenant pas à trouver le monstre, Rines et son équipe ont néanmoins ajouté un nouveau mystère au dossier du monstre du loch Ness.

Monkstown, Irlande, 1976.

BIBLIOGRAPHIE

I
LE DEBUT DES RECHERCHES

BURTON, Maurice : *The Elusive Monster.* London, 1961.

DINSDALE, T.K. : *Loch Ness Monster.* London, 1961 ; nouvelle édition, 1972.

FRASER, James : 'Part of a letter wrote by Mr. James Fraser, Minister of Kirkhill, near Inverness, to J. Wallace at Edinburgh, concerning the lake Ness'. *Philosophical Transactions of the Royal Society,* vol. XXI, 1699.

GOULD, Rupert Thomas : *The Loch Ness Monster and Others.* London, 1934.

GRAVES, Robert and HODGE, Allan : *The Long Weekend.* (Ch. 17 : « The Days of the Loch Ness Monster », pp. 288-289). London, 1940.

HEUVELMANS, Bernard : *Le Grand Serpent-de-Mer.* Paris, 1965 ; nouvelle édition, 1975.

PRICE, Harry and LAMBERT, R.S. : *The Haunting of Cashen's Gap.* London, 1934.

WHYTE, Constance : *More than a Legend.* London, 1957.

II
L'ENIGME DU LOCH NESS
(Un monstre réel ?)

*** « Where the Monster passed by — Or didn't ». *Daily Mirror* London), 30 December 1933.

*** « Is this the famed Monster ? » *Daily Telegraph* (London), 6 December 1933.

*** « The Loch Ness Monster ». *Illustrated London News,* 6 January 1934.

*** « A possible clue to the Loch Ness "Monster" provided by film » (Shark scenes from *Man of Aran*). *Illustrated London News,* 5 May 1934.

*** « The Monster — His Mark — Zoological detectives call the bluff ». *Morning Post* (London), 5 January 1934.
*** « Loch Ness Monster — London visitor's strange experience — Is it a variant of the Plesiosaur ? » *Northern Chronicle* (Inverness), 9 August 1933.
*** « Criticism of *Daily Mail* findings — creatures identity unsolved ». *Northern Chronicle* (Inverness), 31 January 1934.
*** « Loch Ness Monster — Evidence of the film » (account of Irvine film). *The Times* (London), 4 January 1934.
*** « Another Loch Ness film — Record of Commotion ». *The Times* (London), 28 September 1934.
ADAMNAN : *The Life of Saint Columba.* Translated by William Reeves. Dublin, 1856.
ANDREWS, Roy Chapman : *This Amazing Planet.* New York, 1941.
ARGUS : « The Loch Ness Monster ». *Northern Chronicle* (Inverness), 7 June 1933.
BECKLES, Gordan : « The truth about the Monster ». *Daily Express* (London), 22 December 1933.
BOULENGER, E.G. : « The Loch Ness Monster ». *Observer* (London), 29 October 1933.
— : « Aquatic Monsters — Do they exist ? ». Listener (London), 10 March 1937.
BURR, Malcolm : « Sea Serpents and Monsters ». *Nineteenth Century* (London), February 1933.
BURTON, Maurice : in « The Monster may be a walrus ». *Daily Express* (London), 19 December 1933.
CALMAN, W. T. : « The Loch Ness Monster ». *The Times* (London), 11 December 1933.
CAMPBELL, Alex : « Remarkable Sight on Loch Ness ». *Inverness Courier,* 2 May 1933. Egalement *Northern Chronicle* (Inverness), 3 May 1933.
CAMPBELL, John Francis : *Popular Tales of the West Highlands.* Edinburgh, 1860-1862.
CARRINGTON, Richard : *Mermaids and Mastodons.* London, 1957.
CARRUTH, J.A. : *Loch Ness and Its Monster.* Fort Augustus, 1963.
DAVIES, G.H. : « Our special artist investigates the Loch Ness Monster ». *Illustrated London News,* 13 January 1934.
ERSKINE-MURRAY, Alistair : [Lettre relative aux traces de pas du monstre du loch Ness.] *Scotsman* (Edinburgh), 23 January 1933.
FRANK, Richard : *Northern Memoirs.* London, 1658.
GOULD, R.T. : *The Case for the Sea Serpent.* London, 1930.
— : « The Loch Ness Monster, a survey of the evidence ». *Times* (London), 9 December 1933.
— : *The Loch Ness Monster and Others.* London, 1934.
— : « Aquatic monsters Do they exist ? » — A Reply (to E.G. Boulenger). *Listener* (London), 7 April 1937.
— : *The Stargazer Talks.* London, 1934.
GREGORY, W.K. : « The Loch Ness Monster ». *Natural History* (New York), October 1934.
HAMILTON, J.S. : « The Loch Ness Monster ». *The Field* (London), 4 November 1933.

HASLEFOOT, F.E.D. : [Lettre relative à son observation du monstre du loch Ness]. *Times* (London), 16 July 1934.

HAY, H.F. : « Loch Ness mystery, Edinburgh expedition's clues, the walrus theory ». *The Scotsman* (Edinburgh), 22 January 1934.

HERRIES, J.W. : « The Loch Ness Mystery ». *Scotland's Magazine* (Edinburgh), vol. 40, n° 4, pp. 92-94.

HINTON, Martin : « Summing up the Loch Ness Monster ». *The Field* (London), 27 January 1934.

HUNTER-BLAIR, Sir David : « The Elusive Monster of Loch Ness ». *Commonweal* (New York), 20 April 1934.

JOHNSON, Samuel : *A Journey to the Western Islands.* London, 1775.

KEEL, John A. : *Strange Creatures from Time and Space.* Greenwich, Conn., 1968.

KEITH, Sir Arthur : « Is there a Loch Ness Monster ? ». *Daily Mail* (London), 3 January 1934.

MACDONALD, Jean and HARVEY, Patricia : in « The Loch Ness Monster Seen Again ». *Glasgow Herald,* 3 March 1934.

MACKENZIE, Compton : *My Life and Times, Octave Eight.* London, 1964.

MILNE, Ian : « A strange experience on Loch Ness ». *Northern Chronicle* (Inverness), 23 August 1930.

MOUNTAIN, Sir Edward : « Solving the mystery of Loch Ness ». *The Field* (London), 22 September 1934.

OUDEMANS, A.C. : *The Great Sea Serpent.* Leyden and London, 1892.

— : *The Loch Ness Animal.* Leyden, 1934.

— : « Het Loch Ness Monster ». *Levende Natuur* (Amsterdam), 12 November 1934.

PALMER, Wilfred : « The Loch Ness Monster ». *The Universe* (London), 10 February 1934.

PYCRAFT, W.R. : « Loch Ness in possession of a " sea-serpent " ». *Illustrated London News,* 11 November 1933.

REID, Mrs. : in « Loch Ness Monster — Seen again on Dores-Foyers road — Inverfarigaig lady's experience ». *Inverness Courier,* 20 December 1933.

RITCHIE, James : « The Loch Ness " Monster " ». *Nature* (London), 16 December 1933.

— : « The Loch Ness " Mystery " ». *Nature* (London), January 1934.

— : « The Loch Ness " Monster " ». *Nature* (London), 18 August 1934.

ROSE, D. Murray : [Lettre sur les observations anciennes des animaux du loch Ness.] *Scotsman* (Edinburgh), 20 October 1933.

STALKER, Philip : « Loch Ness Monster — A Puzzled Highland Community — Evidence and Theories ». *Scotsman* (Edinburgh), 6 October 1933.

— : Loch Ness Monster — The plesiosaurus theory — Old stories recalled ». *Scotsman* (Edinburgh), 17 October 1933.

— : « Loch Ness mystery — Lump of peat theory — Evidence against it ». *Scotsman* (Edinburgh), 18 October 1933.

WHYTE, Constance : *More than a Legend.* London, 1957.

WITCHELL, Nicholas : *The Loch Ness Story.* Lavenham, 1974 ; nouvelle édition, 1975.

III

L'ENIGME DU LOCH NESS
(En éclipse)

BAKER, Peter, WESTWOOD, Mark et Al. : « The Loch Ness Monster ». *New Scientist* (London), 24 November 1960 and 5 January 1961.

BENTINCK, Count Graaf : « Het dier van Loch Ness ». *Levende Natuur* (Amsterdam), 10 Augustus 1934.

BOULENGER, E.G. : « Aquatic Monsters — Do they exist ? » *Listener* (London), 10 March 1937.

BURTON, Maurice : « The Mystery of Loch Ness ». *Illustrated London News,* 8 December 1951.

— : *Animal Legends.* New York, 1957. (Traduit en français sous le titre, *la Vie fantastique des animaux,* Paris, 1961.)

— : « The Loch Ness Monster ». *Illustrated London News,* 20 February 1960.

— : « The Problem of Loch Ness ; a scientific investigation ». *Illustrated London News,* 11 July 1960 ; 23 July 1960 ; 30 July 1960.

— : « Loch Ness Monster a Reappraisal ». *New Scientist* (London), 22 September 1960.

— : *The Elusive Monster.* London, 1961.

CARRUTH, J.A. : *Loch Ness and Its Monster.* Fort Augustus, 1963.

CATHCART, Colin : « Baby monsters in Loch Ness ». *Sunday Express* (London), 27 June 1937.

DIECKHOFF, Henry Cyril : Journal, cité dans WHYTE (1956).

DINSDALE, T.K. : *Loch Ness Monster.* London, 1961 : new edition, 1972.

— : *The Leviathans.* London, 1966.

GOULD, R.T. : « Aquatic monsters — Do they exist ? A reply ». *Listener* (London), 7 April 1937.

— : *The Stargazer Talks.* London, 1943.

O'CONNOR, Peter : « Clearest picture to date of Nessie ». *Weekly Scotsman* (Glasgow), 16 June 1961.

OUDEMANS, A.C. : *The Loch Ness Animal.* Leyden, 1934.

— : « Het Loch Ness Monster ». *Levende Natuur* (Amsterdam), 12 November 1934.

SANDERSON, Ivan T. : « Don't scoff at Sea-monsters ». *Saturday Evening Post* (Philadelphia), 8 March 1947.

— : *Follow the Whale.* London, 1966.

SCOTT, Peter : « The Loch Ness Monster, Fact or Fancy ? ». *Sunday Times* (London), 14 August 1960.

SLORACH, David : « How I met the Loch Ness Monster ». *Harper's Magazine* (New York), February 1956.

TUCKER, Denys : « The Loch Ness Monster ». *New Scientist* (London), 27 October 1960 and 17 November 1960.

WHYTE, Constance : *The Loch Ness Monster.* Inverness, 1951.

— : *More than a Legend,* London, 1957.

— : Communications personnelles.

WITCHELL, Nicholas : *The Loch Ness Story.* Lavenham, 1974 : nouvelle édition, 1975.

IV
L'ENIGME DU LOCH NESS
(On se décide à l'étudier)

*** Doomwatch — even the Loch Ness Monster is threatened claims lecturer ». *Daily Mirror* (London), 27 July 1970.

*** « Police seize 1/2 ton creature " found at Loch Ness " ». *Daily Telegraph* (London), 1 April 1972.

*** « Loch Ness Monster has £ 1 000 on its head ». *Irish Times* (Dublin), 2 March 1967.

*** « Monstrous behaviour » (compte rendu d'un débat télévisé). *Listener* (London) 1 August 1968.

*** « Loch Ness gremlins plague yellow submarine ». *New York Times* (London), 13 July 1969.

BAKER, Peter and WESTWOOD, Mark : « Sounding out the Monster ». *Observer* (London), 26 August 1962

BLAKESLEE, Sandra : « Hunt for the Loch Ness Monster takes determined turn ». *New York Times,* 27 January 1969.

BRAITHWAITE, Hugh : « Sonar picks up stirrings in Loch Ness ». *New Scientist* (London), 19 December 1968.

BURTON, Maurice : « Is this the Loch Ness Monster ? ». *Animals* (London), 30 July 1962.

— : « Verdict on Nessie ». *New Scientist* (London), 23 January 1969.

— : Communications personnelles.

COHEN, Daniel : « Looking for the Monster ». *Science Digest* (New York), January 1967.

DAVIS, Anthony : « Operation Nessie... the hunt to find that elusive monster ». *TV Times* (London), 31 July 1969.

DAVY, John and BRASHER, Christopher : « Science out to solve the riddle of the Loch Ness Monster ». *Observer* (London), 3 June 1962.

DINSDALE, Tim : *The Leviathans.* London, 1966.

— : *Monster Hunt.* Washington D.C., 1972.

— : *Project Waterhorse.* London, 1975.

— : « 100 ft Nessie is larger than life » (giant waves in Loch Ness). *Evening Standard* (London), 2 September 1971.

HARRIS, C.J. : *Otters.* London, 1968.

HASLER, H.G. : « Jester in search of the Joker ». *Observer* (London), 19 August 1962.

HOLIDAY, F.W. : *The Great Orm of Loch Ness.* London, 1969.

— : *The Dragon and the Disc.* London, 1973.

JAMES, David : « " We find there is some unidentified animate object in Loch Ness... " ». *Observer* (London), 19 May 1964.

LYON, Ron : « Could this be the Loch Ness Monster ? ». *Sunday Express* (London), 7 September 1969.

MACKINTOSH, Alistair : *No Alibi.* London, 1961.

MAXWELL, Gavin : *Harpoon at a Venture.* London, 1952.

— : « I saw the secret of the Loch ». *TV Times* (London), 31 July 1969.

MULCHRONE, Vincent : « He's the greatest monster hunter of them all ». *Daily Mail* (London), 24 September 1969.

— : « Och Aye, Nessie's just another monster myth ». *Daily Mail* (London), 27 September 1969.

PERERA, Victor : *The Loch Ness Monster Watchers.* Santa Barbara : Capra Press, 1974.

PRITCHETT, Olivier : « Monsters, mints and mouth organs ». *Guardian* (London), 1 October 1970.

ROBINSON, Anne : « " I dumped Nessie in the Loch " ». *Sunday Times* (London), 2 April 1972.

SCOTT, David : « New evidence spurs hunt for Loch Ness Monster ». *Popular Science* (New York), November 1966.

SEARLE, Frank : *Nessie, Seven Years in Search of the Monster.* London, 1976.

SHARPE, Richard : « Submarine Monster Hunt ». *Observer* (London), 1 July 1969.

STEVENSON, Jim : « They call him the Loch Ness Nut » (à propos de Frank Searle). *Sunday People* (London), 20 February 1972.

VIBE, Palle : *Gaden I Loch Ness.* Kjöbenhavn, 1970.

WILLIAMS, Graham : « The ghost ship of St Columba sails Loch Ness ». *Irish Independent* (Dublin), 23 May 1963.

WILLIAMS, Pat and HILL, Douglas : *The Supernatural.* London, 1966.

WITCHELL, Nicholas : *The Loch Ness Story.* Lavenham, 1974 ; new edition, 1975.

V

L'ENIGME DU LOCH NESS
(Dernière analyse)

*** « Nessie... now what do you think ? ». *Daily Mail* (London), 11 December 1975.

*** « Nessie, is it really you ? ». *Daily Mirror* (London), 11 December 1975.

*** « Have photos of Nessie ». *Evening Press* (Dublin), 2 August 1975.

*** « Monster bet ». *Irish Press* (Dublin), 12 November 1975.

*** « Nessie may be a cannibal ». *Irish Press* (Dublin), 11 December 1975.

*** « Nessie fails again to surface ». *New Scientist* (London), 27 November 1975.

*** « Caught in the act ? ». *Newsweek* (New York), 4 August 1975.

*** « Secrecy over Loch Ness monster photographs ». *Times* (London), 24 November 1975.

*** « Experts insist on Loch Ness body ». *Times* (London), 4 December 1975.

DEWHURST, Ernest : « Nessie baffles experts ». *Guardian* (London), 27 November 1975.

DOVER, Clare : « Scientist fears Nessie camera was hoaxed ». *Daily Telegraph* (London), 25 November 1975.

— : « Nessiteras rhombopteryx stays veiled ». *Daily Telegraph* (Lon-(London), 3 December 1975.

HARDY, Peter : « My goodness, my Nessie... » *Daily Express* (London), 11 December 1975.

INSIGHT Team : « Nessie, this is your best show yet ». *Sunday Times* (London), 30 November 1975.

KERR, John : « Support for Nessie meeting withdrawn ». *Guardian* London), 3 December 1975.

MACKAL, Roy P. : *The Loch Ness Monsters.* London, 1976.

MEAD, Robin : « Nessie lives, if only on warm days ». *Times* (London), 6 December 1975.

MULCHRONE, Vincent : « Now please may we have a car park for our Nessie spotters ? ». *Daily Mail* (London), 26 November 1975.

PHILLIPS, Pearson : « Nessie exists — official ». *Observer* (London), 23 November 1975.

— : « Nessie scars the academies ». *Observer* (London), 30 November 1975.

— : « Could Nessie be a Viking boat ? ». *Observer* (London) & December 1975.

— : « Nessiteras absurdum ». *Observer* (London), 14 December 1975.

PRENTICE, Thomas : « Is this the Loch Ness Monster ? ». *Daily Mail* (London), 25 November 1975.

SCOTT, Peter and RINES, Robert : « Naming the Loch Ness monster ». *Nature* (London), vol. 258, 11 December 1975, pp. 466-468.

SCOTT, Peter : « Why I belive in the Loch Ness Monster ». *Wildlife* (London), vol. 18, n° 3, March 1976, pp. 110-111.

SITWELL, Nigel : « The Loch Ness Evidence ». *Wildlife* (London), vol. no. 3, March 1976, pp. 102-109.

SMITH, Ian : « Nessie is an eel, says loch explorer ». *Daily Mail* (London), 12 December 1975.

SULLIVAN, Walter : « Loch Ness monster may be for real » (fourni par le New York Times News Service). *Fresno Bee* (California). 8 April 1976.

WITCHELL, Nicholas : *The Loch Ness Story* (nouvelle édition). London, 1975.

VI

LES « CHEVAUX AQUATIQUES » DES HIGHLANDS D'ECOSSE

*** « Loch Morar claims "Monster" too ». *Glasgow Herald,* 31 July 1948.

*** « Anglers see monster in Lewis Loch ». *Glasgow Herald,* 29 July 1961.

*** « Loch Ness Monster — similar beasts in Lochs Locky and Quoich ». *Northern Chronicle* (Inverness), 31 January 1934.

*** « The Sea Serpent in the Highlands ». *Times* (London), 6 March 1856.

BLAEU, Jan : *Atlas major.* Amsterdam, 1654.

BOETHIUS, Hector : *Scotorum Historiae* (Vol VII), Paris, 1526.

BOSWELL, James : *A Tour of the Highlands with Dr Samuel Johnson.* London, 1785.

CAMERON, Simon : [Rapport sur le monstre du loch Oich]. *Glasgow Herald*, 26 September 1936.

CAMPBELL, Elizabeth Montgomery : *The Search for Morag.* London, 1972.

CAMPBELL, John Francis : *Popular Tales of the Western Highlands.* Edinburgh, 1860-1862.

CAMPBELL, John Lorne and HALL, Trevor : *Strange Things.* London, 1968.

DIECKHOFF, Henry Cyril : [Journal, cité par WHYTE (1956).]

DINSDALE, T.K. : *Loch Ness Monster.* London, 1961 ; new edition, 1972.

— : *The Leviathans.* London, 1966.

— : *Project Waterhorse.* London, 1975.

DONALDSON, Mary : *Wanderings in the Western Highlands and Islands.* London, 1920.

HOLIDAY, F.W. : *The Great Orm of Loch Ness.* London, 1969.

— : *The Dragon and the Disc.* London, 1973.

— : « The monster of the A85 ». *Flying Saucer Review* (London), vol. 19. no. 2, March-April 1973.

LESLIE, Lionel : Communications personnelles.

LEYDEN, John : *A Tour of the Highlands in 1800.* Edinburgh, 1903.

MACARTHUR, Ian : in « Anglers see monster in Lewis Loch ». *Glasgow Herald*, 29 July 1961.

MCFARLANE, Walter : *Geographical Collections Relating to Scotland.* Edited by Sir Arthur Mitchell and J.T. Clark. 3 vols. Edinburgh, 1906-1908.

MACKENZIE, Osgood : *A Hundred Years in the Highlands.* London, 1949.

MALMESBURY, Lord : *Memoirs of an Ex-Minister.* London, 1882.

MAXWELL, Herbert : [Lettre relative au monstre du loch Arnaig]. *The Field* (London), 3 February 1934.

MUIR, Edwin : *Autobiography.* London, 1954.

OUDEMANS, A.C. : « Het Loch Ness Monster ». *Levende Natuur* (Amsterdam), 12 November 1934.

PATMORE, Eric : « Now Nessie has a sister in Scotland's deepest loch ». *Sunday Post* (Glasgow), 31 May 1964.

PEACH, B.W. : in « Not the only Monster — Hidden terrors of Loch Treig ». *Aberdeen Weekly Journal*, 19 October 1934.

RICHARDS, A.J. : [Rapport sur le monstre du loch Oich]. *Glasgow Herald*, 14 October 1936.

SCOTT, Sir Walter : *The Journals of Sir Walter Scott.* Edinburgh, 1890.

TURNBULL, W.B. : *Extracta e Variis Cronicis Scotia.* Edinburgh, 1842.

WHYTE, Constance : *More than a Legend.* London, 1957.

W.P. : [Lettre sur le monstre de Lewis]. *Inverness Courier*, 12 March 1856.

VII

LES « POOKA » ET « PIAST » D'IRLANDE

*** « Monster seen in Irish lake » (Lough Major). *Evening Herald* (Dublin), 1 August 1963.

*** « Camera shot of lake monster ». *Evening Herald* (Dublin), 6 June 1968.

*** « Achill Island monster ». *Evening Herald* (Dublin), 6 June 1968.

ADAMNAN : *The Life of Saint Columba.* Translated by William Reeves. Dublin, 1856.

COLGAN, Nathaniel : « Field notes on the Folklore of Irish plants and animal ». *Irish Naturalist* (Dublin), March 1914.

CROFTON CROKER, Thomas : *Fairy Legends and Traditions of the South of Ireland.* London, 1825-1828.

GREGORY, Augusta : *Visions and Beliefs in the West of Ireland.* London, 1922.

HOLIDAY, F.W. : « Does the Paystha still exist ? ». *Ireland of the Welcomes* (Dublin), July-August 1970.

— : *The Dragon and the Disc.* London. 1972.

JOYCE, P.W. : *Irish Names of Places* (vol. 1, pp. 197-200). London, 1869.

LE FANU, W.R. : *Seventy Years of Irish Life.* London, 1893.

LESLIE, Lionel : « Monsters reported in Irish waters ». *The Field* (London), 23 December 1965.

— : Communications personnelles.

MACMANUS, D.A. : *The Middle Kingdom.* London, 1962.

MACNEIL, Evin : *The Duanaire Finn.* Dublin, 1908.

MAXWELL, William Halmilton : *Wild Sports of the West.* London, 1843.

O'FLAHERTY, Roderick : *A Description of West or H-Iar Connaught.* Dublin, 1866.

O'SULLIVAN, Sean : *Handbook of Irish Folklore.* Dublin, 1942.

PAOR, Liam and MAIRE, de : *Early Christian Ireland.* London, 1958.

POWELL, T.G.E. : *The Celts.* London, 1958.

PRAEGER, Robert Lloyd : *The Way that I Went.* Dublin, 1937.

— : *Irish Landscape.* Dublin, 1960.

REES, ALWYN and BRINDLEY : *Celtic Heritage.* London, 1960.

RICE, Harry : *Thanks for the Memory.* Athlone, 1952.

ROSS, Anne : *Pagan Celtic Britain.* London, 1966.

SMITH, Charles : *The Ancient and Present State of Kerry.* Dublin, 1756.

SOMERVILLE, Edith and ROSS, Martin : *The Smile and the Tear.* London, 1933.

SYNGE, John : *The Aran Islands and other writings.* New York, 1962.

TURNER, Ron : « The Achill Island Monster ». *Evening Herald* (Dublin), 5 June 1968.

WILDE, William : *Lough Corrib.* Dublin, 1867.

WOOD-MARTIN, W.G. : *Traces of the Elder Faiths of Ireland.* London, 1895.

YEATS, W.B. : *The Celtic Twilight.* London, 1895.

VIII

LES « SOE-ORM » ET « SKRIMSL » DE SCANDINAVIE

*** « Sjöormen og innsormen ». *Aftenpost* (Oslo), 22 December 1933.
*** *The Gentleman's Magazine* (London), 1765, pp. 113-114.
*** « Normalcy », *New York Times*, 15 July 1945.
BARING-GOULD, Sabine : *Iceland, Its Scenes and Sagas.* London, 1868.
BURTON, Maurice : *The Elusive Monster.* London, 1961.
CLEASBY, Richard : article on « Skrimsl » in *An Icelandic-English Dictionary.* Oxford, 1957.
HEUVELMANS, Bernard : *Le Grand Serpent-de-Mer.* Paris, 1975.
MAURER, Konrad : *Islandische Volksagen der Gegenwart.* Leipzig, 1860.
ORTELIUS, Abraham : *Theatrum orbis terrarum.* Amsterdam, 1591.
OUDEMANS, A.C. : *The Great Sea-Serpent.* Leyden and London, 1892.
PONTOPPIDAN, Erik : *Det förste Forsög paa Norges naturlige Historie.* Kiöbenhavn, 1752-53. *The Natural History of Norway.* London, 1755.
SIMPSON, Jacqueline : *Icelandic Folktales and Legends.* London, 1972.
SKJELSVIK, Elizabeth : « Norwegian Lake and Sea Monsters ». *Norveg folklivs-gransking* (Oslo), vol. 7, 1960.
VIBE, Palle : *Gaden I Loch Ness.* Kjöbenhavn, 1970.
WHYTE, Constance : *More than a Legend.* London, 1957.

IX

L'ANIMAL DU LAC SUEDOIS STORSJO

FONAHN, A. : « " Sjöormen " i Farrisvannet ». *Tidens Tegn* (Oslo), 20 décembre 1933.
HEUVELMANS, Bernard : *Le Grand Serpent-de-mer.* Paris, 1975.
OLSSON, Petter : *Storsjöodjuret, framstallning af fakta och utredning.* Ostersund, 1899.
OUDEMANS, A.C. : *The Great Sea-Serpent.* Leyden and London, 1892.
SVEDJELAND, Knut : *Storsjöodjuret.* Ostersund, 1959.
VIBE, Palle : *Gaden I Loch Ness.* Kjöbenhavn, 1970.

X

« SLIMY SLIM » ET AUTRES MONSTRES DES U.S.A.

*** « Slimy Slim ». *Time Magazine* (New York), 21 August 1944.
BOTKIN, B.A. : *A Treasury of Western Folklore.* New York, 1959.
BRIER, Warren J. : « Montana has a Loch Ness Monster all its own ». *New York Times*, 13 June 1965.
BROWN, Charles : *Sea Serpents, Wisconsin occurences of these weird watery monsters.* Madison, Wisconsin Folklore Society, 1942.
CURTIS, Wardron Allan : « The Monster of Lake La Metrie ». *Pearson's Magazine* (New York), September 1899.

DINSDALE, T.K. : *Loch Ness Monster.* London, 1961.
— : *The Leviathans.* London, 1966.
DOWNS, R.B. : *The Bear Went Over the Mountain.* New York, 1943.
FIFE, Austin E. : « The Bear Lake Monsters ». *Utah Humanities Review* (Salt Lake City), June 1948.
GATSCHET, Albert S. : « Water monsters of the American Aborigines ». *Journal of American Folklore* (Boston), vol. 12, October-December 1899, pp. 255-260.
KEEL, John A. : *Strange Creatures from Time and Space.* Greenwich, Conn., 1970.
ROBINSON, Phil. : « Saunterings in Utah ». *Harper's New Monthly Magazine* (New York), October 1883.
— : *Saints and Sinners.* London, 1884.
SANDERSON, Ivan T. : *Things.* New York, 1967.
SMALLEY, Donald : « The Logansport *Telegraph* and the Monster of the Indiana lakes. » *Indiana Magazine of History* (Bloomington, Ind.) September 1946.
SOULE, Gardner : *The Mystery Monsters* (« The Flathead Monster », pp. 37-55). New York, 1964.

XI

« OGOPOGO » ET AUTRES MONSTRES DU CANADA.

*** « Monster hunted in Lake Manitoba ». *Evening Standard* (London), 9 September 1957.
*** [Observation du monstre du lac Ontario]. *Notizen Gebiete Natur und Heilk.* (Erfurt und Weimar), August 1835.
*** « Utopia has a Monster too ». *Telegraph-Journal* (St John, New Brunswick), 16 March 1951.
BOYER, Charles : « Bristish Columbia, Life Begins at 100 ». *National Geographic Magazine* (Washington D.C.), August 1958.
DINSDALE, T.K. : *Loch Ness Monster.* London, 1961.
— : *The Leviathans.* London, 1966.
EWING, R. Lechie : « Rod and line in Canada » in *Canada.* London, 1934.
FULLER, F.B. : « Is there life in the ocean depths ? ». *Evening Dispatch* (Glasgow), 23 November 1933.
GELLATLY, Dorothy W. : *A Bit of Okanagan History.* Kelowna, B.C., 1958.
GOLDER, F.A. : « Eskimo and Aleut stories from Alaska ». *Journal of American Folklore* (Boston), vol. 22, 1909.
HASSAL, Ian : « More about the Monster ». *Times* (London), 14 December 1933.
LAMBERT, R.S. : *Exploring the Supernatural, the Weird in Canadian Folklore.* London, 1954.
MILLER, R.M. : « We saw Ogopogo ». *The Vernon Advertiser* (Vernon, B.C.), 20 June 1959.
RUSSEL, E.J. : « Sketches in the Maritime Provinces — Lake Utopia N.B. ». *Canadian Illustrated News* (Montreal), 30 November 1872.

SWEENEY, James B. : *A Pictorial History of Sea Monsters and other Dangerous Marine Life.* New York and London, 1972.

XII

LE PLESIOSAURE DE PATAGONIE

*** « Prehistoric monsters — Possible survivors ». *Daily telegraph* (London), 9 March 1922.

*** « Sees monster of Reptile Age swimming in Patagonian lake ». *New York Herald,* 7 March 1922.

*** « Not worried about Mesozoic Monsters — Tales of Andean Monster fails to impress scientists here ». *New York Herald,* 8 March 1922.

*** « Protests capture of Andean Monster ». *New York Herald,* 13 March 1922.

*** « Argentines start to capture monster ». *New York Herald,* 24 March 1922.

*** « En Busca de la Ejamplar vivo de la Epoca Secundaria — El Plesiosaurio ». *La Prensa* (Buenos Aires), 13 march 1922.

*** « Dynamite and starshells — Black times ahead for the Plesiosaurus ». *River Plate Observer* (Buenos Aires), 31 March 1922.

*** « Traveller's Tales — Cordoba scientist on the Plesiosaurus ». *River Plate Observer* (Buenos Aires), 7 April 1922.

*** « The Plesiosaurus Ban ». *River Plate Observer* (Buenos Aires), 14 April 1922.

*** « Roosevelt and Plesiosaurus — Ex-President thought of hunting it ». *River Plate Observer* (Buenos Aires), 12 May 1922.

*** « The Plesiosaurus — Evidence from Canada ». *River Plate Observer* (Buenos Aires), 12 May 1922.

*** « Was it a hoax ? — End of Plesiosaurus hunt ». *River Plate Observer* (Buenos Aires), 12 May 1922.

*** « The Tylondosaurus Hunt ». *The Standard* (Buenos Aires), 14 March 1922.

*** « Plesiosaurus lying low ». *Times* (London), 20 April 1922.

BELIAFF, Juan : « Folklore of the Indians of the Gran Chaco ». *Bulletin of the Bureau of American Ethnology* (Washington, D.C.), vol. 143, nº 1, p. 379.

BURTON, Maurice : « The Loch Ness Monster ». *Illustrated London News,* 20 February 1960.

— : *The Elusive Monster.* London, 1961.

— : Communications personnelles.

DICKINSON, Barney : in « The Loch Ness Monster ». *Illustrated London News,* 20 February 1960.

DOYLE, Arthur Conan : *The Lost World.* London, 1912.

FAWCETT, P.H. : *Exploration Fawcett.* London, 1954.

FORT, Charles : *The Books of Charles Fort* (*Lo* ! ch. 9, p. 614). New York, 1941.

GARRET, George : in « Local man lays claim to having caught sight of gigantic Plesiosaur ». *The Globe* (Toronto), 6 April 1922.

HEUVELMANS, Bernard : *Sur la piste des bêtes ignorées.* Paris 1955. *On the Track of Unknown Animals.* London, 1958.
— : Communications personnelles.
IBANEZ, Blasco V. : *The Temptress* (a translation of *La Terra de Todos*). London, 1923.
MATTERS, Leonard : « The Patagonian Plesiosaurus — an Antediluvian Monster ». *Scientific American* (New York), July 1922.
— : « Lake Monsters ». *The Star* (London), 12 Décember 1933.
SERRA I PAGES, Rossend : « Zoologica fantastica — El serpent mari ». *Butlletti de la Societat de Ciencias Naturals de Barcelona,* vol. 2, 1923.
VIDAL, Fabia : « Antediluvianos » *La Vanguardia* (Buenos Aires), avril 1922.

XIII

DRAGONS ET DINOSAURES
(Extrême-Orient)

*** « Kong Le and the dragon ». *Time Magazine* (New York), 21 October 1966.
CONYNGHAM, Kathleen : [Lettre au sujet du lac Chuzenji]. *Times* (London), 21 December 1933.
BEAL, Samuel : *Buddhist Records of the Western World.* London, 1884.
DINSDALE, T.K. : *The Leviathans.* London, 1966.
DOIG, Desmond : « Bhutan ». *National Geographic Magazine* (Washington, D.C.), September 1961.
FÜRER-HAIMENDORF, Christopher von : *The Api-Thanis and Their Neighbours.* London, 1962.
GOSSE P.H. : *The Romance of Natural History.* London, 1860.
HEUVELMANS, Bernard : *Le Grand Serpent-de-Mer.* Paris, 1975.
IZZARD, Ralph : *The Search for the Buru.* London, 1951.
RUKOSUYER, G. : « The mystery of Lake Khaiyr ». *Soviet Life* (Washington, D.C.), June 1965 ; d'après la *Komsomolskaya Pravda* (Moscou), 21 novembre 1964.
VANDANNO, Brunello : « The Coldest Place on Earth ». *Life Magazine* (New York), 22 January 1963.
WAVELL, Stuart : « I sought a monster ». *Wide World Magazine* (London), February 1958.
— : *The Lost World of the Orient.* London, 1958.
— : *The Naga King's Daughter.* London, 1964.
WILLIAMS, Pat and HILL, Douglas : *The Supernatural.* London, 1966.
WILSON, James Albin : *Sport and Service in Assam.* London, 1924.

XIV
LE « BUNYIP » D'AUSTRALIE

*** « Hunt for the Bunyip ». *Brisbane Sunday Truth*, 9 May 1965.
BARRETT, Charles : The Bunyip. Melbourne, 1946.
HEUVELMANS, Bernard : Sur la piste des bêtes ignorées, Paris 1955. *On the Track of Unknow Animals.* London, 1958.
MACLEAY, W.S. : « On the skull now exhibited at the Colonial Museum of Sydney as that of the " Bunyip " ». *Tasmanian Journal of Natural History* (Launceston), vol. 3, pp. 278-78, 1848.
SMYTH, R.B. : *The Aborigines of Victoria.* Melbourne, 1878.
WHITLEY, Gilbert : « Mystery Animals of Australia ». *Australian Museum Magazine* (Sydney), vol. 7, pp. 132-139, 1940.

XV
L'OTARIE A LONG COU
(Une solution)

Part. A : L'Otarie à long cou.

*** « Monster in Lake Maggiore, Loch Ness starts a fashion ». *Observer* (London), 14 January 1934.
BRINK, F.H., van den : *A Field Guide to the Mammals of Britain and Europe.* London, 1962 ; trad. française de B. HEUVELMANS : *Guide des Mammifères d'Europe,* Neuchâtel, 1967.
BURTON, Maurice : *Animal Legends.* New York, 1957.
GOULD, R.T. : *The Loch Ness Monster and Others.* London, 1934.
HEUVELMANS, Bernard : *Le Grand Serpent-de-Mer.* Paris, 1975.
— : Communications personnelles.
HOLIDAY, F.W. : *The Great Orm of Loch Ness.* London, 1969.
HOWELL, Alfred Brazier : *Aquatic Mammals, their Adaption to Life in the Water.* Springfield and Baltimore, 1930.
KING, Judith : *Seals of the World.* London, 1964.
MAXWELL, Gavin : *Seals of the World.* London, 1967.
OUDEMANS, A.C. : *The Loch Ness Animal.* Leyden, 1934.
SCHEFFER, Victor B. : *Seals, Sea Lions and Walruses, a Review of the Pinnipedia.* Stanford and London, 1958.
WHYTE, Constance : *More than a Legend.* London, 1957.

Part B : Les cadavres trouvés.

*** « Police seize 1/2 ton creature " found at Loch Ness " ». *Daily Telegraph* (London), 1 April 1972.
BARING-GOULD, Sabine : *Iceland, its Scenes and Sagas.* London, 1868.
GIEDION, Sigfried : *The Eternal Present, the Beginings of Art.* New York, 1962.
GRAVES, Robert and PATAI, Raphael : *Hebrew Myths.* New York, 1964.
HEUVELMANS, Bernard : *Le Grand Serpent-de-Mer.* Paris, 1975.

HOLIDAY, F.W. : *The Great Orm of Loch Ness.* London, 1969.
DINSDALE, T.K. : *Loch Ness Monster.* London, 1961.
FIFE, Austin E. : « The Bear Lake Monsters ». *Utah Humanities Review* (Salt Lake City), June 1948.
LEROI-GOURHAN, André : *The Art of Prehistoric Man in Western Europe.* London, 1967.
JEFFERIES, George : Communication personnelle.
LESLIE, Lionel : Communication personnelle.
O'FLAHERTY, Roderick : *A Description of West or H-Iar Connaught.* Dublin, 1966.
PONTOPIDDAN, Erik : *Der förste Forsög paa Norges naturlige Historie.* Kiöbenhavn, 1752-53. *The Natural History of Norway.* London, 1755.
ROBINSON, Anne : « I dumped Nessie in the Loch ». *Sunday Times* London), 2 April 1972.
ROSS, Anne : *Pagan Celtic Britain. London,* 1966.
WHEELER, R.E.M. : *Report of the Excavations of the Prehistoric and Post-Roman Site at Lydney Park Gloucestershire.* London and Oxford, 1932.

XVI
LE MONSTRE ETERNEL

CARRINGTON, Richard : *Mermaids and Mastodons.* London, 1957.
CURTIS, Wardron Allan : « The Monster of Lake La Metrie ». *Pearson's Magazine* (New York), September 1899.
DEAN, F.W. : « The Sea Serpent Again », in *Herbert Strang's Annual.* London, 1920.
DINSDALE, T.K. : *The Leviathans.* London, 1966.
DOYLE, Arthur Conan : *The Lost World.* London, 1912.
GOSSE, P.H. : *The Romance of Natural History.* London, 1860.
GREEN, Peter : *Kenneth Grahame, a Biography.* London, 1959.
HARDWICKE, Michael and Mollie : *The Private Life of Sherlock Holmes.* London, 1970.
HOLIDAY, Henry : *Reminiscences of My Life.* London, 1914.
HUGHES, Ted : *Nessie the Unmannerly Monster.* London, 1962.
JUNG, Carl Gustav : *Flying Saucers.* London, 1959.
— : *Man and His Symbols.* London, 1964.
KEEL, John A. : « The Silver Lake Great Sea Serpent » in *Strange Creatures from Time and Space.* Greenwich, Conn., 1970.
KEITH, Sir Arthur : « Is there a Loch Ness Monster ? ». *Daily Mail* (London), 3 January 1934.
LETHBRIDGE, T.C. : *Ghost and Diving Rod.* London, 1963.
MCGLASHAN, Alan : *The Beautiful and Savage Country.* London, 1964.
MACKENZIE, Compton : *The Rival Monster.* London, 1952.
O'SULLIVAN, Sean : *A Handbook of Irish Folklore.* Dublin, 1943.
POWELL, T.G.E. : *The Celts.* London, 1958.
PRICE, Harry and LAMBERT, R.S. : *The Haunting of Cashen's Gap.* London, 1934.

ROBERTS, Frank D. : *History of the Tow of Perry, New York.* Perry, 1915.

SITWELL, Sacheveral : *Poltergeists.* London, 1938.

TOLKIEN, J.R.R. : in WHEELER (1932).

WHEELER, R.E.M. : *Report on the Excavations of the Prehistoric and Post-Roman Site at Lydney Park Gloucestershire.* London and Oxford, 1932.

WHYTE, Constance : *More than a Legend.* London, 1957.

POST-SCRIPTUM

*** « A New Ness mystery " large black spots " » *Irish Times* (Dublin), 31 August 1976.

*** « Maintenant les sonars traquent le monstre ». *Paris-Match,* 17 juillet 1976.

*** « Coverage in depth ». *Time Magazine* (New York), 21 June 1976.

BIBBY, Geoffrey : *The Testimony of the Spade* (Ch. 13 : The Lake Villages). London, 1957. (Traduit en français sous le titre *Des Cavernes à l'Europe des Vikings,* Paris, 1958.)

HOLDEN, Anthony : « How can Nessie resist £ 44,000 bait ? ». *Sunday Times* (London), 6 June 1976.

WILFORD, John Noble : « The Search begins at Loch Ness ». *New York Times,* 6 June 1976.

TABLE DES ILLUSTRATIONS HORS-TEXTE

Planches :

INDEX

TABLE DES MATIERES

ACHEVÉ D'IMPRIMER
LE 19 AVRIL 1977
SUR LES PRESSES
DE L'IMPRIMERIE
CARLO DESCAMPS
CONDÉ SUR L'ESCAUT
POUR LE COMPTE DE
FRANCE LOISIRS, 30,
RUE DE L'UNIVERSITÉ
PARIS.

Dépôt légal : 2e trimestre 1977
N° d'éditeur : 3140
N° d'imprimeur : 1222